U0568864

总序　理论的深度与思想的容量

历史常常出现这样一种现象，即一个伟大哲学家的某个理论以至整个学说往往在其身后，在经历了较长时期的历史运动之后，才充分显示出它的本真精神和内在价值，重新引起人们的关注，促使人们"重读"。可以说，"重读"是哲学史乃至整个思想史上的常见的现象，黑格尔重读柏拉图、皮尔士（又译皮尔斯）重读康德、歌德重读拉菲尔……在一定意义上说，一部哲学史就是后人不断"重读"前人的历史。所以，哲学史被不断地"重写"。

马克思哲学的历史命运也是如此。20世纪的历史运动以及当代哲学的发展困境，使马克思哲学的本真精神、内在价值和当代意义凸显出来了，当代哲学家不由自主地把目光再次转向马克思，重读马克思。历史和现实都告诉我们，每当世界发生重大历史事件、产生重大社会问题时，人们都不由自主地把目光转向马克思，重读马克思。在一定意义上说，在伦敦海格特公墓安息的马克思，比在伦敦大英博物馆埋头著述的马克思，更加吸引世界的目光。当代著名哲学家德里达甚至发出这样的感叹："不去阅读且反复阅读和讨论马克思……而且是超越学者式的'阅读'和'讨论'，将永远都是一个错误，而且越来越成为一个错误，一个理论的、哲学的和政治的责任方面的错误。"

呈现在读者面前的《当代马克思主义哲学研究文库》，就是当代中国学者重读马克思的理论成果。正是以当代实践、科学以及哲学本身的发展为基础重读马克思，我们深深地体会到，马克思主义哲学的确是我们这个时代不可超越的哲学。在当代,无论是用实证主义哲学、结构主义哲学、新托马斯主义哲学,还是用存在主义哲学、解构主义哲学、弗洛伊德主义哲学乃至现代新儒学,来对抗马克思主义哲学,都注定是苍白无力的。在我看来,这种对抗犹如当年的庞贝城与维苏威火山岩浆的对抗。

我断然拒绝这样一种观点,即马克思主义哲学产生于"维多利亚时代",距今170多年,因而已经过时。这是一种"傲慢与偏见"。我们不能依据某种学说创立的时间来判断它是不是过时,是不是真理。实际上,"新"的未必就是真的,"老"的未必就是假的;既有最新的、时髦的谬论,也有古老的、千年的真理。阿基米德定理创立的时间尽管很久远了,但今天的造船业无论多么发达,也不能违背这一定理。如违背这一定理,那么,造出的船无论多么"现代"化,多么"人性"化,也无法航行;如航行,也必沉无疑。真理只能发展,不可能被推翻;而科学之所以是真理,就是因为它发现和把握了某种规律。正是由于发现并深刻地把握了人类社会发展的一般规律、资本主义生产方式的运动规律,正是由于发现并深刻地把握了人与世界的总体关系,正是由于所关注并力图解答的问题深度契合着当代世界的重大问题,所以,产生于19世纪中叶的马克思主义哲学又超越了19世纪这个特定的时代,依然是我们这个时代的真理和良心,依然占据着真理和道义的制高点。正如美国著名思想家海尔布隆纳所说,"我们求助于马克思,不是因为他毫无错误之处,而是因为我们无法回避他。每个想从事马克思所开创的研究的人都会发现,马克思永远在他前面"。

我不能同意这样一种观点,即在当代中国,随着市场经济体制的确立,马克思主义哲学研究越来越趋于"冷寂"以至衰落。这种观点看到了某种合理的事实,但又把这种合理的事实融于不合理的理解之中。我不否认哲学研究目前在社会生活中较为冷清,一些人对马克思主义哲学持一种冷漠、疏远的态度。但是,我又不能不指出,这种所谓的马克思主义哲学研究的"冷寂",实际上是人们对马克思主义哲学本身的一种深刻反思,是对马克思主义哲学"本性"的一种回归。具体地说,国内哲学界通过对现代西方哲学的批判反思,通过对中国传统哲学的批判反思,通过马克思主义哲学的自我批判反思,以及通过对哲学的重新定位,完成了这种回归。在我看来,正是这三个"批判反思"以及"重新定位"，促使中国的马克思主义哲学研究走向成熟。换言之，目前，马克思主义哲学研究的"冷寂"并不意味着马克思主义哲学研究在中国的衰落，相反，它标志着中国马克思主义哲学研究的成熟。

实际上，市场经济与马克思主义哲学的关系并非如同冰炭，不能相溶。没有市场经济也就没有马克思主义哲学，马克思主义哲学本身就是在市场经济的背景下产生的。无论是对资本主义市场经济历史性的肯定，还是对资本主义市场经济局限性的批判，马克思主义哲学都为社会主义市场经济的实践提供了理论支撑。随着社会主义市场经济实践的不断深化和拓展，我们真正理解了市场经济不仅是资源配置的现代形式，而且是人的生存的现代方式；真正理解了市场经济是以"物的依赖性"为基础的"人的独立性"的时代，从而深刻地理解了在市场经济中人与人的关系何以转化为物与物的关系；真正理解了市场经济是从"人的依赖性"向"人的自由个性"过渡的时代，从而深刻地理解了"以所有人的富裕为目的"（马克思）、实现每个人的全面而自由发展的重要性；真正理解了社会主义公有制以及"重建个人所有制"（马克思）的重要性，从而深刻地理解了人"成为自己的社会结合的主人""成为自然界的主人""成为自身的主人——自由的人"（恩格斯）的真实含义……随着社会主义市场经济实践的不断深化和拓展，一个"鲜活"的马克思正在向我们走来，马克思主义哲学不是离我们越来越远，而是越来越近了。马克思仍然"活"着，并与我们同行。

当然，马克思主义哲学没有也不可能包含关于当代中国问题的现成答案。自诩为包含一切问题答案的学说，只能是神学，而不可能是科学或哲学。历史已经证明，凡是以包罗万象、无所不知、无所不能自诩的思想体系，如同希图万世一系的封建王朝一样，无一不走向没落。"马克思主义是我们这个时代'必要的'哲学。它为我们生活的历史和社会难题提供了至关重要的见解。这并不意味着，马克思主义为我们的历史难题提供了全能的解释，就跟柏拉图无法回答存在和认识的所有问题，以及弗洛伊德无法解释潜意识思维所有过程一样。能够带来启发但并不是无所不能，它只不过是看得更长远一些，理解得更深刻一些而已。这正是马克思及其后继的马克思主义学者们的著作能帮助我们的事情。"海尔布隆纳的这一观点正确而深刻。我们应当明白，马克思是普罗米修斯，而不是"上帝"；马克思主义是科学，而不是启示录；马克思主义哲学是方法，而不是教义。正如恩格斯所说："马克思的整个世界观不是教义，而是方法。它提供的不是现成的教条，而是进一步研究的出发点和供这种研究使用的方法。"卢卡奇甚至认为，即使"放弃马克思的所有全部论点"，但只要坚持、"发展、扩大和深化"了马克思主义的方法，就仍然是"正统"的马克思主义者，因为"马克思主义问题中的正统仅仅是指方法"。马克思主义哲学是科学的世界观和方法论的高度统一。我们只能按照马克思主义哲学的"本性"期待它做它所能做的事，而不能要求它做它不能做或做不到的事。

实际上，早在马克思主义哲学创立之初，马克思就以其远见卓识"告诫"后辈马克思主义者：马克思主义哲学"是从对人类历史发展的考察中抽象出来的最一般的结果的概括。这些抽象本身离开了现实的历史就没有任何价值。它们只能对整理历史资料提供某些方便，指出历史资料的各个层次的顺序。但是这些抽象与哲学不同，它们绝不提供可以适用于各个历史时代的药方或公式。相反，只是在人们着手考察和整理资料——不管是有关过去时代的还是有关当代的资料——的时候，在实际阐述资料的时候，困难才开始出现。这些困难的排除受到种种前提的制约，这些前提在这里是根本不可能提供出来的，而只能从对每个时代的个人的现实生活过程和活动的研究中产生"。因此，我们必须立足当代的"现实生活过程和活动"坚持和发展马克思主义哲学。这种坚持和发展包括学理上的坚持和发展。

正因为如此，受中国人民大学出版社的委托，我主编了《当代马克思主义哲学研究文库》。首批列入《当代马克思主义哲学研究文库》的20部著作分别从哲学观、哲学史、理论前提、理论形态、存在论、唯物主义形态、辩证法基础，以及经济哲学、政治哲学、道德哲学、历史哲学、社会发展理论等方面深入而较为全面地研究了马克思主义哲学，向我们展示了一幅色彩斑斓的思想史画面。

从这些著作的作者来看，他们分别来自北京大学、中国人民大学、北京师范大学、南开大学、吉林大学、复旦大学、同济大学、南京大学、华中科技大学、武汉大学、浙江大学、山东大学等。这是一个特殊的学术群体。其中，一部分作者出生在20世纪50年代，他们经历了共和国的风风雨雨，尔后在70年代末那个"解冻"的年代走进大学校园，其学术生涯几乎是与改革开放同步的；之前，他们曾被驱赶到生活的底层，其身受磨难的程度、精神煎熬的强度、自我反省的深度，是任何一代大学生都未曾经历过的。正是这段特殊的经历，使这些作者对马克思主义哲学有了深刻的体认。另一部分作者出生在20世纪60—70年代，成长于改革开放时期，正是改革开放，使这一部分作者的学术生涯一开始就"睁眼看世界"，形成了宽广的理论视野、合理的知识结构，从而对马克思主义哲学有了独特的体认。

从这些著作的内容来看，它们分别涉及马克思主义哲学的本体论、辩证法、历史观、实践论、认识论以及马克思主义哲学史，包括西方马克思主义。这些著作或者对已经成为"常识"的马克思主义哲学的基本观点讲出新内容，从而赋予其深刻的当代含义；或者深入挖掘本来是马克思主义哲学的基本观点，但由于种种原因，未被现行的哲学教科书涉及或重视的观点，从而"发现"马克思；或者深入分析、系统论证马克思有所论述，但又未充分展开、详尽论证，同时又深度契合着当代重大问题的观点，使其上升为马克思主义哲学的基本观点，从而"发展"马克思。

马克思主义哲学是由马克思创立的，但马克思主义哲学并非仅仅属于马克思。实际上，马克思主义哲学是由马克思所创立、为他的后继者所发展的关于无产阶级和人类解放的学说。所以，列宁提出了"马克思的哲学"和"马克思主义哲学"这两个概念。我们不能以教条主义的态度对待马克思主义哲学，认为只有马克思所阐述的哲学思想才是马克思主义哲学。按照这种标准，马克思主义哲学就必然终止于1883年；同时，我们又不能以虚无主义的态度对待作为马克思主义哲学主要创始人马克思的哲学思想，奉行没有马克思的马克思主义哲学。"马克思主义是马克思的观点和学说的体系"。列宁的这一定义表明，离开了马克思主义的马克思，是虚构的马克思；离开了马克思的马克思主义，同样是虚构的马克思主义。坚持和发展马克思主义哲学，首先就要准确理解和把握马克思主义哲学主要创始人马克思的哲学思想。

在我看来，这些著作既无压倒千古大师的虚骄之气，也无自我否定的卑贱之心，相反，这些著作是作者们上下求索、深刻反思的结果，是他们哲学研究的心灵写照和诚实记录，展示出一种广博的科学知识和高超的哲学智慧，有着惊人的理论深度和足够的思想容量。从中，我们可以看到，中国的马克思主义哲学研究是"在希望的田野上"。

我并不认为这些著作完全恢复了马克思主义哲学的"本来面目",这些解释完全符合马克思主义哲学的文本,因为我深知解释学的合理性,深知这些著作受到作者本人的人生经历、知识结构、哲学修养以及价值观念,即"理解的前结构"的制约。中国有句古诗:"春潮带雨晚来急,野渡无人舟自横"(韦应物),表面上说的是"无人",实际上是"有人",至少春潮、急雨、野渡、孤舟的画面体现了人对物、主体对客体的感受。因此,《当代马克思主义哲学研究文库》中的著作既反映了作者对马克思主义哲学文本的忠实,又体现出作者研究马克思主义哲学的不同视域和不同方法,并凝聚着作者的特定感受和思维个性。

当然,我注意到,人们对马克思主义哲学的认识并非一致,而且存在着较大的分歧和争论。从历史上看,一个伟大的哲学家逝世之后,对他学说产生分歧和争论,并不罕见。但是,像马克思主义哲学这样在世界范围内进行如此持久的研究,产生如此重大的分歧,却是罕见的。而且,马克思离我们的时代越远,对他的认识的分歧也就越大,就像行人远去,越远越难以辨认一样。美国社会学家米尔斯由此认为,"正如大多数复杂的思想家一样,马克思并没有得到人们统一的认识。我们根据他在不同发展阶段写出的书籍、小册子、论文和书信对他的著述做出什么样的说明,取决于我们自己的观点,因此,这些说明中的任何一种都不能代表'真正的马克思'"。

米尔斯所描述的问题是真实的,但他对问题的回答却是错误的,即不存在一个客观意义上的、真正的马克思,存在的只是不同的人所理解的不同的马克思。有人据此把马克思与哈姆雷特进行类比,认为犹如一千个观众的眼中有一千个哈姆雷特一样,一千个读者心中有一千个马克思,不存在一个"本来如此"的马克思主义。在我看来,这是一个似是而非、"不靠谱"的类比和说法。问题的关键就在于,哈姆雷特是莎士比亚塑造的艺术形象,马克思主义是由马克思创立的科学理论;艺术形象可以有不同的解读,而科学理论揭示的是客观规律,这种认识正确与否要靠实践检验,而不是依赖认识主体的解读。实际上,即使是艺术形象,也不能过度解读。合理的解读总是有"底线"的。例如,同一首萨拉萨蒂创作的小提琴曲《流浪者之歌》,德国小提琴演奏家穆特把它诠释成悲伤、悲凉、悲戚,美国小提琴演奏家弗雷德里曼把它诠释成悲愤、悲壮、悲怆，但无论是悲伤、悲凉、悲戚，还是悲愤、悲壮、悲怆，都具有"悲"的内涵，而没有"喜"的意蕴。

从认识论的角度看，对马克思主义哲学认识的分歧，是由认识者生活的历史环境和"理解的前结构"决定的。人们总是生活在特定的历史环境中，并在特定的意识形态氛围中进行认识活动的。问题就在于，历史环境的不可复制性，历史进程的不可逆转性，历史事件的不可重复性，使认识者不可能完全"回到"被认识者生活的特定的历史环境，不可能完全"设身处地"地从被认识者的角度去理解他的文本，因而也就不可能完全恢复和再现被认识者思想的"本来面目"。特定的历史环境和"理解的前结构"支配着理解的维度、深度和广度，即使是最没"定见"的认识者也不可能"毫无偏见"。人的认识永远是具体的、历史的，不可能超出认识者的历史环境，必然受到认识者的"理解的前结构"的制约。

但是，我们又能够通过"自我批判"达到对事物的"客观的理解"。"基督教只有在它的自我批判在一定程度上，可说是在可能范围内完成时，才有助于对早期神话作客观的理解。同样，资产阶级经济学只有在资产阶级社会的自我批判已经开始时，才能理解封建的、古代的和东方的经济。"马克思的这一观点具有普遍意义，同样适合哲学史、马克思主义哲学史研究。具体地说，我们能够站在当代实践、科学和哲学本身发展的基础上，通过"自我批判"，通过对马克思主义哲学产生的历史背景的考察，通过对马克思主义哲学文本的分析，通过对马克思主义哲学历史的梳理，使作为认识者的我们的视域和作为被认识者的马克思的视域融合起来，不断走向马克思，走进马克思哲学的深处，从而对马克思的哲学做出"客观的理解"，即准确理解和把握"真正的马克思"，准确理解和把握马克思主义哲学的本真精神、本质特征和理论体系，准确理解和把握"本来如此"的马克思主义哲学。这正是《当代马克思主义哲学研究文库》所追求的理论目标和理论境界。

我注意到，收入《当代马克思主义哲学研究文库》的这些著作的观点并非一致，甚至存在着这样或那样的错误。问题在于，"不犯错误的人没有"（邓小平）。科学研究更是如此。"科学的历史，正如所有人类的观念史一样，是一部不可靠的猜测的历史，是一部错误的历史。"（波普尔）因此，我们应当"从错误中学习"。只有当我们从对错误的"错误"理解中摆脱出来，只有当错误不再成为我们的思想包袱的时候，我们才能少犯错误，才能在求索真理的过程中发现更多的真理。在今后的研究中，我们将不断地修正错误，从而使《当代马克思主义哲学研究文库》不断完善。但是，我们永远也不可能达到完善。在我看来，追求完善，这是学者应有的品格；要求完善，则是对学者的刻薄。实际上，这是一种形而上学的要求。"一切发展中的事物都是不完善的，而发展只有在死亡时才结束。"（马克思）因此，向学者以至任何人要求完善，实际上是向他索取生命。

杨耕
2021 年 7 月于北京世纪城

目　录

导　论　马克思主义哲学研究：反思与超越 ……………………… 1
第一节　本体论变迁与形而上学 ………………………………… 3
　1. 马克思主义哲学研究中的三种本体论 ……………………… 3
　2. 存在论的反思 ………………………………………………… 8
　3. 海德格尔在何种意义上认同马克思 ………………………… 12
　4. 海德格尔反对马克思 ………………………………………… 16
　5. 马克思的哲学观念的转变 …………………………………… 19
第二节　马克思哲学的三大主题 ………………………………… 25
　1. 形而上学批判 ………………………………………………… 25
　2. 资本逻辑与总体性 …………………………………………… 29
　3. 社会批判理论 ………………………………………………… 34
第三节　方法变更与视域开启 …………………………………… 39
　1. 从"独白"到"复调"：研究方法的变更 ………………… 39
　2. 马克思主义哲学与西方哲学：视域开启与理论界划 …… 45
　3. 西方马克思主义的理论意义 ………………………………… 49
　4. 本书的主题与任务 …………………………………………… 52

第一章　实践与社会关系 ………………………………………… 53
第一节　实践：一个过渡性的逻辑范畴 ………………………… 53

    1. 实践范畴与马克思的哲学变革 …………………………… 54
    2. 马克思哲学变革的历程 …………………………………… 57
    3. 实践范畴的过渡性意义 …………………………………… 60
  第二节　从实践到一定的社会关系 …………………………………… 62
    1. 唯物史观的一般视野 ……………………………………… 63
    2. 唯物史观的深层视野 ……………………………………… 65
    3. 一定的社会关系：政治经济学批判的哲学视域 ………… 68
    4. 关系思维与当代哲学 ……………………………………… 71
  第三节　历史情境与辩证法 …………………………………………… 73
    1. 社会生活的历史性阐释 …………………………………… 74
    2. 社会生活的主导阐释模式 ………………………………… 77
    3. 关于历史情境的辩证法思考 ……………………………… 80

第二章　主体与人 ……………………………………………………… 84
  第一节　从古典人本主义到新人本主义 …………………………… 84
    1. 人的地位的确立 …………………………………………… 85
    2. 人的理性确证 ……………………………………………… 86
    3. 理性与情感的双重变奏 …………………………………… 88
    4. 德国古典哲学的"类"人学 ……………………………… 91
    5. 早期海德格尔与新人本主义 ……………………………… 94
  第二节　存在的优先性与先验人性论批判 …………………………… 97
    1. 存在先于本质究竟意味着什么 …………………………… 97
    2. 自由的选择行动何以可能 ………………………………… 100
    3. 另一种人道主义 …………………………………………… 102
  第三节　存在与人的历史性生存 …………………………………… 105
    1. 对萨特人道主义思想的批评 ……………………………… 105
    2. 传统人道主义：一种形而上学的规定 …………………… 108
    3. 存在与人的历史性生存的关系 …………………………… 111
  第四节　青年马克思人学现象学的哲学建构 ……………………… 117
    1. 费尔巴哈的自然人本主义及其对青年马克思的影响 …… 117
    2. 青年马克思建构人学现象学批判理论 …………………… 122
    3. 人学现象学与人学研究 …………………………………… 128

第五节 "现实的个人"与人学形而上学的颠覆 …………… 129
  1. 人学形而上学传统的反思 ……………………………… 130
  2. "现实的个人"及其历史性规定 ………………………… 133
  3. "现实的个人"与国内人学研究思路的辨识 …………… 137

第三章 马克思与形而上学的颠覆 ……………………………… 140
第一节 黑格尔与理性形而上学的建构 ………………………… 140
  1. "我思"的形而上学意蕴 ………………………………… 140
  2. 康德与批判哲学 ………………………………………… 143
  3. 绝对观念与理性的自明 ………………………………… 145
第二节 有限性与早期海德格尔的形而上学 …………………… 148
  1. 康德与传统形而上学的无意识转向 …………………… 148
  2. "此在"的有限性与形而上学的深层关联 ……………… 151
  3. "有限的"形而上学与"无"之境 ………………………… 155
第三节 物化之境与形而上学的神化 …………………………… 158
  1. 物性之遗忘 ……………………………………………… 158
  2. 物性与物化之境 ………………………………………… 162
  3. 物化之境：形而上学的神化与无奈 …………………… 165
第四节 马克思与形而上学的颠覆 ……………………………… 167
  1. 两种形而上学 …………………………………………… 168
  2. 马克思对形而上学的颠覆 ……………………………… 171
  3. 后形而上学时代与马克思主义哲学的当代理解 ……… 175

第四章 历史认识论 ……………………………………………… 180
第一节 认识论：从逻辑思辨到历史性建构 …………………… 180
  1. 近代认识论的逻辑建构与深层难题 …………………… 181
  2. 马克思历史认识论的内在逻辑 ………………………… 185
  3. 马克思的历史认识论与现代认识论转向 ……………… 191
第二节 认识的历史性构成：从个体到社会 …………………… 193
  1. 皮亚杰发生认识论的反思 ……………………………… 193
  2. 个体认识的社会建构：米德的社会心理学分析 ……… 197
第三节 历史认识中的主体间性 ………………………………… 203

1. "自我"概念的再思考 …………………………………………… 203
   2. 自我的构成与主体间性 ………………………………………… 207
   3. 实践意识与理性思维 …………………………………………… 210
   4. 从米德到马克思 ………………………………………………… 213
  第四节 解释学与历史性理解合法性论证 ……………………………… 216
   1. 解释学:从启蒙到浪漫主义 …………………………………… 216
   2. 历史学派中的解释学问题 ……………………………………… 219
   3. 历史性:从历史认识论问题到精神科学的理论基础 ………… 223
  第五节 从效果历史意识到意识形态批评 ……………………………… 229
   1. 前见的合法性与效果历史意识 ………………………………… 229
   2. 效果历史意识与经验问题 ……………………………………… 234
   3. 效果历史意识与意识形态批评 ………………………………… 238

第五章 社会批判理论 …………………………………………………… 243
  第一节 从价值批判到社会的内在批判 ………………………………… 243
   1. 马克思社会批判理论研究的兴起 ……………………………… 244
   2. 青年马克思的价值批判理论 …………………………………… 246
   3. 批判理论的深层难题 …………………………………………… 250
  第二节 马克思社会批判理论的科学视域 ……………………………… 253
   1. 走出思想中心与价值悬设 ……………………………………… 253
   2. 概念的历史性、现实性定位 …………………………………… 256
   3. 社会关系的矛盾分析 …………………………………………… 258
  第三节 合理性、颠倒与意识形态批判理论 …………………………… 262
   1. 经济生活与拜物教 ……………………………………………… 262
   2. 理性意识形态中的颠倒问题 …………………………………… 266
   3. 意识形态批判的方法论原则 …………………………………… 269
  第四节 批判理论:从马克思到法兰克福学派 ………………………… 270

第六章 形而上学与工具理性 …………………………………………… 276
  第一节 物化理论与形而上学批判的理论转向 ………………………… 276
   1. 马克思对生产关系的批判 ……………………………………… 277
   2. 物化与生产力批判 ……………………………………………… 280

  3. 理论转向与内在困境 ……………………………………… 283
第二节 形而上学与权力支配 …………………………………………… 286
  1. 启蒙与神话 ………………………………………………… 287
  2. 形而上学与权力支配的关系 ……………………………… 291
  3. 文化工业与操控 …………………………………………… 296
第三节 工具理性与人的单向度化 ……………………………………… 299
  1. 技术理性替代形而上学 …………………………………… 300
  2. 社会的单向度化与否定性辩证法的消解 ………………… 304
  3. 大拒绝：重申价值判断与思维的否定性 ………………… 310
  4. 简要的评论：通往后马克思主义之途 …………………… 315

第七章 形而上学批判与后马克思主义 … 317
第一节 形而上学的解构与面向未来的承诺：德里达解读
    马克思 ……………………………………………………… 318
  1. 形而上学的界限与解构 …………………………………… 318
  2. "脱节的时代"与在场的形而上学 ……………………… 324
  3. 幽灵的多义性与面向未来的承诺 ………………………… 328
  4. 简要的评论 ………………………………………………… 334
第二节 马克思的生产之镜与鲍德里亚的批评 ………………………… 334
  1. 从西方马克思主义到后马克思主义 ……………………… 335
  2. 生产逻辑的终结 …………………………………………… 339
  3. 生产理论与意识形态幻象 ………………………………… 342
  4. 走向悲观主义的冷漠 ……………………………………… 345
第三节 领导权与后马克思主义的理论选择 …………………………… 346
  1. 马克思主义理论危机与领导权理论的浮现 ……………… 346
  2. 领导权：多元决定与实践链接 …………………………… 351
  3. 领导权与激进民主政治的理论规划 ……………………… 357
第四节 总体性与马克思主义哲学的当代建构 ………………………… 360
  1. 从现代到后现代：总体性观念的建构与解构 …………… 361
  2. 概念总体性与具体总体性：黑格尔与马克思的界划 …… 366
  3. 资本逻辑与后现代主义：总体性与马克思主义哲学的
    当代思考 ………………………………………………… 372

结束语　走向《资本论》··· 378

主要参考文献 ··· 393
索引 ··· 402
后记 ··· 414

导论　马克思主义哲学研究：
反思与超越

自20世纪80年代以来，国内马克思主义哲学研究经过了两次重要的理论范式转换。第一次是从实践标准问题的讨论，经过人道主义与异化问题的研究，到以实践唯物主义为标志的理论建构。这一从文学领域延伸到哲学领域的思想反省，使国内学界冲破了传统研究模式的束缚，为马克思主义哲学的当代建构打开了新的可能性空间。也正是在这一次转换中，国外马克思主义哲学、现代西方哲学、当代科学哲学、心理学等学科的理论思路，直接影响着国内马克思主义哲学的理论建构，形成了实践唯物主义的理论范式。第二次是从实践唯物主义与主体性问题，经过以"回到马克思"为导向的重新理解马克思后，重新面对国外马克思主义和当代思潮。在这一次范式转换中，马克思主义哲学体现为更丰富的理论平台，学者们以实践唯物主义为基础，展开了对马克思主义哲学文本的重新阅读，对全球化与中国发展的现实问题进行了深层次的讨论，对马克思主义哲学的本体论基础进行了新的探讨，打开了马克思主义哲学与西方哲学的对话空间，形成了富有个性的哲学表述，这对马克思主义哲学研究无论在思想深度上，还是在资源整合上，都起着十分重要的作用。

在打破了传统研究模式的束缚之后，马克思主义哲学的理论进展实际上都是围绕着这样一个总问题展开的：马克思主义哲学在今天具有何种意义？如果说这个问题在过去还是一个政治命题的话，那么在今天，随着马克思主义哲学研究的深入和资本逻辑的全球展开，它更是一个学术命题和现实话题。在我看来，只要我们仍然处于资本逻辑支配一切的时代，马克思对资本主义社会的批判分析就仍然是我们面对当代社会实践与文化理念的重要前提。但这里的问题在于，马克思主义哲学创立于自由资本主义时代，在马克思主义哲学产生之后，当代社会的发展，从西方来看，经过了组织化资本主义时代和当下的全球化时代；对于后发展国家来说，随着从传统的农业文明向现代文明的转换，自由资本主义、组织化资本主义与全球资本主义等模式在后发展国家同时展开，在发达国家随着时间维度在空间布展的东西，在后发展国家体现为时空压缩的特征，即在不同时间和空间布展的东西同时呈现出来，同样，在发达国家不同历史时段呈现出来的思想，在后发展国家也往往同时展现出来，这导致了问题的复杂性。也就是说，当我们今天追问马克思主义哲学的意义时，我们不可能不考虑到历史的变迁与学术思潮的进展，特别是在面对当代思想进程时，我们不仅要面对赞成马克思主义哲学基本精神的思想，更要面对那些对马克思主义哲学精神做深刻批判的思想，在对这些问题加以辨识的基础上，才能实现新的资源整合与理论逻辑的推进。

从这样的视角出发，马克思主义哲学研究面临着第三次范式转换：从注重实践本体论研究走向后形而上学时代马克思主义哲学的建构。在第二次理论范式的转换中，学者们的主要努力在于如何体现马克思的"哲学"。实践本体论与存在论的讨论、马克思主义哲学的形而上学奠基、历史现象学的建构等，实际上是想使马克思的哲学成为真正的"哲学"。但这里的问题在于，当我们将马克思的哲学理解为纯粹的"哲学"时，这种"哲学"恰恰与马克思的哲学有着差异，马克思哲学的基本精神首先就是对纯粹形而上学的批判。从马克思思想的发展过程来看，马克思哲学的变革过程，马克思对黑格尔哲学及青年黑格尔主义的批判，说到底是对传统形而上学的批判，这不仅体现为从理论思辨的角度颠覆传统形而上学，更重要的是颠覆产生传统形而上学的社会历史世界，正是在这一哲学转变中，马克思扬弃了仅从思辨角度谈论哲学的方式，而是从哲学与政治、经济、历史的多重内在建构关系中来揭示哲学的现实内容，建构自己的社会批判理论，实现对资本主义社会及其思想文化的批判与超越。马克思主义哲学研究的第三次范式转换，即走出"形而上学"的纯粹之思，实现从形而上学的思路转向马克思主义哲学的历史性之思，以面对当代马克思主义研究的最新进展，这是今天无法回避的问题。只有在这样的哲学之思中，我们才能打破传统研究中哲学、政治经济学、科学社会主义三科分立的界限，重新达到对马克思主义哲学的"总体"再现，真正揭示出马克思主义哲学中理论与历史之间的内在复杂关系，实现从马克思的逻辑走向当代社会的历史与文化反思，在我看来，这也是我们从马克思主义哲学出发，面对当代社会与文化的基本方法。

第一节 本体论变迁与形而上学

"本体论"这一概念，作为形而上学研究的一个分支领域，虽然直到18世纪才由沃尔夫引进哲学领域中①，但对本体问题的讨论，一直处于哲学研究的核心，甚至可以说，本体论的讨论构成了哲学合法性的基础。从巴门尼德关于存在问题的论争，一直到海德格尔对存在问题的思考，哲学都是通过对本体问题的关注与沉思，不断地建构与解构着自己，以本体的不同界说来规定着哲学的当下形态。40多年来，马克思主义哲学研究的思路演进，也是以本体论的讨论为其核心要件的，对此的分析，可以更为清晰地看清马克思主义哲学研究的主导逻辑。

1. 马克思主义哲学研究中的三种本体论

物质本体论是马克思主义哲学研究中出现的第一种本体论。马克思本人在自己的哲学思考中，并没有对物质在自己哲学中的本体论地位进行论证，这一思考的突现，首先由恩格斯在批判杜林的《反杜林论》中提出来。恩格斯关于物质本体论的描述，针对的是杜林所谓的世界存在论模式展开的。杜林把存在的唯一性理解为世界的本体规定，因为在他看来，一切思维的本质都在于把事物综合为一个统一体，所以存在一旦被思考，就被思考为统一的东西，存在的统一性才是世界存在的真实状态。对此，恩格斯指出："尽管世界的存在是它

---

① Encyclopedia Americana. 1993, Volume 21: 756.

的统一性的前提，因为世界必须先**存在**，然后才能是**统一的**。在我们的视野的范围之外，存在甚至完全是一个悬而未决的问题。世界的真正的统一性在于它的物质性，而这种物质性不是由魔术师的三两句话所证明的，而是由哲学和自然科学的长期的和持续的发展所证明的。"① 对于恩格斯的这一思想，列宁在《唯物主义和经验批判主义》一书中从认识论的角度进行了进一步的发挥。针对马赫主义者的"原则同格论"，列宁指出，从物到感觉到思想，这是马克思主义认识论的基本原则，这一原则并不只具有认识论的意义，即解决了人的感觉经验的来源问题，而且确证了世界的本体论根据，所以列宁在反驳马赫与阿芬那留斯的哲学时反问道："在人出现以前自然界是否存在？"② 正是通过恩格斯与列宁的分析，认识论的唯物主义原则与物质本体论获得了直接的统一性，并且在后来的正统研究中，以自然为本体的物质本体论构成了马克思主义哲学体系的基础。斯大林在《论辩证唯物主义和历史唯物主义》一文中，对物质本体论的地位进行了系统的表述：第一，它将辩证唯物主义理解为是对自然对象的唯物的、辩证的理解；第二，"世界按其本质说来**是物质的**"③，"自然界、存在、物质世界是第一性的"④，思维、意识等都是从物质中派生出来的；第三，历史唯物主义是辩证唯物主义在历史领域的应用与推广。这三个重要的概括，奠定了传统研究中物质本体论所具有的无法动摇的地位。在此基础上，苏联的哲学家都确认物质构成了马克思主义哲学的本体性范畴，这是传统马克思主义本体论研究的主流范式，也是国内马克思主义哲学研究在20世纪80年代以前的主流话语。

这种本体论的研究范式遭到了西方马克思主义者的批评，从而产生了马克思主义哲学研究中实践本体论的思维范式。这种研究范式发端于卢卡奇、葛兰西与柯尔施等早期西方马克思主义者，经过1950—1960年代东欧"新马克思主义"特别是南斯拉夫"实践派"的解释和民主德国柯辛的"一体化教科书"的努力，成为当时马克思主义哲学研究中的主要思潮，70年代之后在日本马克思主义研究中，形成了一种明确的

---

① 马克思,恩格斯. 马克思恩格斯选集：第3卷. 北京：人民出版社，2012：419.
② 列宁. 列宁全集：第18卷. 北京：人民出版社，1988：70.
③ 斯大林. 斯大林选集：下卷. 北京：人民出版社，1979：432.
④ 同③436.

实践唯物主义体系化的理论旨归，80年代中后期开始在国内研究中再次盛行。这是马克思主义本体论研究中的第二种范式。

虽然柯尔施、葛兰西与卢卡奇所针对的问题存在着差别，但在面对以物质本体论为基础的辩证唯物主义时，他们都持一种批判的态度。第一，他们都认为，以物质本体论为基础的辩证唯物主义并不能真正地反映马克思主义哲学的本质规定。卢卡奇在《历史与阶级意识》一书中直接反对恩格斯的自然辩证法思想，以历史概念来改造旧唯物主义的自然本体论以及黑格尔哲学唯心主义思想，在他看来，物质本体论正是现代资本主义社会物化现实与物化意识的双重结果。柯尔施认为，从这种物质本体论出发，马克思的唯物主义就是一种旧的形而上学，"这种唯物主义来源于一种视存在为绝对的和既定的形而上学的观点"①。以这种观点理解马克思主义哲学，实质上是将马克思主义哲学拉回到前康德哲学的理论水平。第二，他们都从黑格尔哲学传统出发，在马克思主义哲学本体论问题上形成了较为一致的实践观念。虽然他们没有明确提出实践本体论，但对马克思主义哲学的实践解释是他们的理论核心。卢卡奇历史概念的本质就在于它是人类实践活动的产物；柯尔施则把马克思主义哲学理解为一种实践批判哲学；葛兰西直接从拉布里奥拉的"实践哲学"出发，反对从物质本体论出发的辩证唯物主义，提出了实践哲学②，他认为马克思"实践哲学"的独特之处正是在于实现了个人的能动行为与社会经济、物质条件的完善融合。第三，马克思主义哲学本体论的解释中的实践观念，倾向于对主体能动性的张扬，这是后来实践哲学讨论时将人作为中心地位的理论前提。

早期西方马克思主义者的探索，经过弗洛姆、马尔库塞、列斐伏尔等人的解释，特别是马克思早期文献《1844年经济学哲学手稿》的发表，使实践人学的观点成为马克思主义哲学解释中的主要思潮。在1950年代，这股思潮波及苏联东欧国家，出现了"新马克思主义"，其中最有影响的就是南斯拉夫"实践派"的理论建构。在1960年代，民

---

① K. Korsch. Marxism and Philosophy. Trans. by Fred Halliday. London: New Left Book, 1970: 117.
② 关于葛兰西的实践哲学思想，参阅：仰海峰. 实践哲学与霸权——当代语境中的葛兰西哲学. 北京：北京大学出版社，2009。

主德国哲学家柯辛与赛迪尔也形成了"实践中心论"。柯辛于1964年7月在《德意志哲学杂志》上发表了《马克思主义哲学的对象、结构、叙述方法》与《马克思主义哲学的各种职能》两篇文章，1966年10月赛迪尔在《德意志哲学杂志》上发表了《人对于现实的实践和理论的关系》一文，都以实践为中心反对传统马克思主义哲学的解释，强调以劳动、实践构成思维与存在关系的基础。实际上这就是一种新的本体论。虽然这个讨论受到了当时学界的批判，但柯辛在1967年的新教科书《马克思主义哲学教科书》中，仍然强调了马克思恩格斯新世界观是把人类和人类活动、社会生活过程当作哲学建构的出发点和中心点的。这种观点在70年代之后，经过日本学界的讨论，就形成了马克思主义哲学的新称谓——"实践唯物主义"①。

在国内80年代中后期的实践唯物主义讨论中，形成了对马克思主义哲学本体论问题的激烈争论。有的学者虽然认为实践对于马克思主义哲学具有重要的意义，但强调马克思的本体论基础仍然是物质；有的学者则强调，实践唯物主义是一种新的哲学形态，这种新的哲学形态的本体论是物质本体论所无法担负的，新的本体论基础只能是实践②；有的学者则强调实践哲学是一种新的思维方式。但在实践唯物主义的讨论中存在着一种简单化的倾向，有些学者把实践看作无所不在的力量，实践成为一种新的"绝对观念"，仿佛任何马克思主义哲学中的过错，都在于没有理解实践，只要从实践出发，就可以建构出一种新的科学的马克思主义哲学体系。

如果我们考虑到实践本体论的核心是人的主体性问题，那么一些学者提出的马克思主义哲学就是人学的论断，也就可以理解了。但我们需要注意的是，同样是人学，以主体性为基础的人学与以存在论为基础的人学是不同的，甚至在逻辑上是相互批判的。以实践主体性为基础的人学，与当时国内的市场经济的发展密切相关，而以存在论为基础的人学

---

① 参阅《哲学动态》1988年第7、8期。
② 在提倡实践唯物主义的学者中，他们的观点也存在着很大的差异，有的从实践唯物主义出发，认为马克思哲学的根本是历史唯物主义；有的学者则以实践本体论来建构马克思主义哲学的新形态；有的学者则从实践唯物主义走向了实践人学；有的学者则从价值论的立场来理解实践唯物主义；有的学者则走向了马克思哲学的方法论规定，提出马克思的哲学是一种社会批判理论；等等。

则对市场经济条件下的人的生存状态提出了批判①。因此在世纪之交出现的存在论与生存论的研究，虽然也是从实践唯物主义讨论中生长出来的，但从思考的逻辑上来看，则体现出不一样的本体论模式：存在（生存）本体论。这种本体论研究范式的形成，一个直接的原因就是海德格尔哲学的介入。

在《关于人道主义的书信》中，海德格尔写道："形而上学作为体系是第一次通过黑格尔才把它的绝对地被思过的本质形诸语言；正如此种形而上学是真的一样，黑格尔对历史的规定亦如此真。绝对的形而上学连同它的由马克思与尼采所作的倒转一起都归属于存在的真理的历史之中。"② 在这里海德格尔从西方哲学的角度提出了马克思与以黑格尔哲学为代表的传统形而上学的决裂问题。如果马克思颠覆了传统形而上学，那么马克思主义哲学的本体论应是什么样的本体论？在这篇文献中，海德格尔从人的历史性生存这个角度，重新界定了马克思主义哲学的本质规定，他甚至认为正是这种人的生存的历史性维度，才是马克思主义哲学超越于现象学、超越于萨特存在主义人学的根本性规定③。从这一视角重新回到《存在与时间》，以《存在与时间》中海德格尔关于本体论的思考，特别是对存在问题的思考，国内马克思主义哲学研究在本体论的层面，从过去的实践本体论走向了以人的存在（生存）为核心的生存本体论。

在这三种本体论范式的产生与更替中，我们既可以看到对马克思主义哲学的不同理解，也可以看出本体论这个概念在特定的时刻有其特定的规定性。在第一种本体论范式中，本体论的内涵主要是从起源的角度来规定的，这是一种宇宙论的观念，这种宇宙论就必须使辩证唯物主义成为马克思主义哲学的核心；在第二种本体论范式中，宇宙论的观念让位于社会历史生活，在社会历史的抽象中，实践逻辑地成为世界的本质规定性。由于想以此为基础来建构新的哲学体系，实践也就获得了绝对的、抽象的地位，在某种意义上这是一种无限性的本体论；在第三种本

---

① 关于人的讨论中的这一思路差异，参阅本书第二章关于古典人本主义与新人本主义的分析。
② 海德格尔.海德格尔选集：上卷.孙周兴，选编.上海：生活·读书·新知三联书店，1996：379.
③ 关于这一文献的分析，参阅本书第二章第三节。

体论范式中，对人的生存论的关注，就必须以对人的具体性生存状态的思考为内容。后两种本体论构成了 1980 年代以来国内马克思主义研究中两次重要的范式转换，这两种范式也是我们今天需要反思的。

2. 存在论的反思

从词源学来看，"本体论"是 ontology 一词的汉译。对于这个词的译法，在当下存在着一些不同的理解。从上面的考察中可以看出，在传统马克思主义哲学的研究中，本体主要讲的是世界起源的问题，并且从世界起源的角度来论证辩证唯物主义的合法性。在今天的教科书中，物质的世界统一性问题仍然是马克思主义哲学原理中本体论的核心问题。但如从词源的角度来考察的话，ontology 是由 ont 加上 logy 构成，logy 作为词缀是指"学问"之意，那么 ontology 可直译为关于 ont 的学问。ont 一词是古希腊文 on 的变式，而 on 则对应于英文中的 to be 或 being。这样 ontology 就其直接意义而言，或译为"存在论"，如中译者把海德格尔的 Sein Und Zeit（相应的英文为 Being and Time）译为《存在与时间》时，按照英文的对应译法，Being 就译为"存在"。俞宣孟先生在《本体论研究》中则认为 Being 应译为"是"，因此《存在与时间》就应译为《是与时》①。不管对这个词的译法区别多大，但其主要的含义是指对存在者（是者）何以存在（是）的研究。按照沃尔夫引进这一概念时的想法，作为形而上学一部分的本体论，"论述各种关于'有'的抽象的、完全普遍的哲学范畴，认为'有'是唯一的、善的；其中出现了唯一者、偶性、实体、因果、现象等范畴；这是抽象的形而上学"②。在沃尔夫这里，本体论主要是从逻辑上来理解事物存在的根据，而不是从时间起源的意义上来揭示世界从何而来，因为这个问题在哲学与自然科学实现分离之后，已经成为一个自然科学问题，比如"宇宙大爆炸"就是霍金教授关于宇宙起源问题的构想。从逻辑的角度来追问世界存在的合法性，本体论的思考也就同思考的主体——人无法分离，本体论在深层次上就成为在人与世界的关系中揭示世界存在的根据问题。这实际上也就表明，传统马克思主义哲学研究从世界的起源角度来论证"物质"的本体论地位，并将之与人进行绝对的隔离，就无法在本体论

---

① 参阅：俞宣孟. 本体论研究. 上海：上海人民出版社，1999.
② 黑格尔. 哲学史讲演录：第4卷. 贺麟, 王太庆, 译. 北京：商务印书馆，1978：189.

问题上，与近代以来的哲学进行深层次的对话，这是造成国内马克思主义哲学研究长期以来处于停滞状态的一个重要原因。因此，今天在讨论马克思主义哲学与本体论的关系问题时，首先要走出"起源论"这一本体论理解的误区。应该说，实践唯物主义的讨论，在这一问题的理解上，推进了马克思主义哲学研究的深层思路。

如果从哲学思考来说，沃尔夫引进的本体论概念，实际上讲的是存在者何以存在的问题，因而存在总是存在者的存在，或者说存在者的根据。按照这个思路，存在就易被理解为最高的存在者，这也是从中世纪的神学到近代哲学中关于存在论讨论中的主要线索。比如在《逻辑学》关于哲学开端的论述中，黑格尔在考察了哲学思考中关于开端的现代论述之后指出，开端既不是直接的，也不是间接的，既不是客观起源意义上的，也不是主观精神或内在天启的，开端应该从纯粹的、空的、不确定的存在开始，但这种直接的存在在逻辑学中又是意识的最后的、绝对的真理，于是存在又是间接的，它既是逻辑学的起点，又是逻辑学的终点，一切事物通过以存在为起点的逻辑学展开，达到了澄明之境。所以在哲学的讨论中，

> 前进就是回溯到根据，回溯到原始的和真正的东西；被用作开端的东西就依靠这种根据，并且实际上将是由根据产生的。——这样，意识到它的道路上，便将从直接性出发，以直接性开始，追溯到绝对的知，作为它的最内在的真理。于是，这个最后的东西，即根据，也是最初的东西所从而发生的那个东西，它首先作为直接的东西出现。①

存在总是与开端共时的，开端还未存在，但它将存在，这是一种空虚的存在，但空虚的存在总是存在，这种对存在的理解总还是从存在者的意义来着手的，正是在这个意义上，海德格尔认为黑格尔的这种哲学形而上学，实际上是一种神学本体论的形而上学。在神学中，存在是作为最高的存在者出现的，而黑格尔哲学中，存在也是以最为空洞的存在者出现的，只有作为空洞的存在者，才能理解由这种空洞的存在所产生出来的、有着规定性的存在者。虽然黑格尔强调哲学是思想的事情，因为由空洞的存在达到绝对观念的过程就是一种抽象的、思想的过程，

---

① 黑格尔.逻辑学：上卷.杨一之，译.北京：商务印书馆，1999：55-56.

"思想的事情乃是存在——鉴于在绝对思想中并作为这种绝对思想的存在者的所思状态来看的存在",关于存在的这种理解,在海德格尔看来,就是没有意识到存在与存在者在本体论上的根本差别,"对我们来说,思想的事情是同一东西,因而就是存在,但这是就存在与存在者的差异而言的存在"①。在海德格尔的视域中,存在并不是存在者之存在根据的存在,而是动词意义上的存在,存在不是存在着的东西,而是存在之"行动",当把存在当作存在着的东西时,就会产生存在之遗忘,因此,海德格尔才会说:"存在者整体的整体性乃是存在者的统一性,后者作为产生着的根据而统一起来。对每个识字者来说,这都意味着:形而上学是存在-神-逻辑学。"② 黑格尔的哲学最后是一种神正论,在逻辑上这是一种必然。从这个考察中可以发现:

> 形而上学的这一终结给存在之思留下了一个机会,存在之思不再是本体论。海德格尔不再使用"本体论"一词,因为它仍和逻辑学连在一起(而在他思想发展的第一个阶段,他的使命是一种**基础本体论**的使命)。这一放弃是由于对逻辑学的那种回忆,也就是说,对存在被转达为在者之在的方式的回忆。逻辑学仍然带有本体论—神学的标记。——那作为报答而来的,那可能来到的,海德格尔称之为**存在之思**。这里有一个新的时代,以上帝之死和本体论神学的终结为标志。③

也就是说,当海德格尔谈到存在时,不再是传统本体论意义上的存在,这种本体论随着形而上学的终结而终结了。在这个意义上,讨论海德格尔的存在论,是不能用本体论这个概念来理解的,当学界从海德格尔哲学中的存在论出发理解马克思主义哲学的当代本体论时,如果本体论的含义还是黑格尔逻辑学意义上的,那么这就是一种误释。

海德格尔是想跳出本体论思维来讨论哲学,但问题在于,在哲学的境界上,海德格尔哲学与传统的本体论哲学具有同质性。对于黑格尔而

---

① 海德格尔. 海德格尔选集:下卷. 孙周兴,选编. 上海:生活·读书·新知三联书店,1996:824.
② 同①829.
③ 勒维纳斯. 上帝·死亡和时间. 余中先,译. 北京:生活·读书·新知三联书店,1997:139.

言，哲学从纯存在出发，最后达到绝对观念，这个过程既是一种前进的过程，也是一种回归的过程，当绝对精神外化自己时，也是回归自己之时，最后密涅瓦的猫头鹰在黄昏中起飞，对这个世界画上了一个圆满的句号。绝对观念通过这种圆圈式的运动，使自己理解了自己，进入豁然开朗之境。这是黑格尔的理想。海德格尔认为这种前进是一种追问存在者的知识进程，是技术论的，前进得越多，对被跳过的区域就越难以理解，他的论述就是要返回到那个被跳过的区域，追问形而上学的本质来源，只有这个问题弄清楚了，才能真实地进入澄明之境中。表面看来，海德格尔是反对黑格尔的，但从深层上来看，海德格尔恰恰是要以存在论来修正逻辑学本体论的不足，如果我们把存在当作一个点，黑格尔处于点的右边，那么海德格尔则处于点的左边，两者合起来，才能构成一条完整的现代性地平线。

为什么这么说呢？在海德格尔对存在的追问中，他的哲学理想是让存在之光普照万物。如果说黑格尔哲学是一种理性同一性的谋划，那么在海德格尔的存在之光中，则是一种前理性的同一性谋划，黑格尔是让理性之光照耀一切，使一切都成为绝对观念的呈现，而海德格尔则使一切变成存在的显现。在海德格尔的存在论中，凡是没有进入存在区域的，都失去了合法性，这正如阿多诺所说的，这是存在的暴力。存在的澄明之境也是存在的黑夜，因为在存在的强光照耀中，一切事物都不存在了，存在的只是与存在合而为一的存在之光，当特定的事物不存在时，只有黑夜自己强迫着自己的存在。

> 当事物的形状溶化在黑夜里时，既非对象亦非对象性质的黑暗就扩展在眼前。我们被固定在黑暗中。在黑夜中，我们与任何事物都无关。这个"什么也……不"不是纯粹的无。既不是"这个"也不是"那个"，不是"什么"。但是，这种普遍不在场反过来显现，绝对地不可避免地"显现"。它不是"不在"这一辩证法中"对应的词"，我们也不是依靠思维来把握它的。它无媒介地存在着。①

列维纳斯认为这是存在的恐怖统治。这种恐怖统治与海德格尔所反对的技术统治共同构成了现代性的主题。

---

① 港道隆. 列维纳斯——法外的思想. 张杰，李勇华，译. 石家庄：河北教育出版社，2002：56.

虽然海德格尔对马克思的哲学之思有着很高的评价，但从根本上来说，他对马克思的哲学持一种批判的态度，并把马克思看作近代以来形而上学的最后完成者。为了更好地讨论马克思主义哲学与存在论的关系，深入分析海德格尔对待马克思的态度是非常必要的。

3. 海德格尔在何种意义上认同马克思

海德格尔体会到马克思对传统形而上学的批判，这是他认同马克思的基本点，这种认同体现在两个方面：一是体现在哲学思考的形式上；二是体现在他关于马克思的直接论述上。

从哲学思考的形式上来说，比较《存在与时间》和《德意志意识形态》，两者的哲学形式相似性表现得较为明显。从理论主题来说，《德意志意识形态》的一个重要主题是批判传统形而上学，特别是青年黑格尔运动中的主体形而上学和费尔巴哈的非历史的哲学，并通过这一批判构建了马克思主义哲学的问题域。在《关于费尔巴哈的提纲》一文中，实践概念具体化为物质生产，它是人类活动的主要方式。从物质生产出发，马克思主要讨论了人与自然、人与人的实践关系，并从这一关系出发来理解意识、哲学等的社会发生过程，从而揭穿了理性形而上学的自律神话，从而进入社会历史领域。在马克思的论述中，"历史"构成了马克思论述问题的基本境域，也正是在这一境域中，马克思同时实现了对传统形而上学与资本主义社会的批判①。

在《存在与时间》中，海德格尔的理论主题是直接批判传统理性（主体）形而上学，揭示形而上学所遮蔽的世界构成与生活方式。在这一主题下，海德格尔在第一篇中关注的主要是两个方面的问题：一是行动与世界的共构性、关系性，主要从世界之为世界揭示上手状态的优先性，揭示上手状态中理解与意义先于理性的发生，也就证明了对存在的领悟优先于对存在者的理性审视；二是"共在"的构成，揭示人与人之间关系的规定性，以及由此引出的日常生活中"此在"的沉沦。如果用马克思的语言来表述，可以简单地说，海德格尔在第一篇中主要论述了人与自然（世界）的关系以及人与人（共在）的关系，集中解构的是形而上学的主体概念，奠定了理解的本体论意义，而这种理解才是理性的

---

① 关于马克思的历史概念，参阅：张一兵. 历史唯物主义中的"历史"概念. 哲学研究，1998（9）。

导论　马克思主义哲学研究：反思与超越

基础。但第一篇并不是海德格尔《存在与时间》的重要部分，当一些学者从海德格尔关于上手状态与关于共在的论述出发来理解马克思时，恰恰没有真正地理解海德格尔。按照海德格尔的思路，在由上手状态构成的此在世界中以及由沉沦构成的共在世界中，"此在"依然是处于非本真状态，而此在在生存论上则要摆脱这种非本真状态，达到本真的生活境界，因此，在第二篇中海德格尔从时间出发，重新讨论了第一篇中的问题，力图揭示在时间的构成中，从非本真状态走向本真状态的可能性。但海德格尔的讨论的确是非常消极的，因为当原始人从太阳的移动中，原初地界定时间时，这就为后来的时间机械化埋下了伏笔，而时间机械化正是非本真的时间，也是人类生活的当前化状态，这也是"共在"的生活境域。海德格尔的这一部分论述，如果用马克思的语言来表述，也就是说，当人们在劳动（姑且借用这个词）中建构着人与人、人与自然的双向关系时，人实际上处于一种异化状态，而且这种异化状态是人类劳动中的规定性，无法真正地扬弃（这也是海德格尔在后期走向天、地、神、人四重合一的美学追求的理论必然）。在海德格尔的这个论述中，"时间"构成了他所有讨论的境域，所以他在《存在与时间》的第一页上写道："本书的目的就是要具体地探讨'存在'意义的问题，而其初步目标则是把时间阐释为使对'存在'的任何一种一般性领悟得以可能的境域。"① 这个思路，很像马克思在《德意志意识形态》中，以"历史"作为整个讨论的境域一样。但显而易见的是，马克思的"历史"与海德格尔的"时间"，其意义是截然不同的："历史"指的是现实生活的真实发生过程，特别是指工业实践所造就的社会发展，而海德格尔的"时间"则直接反对着马克思的"历史"。

上面所考察的形式相似性（实际上是不一样的），在海德格尔关于马克思的直接论述中似乎又得到了直接的证明，这在国内学者经常援引的《关于人道主义的书信》中表现得最为充分。在这篇文献中，海德格尔通过批判萨特的人道主义存在主义，从《存在与时间》中关于"此在"的非本真存在的天命出发，指出：

无家可归状态变成了世界命运。因此有必要从存在的历史的意

---

① 海德格尔. 存在与时间. 陈嘉映，王庆节，合译. 北京：生活·读书·新知三联书店，1987：1.

义去思此天命。马克思在基本而重要的意义上从黑格尔那里作为人的异化来认识到的东西，和它的根子一起又复归为新时代的人的无家可归状态了。这种无家可归状态是从存在的天命中在形而上学的形态中产生，靠形而上学巩固起来，同时又被形而上学作为无家可归状态掩盖起来。因为马克思在体会到异化的时候深入到历史的本质性的一度中去了，所以马克思主义关于历史的观点比其余的历史学优越。但因为胡塞尔没有，据我看来萨特也没有在存在中认识到历史事物的本质性，所以现象学没有、存在主义也没有达到这样的一度中，在此一度中才有可能有资格和马克思主义交谈。①

在这个引文中，他实际上将马克思在两个不同时期的重要概念放置在一起，一个是《1844年经济学哲学手稿》中的"异化"概念；一个是《德意志意识形态》中的"历史"概念。实际上，海德格尔也正是在这两个重要点上认可马克思的，进一步看，海德格尔的主要关注点实际上是"历史性"，异化只有在置于"历史性"之中才能得到理解。因此，理解他关于马克思的认同，首先就必须弄清马克思的"历史"概念意味着什么。而海德格尔并没有认真地研究这一点，后人在引用这句话时，由于把"历史性"当作一个不言自明的事实，并将之同"异化"一起作为支柱性的范畴，所以《1844年经济学哲学手稿》成为马克思与海德格尔互释中的支撑性文本，异化成为将马克思与海德格尔进行对接时的主要联结概念。

在这里，一个深层的问题应该提出来：海德格尔究竟在什么意义上接受了马克思？"异化"与"历史"的并置何以可能？从马克思的思想发展来看，"异化"是其早期思想的核心概念，在《1844年经济学哲学手稿》中，马克思正是以异化劳动的逻辑批判资本主义社会以及哲学、经济学的，在这个批判中，费尔巴哈的人本主义成为马克思的思想基础。这个概念在其本质上是反历史的，因为人本主义的异化逻辑，以一个超历史的"人"为前提，而历史本身则成为应被扬弃的异化的存在（这倒类似于海德格尔的论述）。这一逻辑在马克思主义哲学变革之后，就已被扬弃了，而这时再将"异化"与"历史"并置，在逻辑上恰恰是

---

① 海德格尔. 海德格尔选集：上卷. 孙周兴, 选编. 上海：生活·读书·新知三联书店, 1996: 383.

行不通的①。将早年马克思的"异化"思想同"历史"并置，起于卢卡奇哲学，虽然卢卡奇用的是马克思成熟著作中的"物化"概念。在卢卡奇看来，生产过程中的物化，导致了思想哲学领域中的物化意识，这是资产阶级哲学二律背反的根源，对此的超越必须是"历史"的真实总体性的再现，无产阶级只有在"历史"的建构过程中，才能超越物化意识，实现对物化世界的拯救。可以说，在马克思之后的马克思主义哲学研究中，卢卡奇自觉地在"历史"的基础上，试图重新理解马克思主义哲学，这具有重要的意义，但这种"历史"被强烈地打上了黑格尔的印记②。卢卡奇从"物化"与"历史"的并置中讨论马克思主义哲学，这可能对海德格尔具有启发意义。实际上，《存在与时间》中关于时间与历史性的讨论，与卢卡奇的《历史与阶级意识》中关于"历史"的理解更为接近③。

如果卢卡奇对海德格尔的影响是真实发生的，那么海德格尔在讨论马克思时，他视域中的马克思实际上就是以卢卡奇为棱镜所看到的马克思，而这个"马克思"恰恰是需要进行再解蔽的。因为当卢卡奇将物化从马克思讨论的"社会关系"领域延伸到"生产领域"，论述技术生产中的物化时，这已经过了席美尔与韦伯的中介，只有这时，生产力本身的物化才成为海德格尔讨论在世界中的非本真存在的前提，但这已不再

---

① 在马克思后来的思想中，虽然也在运用"异化"概念，但在理论的逻辑上已经发生了转变，早期的"异化"概念指的是一种哲学批判的逻辑，而后期主要是一个描述性的概念，即指工人的被奴役状态。

② 参阅：卢卡奇的《历史与阶级意识》（杜章智，任立，燕宏远，译. 北京：商务印书馆，1992）一书中的《物化与阶级意识》一文。

③ 关于卢卡奇对海德格尔的影响，早已引起了关注。L. 戈德曼就强调卢卡奇与海德格尔思想之间的关系，并打算写有关这一主题的书，见他死后出版的《卢卡奇与海德格尔》（Y. Ishaghpour 编，巴黎，1973）一书。卢卡奇的这种影响，主要集中在两个方面：一是其早期著作《心灵与形式》关于悲剧的讨论，在这本著作中，卢卡奇从必死性出发来理解悲剧，并将人的真实存在与人对死的态度联系起来；在《小说理论》中，卢卡奇实现了对永恒形式思想的摒弃，走向了"美学范畴的历史化"，时间成为他讨论小说的重要前提。二是卢卡奇的《历史与阶级意识》直接影响到海德格尔。苏联学者别索诺夫在《关于卢卡奇的哲学观点》一文中认为：卢卡奇的《历史与阶级意识》一书，"早在二十年代就在德国得到广泛的流传，在有批判意识的知识分子头脑中造成了混乱。毋庸争论，海德格尔的许多原理，萨特的《存在与虚无》也发端于卢卡契的这部著作"（参阅：关于卢卡契哲学、美学思想论文选译. 张柏霖，等编译. 北京：中国社会科学出版社，1985：19）。美国学者巴尔在《乔治·卢卡契》一书中也认为，卢卡奇的这本书影响到海德格尔，他转用瓦特尼克的看法认为，海德格尔的"此在"就是从卢卡奇的思路中产生的（参阅：关于卢卡契哲学、美学思想论文选译. 张柏霖，等编译. 北京：中国社会科学出版社，1985：76）。

是马克思的哲学论题了①。因此，当人们再次从《1844年经济学哲学手稿》出发，直接将马克思同海德格尔互置时，实际上只是完成了卢卡奇式马克思主义哲学的解释。海德格尔所承认的马克思，至多是卢卡奇《历史与阶级意识》中的"马克思"。

4. 海德格尔反对马克思

实际上，海德格尔对马克思的认同是有限的，在理论深层上，海德格尔恰恰反对马克思，他将马克思同尼采一起，作为传统形而上学的完成者加以颠覆："形而上学作为体系是第一次通过黑格尔才把它的绝对地被思过的本质形诸语言；正如此种形而上学是真的一样，黑格尔对历史的规定亦如此真。绝对的形而上学连同它的由马克思与尼采所作的倒转一起都归属于存在的真理的历史之中。"② 为了理解海德格尔对马克思的批评，我们先从他对尼采的论述着手。

对于尼采，海德格尔认为其所谓的"价值重估"只是对传统形而上学的一种颠倒。

> 由于以往的最高价值是从超感性领域的高度上统治了感性领域，而这种统治的结构就是形而上学，所以随着对一切价值之重估的新原则的设定，也就进行了一种对一切形而上学的颠倒。尼采把这种颠倒看作对形而上学的克服。可是，具有这种方式的任何颠倒都始终只是卷入到那种已经变得不可知的同一者中去了，这是一种自我迷惑的卷入。③

按照海德格尔的看法，尼采对价值重估的强力意志，还是从存在者的角度出发的，实际上是通过强力意志，使存在者的在场得到持续的保证，使之持之以真，这种保证就是近代形而上学所论证的确定性。"这就表明，何种程度上可以说，在尼采关于作为一切现实的'本质'的强力意志的学说那里，现代的主体性形而上学达到了完成。"④

---

① 关于这一问题的讨论，参阅本书第六章第一节。
② 海德格尔. 海德格尔选集：上卷. 孙周兴，选编. 上海：生活·读书·新知三联书店，1996：379.
③ 海德格尔. 海德格尔选集：下卷. 孙周兴，选编. 上海：生活·读书·新知三联书店，1996：785.
④ 同③792.

在海德格尔关于尼采的论述中，"主体性"构成了重要的概念。主体的形而上学何以构成，这在后来关于技术的系列思考中得到了说明。在海德格尔看来，主体性的确立源自人的解放需求，将人从基督教的天启真理中解放出来，就需要一种新的确定性，在这种确定性中，人才能为自己确保真实，这种确定性就是作为对他自己知识的意识。这也是笛卡尔"我思"的现代语境。当人成为这种主体时，物才成为表象中的对象，成为某个被观察的被摆置者，同时表象本身成为心灵活动，而且主体的这种确定性总是可被表象化的，这就有了"我思故我在"的命题。在这种主体成为支配一切的权力的结构中，海德格尔认为这与技术的本质形成了对应关系。技术的本质是一种座架，在座架的支配下，"人往往走向（即在途中）一种可能性的边缘，即：一味地去追逐、推动那种在订造中被解蔽的东西，并且从那里采取一切尺度"①。在这种境域中，无蔽之物成为与人相应的对象物，人则成为这种对象物的订造者与居有者，"由此，便有一种印象蔓延开来，好像周遭一切事物的存在都只是由于它们是人的制作品。这种印象导致一种最后的惑人的假象。以此假象看，仿佛人所到之处，所照面的只还是自身而已"②。也就是说，主体的这种膨胀是技术本质使然。在这个意义可以说，传统形而上学是同技术的本质相一致的。

对技术的批评，就直接关系到对生产力的批评。如果技术的本质是一种解蔽中的更深层遮蔽，而且构成了"此在"的"天命"，那么海德格尔对技术的批判就直接针对马克思的生产力理论。在宏观层面上，马克思认为只有生产力的发展才可能为实现未来共产主义社会奠定基础，这也是世界历史性个人的真实前提。马克思认为在资本主义社会中，主要是社会关系层面的剥削与压迫，所以马克思主要关注的是社会关系层面。在微观层面，劳动、实践的过程建构着人与自然、人与人的双重关系。而在海德格尔思考中，《存在与时间》已经证伪了微观层面世界建构的非本真性，而技术的批判则对生产力本身的"中性"作用提出了质疑，或者说直接批评了马克思的哲学思想。这在他关于唯物主义的一段评论中表现得较为明显：

---

① 海德格尔.海德格尔选集：下卷.孙周兴,选编.上海：生活·读书·新知三联书店,1996：944.

② 同①945.

> 唯物主义的本质不在于一切只是素材这一主张中，而是在于一种形而上学的规定中，按照此规定讲来一切存在者都显现为劳动的材料。劳动的新时代的形而上学的本质在黑格尔的《精神现象学》中已预先被思为无条件的制造之自己安排自己的过程，这就是通过作为主观性来体会的人来把现实的东西对象化的过程。唯物主义的本质隐藏在技术的本质中；关于技术，固然已写出很多东西，但却被思得很少。技术在其本质中实为一种付诸遗忘的存在的真理之存在的历史的天命。①

海德格尔认为，从黑格尔哲学中生长出来的马克思主义哲学，仍然隐藏在技术的本质中，在这个意义上，马克思当然只能算是传统形而上学的最后完成者。而海德格尔的思考本身，恰恰是要反对传统形而上学，为形而上学重建新的理论基础，所以他把马克思连同尼采作为传统形而上学的完成者，也就顺理成章了。从这个视角来看，海德格尔承认马克思，只是认为马克思比传统形而上学中的一切哲学思考更为深刻，但马克思仍然没有摆脱形而上学的"座架"（借用海德格尔这个术语），只是传统形而上学的完成者。他对于马克思的这个判定在《哲学的终结和思的任务》中表达得最为明显："尼采把他自己的哲学标示为颠倒了的柏拉图主义。随着这一已经由卡尔·马克思完成了的对形而上学的颠倒，哲学达到了最极端的可能性。哲学进入其终结阶段了。"但这个终结并不是说马克思不再是形而上学的哲学家，"哲学之终结是这样一个位置，在那里哲学历史之整体把自身聚集到它的最极端的可能性中去了。作为完成的终结意味着这种聚集"②。马克思是这种形而上学的最大代表。

在面对海德格尔的批评时，国内学者认为海德格尔误解了马克思，在深层上马克思的"异化"批判，与海德格尔处在同一理论水准上。要澄清国内学者的这一误解，我们又要回到卢卡奇。当国内许多学者直接将马克思与海德格尔对接时，其出发点实际上是将马克思理解为早年卢卡奇视域中的马克思。在卢卡奇的《历史与阶级意识》中，他对物化的

---

① 海德格尔. 海德格尔选集：上卷. 孙周兴，选编. 上海：生活·读书·新知三联书店，1996：383-384.
② 海德格尔. 海德格尔选集：下卷. 孙周兴，选编. 上海：生活·读书·新知三联书店，1996：1244.

分析，已不再停留在社会关系层面，而是将之深入到生产技术结构与人的心理意识层面。卢卡奇的这个分析，通过席美尔的中介，反观韦伯的工具理性，从而对技术的物化进行了批评，但已远远超出了马克思哲学思考的范围，因为他已经将马克思的批判推进到了生产力的批判中。但如果将卢卡奇所理解的马克思等同于马克思本人，那么，马克思倒真的似乎可以同海德格尔置于同一解读层面了。从这里我们可以看到，从海德格尔出发将马克思主义哲学当代化时，实际上已经进行了越界阅读，首先将马克思同卢卡奇进行了混淆，然后用海德格尔"油炸"卢卡奇视域中的"马克思"，所以《1844年经济学哲学手稿》中的异化构成了整个解读的核心逻辑也就理所当然了。

5. 马克思的哲学观念的转变

从理论深层上来说，这些年来国内的马克思主义哲学研究，依然是在下面这个问题上缠绕不清：在马克思的思想语境中，特别是在马克思的思想变革过程中，"哲学"究竟意味着什么？当把马克思的哲学思想理解为一种客观必然性占主导地位的思想时，物质本体论的决定论的思路就会构成理论解释的统摄线索；而当把马克思的哲学思想理解为主体的能动作用占主导地位的思想时，西方马克思主义的主客体辩证法就会构成解释马克思思想的理论起点；如果将马克思主义哲学纳入西方存在论传统中，那么重新奠基马克思主义哲学的形而上学基础，就会构成马克思主义哲学当代建构的理论主题。这些思路虽然差异很大，但如果仔细审视也可以发现其共同的特征：从纯哲学的意义上或者说从形而上学的意义上来理解马克思的"哲学"观念，这样的讨论虽然有益于加深马克思主义哲学的形而上学深度，但对于马克思的"哲学"思想来说，停留在这样的层面还是不够的。从马克思的思想转变来看，哲学概念在马克思那里发生了很大的变化：一方面，马克思虽然也从纯哲学层面谈问题，这在早年马克思的文献中得到了较多的证明；但另一方面，马克思又恰恰反对仅从纯哲学层面谈问题，将哲学转变为来自现实生活本身的社会批判理论，而后一个方面构成了马克思"哲学"概念的根本性规定，在这个方面，马克思的哲学概念与传统的哲学概念有着很大的差异，而正是这个差异，才规定了马克思主义哲学思考的独特性，或者说是以一种"非哲学"的方式来思考哲学。因此，"哲学"概念在马克思的思想语境中，体现为双重内容：一是作为纯思想的哲学；二是作为社会批判理论的哲学。

哲学作为追求自由的学问，在其本质上是批判性的。哲学作为"爱智慧"的活动，最初就是要超越思维的直观性和直接性，超越现存的界限，摆脱当下的束缚或无意识的顺从状态，追求一种形而上的境界，这是思想自由的根本境界。亚里士多德在《形而上学》一书中就认为：哲学是超越了各种具体知识的学问，是对最普遍知识的求解，人们

> 探索哲理只是为想脱出愚蠢，显然，他们为求知而从事学术，并无任何实用的目的。这个可由事实为之证明：这类学术研究的开始，都在人生的必需品以及使人快乐安适的种种事物几乎全都获得了以后。这样，显然，我们不为任何其它利益而找寻智慧；只因人本自由，为自己的生存而生存，不为别人的生存而生存，所以我们认取哲学为唯一的自由学术而深加探索，这正是为学术自身而成立的唯一学术。①

在后来的探索中，获得思想的自由构成了哲学最为根本的特征，而要做到这一点，就必须对思想本身进行反思，突破思想的内在局限。哲学史的发展过程，也可以说是哲学思想界限不断突破的过程。正如黑格尔的讨论所表明的："这种把自己从其自身的形式中解放出来的过程，就是最高的自由和自己对自己有了确实可靠的知识。"② 精神只有到了这样的境界，才能获得真正的自由，"哲学的历史就是发现关于'绝对'的思想的历史"③。

追求思想的自我解放，构成了哲学形而上学的根本内容。不管是追求对有限存在者的超越，从而达到绝对存在者的黑格尔哲学，还是重回存在问题的海德格尔哲学，跳出思想的自拘性，达到一种自由的境界，构成了他们哲学思考的共同特征。同样，自由问题也构成了马克思主义哲学思考的核心问题，但随着马克思思考自由问题的场域变更，马克思的哲学观念也发生着重要的变化。

青年马克思一开始接触的是康德的道德哲学，这是以自由意志为基

---

① 亚里士多德. 形而上学. 吴寿彭，译. 北京：商务印书馆，1959：5.
② 黑格尔. 精神现象学：下卷. 贺麟，王玖兴，译. 北京：商务印书馆，1979：273.
③ 黑格尔. 小逻辑. 贺麟，译. 北京：商务印书馆，1980：10.

础的道德律令，正如黑格尔所说的："实践理性的任务在于建立命令性的、客观的自由规律，这就是说，指示行为应该如此的规律。"① 黑格尔对康德实践理性的批判，使马克思意识到康德哲学的形式主义特征。虽然意志具有自决的力量，并承认人具有这种力量，但对于意志或实践理性的内容并没有加以规定，这使得康德哲学中作为世界最后目的的善，只是一个没有规定性的抽象概念，这决定了康德的"善"只是一种"应该"，或者说只能是一种信仰。在这个意义上，康德的实践理性还只是道德哲学，还没有达到黑格尔所认为的"伦理"层面，黑格尔认为需要对康德的哲学实现否定性的证明，即将抽象的善客观化、具体化，这是黑格尔在《法哲学原理》中论述从道德到伦理转换时的重要链接点②。大学时期的马克思在接触到黑格尔哲学之后，面对康德以及康德之后的费希特哲学，在一首诗中写道："康德和费希特喜欢在太空遨游，寻找一个遥远的未知国度；而我只求能真正领悟在街头巷尾遇到的日常事物！"③ 以自由的哲学观面对德国现实，这是青年马克思的理论主题。

在青年马克思的思考中，自由以及从自由出发来批判现实虽然构成了其理论主题，但"自由"这个概念在其思想的发展中，体现出不同的理论层面，这是过去马克思主义哲学自由观研究中没有进一步深入的问题。概括地说，康德的道德自由观念，是对经验意义上的个体自由的批判，将自由从个体理性的层面提升到人类共同遵守的普遍原则，使理性的自主性构成了哲学的普遍原则，这是对个体自由原则的超越，但这种超越是在抽象的自由意志的层面完成的。黑格尔的自由思想是对康德自由观念的超越，是绝对观念的历史化与现实化，自由体现的是一种境界，即理性的现实历史过程及其与历史现实的和解。黑格尔的哲学，揭示了历史过程中的自由实现过程，但这种实现的前提是绝对观念的理性自明性，黑格尔的这种理性自明性的观念，是一种乌托邦情怀，也是一种必然性意义上的自由世界的历史终结。这已是青年马克思面对的第三种自由观念，当马克思对黑格尔式的自由观念进行批判与反思时，马克思才能真正地超越黑格尔的哲学界限。

---

① 黑格尔. 小逻辑. 贺麟, 译. 北京：商务印书馆，1980：142.
② 关于黑格尔《法哲学原理》中自由及其与道德和伦理的关系的分析，参阅：仰海峰. 实践哲学与霸权. 北京：北京大学出版社，2009：第四章.
③ 马克思，恩格斯. 马克思恩格斯全集：第1卷. 北京：人民出版社，1995：736.

形而上学批判

在《莱茵报》时期的实践，使马克思意识到黑格尔式的自由哲学，是一种权力支配阶级的哲学，统治阶级正是借助于理性获得自己的经济利益的，这是马克思批判黑格尔法哲学的一个重要原因。从哲学思考的维度来说，对黑格尔哲学的批判使马克思意识到，作为自由思想的现实体现物的国家，在黑格尔那里是一种形而上学的产物，这是一种理论上的神秘主义，形而上学与国家权力具有了理论上的同构特征，"形而上学的国家权力对形而上学的、普遍的国家幻想来说是最适当的安身之处"①。在此过程中，概念的形而上学起到了极其重要的作用，正是概念的同一性特征，使概念与其面对的现实同一化了，这造成了概念的权力向现实权力的转化。从概念的发展过程来看，黑格尔认为君主是概念的最高体现，是普遍性与特殊性的统一，这倒类似于柏拉图的"哲学王"。因此，黑格尔认为，君主不能靠世袭产生，否则就会失去君主应有的国家理念，这种意义上的君主才是哲学意义上的伟大君主。他从哲学的角度论证道："唯有哲学才能思维地考察这个君主伟大之处的问题，因为除了纯以自身为根据的无限观念的思辨方法以外，一切其他探讨方式都会自在自为地取消君主伟大之处的本性的。"② 国家的权力、君主的权力，都是通过概念形而上学的方式建构起来的，而在概念形而上学的建构过程中，现实的市民社会变成了概念的历史化，而不是相反，这是马克思当时以主谓颠倒这个词语表达出来的内容。

> 具体的内容即现实的规定成了形式的东西，而完全抽象的形式规定则成了具体的内容。国家的各种规定的实质并不在于这些规定是国家的规定，而在于这些规定在其最抽象的形式中可以被看作逻辑学的形而上学的规定。真正注意的中心不是法哲学，而是逻辑学。哲学的工作不是使思维体现在政治规定中，而是使现存的政治规定消散于抽象的思想。哲学的因素不是事物本身的逻辑，而是逻辑本身的事物。③

概念通过自己的普遍有效性，实现了对现实的统摄，对概念形而上学的批判，构成了马克思主义哲学的一个重要主题。在马克思后来的文

---

① 马克思，恩格斯. 马克思恩格斯全集：第3卷. 北京：人民出版社，2002：83.
② 黑格尔. 法哲学原理. 范扬，张企泰，译. 北京：商务印书馆，1961：303.
③ 同①22.

献中，不管是在《1844年经济学哲学手稿》中对黑格尔"绝对观念"这一概念的反思、在《神圣家族》中对"实体"概念抽象过程的考察、在《德意志意识形态》中对概念成为主体的论述，还是在《1857—1858年经济学手稿》中从经济生活过程出发对自由、平等、权利等概念的批判，无不体现着马克思对传统哲学的深层透视，因为只有通过批判概念的形而上学，才能揭示自由概念的权力支配特征。

马克思对概念形而上学的批判方法，构成了当代国外马克思主义的一个重要主题。在《历史与阶级意识》中，卢卡奇对资产阶级思想的二律背反的揭示体现了这样的立场。在《启蒙辩证法》中，霍克海默与阿多诺则对概念形而上学与现实的支配关系进行了更为深刻的批判，在他们看来，正是凭着概念的普遍有效性的要求，柏拉图和亚里士多德表述世界的哲学概念，把他们曾经加以实体化的条件提升到真实的层次上。这些概念最先起源于雅典集市贸易，它们以同样的明晰性反映了物理学规律，即全体市民的平等，以及妇女、儿童和奴隶的低贱地位。"形而上学式的强调，以及依靠理念和规范做出的裁定，都只不过是一种固着性和排他性的实体化过程。在这一过程中，概念通常被迫作出如下假设：无论何时何地，语言都能够强迫统治者共同体统一起来。"①

在揭示形而上学与现实生活的同谋过程中，更为深层的问题在于揭示社会生活的内在支配特征，将形而上学批判与现实生活的批判结合起来，这构成了马克思主义哲学思想的第二个维度，即社会批判理论的维度。在我看来，这是马克思主义哲学思想中更为根本的内容，也是传统哲学中难以展现的内容。

在《关于费尔巴哈的提纲》第十一条中，马克思说过去的哲学只是解释世界，而问题在于改造世界。关于这一条，过去的解释过于拘泥于字面的含义，认为传统哲学局限于解释世界，似乎只有马克思的哲学才是改造世界的。这个解释是不清晰的，因为卢梭的思想经过法国大革命的中介，就已经实现了改造世界的功能。因此，问题在于如何理解"世界"这个概念以及马克思所谓的改造世界意味着什么？在马克思这里，"世界"这个概念具有特定的意义，即市民化的世界，也就是说是资本主义世界，这个界定非常重要。费尔巴哈的哲学是想改造这个异化的世

---

① 马克斯·霍克海默，西奥多·阿道尔诺. 启蒙辩证法. 渠敬东，曹卫东，译. 上海：上海人民出版社，2003：19.

界，但其哲学的最后底色却是完成了对交易所合法性的论证；空想社会主义者是想改造这个世界的，但最后只是以乌托邦的方式完成了对现实的另一种证明。这表明，从纯哲学角度来面对资本主义社会只能是一种哲学家的理想，如果不能揭示出哲学与当下世界之间的内在关系，如果哲学不能得到历史的理解，在马克思看来，面对资本主义社会的任何哲学批判都是解释世界的哲学。从这里生发出马克思主义哲学思想的第二个层面：将哲学的批判引向社会生活自身的内在批判，揭示社会生活的内在矛盾从而批判并颠覆这个当下的世界，只有在这个基础上，才能真正地透视解释世界的哲学，才可能为改造这个世界奠定真实的理论基础。从马克思思想的建构来说，只有深入这个层面，我们才能理解《关于费尔巴哈的提纲》中的"实践"概念，才能理解马克思对费尔巴哈的批判，才能理解马克思是如何超越了传统唯物主义与传统唯心主义的问题域的。

在马克思对哲学第二个层面的理解中，"哲学"这个概念已经超越了纯哲学的意义，也超越了哲学与各门具体科学之间壁垒森严的局面。首先，历史与哲学之思合为一体了，在《德意志意识形态》中马克思将自己的学说界定为"历史科学"，这种历史科学当然不再是黑格尔意义上的历史哲学，即以哲学的概念来演绎历史，也不是以历史来消解哲学，而是要揭示哲学与社会历史的内在同构关系，在这个意义上，马克思说：

> 统治阶级的思想在每一时代都是占统治地位的思想。这就是说，一个阶级是社会上占统治地位的**物质**力量，同时也是社会上占统治地位的**精神**力量。支配着物质生产资料的阶级，同时也支配着精神生产资料，因此，那些没有精神生产资料的人的思想，一般地是隶属于这个阶级的。①

其次，经济活动与思想建构相关联，可以说这是资本主义世界的重要特征。当经济活动与哲学思想一体化时，政治观念也与经济运动、哲学沉思一体化了，这个思想在《德意志意识形态》还只是抽象地表述出来，在《1857—1858年经济学手稿》和《资本论》中则得到了较为深入的论证。也正是在这个深度上，马克思主义哲学中的资本逻辑与总体性观念才能呈现出来，马克思在实现了纯哲学的批判之后，以资本的总

---

① 马克思，恩格斯. 马克思恩格斯选集：第1卷. 北京：人民出版社，2012：178.

体运行逻辑和资本所造成的总体化进程为基础，来揭示社会历史生活与哲学观念之间的内在建构关系，这是透视资本主义社会及其意识形态的方法论前提。这里强调的总体性观念，当然不是黑格尔意义上的绝对精神的总体性，也不是卢卡奇意义上的主客体关系的总体性，而是揭示资本运行的总体化过程以及资本逻辑的内在矛盾，这个区分对于理解马克思主义哲学的方法论来说，是非常重要的，因为只在这个基础上，才能真正地建构面对社会历史的批判理论，而不只是纯反思意义上的哲学批判。作为形而上学意义上的哲学深思，在马克思这里已不再具有自律性的意义，马克思主义哲学的独特存在方式在于，将形而上学批判与对资本逻辑的批判分析融为一体，在它们的相互建构的关系中，实现对两者的批判与超越。

第二节　马克思哲学的三大主题

在实现了哲学观念的转变之后，马克思的哲学就不能仅仅按照一种形而上学的方式来建构，因为对于马克思来说，对哲学形而上学的批判与他对社会生活的批判是连为一体的，而要实现对社会生活的批判，又必须深入社会生活的内在过程之中，面对当时的历史阶段，也就是要深入资本主义社会生活的建构过程中，同时深入对资本主义社会的经济学哲学批判分析中，这些问题在马克思的哲学思考中构成了有机的整体。正是在这个意义上，形而上学批判、资本逻辑与总体性、社会批判理论构成了马克思哲学的三大主题。

1. 形而上学批判

形而上学（metaphysics），这是安德罗尼柯在编纂亚里士多德的遗稿时，把这若干手稿编在《物理学》之后，由于亚里士多德称《物理学》为第二哲学，故"物理学之后"的各卷次即为"第一哲学"，中文译为"形而上学"，"其目的在于确定事物的真实本质，也就是确定存在物的意义、结构和原理"①。对于事物的真实本质，不同的时代、不同

---

① 不列颠百科全书：第11卷. 北京：中国大百科全书出版社，2002：133.

的哲学家有着不同的回答，比如柏拉图认为理念才是世界永恒不变的本体，是物质世界的范式，而亚里士多德在讨论这个问题时，更倾向于从个体的当下存在来理解世界；在中世纪，上帝存在的本体论证明则较为流行；进入近现代之后，经验论强调一切源于经验，启蒙运动通过强调理性检验一切来反对封建神学；对于德国古典哲学家来说，先验理性则构成了世界的根基。从根本上来说，在近代以来的传统形而上学中存在着两种不同的提问方式，或者是从外部的经验事实出发来抽象事物的本质，或者是从先验本质出发，达到对外部事物的理解，这是内在于形而上学问题式中、看似对立却在深层上一致的思维方式，我们可以概括为主体的经验主义与先验的主体主义，这是以主体—客体辩证法为核心内容的传统形而上学的内在结构，这种形而上学，在其根本性的规定上，就是以绝对观念作为世界的根据，作为解释一切的原则，这正是马克思主义哲学变革时所面对的形而上学，马克思的哲学变革在根本上是对这种形而上学问题式的变革。

　　主体的经验主义是传统唯物主义的重要规定性。按照传统唯物主义的经验认识论，认识的过程是对外部世界的经验反映，在反映过程中，"主体"消隐得越彻底，就越能获得对外部世界的客观知识，在这个过程中，主体是缺席的，但这并不意味着传统的唯物主义就脱离了以主体理性为中心的形而上学，在这个经验的反映过程中，主体在双重意义上发挥着作用：首先，主体构成了反映过程的"缺席"的中心。认识的过程在其直接的层面是获得外部世界的知识，但这种知识是以一种认识的框架以及在一定框架内的认识构秩中才能获得，这决定了从事认识的人，必须是一个理智正常的人，只有理智正常的人，才能对外部世界进行构秩，真正的经验认识论都是以此为基础的。我们能够设想，一个疯癫的人不可能像一个正常的人那样，在受到外界的刺激时，能够形成正常人的认识。如果没有理性的这种前提性制约，在经验的反映论过程中，疯人与正常人就具有认识的可通约性。

　　其次，传统唯物主义的经验认识论，强调的是从对世界的各要素反映中，抽象出对世界本质的认识，认识是对世界本质的反映，在这个过程中，真实发生的是抽象与排除的过程，即将本质从现实存在物中抽离出来，而这个抽离的过程是由认识的主体完成的，因此在表面的论证上，主体被放入括号之中，以便真理的本质与对象的本质相等同，但需要看到的是，使这个等式成立的却恰恰是主体，因此，可以用这样的图式来加以描述：（主体）→真理＝对象本质，而括号中的主体是不在场的，但却以在场的方式完成了整个等式成立的过程。因此，在经验主义的认识论中，

> 世界的实在性——它对我们，也就是对一切有限的理性，都是不言而喻的——是自我意识的条件，因为不设定某种在我们之外的东西，我们就不能设定我们自己，我们必须认为这种东西具有我们认为我们自身具有的那种实在性。在把所有的理性都抽掉以后，再寻问还会存在的实在性，是矛盾的；因为寻问者本身也是有理性的，他受理性根据的驱使，提出了问题，并想得到一个合理的回答；因此，他并没有抽掉理性。①

在这里，隐蔽的主体—客体辩证法才是经验认识论的作用机制。

与这种主体的经验主义相对立，先验的主体主义则直截了当地认为主体＝客体，客体是理性外化的产物，这是一种建立在主体基础上的同一性原则。在这种先验主体主义思维中，也存在着一种二重的结构：一是从直接的自我意识出发直接行动的主体，这个主体并不意识到自己的行动，行动的结果作为对象呈现在他的面前，这就构成了第一重主体—客体关系；一是对这种直接自我意识的反思，从而将第一个自我行动及其结果作为反思的对象，在这个反思过程中，虽然看起来还是主体—客体关系，但实际上是一种主体—主体关系，这是一种主体的同一性。关于这一点，费希特的一段话讲得最为透彻：

> 在理性存在者行动的时候，它并未意识到自己的行动，因为**它本身**就是**自己的行动**，而不是任何其他东西；它意识到的东西则必定在它以外，就是说，意识到的东西是在行动以外的；这种东西应当是**客体**，即行动的对立面。自我只意识到在这种行动中、并且通过这种行动（**惟有通过这种行动**）对它发生的东西；这种东西是意识的客体，或者说，是物。对理性存在者来说，不存在另一种物，而且因为只有在与理性存在者的关系中才能谈一种存在，才能谈一种物，所以，对于理性存在者来说，也根本不存在另一种物。谁谈

---

① 费希特. 自然法权基础. 谢地坤，程志民，译. 北京：商务印书馆，2004：41.

另一种物，谁就是不理解自己。①

正是通过这种二重化的过程，先验的主体主义经过费希特，在黑格尔哲学中达到了最为完整的形式。

在主体的经验主义与先验的主体主义中，虽然在表层上它们是对立的，但实际上这只是从不同的中心出发的主体—客体之间的辩证法，它表现的是主体与客体之间的镜像关系。对于主体的经验主义来说，其表面的中心是外部世界，它经过人们的感官中介进入人的理性领域，理性变成了外部世界的镜像投射；而对于先验的主体主义来说，中心则是主体理性，或者说是先验主体，外部世界是主体理性的镜像投射，这种主体—客体关系的辩证法，其问题式的基础就是人的主体理性，这构成了传统形而上学的内在结构。正是在这个结构性的循环中，哲学变成了一种理性自律性的体系，这种形而上学正是马克思在其思想发展过程中所面对的问题。

在标志着马克思主义哲学变革的《关于费尔巴哈的提纲》和《德意志意识形态》中，马克思批评的正是这种形而上学。按照我的理解，在这两个文本中，马克思的哲学变革主要体现为两个相辅相成的层面：哲学并不是一种能够代替现实历史过程的理性自律的思想，哲学的基础也不是纯粹的理性或绝对观念，而是现实生活过程，因此，对哲学的反思，首先在于对生活过程的历史考察与反思，然后才能真正透视哲学自身、意识自身之谜，这是马克思批判青年黑格尔派的理论立足点。沿着这一思路可以看出，在马克思的后来著作中，他分析的首先是现实资本主义生活过程，将哲学变革生活的理想，奠基于现实生活的分析与批判上，否则就无法真正地意识到哲学之谜。正如哈贝马斯所揭示的："唯物主义批判的批判成就，首先就是使哲学陷入了哲学的自我意识的贫困中，即使哲学陷入了这样一种认识中，这种认识也不能解释自己的起源，又不能通过自身去完成自己的任务。"②

在马克思看来，对当下社会的真实建构，并不是仅通过理性的思辨或理性直观就可以完成的，其真实的基础在于现实的实践过程，理想社会的实现必须以改造世界的实践为基础。在这样一种思考中，形而上学

---

① 费希特. 自然法权基础. 谢地坤，程志民，译. 北京：商务印书馆，2004：2-3.
② 尤尔根·哈贝马斯. 理论与实践. 郭官义，李黎，译. 北京：社会科学文献出版社，2003：247.

所具有的哲学批判精神转化为一种来自现实生活的批判精神，这是将形而上学的"应该"转化为以现实生活为基础的"是"与"应该"的历史的统一，但这并不意味着，在马克思那里哲学没有了，或者像传统研究中所表明的，马克思后来只是关注将哲学运用于经济分析中，创作了《资本论》。实际上在马克思后来的思考中哲学仍然存在，并构成了他的哲学精神的第二个方面，即探索哲学的逻辑何以从生活中并经过哪些中介得以抽象出来，在这种抽象中现实生活过程以什么样的方式表现在理性思考中，从而揭示哲学与现实生活的同构关系。在这样一种思考中，任何一种哲学除了理性自身的逻辑之外，还有其清晰的历史定位，这是透视哲学之谜的前提。在《德意志意识形态》中，马克思就具体分析了青年黑格尔派的"自我意识"、费尔巴哈的"人"是如何从生活中抽象出来的，这种抽象本身又何以切中了现实生活，使人们进一步认同了现实生活过程。当马克思将这一点揭示出来后，任何神秘性的纯形而上学之思，都显示出其存在的神话性特征，这才是"意识形态"这个概念的真实意义。其实当哲学变成一种纯粹之思的形而上学时，哲学也就最易变成与现实共谋的意识形态。

正如上面所讨论的，经过思想的变革之后，"哲学"这个概念在马克思的思想语境中发生了重要的变化。哲学不再是纯思辨的理论体系，哲学是来自理论与生活之间的当下建构，是理论回到历史生活，从历史生活上升到理论的互文性过程。建构一种永恒的本体论，并不是马克思的哲学理想，马克思实际上将黑格尔的辩证法发挥为一种流动性的哲学观念，即在历史与理论的互文中，建构着自己的哲学理论，形成了开放性的理论空间。当人们认识到这一点时，哲学真的"不存在"了。这就是在《德意志意识形态》中马克思说只存在着一种科学，即历史科学的原因。

2. 资本逻辑与总体性

当哲学将自己定位于形而上学之思时，理性自身的逻辑构成了哲学的主题，在这样的思路中，历史是被忽视的，即使是在极具历史感的黑格尔那里，虽然写出了《历史哲学》这样深刻的著作，但历史依然是作为逻辑的现实对应物出现的。当理性脱离了历史之根时，理性就易膨胀为逻辑的神话，后现代对这种逻辑神话的解构，在这个意义上是值得重视的。马克思的哲学变革，是继维科之后，第一次明确地将历史作为哲学思考的主题，并在历史生活的基础上反思哲学，因此"社会存在决定社会意识"就具有了历史研究的方法论自觉意识，并打破了哲学的自我封闭线，使哲学从天上回到了地上。而当他从历史过程中来反思哲学的形成时，哲学才真实地从地上上升到天上，这构成了哲学研究的方法论自觉。

在马克思主义哲学思想发展中，这重要的一步是在《德意志意识形态》中迈出的。在我看来，《德意志意识形态》的重要贡献不是对"历史"的本体性界定，而是确立了历史认识的一般方法论前提①。这种方法论自觉主要体现在四个方面：第一，社会存在决定社会意识，"思想、观念、意识的生产最初是直接与人们的物质活动，与人们的物质交往，与现实生活的语言交织在一起的。……意识［das Bewußtsein］在任何时候都只能是被意识到了的存在［das bewußte Sein］，而人们的存在就是他们的现实生活过程"②。这是马克思历史认识论的总原则，作为方法论的总原则并不意味着社会存在与社会意识之间存在着一种直接的映射关系，而是强调哲学自律的神话特征，强调从历史过程中来反思哲学的现实前提。第二，社会存在并不是个体的存在，而是有着社会结构性规定的存在，这就决定了对社会存在的分析必须深入社会结构的建构与解构过程中。当马克思对市民社会的分析从法哲学进入政治经济学时，就体现出对社会结构的进一步区分与思考；而在微观层面上，他对分工的分析与考察，就在于揭示社会结构的演进与内在的分裂、聚合过程。第三，分析意识的历史基础及内在建构空间。在《德意志意识形态》第Ⅲ手稿中，马克思专门分析了意识的社会历史基础以及意识何以独立出来的内在逻辑。在这个思路中，存在着可以进一步加以拓展的理论空间。第四，这也是马克思历史认识论的一个重要方法论原则，即"历史性"观念的萌生。当马克思回到社会生活世界时，并不是一般地回到胡塞尔意义上的"生活世界"，这种生活世界是没有历史差别的日常生活领域，即海德格尔的"在世间"，马克思要回到的是具有历史性规定的社会生活世界，即资本主义社会。在《德意志意识形态》中，马克思从一般方法论角度对"历史性"观念进行了说明，即"一定的生产方式或一定的工业阶段始终

---

① 关于马克思的历史认识论思想，参阅本书第四章第一节。
② 马克思，恩格斯. 马克思恩格斯选集：第1卷. 北京：人民出版社，2012：151-152.

是与一定的共同活动方式或一定的社会阶段联系着的"①，经过《哲学的贫困》中对蒲鲁东的批判，明确地将自己的社会分析视角定位在资本主义社会。因此当马克思考察历史时，并不是简单地考察一般社会历史，而主要是考察资本主义社会历史，他的哲学并不是要一般地考察生活世界，而是要考察资本主义社会生活过程，这才使马克思真正地摆脱了一般的哲学形而上学，走向了分析资本主义社会的历史辩证法。

对于资本主义社会的分析，存在着三种思路：一是从人的情感、欲望的角度来分析资本主义社会，把资本主义社会的兴起与发展归结为人的自然欲望的结果。资本主义社会的问题在于欲望的过度，因此从道德角度对资本主义社会中的自然欲望进行限制，这是一些道德家的追求。二是从理性的角度来理解资本主义社会，把市场经济归结为一种理性的经济。在这个理解限度内存在着英法的理性主义与德国的理性主义的区别。英法的理性主义强调个人自由理性对经济的促进作用，反对外来的干预；而在德国学者特别是黑格尔看来，以个体为核心的理性并不能真实地推动资本主义的良性发展，必须以国家作为社会总体控制的重要机制。三是从经济本身来分析资本主义社会，对经济规律的强调、对劳动价值论的分析都体现着这些要求，但在理论的深层依据上，仍然强调理性的作用问题，对人性的追问与界定构成这一分析的哲学前提。马克思通过哲学变革，实际上批判了从理性而来的资本主义分析方法，强调回到历史本身，回到资本主义社会本身，也正是在走向对资本主义社会的批判分析中，资本逻辑与总体性观念呈现出来。

资本逻辑在马克思主义哲学中体现为以下几个方面：

第一，生产与再生产构成了资本逻辑的核心。关于这个问题，马克思在《1857—1858年经济学手稿》中通过对蒲鲁东主义者的批判分析进行了说明。蒲鲁东主义者从交换出发，想从交换领域中来解决资本主义社会的问题，交换价值构成了其经济学理论的基础。马克思通过对此的批判分析指出：交换虽然构成了经济过程的重要一环，但其本身并不具有核心的地位，从交换出发，就只能是以资本的部分来反对资本的全体，这是社会主义者的近视。

> 这里恰好也暴露了社会主义者的愚蠢（特别是法国社会主义者

---

① 马克思,恩格斯. 马克思恩格斯选集：第1卷. 北京：人民出版社，2012：160.

的愚蠢，他们想要证明，社会主义就是实现由法国革命所宣告的**资产阶级**社会的理想），他们论证说，交换、交换价值等等**最初**（在时间上）或者按其**概念**（在其最适当的形式上）是普遍自由和平等的制度，但是被货币、资本等等歪曲了。①

这种歪曲在于，将作为外在表现的交换及交换价值看作资本的核心规定，以此实现资本主义社会的自由与平等的幻想。根据马克思的逻辑，在资本主义社会中，以交换价值为本质的流通资本，只是资本的最初形式，流通本身也只是表现为直接存在于资产阶级社会表面上的东西，是"纯粹的假象"，流通的基础是商品的生产与再生产过程，这才是资本增殖的基础。在这个意义上，生产构成了资本主义存在的根基，当我们从自由资本主义经组织化资本主义进入后组织化资本主义社会时，生产的主导特征发生了变化，但资本的生产逻辑依然构成了资本主义社会的活力之源。

第二，资本的生产与流通推动着资本的总体化和社会化进程。在《德意志意识形态》中，马克思在讨论分工与交换时指出，分工与交换的发展虽然导致了个人利益与集体利益之间的对立，但同时也造成了人与人之间的普遍联系，推动着历史向世界历史的转变，"只有这样，单个人才能摆脱种种民族局限和地域局限而同整个世界的生产（也同精神的生产）发生实际联系，才能获得利用全球的这种全面的生产（人们的创造）的能力"②。共产主义也只有在世界历史的关联中才能真正地实现出来。

与前资本主义社会相比，资本的生产过程不再是直接获得自然物，而是对自然物的再加工，从中获得利润。生产机器的更新与发展，使得资本主义社会在生产过程中打破了地域与空间的界限，连为一体。从珍妮纺纱机、蒸汽机到铁路的出现，真实地展现了资本在生产与交换过程中所实现的总体化进程，这种总体化打破了人身关系上的宗法限制，使人从共同体中摆脱出来，走向了以资本生产为基础的社会联系，只有这时，才产生了现代意义上的市民社会，过去带有线性特征的人际垂直关系，变成了一种空间的拓展关系，这种空间布展也推动着时间观念的转

---

① 马克思，恩格斯. 马克思恩格斯全集：第 30 卷. 北京：人民出版社，1995：203.
② 马克思，恩格斯. 马克思恩格斯选集：第 1 卷. 北京：人民出版社，2012：169.

变,即从传统社会的循环时间走向了以空间摆动为根据的机械时间。更为重要的是,资本所导致的社会化进程,带来了人的思想观念与情感领域的变化,过去以宗法关系为基础的意识转向了以资本为纽带的现代意识,过去人们认为不能出卖的东西,如德行、爱情、信仰等,都成为交换价值在市场上出卖了①。这些构成了资本总体逻辑的胜利。

第三,资本逻辑的内在二律背反。对于马克思来说,资本的总体化进程并不意味着资本主义社会成为没有缝隙的铁制牢笼,资本逻辑在其现实进程中存在着深层的二律背反。资本逻辑的二律背反主要体现在:首先是资本生产过程中的二律背反。资本生产的社会化进程,要求资本生产过程实现一种有意识的总体性调整,否则生产过程中就易产生内在的脱节,这种脱节既包括生产资料方面的脱节,也包括劳动者与生产资料本身的脱节,无法形成再生产。但在当时,私有制本身并不能实现这种社会化要求。其次是生产过程与交换过程的脱节。资本的生产过程主要是资本增殖,但资本能否有效地实现增殖,却又依赖于自由市场中的交换情况,当商品从生产进入交换环节时,马克思称之为惊险的一跳,这一跳能否成功就直接决定着资本能否回笼,否则就会产生危机,经济危机直接表现了生产过程以及生产与交换之间的脱节关系,是一种二律背反。再次是社会层面的二律背反,即个人与社会之间的对立。早年的马克思通过对黑格尔市民社会理论的批判,已经揭示出随着资本的来临,存在于市民社会内部的个人利益与集体利益之间的对立状态,而当他进入资本逻辑之后,他实际上揭示了资本与社会之间的二律背反状态,即虽然资本在社会进程中起着重要的历史性作用,但资本的发展却又将人与社会推进到更深的被奴役状态。最后是思想领域本身的二律背反。这一领域的分析首先归功于康德在《纯粹理性批判》一书中对二律背反的揭示,卢卡奇在《历史与阶级意识》中从社会历史的角度进行了较为深刻的论述②。思想观念领域中的二律背反,实际上也就表明许多看起来似乎是相对立的理论,在深层上恰恰是一个东西,这就为马克思透视旧唯物主义与旧唯心主义提供了洞察力。

资本的总体化进程及其内在分裂,要求我们在面对资本主义社会

---

① 马克思,恩格斯.马克思恩格斯全集:第4卷.北京:人民出版社,1958:79-80.
② 参阅卢卡奇《历史与阶级意识》第二部分"资产阶级思想的二律背反"(卢卡奇.历史与阶级意识.杜章智,任立,燕宏远,译.北京:商务印书馆,1992)中对此做的论述。

时，保持一种批判的总体性观念。哲学上的总体性思想是由黑格尔提出来的。在我看来，黑格尔总体性思想的提出，面对的正是资本主义社会的内在分裂及其文化矛盾。在《法哲学原理》中，黑格尔通过研究古典政治经济学特别是斯密、李嘉图等人的著作，已经看到虽然市民社会的产生在社会历史进程中具有不可替代的作用，但市民社会本身存在着内在的矛盾，这不仅体现为分工体系本身的矛盾，也体现为个体性与公共性的矛盾，黑格尔将这种矛盾既当作理性发展中的一个必经阶段，也当作理性没有达到总体性自明状态的一种表现。当他将国家当作理性总体性的澄明状态提出来、当作伦理的实现状态提出来时，作为总体性的绝对观念解决了资本主义社会的内在悖论，同时也解决了资本主义文化的内在悖论。在《精神现象学》中，黑格尔就强调绝对观念是人与自然、人与人之间的和谐状态。当然，黑格尔的总体性是一种观念总体性，具有理性神秘化的特征，当马克思在《〈政治经济学批判〉导言》中将自己批判分析资本主义社会的方法提升为一种总体性的理论方法时，强调的是从资本的总体化进程中来面对资本主义社会，在经济、政治与文化的多重互文空间中，来思考资本的现实过程及其文化理念，只有这样，才能将资本主义社会当作一个整体，透视其内在的建构空间。当然，与黑格尔不同的是，当马克思强调总体性时，他更多指的是资本主义社会结构的特征，而从根本上来说，他对这种总体性是持批判态度的。

3. 社会批判理论

哲学在根子上是一种追求自由的学问。追求自由就是要打破一切不合理的界限，超越当下的束缚，这使得哲学与理性本身联系起来，并以此批判一切不合理的事物，因此哲学又是一种理性的学说，同时也是一种批判的理论。在马克思哲学中，对自由与批判的理解，同传统哲学又存在着重要的区别，理解这一区别，才能真正理解马克思哲学的批判精神。因此，笼统地谈论马克思哲学是追求自由的理论，或者说马克思哲学是一种批判理论，并不能解决问题。

从马克思哲学的视域来看，存在着三种自由观念：第一种是英法式的个体自由观念，这种自由观念是批判封建主义、建构资本主义社会的重要精神动力。但康德对理性二律背反的批判已经表明，这种理性是欠缺的，并没有真正达到理性的内在本质；而黑格尔对法国大革命的批判分析表明，如果以个体理性作为一切的标准，那么即将陷入的正好是一切人反对一切人的非理性状态，法国大革命的恐怖主义、市民社会中的纷争就是证明。这就导致了第二种德国式的自由观念。但在德国式的自由观念中，简单地说又存在着康德与黑格尔的差异：康德所讲的自由是道德意志的旗帜，虽然他也想将这种良心意义的自由意志扩大为社会共同遵守的道德律令，但这种自由是形式的、非现实性的。对康德的批判，使黑格尔为自由赋予了历史性的规定，即自由是理性在历史中的实现，这最后导致的是青年黑格尔派历史编纂学意义上的自由观念。第三种自由是一种历史规定性意义上的自由，这是马克思经过哲学革命之后，对自由理解所开辟的新的视角，当然这也是对黑格尔自由观念的批判改造。

自由的历史性实现，在马克思时代就是如何超越资本主义社会、实现人的自由发展问题。因此，对资本主义社会的科学分析并不是马克思主义哲学的根本目的，在这个意义上，将马克思主义哲学建构为具有自然科学特征的科学理论，是不恰当的。对马克思来说，重要的首先是如何批判资本主义社会及其文化观念，这种社会批判理论构成了马克思主义哲学中具有活力的东西。而要真实地理解马克思的社会批判理论，就必须对"批判"的方式进行分析。

从社会历史的意义上来看，英法式的个人理性与康德的理性具有同样的道德意义，面对社会历史生活时就展现为一种道德批判，这是哲学批判社会生活的一种重要形式，也是青年马克思经过费尔巴哈的中介后，从人本学出发批判市民社会的理论基础。在马克思当时的思想建构中，费尔巴哈的人本主义哲学逻辑经政治异化批判延伸到受赫斯影响的经济异化批判中，人的先验本质的存在、堕落、回归构成了批判理论的内在逻辑，如果与黑格尔的总体逻辑相对照，这种奥德赛式的回归正是黑格尔哲学的特色。其实这种人本主义的批判，也构成了当时一些社会主义者的思想底蕴。这种批判在哲学上是深刻的，但在历史性的层面上，恰恰又是肤浅的，因为这种批判的对象并不存在历史的差别，所有社会都置于同一个平面上。因此，青年马克思的价值批判并不能真正地面对资本主义社会。

在批判理论的建构上，黑格尔的辩证法起着方法论的建构意义，这主要体现为以下几点：第一，黑格尔辩证法具有批判精神，但这种批判并不是来自事物之外,而是蕴含于事物之中,这是事物的自我批判;第二,事物的自我批判来自事物内部的矛盾,也就是说事物自身的裂缝为事物向另一种方向的发展创造了可能性的空间;第三,事物的发展与运动才使世界连为一体,这使得来自事物本性的自我批判具有总体性的意义。马克思非常强调这种来自事物自身的内在批判性,通过揭示资本逻辑的二律背反,揭示社会发展的另一种可能性空间,这是从外在的价值批判转向历史的自我批判的重要途径①。

在《〈政治经济学批判〉序言》中,马克思意识到社会自我批判的两个界限:第一,当一个社会的生产力没有完全发挥出来以前,这个社会不可能真实地自我批判,这也是哲学批判的现实界限;第二,即使一个社会已走到了尽头,也不会自动地灭亡,这时批判意识就非常重要。马克思对上述两点的讨论,实际上揭示了社会批判理论的内在张力空间,即社会历史的内在矛盾与社会批判意识之间的内在关系,正是在这个关系限度内,马克思既反对着经济决定论,也反对着伦理冲动的价值批判,强调在社会历史实践中建构无产阶级的批判意识,第二国际的经济决定论及其反动——伯恩施坦的修正主义,都是马克思所要扬弃的内容。

作为社会批判理论的具体形式,在马克思那里体现为对商品社会的批判。马克思对商品社会的批判,首先揭示了在资本主义社会中人与人的关系变成了以物为中介的依赖关系,物取得了统治地位。

> 活动的社会性质,正如产品的社会形式和个人对生产的参与,在这里表现为对于个人是异己的东西,物的东西;不是表现为个人的相互关系,而是表现为他们从属于这样一些关系,这些关系是不以个人为转移而存在的,并且是由毫不相干的个人互相的利害冲突而产生的。活动和产品的普遍交换已成为每一单个人的生存条件,这种普遍交换,他们的相互联系,表现为对他们本身来说是异己的、独立的东西,表现为一种物。②

由于人与人关系的消隐,物的关系直接呈现在人们面前,形成了商品拜物教、货币拜物教、资本拜物教。这种拜物教意识形成了对物的直

---

① 关于马克思的社会批判理论,参阅本书第四章。
② 马克思,恩格斯. 马克思恩格斯全集:第30卷. 北京:人民出版社,1995:107.

观以及对直观的反动,费尔巴哈的哲学就是建立在这种拜物教意识的基础上。马克思对商品社会的批判,揭示了这种拜物教意识,并将物的关系还原为人与人之间的关系,揭示出在资本逻辑下人际关系的分化与阶级的形成。不管这个分析在今天有着什么样的后果,从马克思的哲学思路来说,这对于分析资本主义社会的历史是非常深入的,只有到了商品拜物教批判的时候,马克思才能从社会历史的深处形成透视资本主义社会的文化逻辑,比如黑格尔所说的抽象的绝对观念,就是商品逻辑的抽象结果。马克思在谈到物的依赖关系时指出了这一点,当物的依赖关系普遍化时,就表现为与个人相对立的独立的社会关系,并抽象为一种独立的观念力量。"个人现在受**抽象**统治,而他们以前是互相依赖的。但是,抽象或观念,无非是那些统治个人的物质关系的理论表现。"正是因为看不到这一点,才有了青年黑格尔派认为仅从理性的造反出发就可以解放这个社会的幻想。

> 关系当然只能表现在观念中,因此哲学家们认为新时代的特征就是新时代受观念统治,从而把推翻这种观念统治同创造自由个性看成一回事。从意识形态角度来看更容易犯这种错误,因为上述关系的统治(上述物的依赖关系,不用说,又会转变为一定的,只不过除掉一切错觉的人的依赖关系)在个人本身的意识中表现为观念的统治,而关于这种观念的永恒性即上述物的依赖关系的永恒性的信念,统治阶级自然会千方百计地来加强、扶植和灌输。①

在这里,我们需要进一步意识到的是,马克思对商品社会的批判渗透着历史性的原则,这种历史性的原则通过三大社会形态理论充分地表现出来。对于三大社会形态理论,传统的解读过于强调其社会本体性的意义,强调三大社会形态的区别。这个解释虽然没有错,但对于马克思主义哲学的批判理论来说,三大社会形态理论更具方法论的意义,即社会批判理论的建构具有其历史性语境。马克思正是在对三大社会形态理论的比较研究中,找到了商品社会的特征,从而建构着自己的社会批判理论。这种方法论原则,对于社会批判理论的当代建构来说非常重要。也就是说,随着社会的历史性发展,社会批判理论也必须历史性地被建构,从马克思对商品社会的批判走向对当下社会的批判。要真实地做到

---

① 马克思,恩格斯. 马克思恩格斯全集:第 30 卷. 北京:人民出版社,1995:114.

这一点，就必须建构一种资本的历史形态学，即分析资本在历史进程中的形态变化以及在每一阶段的主导特征，这是马克思社会批判理论的当代建构的重要前提。在这个意义上，从卢卡奇的物化理论到法兰克福学派的批判理论，实际上已经意识到了资本逻辑从自由资本主义到组织化资本主义社会的转换，从而将马克思的商品社会批判理论从生产关系领域推进到生产力与人的意识领域；而当后现代主义从媒介的变化入手来建构自己的反总体性批判理论时，虽然没有逃脱掉资本在后组织化资本主义社会的另一种总体性逻辑，但其历史语境又与法兰克福学派的批判理论产生了差异，这种差异的社会基础就是资本逻辑的历史形态学差异。如何批判性地整合这些理论资源，构成了马克思批判精神在当代得以延伸的重要问题。只有清晰地界划了这些问题，我们才能真实地从马克思主义哲学的精神，在历史与逻辑的统一中，走向对当下社会及其文化的批判分析。

在当代哲学的发展中，特别是在批判理论的发展中，马克思构成了许多哲学家的思想资料之一，这既体现了马克思主义哲学的当代效应，但也易造成这样一种错觉，即将马克思同某一思想家直接加以互释。虽然这样也可以体现出马克思主义哲学的当代意义，但在这种解释中，实际上也造成了许多边界上的模糊。生动的哲学是对时代精神的回应，虽然今天许多思想家都直接或间接地吸收了马克思的精神，但这些哲学的历史前提与马克思主义哲学的历史前提存在着一定的差别，这就导致了哲学逻辑的切入点存在着重要的差别，有的甚至是根本性的差别。如果进行历史形态学的区分，马克思主义哲学分析的是自由资本主义发展时期，卢卡奇、葛兰西与法兰克福学派的理论规划，主要针对的是经韦伯理论之镜下的组织化资本主义时期，而当鲍德里亚、德里达等重新反思马克思主义哲学时，他们所面对的又是后组织化的资本主义社会，这就使许多以马克思为理论源泉的哲学家，实际上讨论的不再是马克思主义哲学问题域中的主要问题。这就需要我们从历史与哲学的相互定位关系中，进行历史与逻辑的定位。只有这样，我们才能真实地区别什么是马克思主义哲学问题域中的问题，什么是当代思想家问题域中的问题，这些人如果汲取了马克思主义哲学的精神，他们是在什么意义上汲取了马克思主义哲学的精神，马克思主义哲学经过了哪些历史与逻辑的中介，能够真实地走向当代。在这样的思考中，任何将马克思主义哲学形而上学化的解读,都恰恰是取消了历史性的差别,而这种无差别的解读,又恰恰构成了马克思主义哲学重新形而上学化的前提。

第三节　方法变更与视域开启

从马克思主义哲学的三大主题可以看出,对马克思主义哲学的研究,我们必须打破仅仅从哲学到哲学这样一种"独白"式研究思路,而必须看到马克思思想变革中多重线索的内在互动关系。这也意味着,马克思主义哲学的当代建构,必须具有较为开阔的理论视野,从目前的研究视野来说,至少必须关注到马克思主义哲学与当代西方哲学、马克思主义哲学与西方马克思主义哲学的内在关系,在此基础上,还必须研究当代资本主义社会的变化,只有在多重视域的融合中,才能进入马克思思想的深处,才能从马克思的哲学思想真实地走向当代①。

1. 从"独白"到"复调":研究方法的变更

对马克思主义哲学的现代阐释,不仅要反思现有解释模式的问题式,也要反思在这种问题式制约下的方法论前提,实现研究方法的自觉。在我看来,在过去研究中,我们主要是从马克思的哲学到哲学,从而看不到马克思思想发展中多重线索的鲜活冲突,而且我们面对马克思时,以一个先验的教科书体系中的哲学原理来肢解马克思主义哲学的文本,从而形成了"神目论"的研究方法,用巴赫金的话说,这就是"独白"式研究方法。这种研究方法,容易以一个先验的统一模式对马克思主义哲学进行一种界定,要么是人本主义的,要么是科学主义的。对传统模式的反思,就是要走出"独白"式研究方法,以"复调"式研究方法把握马克思主义哲学思想的内在历程,领会马克思主义哲学活生生的丰富内涵。

---

① 在马克思那里,他的哲学是通过历史学、经济学、政治学、法学以及资本主义国家的现实和国际关系等多重研究融合出来的理论成果,这也意味着今天研究马克思主义哲学必须具备非常丰富的理论储备和知识视野,而不仅仅是对之进行哲学的抽象,或只进行资料的堆砌。如何真正地按照马克思的方式来研究马克思主义哲学,在我看来,这恐怕永远是一个值得我们反省的问题。

要理解这种新的解读方法,我们先得从巴赫金的"复调"小说理论说起,这里所用的"独白"与"复调",都是对巴赫金的小说理论中概念的转喻与借用。

1929年苏联小说理论家巴赫金出版了《陀思妥耶夫斯基诗学问题》一书,通过对陀氏小说的分析,巴赫金认为,陀氏以一种"复调小说"在小说史上揭开了一场小规模的"哥白尼式革命",也正是在这里巴赫金提出著名的"复调"理论。巴赫金的"复调小说"概念是针对"独白型小说"提出来的,主要有两重含义:第一重指作者与主人公之间的对话性关系。巴赫金根据他对陀氏小说中主人公与先前俄国和欧洲小说(特别是托尔斯泰的小说)主人公的比较,发现陀氏小说同先前小说有一个原则性区别,即作者与主人公的关系根本不同。在过去的小说中,作者与主人公的关系是独白型的,即在作者的构思中,"主人公具有客体性,是对象化的"①。在小说的结构安排上,完全是按照作者的思想观念展开的,一切场景、心理活动、主人公话语都只是作者观念与视域的再现,主人公是作者无声的奴隶。巴赫金称这种小说是"独白型小说"。

巴赫金认为,陀氏的创举在于,他"建立了一个复调的世界和打破既定的、基本上是独白型(主调)的欧洲小说形式"②。主人公在小说结构中相对于作者具有自由和独立性,主人公不再是作者话语的传声筒,而是和作者处于平等的地位。"在作品的结构中,主人公的话语具有特殊的独立性,它仿佛同作者的话语并行,并以特有的方式同作者的话语和其他主人公同样具有充分价值的声音结合在一起。"③ 这样,在陀氏小说中,对于主人公他所注意的是"他作为对世界和对自己本身的一种特殊的观点,即他作为一个人,对自己本身和周围现实所持的思想和评介立场。对陀思妥耶夫斯基来说,重要的不是主人公在世界上是什么,而首先是世界对主人公来说是什么和主人公对自身来说是什么"④。这就是说,不是作者在介绍主人公,而是主人公在自我介绍,是主人公将自己绽露出来,站在读者面前,成为小说结构中活生生的主体,他和

---

① M·巴赫金. 巴赫金文论选. 佟景韩,译. 北京:中国社会科学出版社,1996:5.
② 同①.
③ 同①4—5.
④ 同①57.

作者之间构成对话性交往关系。在这种平等关系的对话中，作者和主人公保持着永远的开放关系。对话中的主人公，处在独立性、内心自由、未完成性和未决定性之中，保持着作者和主人公之间对话的未完成性、开放性。

从作者和主人公之间的这种对话关系中，巴赫金引申出"复调"理论的第二重含义，即主人公和主人公之间的对话性关系。巴赫金认为，在陀氏小说中，"不是众多的性格和命运同属于一个统一的客观世界，按照作者的统一意识——展开，而恰恰是众多地位平等的意识及其各自的世界结合为某一事情的统一体"。因此，"众多独立而不相容的声音（声部）组成真正的复调——这确实是陀思妥耶夫斯基长篇小说的一个基本特点"[①]。众多声部在小说中共同在场，通过相互间的对话实现众多意识的融合与共鸣，以达到对事件（共同存在、相互作用）的理解与领悟。这种主体间的对话性交往，能更有力地打破独白型小说结构，更为真实地反映社会生活。

巴赫金的"复调"理论打破了单纯从作者出发来研究小说的"独白"式方法，强调小说结构本身的自我绽现功能，提出了小说结构中多重（复调）线索的相互作用，涉及接受文本时读者、作者、主人公之间的复杂关系，这不仅丰富了他的对话理论，为小说研究提供了一个新的理论视野，而且同当代文论思潮具有可通约性，并且与哲学研究方法具有兼容性。当然，小说研究与哲学思考不能等同起来，巴赫金的"复调"中各个声部的互不相容性，都不能直接套用到马克思主义哲学研究中，但巴赫金的"复调"理论看到了小说结构的复杂性，认为从"复调"中可以达到对事件的共同理解，如果我们在转喻和借用的意义上，加以哲学的解读，巴赫金的"复调"理论中一些合理性内容，对于我们进行马克思主义哲学研究，倒具有方法论的借鉴意义。首先，在对待马克思主义哲学文本上，我们是将马克思的文本纳入一种"独白"型解读视野中，还是进行"复调"式解读，以求同文本之间保持开放性的"对话"？其次，在马克思思想发展过程中，是局限于单线条的逻辑发展，还是在众多理论主题的相互作用下，形成一种融合性哲学视域？这两个问题实质上具有一致性，它们是彼此关联的。概括地说，我们究竟以什

[①] M·巴赫金. 巴赫金文论选. 佟景韩, 译. 北京：中国社会科学出版社，1996：3.

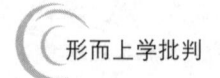

么样的方法解读马克思？

在传统教科书体系中，社会发展被理解为具有严格因果关系的自组织过程，似乎一切问题只要纳入这个公式中，便能不费吹灰之力地得到解决，马克思主义哲学变成了能够统摄一切的逻辑公式。在这种解读视野中，在形式上虽然坚持了唯物主义原则，但实质上是一种形而上学的唯心主义。说它是唯心主义，因为在这一发展公式中，以一种逻辑先导性来统摄历史现实，现实的社会发展过程只是发展公式的证明材料，历史的发展实质上处于无人身的理性怀抱之中，这时的马克思文本的研究，不是从文本自身的自我绽现出发，而是变成了说明逻辑公式的依据。这种把马克思主义哲学变成逻辑公式的解读方法，借用巴赫金的语言来说，就是一种"独白"型研究思路。

在这种"独白"型研究中，第一，马克思主义哲学发展的内在进程不见了，马克思的一切文本都置于同一个水平面上，从前至后，马克思思想都是科学的，看不到马克思在不同历史时期的思想区别。在论证马克思的思想时，可以不加区别地引用《马克思恩格斯全集》第1—50卷。这是对马克思主义哲学的非历史性理解。第二，马克思思想发展中丰富的内容不见了，马克思的哲学、经济学、历史学、科学社会主义等都互不关联，单独存在，听不见马克思思想形成中多声部共鸣所形成的和声。第三，由于对马克思的理解完全陷入了一种先验的逻辑中，马克思思想发展的任何一环便都成为有目的的逻辑运演，马克思主义哲学最终被解读为完成了的哲学体系。任何理论一旦成为僵化的体系，也就终结了，本是开放的马克思主义哲学，变成了故步自封的东西，当之被运用于现实时，便体现出超越于现实的逻辑强制力，陷入隐性唯心主义中。

每一位大师的思想形成过程，实质上都是同人类文明中各种思想的一次次批判性对话，展示了大师们对过去思想的理解与发微。在这个意义上，每一位大师思想形成时期的文本比其成熟时期的著作更有意义。在这些文本中，我们可以真实地领略其思想形成中的多维视角、多种理论主题的共鸣和对话，每一位大师都是在这多视角的"对话"中，最终融合成自己的理论视域。比如黑格尔，如果不读古典经济学，不研究法国大革命，他的哲学也就很难具有如此的洞察力。同样在马克思思想形成过程中，每一阶段都有多重线索在共同发生作用，只有厘清了这多重线索的互动关系，才能真实地把握马克思思想的特质。

导论　马克思主义哲学研究：反思与超越

在《黑格尔法哲学批判》中，人们一般认为，马克思以唯物主义颠倒了黑格尔的唯心主义，因此对马克思思想发生作用的只是费尔巴哈的唯物主义。实际情况是，1843年夏天，马克思在克罗茨纳赫时写下了大量的历史学研究笔记，正是在历史学研究中，马克思才认识到是市民社会决定国家，确证了费尔巴哈的唯物主义原则，这两条线索同时作用，才构成了马克思黑格尔国家学说的批判。不仅如此，马克思此时的理论重点在于，如何在新的理论基础上寻求哲学批判力，批判资产阶级市民社会，而这一点又是借助于费尔巴哈的人本异化观才能实现的。但从深层上看，这种人本异化观与唯物主义原则以及历史学视域又隐性地对立着，虽然马克思并没有意识到这一点，但在具体分析问题时，又同时发生作用，这是任何"独白"型解读方法所无法揭示出来的。

在《1844年经济学哲学手稿》中，虽然在显性层面，马克思的人学话语统摄了一切，但在这种人学话语背后，恰恰又是多重线索在共同发生作用。从文本结构来看，我们可以发现，马克思时常在变换论述视角：有时是从经济学出发进行实证描述；有时是以费尔巴哈人本主义异化思想进行哲学批判；有时又从哲学共产主义视角对经济学进行批评；还有从黑格尔而来的反思。马克思的异化劳动理论只是对多重线索进行整合的一种尝试。如果看不到这多重线索的交织互动，而只是抓住显性层面的人本主义话语，恰恰是从前提上陷入"独白"型研究模式中。

仅就马克思的哲学而言，在他的哲学变革过程中，同样也是多线索的逻辑转换与视域融合过程。从唯物主义原则出发，马克思必须使自己的理论立足于现实生活的地平线上；从黑格尔辩证法中，又必须能引申出分析现实的批判性张力，并置于唯物主义前提上；而对无产阶级解放事业的使命感，马克思又必须从唯物主义与辩证法中，论证共产主义的必然性。只有这多重线索的有机统一，马克思才能真正创立自己的哲学。这种统一是通过1845年春天开始的哲学变革初步完成的。

更重要的是，马克思主义哲学视域的转换，并不是单纯地在哲学领域中完成的，而是同他的历史学研究、科学社会主义研究，特别是同他的经济学研究密不可分的，这就更加要求我们进行"复调"式解读。列宁曾概括出马克思思想的三大来源（列宁是从主导线索来概括的。实际上，马克思思想的来源更为复杂），说明他已意识到对马克思主义哲学必须进行多视角的研究，但他对三大来源的相互关系并没有做出有力的

_43

论述。我认为，就三大来源的理论关系来说，每一条线索都同其他线索相互作用，共同推动着马克思主义哲学的发展，只要其中一条线索是非科学的，其他的思考也就或多或少地具有非科学性或不精确性。比如经济学与哲学的关系，过去人们通常认为，马克思的经济学是在他的哲学观点指导下形成的，实际上，马克思如果不理解经济学，也就无法真正读懂黑格尔辩证法的真正内涵，实现哲学变革，同样，马克思主义哲学观点的非科学性，也会导致经济学研究的非科学性。就经济学、哲学与科学社会主义关系而言，立足于人本异化观，马克思对共产主义的论证便只能是一种"应该"的逻辑推论，只有立足于社会物质生活，从政治经济学批判出发，才能证明共产主义的现实必然性以及无产阶级的革命途径。这多重线索共同"在场"，才能达到对现实生活的具体理解与科学批判。

这种"复调"线索在马克思思想中形成了全新的理论视野，以求具体地、历史地分析特定的社会生活情境，唯物主义与辩证法在这里变成了分析问题的方法，而不是一成不变的公式。马克思在致安年柯夫的信中，批判蒲鲁东从不变的经济法则分析现实的错误，进而指出：蒲鲁东"之所以给我们提供了一种可笑的哲学，却是因为他不了解处于现代社会制度联结〔engrènement〕……关系中的现代社会制度"①。什么是现代社会的联结？马克思认为：

> 社会——不管其形式如何——是什么呢？是人们交互活动的产物。……在人们的生产力发展的一定状况下，就会有一定的交换〔commerce〕和消费形式。在生产、交换和消费发展的一定阶段上，就会有相应的社会制度形式、相应的家庭、等级或阶级组织，一句话，就会有相应的市民社会。有一定的市民社会，就会有不过是市民社会的正式表现的相应的政治国家。②

这就需要在复杂语境中分析特定的社会历史情境，任何先验的逻辑界定，都不能真正地解决问题。这在他分析波拿巴政变时更为明显。对于波拿巴政变，他既不像雨果那样仅对波拿巴进行尖刻的痛骂，也不像蒲鲁东那样仅从经济规律出发，把政变单纯理解为历史发展的必然结

---

① 马克思，恩格斯. 马克思恩格斯选集：第4卷. 北京：人民出版社，2012：407-408.
② 同①408.

果,不知不觉中完成了对政变主人公的辩护,而是从当时法国政治、经济、社会心理、外交、阶级力量对比以及政党活动策略中进行整体分析,在多视角融合中实现了科学的理解。马克思的这种"复调"视野,使他在分析每个问题时,看到其他问题的同期而至性,从一条线索中看到其他线索的共同在场性,把社会生活全面地展现出来,进行总体讨论。卢卡奇看到了这一点,但他对总体性的理解却又是"独白"式的,他从主客体关系出发,并在以主体作为统摄总体性的根据时,再次陷入黑格尔哲学的套路之中。从这个意义上也可以说,"复调"式的解读,在方法上也是对形而上学进行批判与反思的方法。

在马克思主义哲学的"复调"结构中,他一方面认识到现实生活的未完成性,另一方面也认识到理论本身的未完成性,通过与现实生活的对话来扩展自己的理论视野,在这样一种对话中,实现了理论与现实生活的共通性,保证了理论的开放性视野。在马克思的这一思考中,任何理性完成式的形而上学都不再具有合法的地位,现实与理论的双重未完成性,要求一种真实地面对社会生活的方法,在现实的流动性中,实现对社会生活的批判性反思。这种哲学观念是我们面对马克思主义哲学,特别是运用马克思主义哲学的基本精神面对当代时,应该具备的一种基本思维态度。

2. 马克思主义哲学与西方哲学:视域开启与理论界划

自 20 世纪 90 年代后期以来,将马克思主义哲学重新置于西方哲学语境中,展示马克思主义哲学的当代价值,这构成了国内马克思主义哲学研究的一道风景线。实现马克思主义哲学与西方哲学之间的对话性融通,在我看来,一方面同国内马克思主义哲学研究的思路进展有着理论上的关联性,即随着实践唯物主义讨论的深入,人的主体性问题呈现出来,但人的主体性问题在西方哲学发展中,呈现为两种不同的话语:一是强调人的主体性作用的古典人本主义话语,这在德国古典哲学中得到了明确的表现;一是来自对主体性进行批判的新人本主义话语,这是自尼采之后特别是在海德格尔哲学中得到了充分的体现,虽然海德格尔操持的是一种反人本主义的话语。从人的思路来思考马克思主义哲学,西方哲学的思路就必然呈现出来。另一方面,在当代西方哲学的讨论中,马克思的影子常常出现在他们的思考中,特别是由于海德格尔哲学的强势影响，使得马克思与现代西方哲学的对话具有了理论上的重要根据。

从西方哲学的传统来理解马克思主义哲学，从马克思主义哲学出发来理解当代西方哲学，这种对话式的解读，对于打破传统研究中马克思主义哲学与西方哲学的坚硬对立，对于马克思主义哲学的当代建构，无疑具有重要的意义。首先，它开阔了马克思主义哲学的研究视域。在马克思的思想创立过程中，他非常关注同时代哲学理论的进展，并立即将这些进展反映到自己的研究中，可以说马克思是一位"先锋"哲学家。这要求我们在解读马克思时，不仅需要熟悉马克思所面对的西方哲学传统，还需要了解当代西方哲学，只有这样，我们才能既站在西方哲学的传统中了解马克思主义哲学的意义，又在当代哲学的语境中打开马克思主义哲学研究视域，否则我们只能将自己封闭起来，使我们的研究原地踏步，甚至倒退。其次，只有了解了西方哲学的思想逻辑，我们才能面对一些从西方哲学视角来解读马克思的哲学家及其著作。哲学在本质上是一种对话，解读马克思的哲学思想，不仅需要与马克思的文本展开对话，还需要与从事马克思主义哲学研究的思想家及其文本进行对话，而在当代马克思主义哲学研究中，许多学者都具有西方哲学的深厚背景，甚至是从西方哲学的视域出发来解读马克思，这决定了我们不得不去研究西方哲学，否则我们只能在一种先验性的误判中实现马克思主义哲学与西方哲学的硬性分割，对这些研究成果采取一种漠视的态度。最后，只有在这种融合式对话中，才能打开马克思主义哲学当代建构的创造性空间。在这个方面，西方马克思主义的许多研究是值得我们反思的。卢卡奇从新黑格尔主义出发，结合韦伯的合理化理论，以"物化"概念为突破口，对马克思主义哲学进行了一种创造性的解读。相对于我们过去的研究，这倒是"激活"了马克思主义哲学的一些重要理论维度，为法兰克福学派的批判理论，奠定了重要的理论前提。阿多诺只有在对海德格尔哲学的深层反思中，才能将马克思的哲学精神发挥到"否定辩证法"的深度。我们可以不同意他们对马克思主义哲学的理解，但我们无法否认他们留下了创造性的文本，这些文本对于我们今天讨论马克思主义哲学，仍然是无法绕过的内容。我们今天的研究，如果不参照这些成果，可能就会在低水平上重复别人已经完成了的工作。

但需要注意的是，在马克思主义哲学与当代哲学的对话中，现有的研究成果过于强调马克思主义哲学与西方哲学的内在一致性，而对于两者的差别则谈得不够，一些重要的边界没有清晰地界划出来，因此如何在对话中实现一种理论划界，这构成了马克思主义哲学面对当代西方哲学时需要加以阐明的问题，而对这个问题的理解，直接影响到马克思主义哲学的当代建构。

实际上，虽然许多当代哲学家都对马克思主义哲学有着较高的评价，但在基本思路上，他们与马克思有着根本性性的差异。比如海德格尔，在评论萨特《存在主义是一种人道主义》时指出，萨特的思路根本无法与马克思进行对话，因为马克思深入到了历史事件的本质之中，这正是萨特没有解决的①。但这并不意味着海德格尔就认同了马克思，在基本思路上，海德格尔与马克思有着根本性的差异，海德格尔关于存在与存在者的区分，从基本理路上将马克思的哲学划归到了传统形而上学的理论链条之中，他关于技术的思考，实际上对从生产方式出发的历史唯物主义理论提出了批评，"唯物主义的本质隐藏在技术的本质中；关于技术，固然已写出很多东西，但却被思得很少。技术在其本质中实为一种付诸遗忘的存在的真理之存在的历史的天命"②。在这个意义上，海德格尔的存在论与马克思的哲学是无法直接对应的。

在《马克思的幽灵》中，针对福山的"历史终结论"，德里达从解构的立场指出："人们必须接受马克思主义的遗产，接受它的最有'活力'的部分……正如我们无可置疑地是马克思的继承人那样，甚至在我们愿意或是拒绝做他的继承人之前，这项使命就摆在我们的面前了"③。德里达对马克思的哲学精神给予了高度的评介，认为马克思对资本的拜物教式批判，对资本幽灵的揭示，对于我们面对当代资本主义社会具有重要的理论意义，自己是选了一个好时候向马克思表示致敬。与此同时，德里达对传统马克思主义的解释也提出了根本性的批评。在他看来，马克思与海德格尔一样，追求的仍是一种在场的弥赛亚主义，这种弥赛亚主义与西方形而上学的本质是一致的，这种形而上学与暴力具有内在的同构性，而这正是德里达所要解构的东西。与这种在场的弥赛亚

---

① 海德格尔. 海德格尔选集：上卷. 孙周兴，选编. 上海：生活·读书·新知三联书店，1996：383.

② 同①384.

③ 雅克·德里达. 马克思的幽灵. 何一，译. 北京：中国人民大学出版社，1999：78-79.

主义相对应，德里达认出自己所追求的是一种非目的论的、没有弥赛亚降临的弥赛亚主义。这是一种解构，在他看来，马克思的哲学精神只有在这个维度上，才能构成一种激进的批判理论①。

抛开这些具体人物的具体思想不论，马克思主义哲学与当代西方哲学中的互文式解读，会放弃马克思主义哲学思想中最为重要的精神，这种精神可以概括为既从哲学的内部来反思哲学，又从哲学的外部来透视哲学的历史性规定。在我看来，这构成了我们今天面对马克思主义哲学时需要从深层上揭示的问题。

马克思的哲学变革，一方面要揭示哲学本身的思辨性特征，并指出这种理性自律性的哲学是一种神话，但另一方面与传统哲学思路不同的是，马克思并不是停留在思辨哲学的内部来批判思辨哲学，而是要把哲学的批判推进到对社会生活本身的批判，即推进到对产生思辨哲学的社会前提的批判，这决定了马克思主义哲学思想的另一个重要内容，即马克思要在社会历史的内在关系中揭示出哲学的历史规定性。从哲学之外来透视哲学的社会历史规定性，而不是将哲学本身当作一个封闭的领域，可以说这是一种非"哲学"的哲学思考，只有进入这个层面，才能实现哲学、经济学与科学社会主义间的视域融合，将哲学批判与社会生活批判统一起来，正是在这两个维度中，马克思的哲学具有了广阔的理论空间，这时，只从纯哲学的层面来讨论马克思的哲学，就是对马克思主义哲学精神的一种简化。这就是为什么在过去的研究中，面对《资本论》时，我们无法从经济学、哲学、政治学等多重视角的融合中，读出马克思的"哲学"思想。

从这样的思路出发，面对西方哲学，我们必须在两个层面实现理论的界划：第一，马克思主义哲学通过何种方式能够在当代发生作用？在这种转换过程中，当代西方哲学具有何种中介性的意义？当代的一些哲学家在何种意义上承袭了马克思的精神？这是从纯哲学层面展开的问题。在这里要展示出马克思主义哲学延伸到当代的清晰思路，而不是一种平面式的对接。第二，从马克思主义哲学的基本精神出发，只从纯哲学层面来讨论马克思与西方哲学的关系是不够的，我们还必须将西方哲学与当代西方社会的历史性规定置于内在的循环阅读中，实现哲学的

---

① 关于德里达对马克思主义哲学的解读，参阅本书第七章第一节。

"界外"阅读,只有这样,我们才能在新的理论视域中,既开启马克思主义哲学当代解释的理论空间,又能实现马克思主义哲学与当代哲学的边界区分,保持马克思主义哲学的"独特性",沿着马克思的思路,实现对当代社会与文化的透视。在这个意义上,西方马克思主义哲学是有一定的借鉴意义的。

3. 西方马克思主义的理论意义

自 20 世纪 80 年代西方马克思主义被引进到国内学术界以来,西方马克思主义研究已经走过了 40 个春秋。在当前的学术讨论中,国内学术界对西方马克思主义的研究,已经从过去的引进、重思马克思主义哲学的内在精神,形成了对西方马克思主义进行总体把握的自觉意识。学者们已经意识到,西方马克思主义哲学的理论成果,对于马克思主义哲学的当代建构来说,已经构成了一个无法忽视的资源。在当前的研究中,一方面,需要对西方马克思主义以及 20 世纪 70 年代以来出现的后马克思主义进行更为深入的分析;另一方面,需要对西方马克思主义与马克思主义哲学的内在关系、我们在何种意义上合理地吸收西方马克思主义哲学的研究成果进行深入的探讨。从这一视角着眼,挖掘西方马克思主义的积极成果,对于当代中国马克思主义哲学的建构来说,是一个重要的参照系。

西方马克思主义哲学探索的第一个重要方面,是打破了马克思主义哲学中的教条主义,使马克思主义哲学成为一个开放的理论。在西方马克思主义创始人那里,他们反对第二国际将马克思主义哲学故步自封的做法,对"正统"概念重新思考后指出:"正统马克思主义并不意味着无批判地接受马克思研究的结果。……恰恰相反,马克思主义问题中的正统仅仅是指方法。它是这样一种科学的信念,即辩证的马克思主义是正确的研究方法,这种方法只能按其创始人奠定的方向发展、扩大和深化。"① 因此,对传统马克思主义哲学理论进行反思,并力图使马克思主义哲学的精神在当代的历史语境中得到发展,构成了从卢卡奇到法兰克福学派的一个重要主题。而且在西方马克思主义哲学的发展过程中,他们也不故步自封,总是对自己的前提进行反思,使之达到一个新的理

---

① 卢卡奇. 历史与阶级意识. 杜章智,任立,燕宏远,译. 北京:商务印书馆,1992:47-48.

论阶段，如阿多诺在《否定的辩证法》中，对卢卡奇的主体性的总体性概念就进行了批判性的解构，使自己的哲学地平达到更高的层面。当然，西方马克思主义的这一做法也让我们意识到，对于西方马克思主义哲学本身，我们也要持一种开放的态度，不能简单地将西方马克思主义挪用到中国语境。

第二，开拓了马克思主义哲学研究的理论视域，并想以马克思主义哲学的批判精神对新的理论资源进行逻辑整合。要开放地理解马克思主义哲学，这作为一个口号是比较容易的，学界也已经呼吁了很多年，但对我们的研究来说，更需要的是如何去做，而要做到这一点，首先就需要打开我们的理论视野，使我们具有与当代文化进行对话的理论平台。在这一点上，西方马克思主义的做法是值得我们注意的。面对西方马克思主义哲学的理论文本，我们能够看到，他们积极吸收当代哲学思想文化的成果，力图在马克思主义哲学批判精神的基础上，实现跨学科的融合贯通，从而提出新的范畴和理论构架。如在卢卡奇的《历史与阶级意识》中，我们就可以看到，卢卡奇将马克思主义哲学、德国古典哲学、韦伯的政治学与社会学、古典经济学等，以"物化"这个概念为入口，整合为面对组织化资本主义社会的批判理论，虽然在这个整合过程中，卢卡奇已经与马克思具有不同的理论指向，但马克思主义哲学的批判精神，却被他在新的历史与思想语境中发挥出来。再如法兰克福学派，其中许多学者通过将马克思的哲学批判与精神分析理论相结合，对法西斯主义人格进行了深入的研究；有的学者结合《1844年经济学哲学手稿》的研究，对马克思主义哲学中的人学思想进行了当代发挥；霍克海默与阿多诺对启蒙精神的重新探讨，对西方文化之根进行了深层的理论剖析。在这些讨论中，他们都想以马克思主义哲学的批判精神为主导，透视当代资本主义社会的政治、经济、文化，实现一种逻辑上的整合。这样一种研究方法，对于我国哲学研究中，打破学科界限、实现理论上的融会贯通，具有重要的借鉴意义。

第三，在我看来，西方马克思主义能够开放地理解马克思主义哲学，整合不同学科，并坚持马克思主义哲学的批判精神，其重要的前提在于对资本主义社会变化的自觉意识。19世纪末20世纪初，资本主义社会经历了又一次转型，即从传统的自由竞争的资本主义转向了以福特主义为重要标志的组织化资本主义，一种流水线的机械化生产取得了主导地位，以科层制为基础的组织化体系能够在一定层面解决自由竞争的市场体系带来的问题。国家干预与资本集中日益明显，国家与市民社会之间的界限开始模糊，文化与艺术在消费社会中日益起着意识形态的支配作用。这时，学科壁垒式的研究方法，已不能透视组织化资本主义社会的总体性图景，需要在马克思主义哲学的基础上，对资本主义社会及其文化形态的新变化进行新的理论概括。正是在这一语境中，葛兰西第一次在马克思主义发展史上使用"福特主义"这个词，来概括以美国为代表的当代资本主义社会在生产形式上的变化，对马克思的国家与市民社会理论、意识形态与领导权理论进行了新的探索。同样，在法兰克福学派中，波洛克对当时的资本主义社会经济进行了较为深入的分析，以他为桥梁，发端于桑巴特的"晚期资本主义"这个概念进入了法兰克福学派的学术词汇表中，这个概念在当时的语境中指称垄断资本主义的新阶段，这个历史语境构成了法兰克福学派哲学理念的基础。当阿多诺在20世纪70年代发表《否定的辩证法》时，资本主义经过大众媒介的中介，所造成的幻象统治已经构成了他的重要论述主题，这也构成了《否定的辩证法》的现实前提。这也给我们提出了问题，即要理解西方马克思主义，必须同时进行资本主义社会发展史的研究，同样，今天发展马克思主义哲学，这两个任务也需要同时展开，这才能使我们真正地回到现实之中。

第四，从本书的视角来看，西方马克思主义后期关于概念形而上学的批判，对于我们从深层上反思马克思主义哲学在当代的建构提供了有价值的参考。西方马克思主义处于现代资本主义稳定发展、工人阶级运动日益低落的时代，这决定了它们无法再像早期的马克思主义者那样，将自己的理论直接运用于实践过程中，使批判的武器变成武器的批判，在一定的意义上，他们是拿着资本主义的工资来批判资本主义的知识分子，这使得他们的理论从一开始就打上了无奈与悲观的色彩。也正是在这样的历史与理论语境中，他们将马克思主义哲学中的批判精神发展为一种哲学沉思意义上的形而上学批判，特别是结合法西斯主义运动的批判，对启蒙以来的理性形而上学展开了较为深入的分析与批判，比如阿伦特关于极权主义的分析、霍克海默与阿多诺关于启蒙辩证法的批判、阿多诺对海德格尔哲学的反省等，在哲学逻辑上达到了非常深的程度。这些思考对我们今天进行中国马克思主义哲学的建构，有着直接的意义。

4. 本书的主题与任务

本书关注的问题是：如何在国内现有研究的基础上，通过吸收国外马克思主义哲学研究中的有益成果，将马克思主义哲学重新置入现代哲学之流中，结合马克思主义哲学文本的研读，推进马克思主义哲学研究。正是基于这样的思考，我认为，从实践标准大讨论发端的当代中国马克思主义哲学研究，不论是在对时代精神的把握上，还是在对基础理论的建构上，都有着重大的进展。但我也认为，我们还必须做进一步的探索，特别是要充分挖掘马克思关于资本主义批判的哲学逻辑，并以此为基础，走向对当代社会变迁及其文化理念的分析，只有这样，才能真正地沿着马克思主义哲学的基本精神走向当代。我对马克思哲学三大主题的概括，就是我对蕴含在马克思哲学文本中的根本思想的理解。

在本书中，我主要讨论的是"形而上学批判"问题，在这一框架下，对国内40年来马克思主义哲学研究中的重要主题进行了分析与反思，并力求实现与西方马克思主义基本理念的对话。但这一部分在马克思主义哲学的总体建构中，只是一种前提性的思考，在马克思实现哲学变革之后，我更为关心的是如何批判分析资本的逻辑，这不仅要从经济学上进行理论化的讨论，更要从哲学上加以提炼，并将这一分析与马克思对资本主义社会的总体批判联系起来。在我看来，这是马克思主义哲学中最为重要的内容，也是过去的哲学研究中没有得到充分理解的内容。在完成本书的研究之后，我希望自己能够进入对"资本逻辑"的研究之中，这是我们面对当代社会及其文化的理论基础。

第一章　实践与社会关系

20世纪80—90年代的实践唯物主义讨论，对于当代中国马克思主义哲学的建构有着非常重要的意义。如果说"实践是检验真理的唯一标准"大讨论解放了人们的思想，推动着人们去探索马克思主义哲学的新方向，那么实践唯物主义讨论则为新的理论构架和有个性的研究提供了重要的支撑。当代中国马克思主义哲学的反思与建构，都无法绕开对实践唯物主义讨论的重新思考。在我看来，要理解实践范畴对于马克思主义哲学建构的意义，需要将之置于一定的社会关系中，看清马克思通过这一范畴是如何深入社会历史生活中，从而为自己批判认识资本主义社会提供了坚实的理论基础。

第一节　实践：一个过渡性的逻辑范畴

如何理解实践范畴在马克思主义哲学中的位置，在当时学界争论得非常激烈：有的学者认为马克思哲学是实践本体论；有的学者则认为是超越了旧唯物主义与唯心主义对立的实践哲学；还有的学者只承认实践唯物主义，反对实践本体论和实践超越论。虽说意见纷纭，但在讨论中几乎所有的学者都把实践作为马克思哲学的成熟范畴，并以此重构马克思主义哲学。鉴于如何理解实践范畴在马克思哲学中的作用，是正确理解马克思哲学实质的关键，因此，有必要结合马克思哲学思想转变历程加以探讨。我认为，实践范畴在马克思哲学发展中的重要作用在于推动着马克思哲学研究视野的转换,也就是说,马克思是通过实践范畴,使哲学研究视野实现了从抽象的哲学逻辑领域到具体的社会历史领域的转变,在对社会历史的具体分析中,发现了唯物史观,创立了马克思主义哲学。

1. 实践范畴与马克思的哲学变革

在实践唯物主义讨论中,理论界形成的共识是:马克思的实践学说是对旧哲学的彻底革命。因此,我们必须在结合马克思是怎样揭示旧哲学的缺陷以及如何进行超越的理论层面上,分析实践范畴在马克思哲学变革中的理论意义。

在《费尔巴哈和德国古典哲学的终结》一书中,恩格斯依据哲学家们对哲学基本问题的不同回答,把过去的哲学划分为唯物主义与唯心主义、可知论与不可知论,后来者将两者看成是截然对立的,但哲学的发展史告诉我们,它们并不只是相互对立,而且是两极相通的。从培根的唯物主义发展到贝克莱的唯心主义,法国自然观领域的唯物主义到历史观领域的唯心主义,从可知论到不可知论,确证了哲学发展的这一逻辑。这给哲学研究提出了一个问题:为什么会有这种转换?我认为,这至少表明一点:在旧哲学中,不管是唯物主义还是唯心主义,可知论还是不可知论,至少有一个共同的领域,它们的解释基本上是一致的,而对这一领域的理解又直接关涉到其他问题的阐释,因此必须揭示出旧哲学的这一局限性,才能真正突破原有的哲学框架。这正是马克思写作《关于费尔巴哈的提纲》(以下简称《提纲》)的起点。在《提纲》第一条中,马克思实质上揭示了旧唯物主义与唯心主义的共同缺陷,即都不能真正地理解实践活动。费尔巴哈认为只有理论活动才是真正的活动,把实践当作卑污的犹太人活动加以拒绝,因此最多只能从哲学直观角度来看问题,黑格尔把实践降为理性实现狡计的手段,是一种精神劳作,因而抽象地发展了主体的能动方面。在第二条中,马克思实质上揭示了不可知论的缺陷:也在于不理解人的实践活动,"人的思维是否具有客观的[gegenständliche]真理性,这不是一个理论的问题,而是一个**实践的**问题。人应该在实践中证明自己思维的真理性,即自己思维的现实性和力量,自己思维的此岸性"①。在这两条里,马克思以实践范畴对

---

① 马克思,恩格斯. 马克思恩格斯文集:第1卷. 北京:人民出版社,2009:500.

旧哲学的共同缺陷做了归结，实践范畴无疑具有重要的理论意义，否则，马克思就无法揭示旧哲学的局限性，也就无法打破旧哲学的思维方式，创立自己的哲学。在实践唯物主义的讨论中，学者们几乎都以这两条为依据，过分强调实践范畴在马克思哲学中的意义。我认为，第一，对《提纲》的理解要从全篇出发，不能单独地挑出一两条加以抽象的阐释；第二，《提纲》前两条是对旧哲学缺陷的归结，其着重点在于"破"，而这个"破"的过程还刚刚开始，至于如何"立"，这主要体现在《德意志意识形态》（以下简称《形态》）中。

什么是实践？马克思称之为"客观的活动""人的感性活动"，但如果仅停留在这个层面，依然没有摆脱直观的思维方式，因为我们只能着眼于当下的人的活动来解释实践，这在法国唯物主义中表现得很明显。当下的活动是人对环境的改造活动，可人对环境的改造又以环境对人的制约为前提，"环境是由人来改变的，而教育者本人一定是受教育的"①，他们就这样陷入了"意见决定环境""环境决定人"的循环论证中。因此，停留在一般的实践范畴并不能说明什么，这场哲学革命还是不彻底的。马克思在《提纲》中的贡献不只在于引进了实践范畴，而更在于通过实践范畴认识到必须研究社会历史的具体进程。在第六条中，马克思批判了费尔巴哈关于人的本质的学说，指出"人的本质不是单个人所固有的抽象物，在其现实性上，它是一切社会关系的总和"。这意味着只有对社会关系做出科学的说明，才能正确地揭示出人的本质，费尔巴哈只是抽象地批判人的异化，"没有对这种现实的本质进行批判，因此他不得不：（1）撇开历史的进程……并假定有一种抽象的——**孤立的——人的个体**"②。在第四、七条中，马克思继承了费尔巴哈对宗教的批判，并进一步指出，要想真正完成对宗教的批判，就要批判现实的社会，而对现实社会的批判，就不能满足于哲学直观，而是要揭示世俗历史的矛盾及其发展趋势，"对于这个世俗基础本身应当在自身中、从它的矛盾中去理解，并且在实践中使之发生革命"③。马克思意识到，旧哲学的共同局限就在于不能科学地说明社会历史的发展过程，历史观领域的唯心史观，使唯物主义与唯心主义有相通之处，只有科学地揭示

---

① 马克思，恩格斯. 马克思恩格斯文集：第1卷. 北京：人民出版社，2009：500.
② 同①501.
③ 同①.

社会历史的具体发展过程，才能最终打破旧哲学的思维方式。在《形态》中，马克思、恩格斯进一步说明了这个问题，他们批判了青年黑格尔派的历史观，指出青年黑格尔派同样是根据历史之外的某种尺度来编写历史，并在他们自己的想象中用宗教的幻想生产来代替生活资料和社会生活本身的现实生产。费尔巴哈的历史观同样如此，他虽然也谈"社会的人"，但他仍然停留在理论的领域内，并没有从人们现有的社会关系中，从那些使人们成为他们现在这种样子的生活条件中来观察人们，所以"当费尔巴哈是一个唯物主义者的时候，历史在他的视野之外；当他去探讨历史的时候，他不是一个唯物主义者"①。在这里需要指出的是，马克思并不是孤立地批判青年黑格尔派和费尔巴哈的历史观，而是指出了他们在历史观上的相通之处，这表现为两点：（1）圣布鲁诺和圣麦克斯用费尔巴哈的关于共产主义者的观念代替真正的共产主义者，以便能够像同哲学范畴、同势均力敌的敌人做斗争那样来同共产主义者做斗争，这表明他们和费尔巴哈一样，最终也陷入了"观念"的历史观中。产生这一共同性的根源在于（2）费尔巴哈和青年黑格尔派都确认现存的东西，同时又不了解现存的东西，他们都不能真正地理解现实的社会生活以及处于其中的现实的人。这段考察告诉我们：新的哲学视野必须立足于人类物质生活生产的具体历史过程，唯此，才能把唯心主义从历史观的避难所中驱赶出来。要完成这一任务，一般的实践范畴并不能胜任，这决定了马克思必须扬弃这一范畴，在社会历史领域确定具体的理论支点。

不可知论产生的根源也在于对社会历史发展过程的不理解。在《反杜林论》中，恩格斯在讲到相对真理与绝对真理的关系时，指出从相对真理走向绝对真理是一个历史发展过程，人的思维的至上性是在思维非至上性的历史发展中实现的；"思维的至上性是在一系列非常不至上地思维着的人中实现的；拥有无条件的真理权的认识是在一系列相对的谬误中实现的；二者都只有通过人类生活的无限延续才能完全实现"②。如果撇开历史过程，呈现在我们面前的只是片面的、部分的真理，不可能是全面的真理，不可知论者就是以此为依据的。因此要驳斥不可知论，就必须揭示社会历史发展过程，揭示意识、思维的发展过程，揭示

---

① 马克思，恩格斯.马克思恩格斯文集：第1卷.北京：人民出版社，2009：530.
② 马克思，恩格斯.马克思恩格斯文集：第9卷.北京：人民出版社，2009：91.

特定历史时期思维的特点及其局限性，哲学思想从来也不可能超出世界秩序的范围。旧哲学的可知论，由于不了解这一"哲学之谜"，也就无法彻底地驳斥不可知论。因此，只有从实践范畴过渡到社会历史领域，揭示社会历史的现实进程，揭示人的思维的历史发展过程，才能真正地解决旧哲学发展史上两极相通的难题。可见，把马克思主义哲学理解为实践唯物主义，理解为实践本体论或实践哲学，而不进入对社会历史的分析，就难以真正地理解马克思实现哲学变革的实质。

2. 马克思哲学变革的历程

从马克思早期哲学思想的发展历程来看，实践也只是一个过渡性逻辑范畴。对资本主义社会进行批判，实现无产阶级解放，这是马克思哲学的主题。在《1844年经济学哲学手稿》（以下简称《手稿》）中，马克思是从费尔巴哈的人本主义出发，以异化劳动为理论核心，以人的类本质为最高理想来批判资本主义社会的，虽然马克思已意识到古典经济学家把私有制当作永恒存在的观点是错误的，但这时的马克思还无法具体地揭示私有制产生发展的历史过程，于是他运用异化劳动概念，认为私有制是异化劳动的结果。但马克思对这样的解释是不满意的，"现在要问，人怎么使他的**劳动外化、异化**？这种异化又怎么以人的发展的本质为根据？"① 马克思提出了这个问题，这表明异化劳动本身还有待说明。马克思认识到异化以实现自身的手段本身就是实践的，但这种异化的实践又是怎样发生的？怎样克服？马克思称之为"历史之谜"，并以费尔巴哈式的方式，强调通过实现人的类本质、摒弃异化劳动来克服私有制，因此，是以一种理想的社会状态消解有问题的社会现实。可以说，《手稿》中对资本主义的批判还是悬于空中、软弱无力的。但是我们不能忽视的是，在这篇手稿中，已蕴含了马克思的研究趋势，那就是要真正解决这一问题，需要把视角指向历史领域。

在《神圣家族》中，马克思进一步拓深了研究思路。要揭示"历史之谜"，就必须先撇去现实中的反历史思维方式，《神圣家族》就是以驳鲍威尔及其同伙的历史观为中心内容的。文章伊始就认为鲍威尔是在实践和历史中胡言乱语，他们用"'**自我意识**'即'**精神**'代替**现实的个**

---

① 马克思，恩格斯. 马克思恩格斯全集：第3卷. 北京：人民出版社，2002：279.

体的人""这种原则通过把'批判'本身变为某种超验的力量来作自己的最后一次尝试"①。马克思质问道:"难道批判的批判以为,只要它把人对自然界的理论关系和实践关系,把自然科学和工业排除在历史运动之外,它就能达到,哪怕只是初步达到对历史现实的认识吗?难道批判的批判以为,它不把比如说某一历史时期的工业,即生活本身的直接的生产方式认识清楚,它就能真正地认清这个历史时期吗?"②可以发现,马克思在这里特别强调两点:(1)重视作为工业和生活本身的生产方式,对这一概念的进一步分析,就易得出物质生产这一范畴。(2)从历史中理解实践,特别是把实践理解为某一历史时期的工业和生活本身的直接生产方式。这就意味着,马克思将要放弃一般的实践范畴,而要通过对物质生活的生产方式进行考察,揭示社会历史的运动发展过程。

从《手稿》到《神圣家族》,马克思哲学思想倾向就总体而言是受费尔巴哈影响的。在《手稿》中,马克思依据费尔巴哈唯物主义的原则和方法,批判资产阶级政治经济学和黑格尔的唯心主义,同时又依据政治经济学所确认的事实和黑格尔辩证法的合理要素发展了费尔巴哈的人本主义。在《神圣家族》中,马克思和恩格斯对鲍威尔等人的批判仍然是以费尔巴哈为出发点的,但在这本书中,马克思已显示出他将超越费尔巴哈,因为马克思注重的已不再是抽象的思辨,而是对历史的考察。这一点恩格斯后来在确定《神圣家族》一书在马克思哲学思想发展中所占的地位时,写了两段评论,"这时,费尔巴哈的《基督教的本质》出版了。……马克思曾经怎样热烈地欢迎这种新观点,而这种新观点又是如何强烈地影响了他(尽管还有种种批判性的保留意见),这可以从《神圣家族》中看出来"③。这是说明在《神圣家族》一书中他们对费尔巴哈观点的拥护,但同时,"对抽象的人的崇拜,即费尔巴哈的新宗教的核心,必定会由关于现实的人及其历史发展的科学来代替。这个超出费尔巴哈而进一步发展费尔巴哈观点的工作,是由马克思于1845年在《神圣家族》中开始的"④。这表明在未来的哲学发展中,马克思必然会对费尔巴哈做出全面的批判,这一工作是在《提纲》中开始的。马克思

---

① 马克思,恩格斯. 马克思恩格斯文集:第1卷. 北京:人民出版社,2009:253.
② 同①350.
③ 马克思,恩格斯. 马克思恩格斯文集:第4卷. 北京:人民出版社,2009:275.
④ 同③295.

是通过费尔巴哈批判黑格尔及青年黑格尔派的,因此,对费尔巴哈的批判也就是对自己哲学信仰的全面清算,同时也是马克思对自己理解的哲学史的批判,《提纲》前两条就是马克思对哲学史理解的归结,前面对《提纲》第一条、第二条的解释,体现了这一特点。《提纲》认为,社会生活在本质上是实践的,理论的问题要由实践来解决,就是强调客观物质活动的重要性,因此,哲学研究就要关注人们的客观物质活动,揭示人类社会的运动发展过程,而不像旧哲学那样,只对人们的客观物质活动进行抽象的思辨,唯此,才能实现对费尔巴哈的抽象的人的突破。作为提纲,马克思只需指出费尔巴哈的缺陷,而如何阐释正确的观点,马克思并没有充分表述出来,只是指出了研究方向。这样在《提纲》中,马克思只是坚持了《神圣家族》的批判成果,即从历史中去理解人的实践活动,这一点就足以表明马克思与费尔巴哈的区别,这是《提纲》中以实践为核心范畴批判费尔巴哈的由来。但通观《提纲》,马克思并不是单纯地讲实践,而是把实践同历史结为一体加以论述的(本节第一部分的讨论)。因此,马克思强调实践的重要性,是为了肯定历史研究的重要性,实践只是过渡性范畴,是为了实现哲学研究视野的转变,即从抽象地解释历史过渡到从历史事实中去抽象哲学理论。《提纲》就总体而言,主要论及两个内容:一是对费尔巴哈哲学的批判,二是以宣言的形式预告了马克思将要创立新的哲学。所以恩格斯称《提纲》是天才萌芽的文件,它所蕴含的内容在《形态》中才得到充分的阐述。

在《形态》中,马克思主要阐述了两个问题:一是对青年黑格尔派尤其是对费尔巴哈哲学历史观的批判,二是正面阐述自己的哲学立场,这两点无疑是对《提纲》的深化,这也表明只有结合《形态》才能完整地理解《提纲》所阐述的思想,而不是像一些学者所说的那样,从《提纲》退回到《手稿》,以实践为基点,以《手稿》为理论依据,重构马克思主义哲学。当马克思批判费尔巴哈及青年黑格尔派时,是从他们的核心点——人出发的,而当马克思正面阐释自己的哲学新视野时,则从物质生产出发,这时马克思就不再运用一般的实践范畴,而是扬弃了实践,以物质生产作为新哲学的逻辑起点,"由此可见,这种历史观就在于:从直接生活的物质生产出发阐述现实的生产过程,把同这种生产方式相联系的、它所产生的交往形式即各个不同阶段上的市民社会理解为整个历史的基础,从市民社会作为国家的活动描述市民社会，同时从市民社会出发阐明意识的所有各种不同的理论产物和形式，如宗教、哲学、道德等等，而且追溯它们产生的过程"①。这是对唯物史观的经典表述，也是学界最为关注的表述，实际上在马克思那里这只是唯物史观的一般视野，还需要进一步拓深。马克思接着写道："历史的每一阶段都遇到一定的物质结果，一定的生产力总和，人对自然以及个人之间历史地形成的关系，都遇到前一代传给后一代的大量生产力、资金和环境……预先规定新的一代本身的生活条件，使它得到一定的发展和具有特殊的性质。"② 实际上，马克思一直强调历史生活的这种特殊性，强调"一定的生产方式或一定的工业阶段始终是与一定的共同活动方式或一定的社会阶段联系着的"③，马克思非常强调"一定的"，这表明物质生产本身是社会的、具体的、历史的过程，唯物史观就是要现实地、历史地、具体地透视历史，一句话，强调社会生活的历史性，这是唯物史观的深层视野。到这时，马克思才有可能揭示"历史之谜"，科学地阐明私有制的产生、发展和灭亡的运动规律。共产主义已不再像《手稿》中表述的那样，表现为一种理想的逻辑推论，而是社会运动变化的趋势；对私有制的否定也不再是因为它是非人的，受到伦理上的批判，而是符合社会发展要求的现实运动。"共产主义对我们来说不是应当确立的**状况**，不是现实应当与之相适应的**理想**。我们所称为共产主义的是那种消灭现存状况的**现实的**运动。"④ 可见，在马克思早期哲学思想的转变中，实践是一个过渡性的逻辑范畴，通过实践范畴，马克思将研究视野触及具体的社会历史领域，形成了唯物史观的双重视野。

3. 实践范畴的过渡性意义

这里需要阐明的一点是：在马克思以前，许多哲学家已经认识到哲学要考察历史，为什么只有马克思才真正地实现了哲学视野的转换呢？我们知道，维科是第一个确立历史哲学研究地位的，他把自己的著作称为《新科学》，与培根的《新工具》相呼应，以示历史研究要像自然科

---

① 马克思，恩格斯. 马克思恩格斯文集：第1卷. 北京：人民出版社，2009：544.
② 同①544-545.
③ 同①532.
④ 同①539.

学的研究一样，达到科学的层面，摆脱当时忽视历史研究的倾向。但是维科是从人的情欲、理性去阐述历史的发展，因此并不能真正地阐明历史发展的进程，可以说维科只是提出了问题，并没有真正地解决问题。这一研究思路一直延续到法国唯物主义者的历史观和黑格尔的历史哲学中。马克思通过对物质生产过程的考察，才第一次从历史自身的内在矛盾中揭示出人类历史发展的一般规律，排除了历史哲学中以臆想的联系代替现实联系的局限，真正实现了哲学视野的转换。所以列宁指出："马克思和恩格斯在他们的著作中特别强调的是**辩证**唯物主义，而不是辩证**唯物主义**，特别坚持的是**历史**唯物主义，而不是历史**唯物主义**。"①

把马克思的思维方式同黑格尔的思维方式进行比较，更能清楚地看出以实践范畴为基点来构建马克思主义哲学存在的问题。黑格尔哲学是一个严密的逻辑体系，它追求的是哲学自身的完美，为了保证这一点，他从纯有出发，通过绝对理念的逻辑推演完成循环，返回自身。这种以理念为基础的哲学体系，决定了黑格尔历史观的前提是抽象的、绝对的精神，人类的历史变成了抽象理性的历史，因而对现实的人来说，历史变成了人类的彼岸精神的历史，可以说黑格尔是从思想中建构历史的。在马克思这里，对哲学问题的提问方式发生了转换，哲学所要回答的首要问题已不是哲学逻辑的内在完美，而是对哲学产生的现实基础做出说明，要考察哲学的产生、哲学的内容、哲学的存在方式同这个现实基础的关系，揭示思辨哲学的秘密，而对这一问题的解答，有赖于揭示社会历史发生发展过程，揭示意识产生的一般过程。这样就不再像黑格尔及一切旧哲学那样，从哲学中构建历史，而是从历史中抽象出哲学，所以马克思说："我们仅仅知道一门唯一的科学，即历史科学"②，对这一哲学的性质，马克思做了说明，"在思辨终止的地方……对现实的描述会使独立的哲学失去生存环境，能够取而代之的充其量不过是从对人类历史发展的考察中抽象出来的最一般的结果的概括。这些抽象本身离开了现实的历史就没有任何价值。它们只能对整理历史资料提供某些方便，指出历史资料的各个层次的顺序。但是这些抽象与哲学不同，它们绝不

---

① 列宁. 列宁全集：第 18 卷. 北京：人民出版社，1988：345.
② 马克思，恩格斯. 马克思恩格斯文集：第 1 卷. 北京：人民出版社，2009：516 注释②.

提供可以适用于各个历史时代的药方或公式"①。这表明，马克思哲学的立足点是现实社会，而对现实社会具体的、历史的分析，则是以具体的物质生产为出发点，因为物质生产是社会生活的本质规定。哲学不再是包罗万象的体系，而是活生生的方法。正是对哲学的新理解，马克思否定了黑格尔式哲学从抽象的概念为出发点建构哲学的设想。当我们以一般的、抽象的实践范畴为出发点时，这里的实践既可以是"概念"，也可以是"实体"，既可以是"人"，也可以是"精神"，还可以是"突出政治"的阶级斗争实践，无是无不是，这实际上是退回到黑格尔式思维方式中，而这恰恰是马克思所要扬弃的。当然，这并不意味着我们要否定实践范畴在马克思主义哲学变革中的理论意义，马克思哲学视野正是通过这一范畴，才过渡到历史观领域，创立了唯物史观这一马克思主义哲学的唯一形态。为此，我们应当重视但又不能停留在实践范畴，而应从唯物史观的双重视野出发，历史地、现实地、具体地探索人类历史的发展过程。

从《提纲》和《形态》来看，马克思在讨论实践时，总是与另一个范畴——"关系"联系起来，现实中的人说到底是人们在生产过程中结成相互关系的人，要避免将实践范畴抽象化，就必须深入具体的社会关系的视域中，在我看来，这是关于马克思哲学革命的讨论中常常被忽视的一面。

第二节　从实践到一定的社会关系

在上节的讨论中，我们已经提到马克思的唯物史观存在着双重视野：一般视野与深层视野。在一般视野中，实践是马克思历史观的逻辑起点，但如果停留在这一视野中，马克思还无法实现自己哲学的理论意图，即对资本主义社会具体的、历史的科学分析与批判。完成这一理论意旨，马克思必须实现从实践到一定的社会关系的逻辑转换，达到对资本主义社会关系的总体性分析与批判，在这个意义上，如果说实践构成马克思唯物史观的逻辑起点，那么一定的社会关系则是马克思唯物史观

---

① 马克思，恩格斯. 马克思恩格斯文集：第1卷. 北京：人民出版社，2009：526.

的现实起点。这时，一般地、抽象地谈论问题的思路在马克思那里是被扬弃了，达到的恰恰是对现实社会关系的科学分析与批判，这才是我们解读马克思的理论入口。

1. 唯物史观的一般视野

按照解释学的观点，对文本的分析必须置入文本写作的理论背景中，单纯地分析孤立的文本与范畴，都是错误的。同样，分析实践范畴在马克思科学历史观中的地位和作用，我们必须明确马克思提出实践范畴的理论思考语境，这样才能真正弄清马克思实践范畴的理论意义。而要真正做到这一点，就必须跳出国内讨论中单纯从哲学来论述哲学的思路，必须认识到马克思在当时是从多重视角来论述问题的，特别是要关注到马克思经济学研究的进展程度，离开了这一重要的思考维度，就无法理解马克思提出的实践范畴的上下文语境。

马克思早期是从哲学视野来关注社会生活、分析与批判现实资本主义社会的。自1843年10月以后，由于分析与批判资本主义市民社会的理论需要，加之受青年恩格斯、赫斯与蒲鲁东的经济学研究的影响，马克思开始了经济学研究。与古典经济学家不同的是，马克思一开始便是以人本主义的价值批判为经济学研究的理论前提的，这一经济学研究在马克思的思想中产生了双重效应：一方面，使马克思的经济学研究与资产阶级经济学家的研究区别开来，这是马克思创立无产阶级经济学的重要前提；另一方面，由于马克思对资产阶级经济学一开始持全面否定态度，他就无法合理地继承古典经济学的合理内核——劳动价值论，《手稿》中的异化劳动理论便是典型表现。

在《手稿》中，马克思通过对劳动的对象化与异化的区分，来批判黑格尔看不到对象化与异化相区别的错误。许多学者都以为马克思在这里大大超过了黑格尔，实际上马克思在这里没有达到黑格尔的理论深刻性。黑格尔关于劳动对象化与异化的分析是与当时经济生活相一致的。在资本主义社会，商品是劳动的对象化存在，作为劳动产品的商品，只有通过交换才能实现自身的价值，也就是说，某一商品的价值只有在同其他商品的交换关系中才能实现出来。从哲学上加以解读，劳动的对象化与劳动的异化恰恰是同一过程，没有劳动的异化过程（交换过程），劳动的对象化（商品）就不是现实的存在。熟谙斯密、李嘉图等经济学家著作的黑格尔实质上看到了资本主义社会生产、交换等一体性特征，他所讲的劳动的对象化就是劳动的异化恰恰是真实地反映了资本主义社会的真实生活过程。当马克思把对象化与异化区分开来时，虽然他可以站在人本主义立场上批判资本主义社会，但实际上，他并没有达到黑格尔的高度。更重要的是，对现实劳动过程的否定，使马克思无法承认劳动价值论，而不承认劳动价值论，就无法发现剩余价值论，没有这一发现，马克思就无法从经济学出发具体地分析与批判资本主义社会，他对问题的论述便只能停留于哲学的一般理论层面上。

一直到《提纲》和《形态》的写作中，虽然马克思的哲学立场发生了格式塔式的逻辑转换，但马克思对古典经济学的研究并没有突破性的进展，马克思对问题的思考也还主要是停留在哲学的层面上，进行一般的哲学论述，马克思的实践范畴，也正是在哲学的层面上实现了唯物史观一般视野的变革，因为没有经济学研究的重要突破，马克思还无法完成对现实资本主义社会的分析与批判。

马克思的实践观，结束了历史领域的唯心史观，实现了历史观领域的第一次变革。马克思的实践范畴，既不是单纯从主体出发的"实践理性"，这是马克思对早期人本主义的彻底扬弃，它也不是从外在物质世界出发的纯客体规定，因为这样一种思维方式必然会导致唯心史观（旧唯物主义在历史观领域的归宿已经证明了这一点）。因此，对实践范畴的理解，并不能将之作为对象性的"实体"，就像在国内的实践唯物主义讨论中一些学者所理解的那样。正是对实践范畴的"实体"性理解，才导致了国内实践唯物主义研究中两条方向不同、互不沟通的思路：一是把实践人本化的趋势，认为马克思主义是实践的人道主义；二是把实践范畴客体化，变成了"物质"概念的代名词，这些理解都没有抓住马克思实践范畴的本真含义。马克思的实践概念是对人和世界关系的本质规定性，说到底是一个关系范畴。关于这一点，马克思在《提纲》第三条中讲得非常清楚："环境的改变和人的活动或自我改变的一致，只能被看做是并合理地理解为**革命的实践**。"① 这里的实践是体现人和世界关系的活动过程，本身就是一种关系规定性，这是实践唯物主义讨论中所没有意识到的。

---

① 马克思，恩格斯. 马克思恩格斯文集：第1卷. 北京：人民出版社，2009：500.

但应该看到的是，马克思的实践范畴，作为一种关系规定性，只是对人类历史的一般抽象，它体现的是人类历史所有时期的本质特征，在这个意义上，虽然实践范畴体现了马克思唯物史观的本质规定性，但它只是从哲学层面表述了唯物史观的一般视野。对于这一般视野的表述，在《提纲》中马克思以实践范畴做了最为简洁的提炼，在《形态》中，马克思以物质生产范畴为基础进行了论述："由此可见，这种历史观就在于：从直接生活的物质生产出发阐述现实的生产过程，把同这种生产方式相联系的、它所产生的交往形式即各个不同阶段上的市民社会理解为整个历史的基础，从市民社会作为国家的活动描述市民社会，同时从市民社会出发阐明意识的所有各种不同的理论产物和形式，如宗教、哲学、道德等等，而且追溯它们产生的过程。"① 在这一视野中，马克思的历史观坚持了一般唯物主义原则，这是对唯心史观的彻底颠倒。

在过去的研究中，一般把马克思的唯物史观等同于这一层面。实际上，如果停留在唯物史观的这一般视野，还不能真正地理解马克思哲学的真正命意。因为这一般视野，只是马克思对人类社会历史结构的一般概括，它只能体现出人类历史不同阶段的最一般的共性特征，并不能达到对每一特定社会阶段的透视，而达不到对特定历史阶段的理论透视，马克思就无法完成对具体社会的批判分析，特别是对资本主义社会的批判分析。在这一般视野中，每一社会都成为无差别的存在，而这一点又恰恰是过去历史观的共同特征，它们都想对人类社会历史做出一般的说明，而在具体说明每一特定社会历史阶段特别是资本主义社会阶段时，便将资本主义社会当成永恒的历史现象，从这一前提出发，对资本主义社会的分析与批判，或者是陷入实证主义之中，或者是陷入浪漫主义之中。这些都决定了马克思必须从对唯物史观一般视野的理论阐述，转向对具体社会历史阶段——主要是对资本主义社会的具体分析与批判，而要实现这一点，一般的实践范畴是无法达到的。

2. 唯物史观的深层视野

怎样实现对资本主义社会的具体分析与批判？我认为，这就必须从唯物史观的一般视野走向唯物史观的深层视野，以一定历史阶段的社会

---

① 马克思，恩格斯. 马克思恩格斯选集：第1卷. 北京：人民出版社，2012：171.

关系为理论的现实起点,实现从实践到一定的社会关系的逻辑转换,达到对一定社会关系的具体的、历史的分析与批判,这才是马克思唯物史观的真实命意。

在《形态》中,马克思虽然实现了从实践到物质生产的逻辑过渡,并把物质生产的考察置入社会关系之中,但马克思此时所论述的社会关系还只是各个历史时期社会关系的一般抽象,他的理论意图还在于建构一个具有体系特征的历史哲学,而哲学一旦体系化,社会关系一旦永恒化,便会陷入黑格尔哲学的黑洞之中。在黑格尔哲学中,他的概念体现的就是社会关系的本质规定性,虽然在他的历史辩证法中,对不同时期的社会关系具有不同的理论思考,但黑格尔把具体社会关系变成了抽象的绝对理性的异化表现形态,也就把社会关系永恒化了,在这一点上,黑格尔同古典经济学家并无二致。马克思对此真正地有所意识,是在《致安年柯夫的信》与《哲学的贫困》中,通过对蒲鲁东哲学的批判,马克思才真正确立了以一定的社会关系为理论的现实入口。

在这两个文本中,马克思在哲学上实现了两个重要的突破:第一个突破是马克思扬弃了建构哲学体系的意图。马克思通过批判蒲鲁东把经济学变成哲学体系逻辑的理论错误,认识到在蒲鲁东一般唯物主义的背后,实际上是一种深层的唯心主义,因为他恰恰是以逻辑先导性为理论前提的。也就是说,任何唯物主义的范畴一旦永恒化、抽象化,都将会陷入无人身的理性之中[1]。产生这一理论错误的原因何在?很重要的一点是,在蒲鲁东的理论视野中,他把资本主义社会关系当成一个永恒的社会历史现象,这必然造成他把反映现实社会关系的范畴永恒化的错误。从这里,马克思实现了他的哲学、经济学研究的重要突破,即他认识到资本主义社会关系是一种暂时的、历史的定在,蒲鲁东的错误实质就在于"没有理解把**资产阶级**生产所具有的各种形式结合起来的纽带,他不懂得一定时代中各种生产形式的**历史的**和**暂时的**性质"[2]。由此,马克思得出:"人们借以进行生产、消费和交换的经济形式是**暂时的和历史性的**形式。随着新的生产力的获得,人们便改变自己的生产方式,而随着生产方式的改变,他们便改变所有不过是这一特定生产方式的必

---

[1] 参阅:张一兵.一定的历史的暂时的:科学批判理论的新基点.江汉论坛,1997(2).
[2] 马克思,恩格斯.马克思恩格斯文集:第10卷.北京:人民出版社,2009:47.

然关系的经济关系。"① 马克思认识到，只有通过对一定的社会关系的具体的、历史的分析，才能科学地分析与批判现存的资本主义社会。这是第二个突破。可以说，一定的社会关系才是马克思哲学、经济学研究的现实起点，才体现出唯物史观的深层视野。

在唯物史观的深层视野中，马克思哲学体现出深刻的理论内蕴：

第一，马克思与以前的哲学家、经济学家一个重要的理论区别在于，以前的哲学家、经济学家都以承认社会历史的现存性为理论前提，这一点即使是辩证法大师黑格尔也未能幸免。而马克思的理论切入点则是对"现存"的批判性否定。马克思关注的是每一特定社会阶段的本质规定性，抓住了社会存在的暂时性历史性特征，他在论证特定历史阶段的内在逻辑和合理性时，也就必然地内含着对这一特定社会历史阶段的否定，只有这样，马克思才能完成对具体社会（资本主义社会）的科学分析与批判，才不会像古典经济学家那样陷入对资本主义社会所做的实证性辩护，他的批判也才不会陷入浪漫主义的玄思之中。

第二，只有以一定的社会关系为理论入口，马克思才能批判地承认劳动价值论。在马克思以前的一些社会主义者之中，像蒲鲁东、汤普逊等人，就是从李嘉图的劳动价值论出发来批判资本主义社会的，但由于他们把资本主义社会关系当成永恒的历史存在，他们就无法批判古典经济学的劳动价值论，他们对资本主义社会的批判与改造，也就只能是在承认古典经济学劳动价值论基础上的改良，蒲鲁东的"交换银行"便是一个例证。而在马克思看来，劳动价值论只是一定历史阶段的产物，体现的只是资本主义社会的总体性特征，只有在这一基础上，马克思才能批判地对待古典经济学的劳动价值论，才能科学地进行政治经济学批判。

第三，从一定的社会关系出发，马克思在唯物史观的深层视野中，实现了对资本主义社会科学分析与批判的统一。在对资本主义社会关系的科学分析中，马克思实现了经济学与哲学的统一，创立了生产力、生产关系、经济基础、上层建筑、社会经济形态、社会形态等一系列新概念，力图对资本主义现实进行总体性的分析。但马克思的这一分析并不是建立在纯实证的基础上的。由于马克思认识到资本主义社会关系具有

---

① 马克思，恩格斯. 马克思恩格斯文集：第10卷. 北京：人民出版社，2009：44.

历史的、暂时的性质，这种历史辩证法的立场使马克思在分析资本主义社会关系时，又是以总体性的批判为理论基石的，并通过实证性分析体现这种批判性立场。在对资本主义社会关系的具体分析中，马克思揭示出资本主义社会关系总体性中的内在矛盾：生产力的社会化大生产与生产资料私有制的内在矛盾，这一内在矛盾在现实生活中便体现为资本对劳动的奴役，并以"拜物教"（资本拜物教、商品拜物教与货币拜物教）的形式表现出来。也就是说，无产阶级对资本主义社会的批判与革命，已不是早期那种人本主义的伦理冲击，而是无产阶级现实的生存处境使然。在这一分析与批判的统一中，马克思实现了"是"与"应该"的现实的、历史的统一，这是马克思唯物史观的深层视野。

3. 一定的社会关系：政治经济学批判的哲学视域

在1859年《〈政治经济学批判〉序言》中，马克思说："我们见解中有决定意义的论点，在我的1847年出版的为反对蒲鲁东而写的著作《哲学的贫困》中第一次作了科学的、虽然只是论战性的概述。"① 什么是马克思见解中有决定意义的论点？我认为：对社会关系特定的、历史的分析，是马克思哲学新视域的理论入口，并构成马克思经济学研究的哲学视域。

斯密认为，只要能够充分实现自由竞争的原则，资本主义社会就会在"看不见的手"的指引下走向有序的发展，这也是同时期许多思想家的观点。这表明在自由资本主义初期，这些思想家对正在兴起的社会有着充分的期待。但随着资本主义的发展，"看不见的手"似乎越来越失灵，仅靠自由竞争似乎并不能实现社会的良性运转，黑格尔哲学的意义在于，他颠倒了古典经济学从个体出发的研究思路，以社会关系总体性为内核，指出经济学所讲的"经济人"只有在社会关系的关联互动中，才能实现自己的自由意志。要实现社会的良性发展，就必须实现对社会关系的总体调控。黑格尔把社会关系解读为"绝对理性"，"看不见的手"实质上就是社会关系，是"绝对理性"在现实生活中的隐匿表现，是"绝对理性"自我实现的一个环节。这样，"看不见的手"不再是不可认识的，在现实生活中，可以通过国家理性加以调控，使经济生活合

---

① 马克思，恩格斯. 马克思恩格斯全集：第31卷. 北京：人民出版社，1998：414.

乎理性，推动社会发展。

蒲鲁东的经济学研究，力图将古典经济学的理论设定同黑格尔的逻辑运演结合起来，当他在个体理性失灵的地方，就运用黑格尔的逻辑；而当黑格尔的逻辑失效时，就借用社会天才来解决经济生活中的难题。我认为，这一研究本身就决定了蒲鲁东的失败。黑格尔的逻辑运演是从社会关系总体性入手的，他的哲学起点不再是个体理性。而想成为辩证法家的蒲鲁东，却想从个体理性出发来实现经济生活的有效调控，便只能着眼于如何实现单纯个人之间的等价交换。"蒲鲁东先生把**自由的购买者**同**自由的生产者**对立起来。他使两者具有纯形而上学的性质。这也就促使他说：'已经证明，正是人的**自由意志**才引起使用价值和交换价值的对立。'"① 蒲鲁东把资本主义的剥削理解为商品流通中的剥削，他试图从自由意志出发，通过把资本主义的商品流通变为直接的物物交换，来消除商品流通中存在的剥削。

蒲鲁东抛开具体的社会关系，仅从个人的自由意志出发，便不得不直面经济生活的矛盾，就像古典经济学家一样。但与古典经济学家不同的是，由于蒲鲁东受到黑格尔的影响，但又没有真正地读懂黑格尔关于君主是理性最高表现的哲学命题，只是从字面上抽象出社会天才来解决经济生活中的矛盾，这样，社会天才就只不过是最大的"经济人"。与古典经济学家不同的是，蒲鲁东的"经济人"直接实行物物交换，实质上这种"经济人"是中世纪的人，蒲鲁东从经济学上所论证的只是小农的幻想。

经过经济学的研究，马克思理解了黑格尔哲学对社会关系的深刻论述。马克思与黑格尔不同的是，黑格尔将社会关系永恒化为绝对观念，马克思则认为社会关系是一定的、历史的、暂时的定在，他对蒲鲁东的批判，就是从一定的社会关系出发的。从哲学上看，蒲鲁东只是外在地抓住了黑格尔的逻辑而没有抓住黑格尔的社会关系思想的哲学内蕴；从经济学上看，蒲鲁东不是从资本主义经济关系总体性入手，而是抓住其中的某一环节，抽象地解决经济运行中的总体性矛盾，从而陷入双重的错误之中。

在批判蒲鲁东所讲自由的等价交换时，马克思指出："生产者只要

---

① 马克思，恩格斯. 马克思恩格斯全集：第4卷. 北京：人民出版社，1958：86.

是在以分工和交换为基础的社会里进行生产（这正是蒲鲁东先生的假定），他就不得不出卖。""生产资料不取决于**自由意志**。不仅如此，而且这些生产资料大部分又都是生产者从别处取得的产品，并且在现代的生产条件下，他并不是想生产多少就生产多少；现在生产力发展的水平责成他在一定的限度内进行生产。"就消费者而言，他们也并不比生产者更自由，"他的意见是以他的资金和他的需要为基础的。这两者都由他的社会地位来决定，而社会地位却又取决于整个社会组织"①。自由意志在社会组织中并不占主导地位，蒲鲁东想从自由意志中引出等量交换，并不能在资本主义社会中得到实现。

从构成价值的基础——等量劳动的交换来看，蒲鲁东抛开现实的社会关系来寻求等量的劳动时间，以此作为等价交换的尺度，也是非常错误的。要想实现劳动时间的数量比较，就必须把复杂劳动简单化，仅从量的规定中考察劳动，而这恰恰是机器大生产的特征。"只有数量决定一切：时对时，天对天；但是这种劳动的平均化并不是蒲鲁东先生的永恒的公平；这不过是现代工业的一个事实。"②

从劳动价值论的视角来看，马克思在这一著作中，并没有做出有特别意义的论述，但马克思又认为，这个文本阐发了他们观点中有决定意义的论点。在我看来，这种有决定意义的论点就是马克思从方法论上解决了经济学研究的视域问题，即必须从一定的、历史的、暂时的社会关系矛盾运动中，进行经济学研究。蒲鲁东的错误在于：

（1）他不懂得社会关系的总体性特征。蒲鲁东把资本主义社会的矛盾归结为某一环节的矛盾，他对社会矛盾的解决是以某一环节为入口的，这样，他也就无法真正地解决矛盾，只能推动从一个矛盾转向另一个矛盾。比如他认为分工是有矛盾的，但这个矛盾可以通过机器来解决，但机器也是有矛盾的，这就只能靠下一个有矛盾的环节来解决，他在考察其中任何一个阶段时，都想将之看作孤立的环节，但又不能不靠其他一些社会关系来说明，但这些社会关系在当时还没有被辩证运动生产出来。

（2）他不懂得资本主义社会关系的历史性特征。"他清楚地表明自己没有理解把**资产阶级**生产所具有的各种形式结合起来的纽带，他不懂

---

① 马克思，恩格斯. 马克思恩格斯全集：第4卷. 北京：人民出版社，1958：86.
② 同①97.

得一定时代中各种生产形式的**历史的**和**暂时的**性质。""这样他就陷入了资产阶级经济学家的错误之中,这些经济学家把这些经济范畴看做永恒的规律,而不是看做历史性的规律——只是适于一定的历史发展阶段、一定的生产力发展阶段的规律。"① 这也决定了蒲鲁东无法理解黑格尔哲学的合理内核,只能陷入唯心主义之中。

(3)他不懂得社会关系的矛盾本质。蒲鲁东把社会矛盾理解为理性之中的矛盾,并想通过范畴的运动来消除矛盾,把黑格尔的历史辩证法变成了善恶辩证法,最终陷入浪漫主义之中。

从这一讨论中可以看出,马克思的哲学从根本上来说是一种关系思维,这种关系思维源自对资本主义社会生活的总体性透视。马克思看到了自由个体的真实处境,即受社会关系的制约与影响,《提纲》中关于人的本质是社会关系的总和的表述,到这里才得到较为清晰的说明。同时,马克思没有将资本主义社会关系永恒化,而是强调其历史性特征,正是这种历史性才能保证马克思哲学的批判性与开放性,这也是马克思哲学能够与当代哲学对话的重要前提。

4. 关系思维与当代哲学

从一定的社会关系出发,这不仅是马克思唯物史观的深层视野,同时也是实现马克思哲学同当代西方哲学批判性对话的理论共通点,抓住这一点,才能真正显示出马克思社会关系理论的现实意义。

自爱因斯坦相对论提出以来,牛顿的经典物理学思维方式受到了前所未有的挑战,在自然科学领域,一种关系思维代替了经典物理学的实体性思维。在牛顿力学中,对象被理解为人之外的纯客观存在,人可以不偏不倚地反映它,以达到科学的认识。而爱因斯坦的相对论则表明,空间长度、时间间隔、质量等成了随观察者所选取的参考系而改变的东西。海森堡的测不准原理则表明:位置、动量、能量、波长、频率等不仅依赖于微观客体的属性,而且依赖于宏观仪器的属性以及两者之间的相互作用。这也表明一切都处于关系之中,环境、场所等不再像传统形而上学那样,外在于实体,实体依赖于关系,现代物理学更表明,"关系"成了"性质"乃至"对象"生成的必要条件,成了定义任何事物的

---

① 马克思,恩格斯. 马克思恩格斯文集:第10卷. 北京:人民出版社,2009:47.

基础。

与自然科学的发展同步呼应的是，在哲学思维中，也体现出研究视野的转换。自笛卡尔以来的近代哲学，都是以个体理性为出发点的，在经济学中则体现为"经济人"的设定。在这思维视野中，社会关系作为对象存在于主体之外，变成了人与人之间的外在关系，通过契约来维系，而且哲学家们都深信，只要个体理性得到充分的实现，就会实现社会的良性发展。对这一理性自信心的打击，来自康德哲学。康德证明了一点：理性并不是万能的，它只能达到现象界，并不能完成对自在之物的认识。正是从康德这里，开始了现代哲学的转向：从个体理性转向对社会关系的思考。黑格尔哲学实际上就是从关系出发的。熟谙古典经济学的黑格尔认识到："经济人"只有在社会关系的关联互动中，才能实现自己的自由意志，因此，个体理性的发展依赖于社会总体的进步。怎样实现社会关系的总体发展呢？黑格尔认为，这需要对社会关系进行总体性调控，即通过国家理性对市民社会的指导，使社会合乎理性地发展。但黑格尔这种从社会关系出发的哲学沉思，被他的唯心主义外表深深遮蔽了，并没有被真正解读出来。

可以说，康德与黑格尔是近代哲学向当代哲学转变的过渡环节，在黑格尔之后，当代哲学的一个重要特征是从个体理性转向对社会关系的探讨。胡塞尔在早期研究中，主要是偏重于对个体主体性的研究，但在后期研究中，他从对个体理性的澄明之境的追求，转向对生活世界的研究，即从个体主体性转向对交互主体性的研究，探求的是主体之间的理想关系。受此影响，海德格尔对存在的探索，就是从此在出发的，此在讲的就是在世之中的存在，就是人同世界的内在关系，在后来的著作中，他追求的是人和世界关系的天、地、神、人相互映现的境界，反对的恰恰是以个体理性为核心的技术理性，展开对西方文化的反省。阿多诺的反思则更是令世人震惊，他甚至认为法西斯主义就是来源于西方文化中的工具理性，这样一种工具理性实质上就是人奴役人的文化渊源。为了破除文化自身的奴役，他提出"力场"与"星丛"的观点，以便重新塑造非奴役的理想性关系。也正是从这些反思中才能生发出哈贝马斯的"交往理论"。因此，从理性（个性理性）转向对主体间关系的思考，这是当代哲学的一个重要特征。

从当代自然科学与哲学的研究转向中可以看出，他们对社会关系的思考基本上是从两条思路展开的：一是从自然科学出发的实证性思路。这样一条思路虽然吸收了自然科学的最新成果，但他们主要是从自然科学的标准出发的，在思维视域上与马克思曾经批判过的古典经济学相一致，是以承认现存性为理论前提的，这与马克思对社会关系思考的视野具有质的区别。马克思也论证现存性，但他的论证恰恰是要说明现存性的历史性与毁灭性，否则就会陷入法兰克福学派大加批判的"工具理性"的逻辑之中。二是价值性思路。马克思不同于胡塞尔、海德格尔等对社会关系的论证思路，他们对社会关系的思考主要是从价值设定出发的，把主体之间的关系游离于社会物质生活层面之外，关注的是主体际关系的何以可能性，陷入"应该"的浪漫主义冥想中，缺乏对主体际理想关系得以重建的现实可能性的思考。在理论的深层逻辑上，这两条思路都把现存的社会关系当作理论的前提，马克思则不同，他从一定的社会关系出发，通过分析具体的社会关系，从中生发出哲学的批判力，既不陷入实证主义之中，使哲学成为为现实辩护的工具，又不从价值批判出发，使哲学成为一种浪漫主义的哀叹，只有摆脱这两种倾向，才能坚持历史辩证法的批判精神，深入社会历史的情境中。

第三节 历史情境与辩证法

阿多诺在《整理往昔有什么意义》中分析资本主义社会时指出："资产阶级社会普遍从属于交换规律，'等量换等量'的平衡计算的规律，确确实实达到无一例外的程度。交换，就其本质而言，是一种无时间限制的现象，比率和数学运算也一样，在它们的纯形式中排斥时间因素。因此，具体的时间从工业生产的领域中消失，现在它对于积累的经验没有什么用处。"① 这就是说，资本主义社会产生以后，在本质上体现出来的是一个没有时间、没有历史的社会运动过程。在这样的社会逻辑中，体现资本主义社会日常生活与社会结构特征的资产阶级社会科学，都把资本主义社会当作既定的、超历史的永恒存在，在这个意义上，也可以说，他们在自己的研究中，归根结底持一种反历史的立场。

---

① 施密特. 历史和结构. 张伟, 译. 重庆：重庆出版社, 1993: 2-3.

这种反历史的立场，使资产阶级的社会科学无法科学地说明资本主义社会，马克思要对资本主义社会做出科学的阐释，首要的问题就是要达到对社会生活的历史性理解。因此，历史性视角是历史辩证法的重要规定，也是马克思批判与分析资本主义社会的方法论基础。

在马克思的思想发展中，当他从人本主义出发批判资本主义社会时，尽管他的批判是极其敏锐的，但在理论逻辑上，这种人本主义思想恰恰是一种非历史的观点。经过 1845 年春天的变革，马克思才真正达到对资本主义社会的历史性理解。在马克思的科学视域中，历史这个概念具有双重意义：一是"本体论"意义上的历史，在这里马克思是要回答历史是什么，《形态》中的历史概念主要就是回答这个问题①。二是指历史地理解问题，即历史性问题，这具有社会认识论的方法论意味，历史是什么只有在这一方法论视角中才有可能得到科学的界定，这是马克思在《形态》《哲学的贫困》《1857—1858 年经济学手稿》《资本论》等著作中，分析资本主义社会的重要理论视角。历史性思想在马克思科学哲学视域中主要体现为三个方面的内容，即社会生活的历史性阐释、从生产方式出发的社会生活的主导阐释模式和关于历史情境的辩证法思考。

1. 社会生活的历史性阐释

随着近代自然科学的长足发展，带来了哲学社会科学研究范式的重大变化，即自然科学的研究模型也逐渐成为哲学社会科学研究的方法论前提。以笛卡尔为发端的大陆唯理主义，其理论建构的一个主要理想是使哲学达到数学理性的层面。在这样的研究视域中，历史本身的研究或者是没有意义的（笛卡尔就是这么认为的），或者从属于自然科学的研究方法，对此的反思才有了维科《新科学》中对历史研究重要性的强调。维科认为，人们只能认识自己创造的东西，"过去哲学家们竟倾全力去研究自然世界，这个自然界既然是由上帝创造的，那就只有上帝才知道；过去哲学家们竟忽视对各民族世界或民政世界的研究，而这个民政世界既然是由人类创造的，人类就应该希望能认识它"②。然而非常

---

① 关于这一问题的论述，可参阅：张一兵. 马克思历史唯物主义中的历史概念. 哲学研究，1998（9）.

② 维柯. 新科学. 朱光潜，译. 北京：商务印书馆，1989：154.

遗憾的是，维科尽管意识到历史研究的重要性，并且通过"诗性智慧"一词强调历史研究方法的独特性，但当他将人类历史划分为神的时代、英雄时代、人的时代，并以这三个时代的循环交替来解释历史时，他实际上是开了黑格尔历史哲学之先河，即以一种逻辑先导性来界说历史。这恰恰是历史研究中的非历史意识。在这一点上，狄尔泰关于人文科学研究的解释学，同维科的理论视域是一致的。因此，当哲学社会科学在研究中提出自己的理论主题与研究方法，以区别于自然科学的研究范式时，两者都未摆脱非历史性的视域。这表明，如何制定科学的历史概念，达到科学的历史视域，对于马克思哲学具有十分重要的意义。

要理解马克思历史性视角的理论意义，先要提出的一个深层问题是：为什么当维科等这样一批哲学家意识到要研究历史，并且提出区别于自然科学研究的历史研究方法时，他们并不能真正地达到对现实社会历史的科学理解？对于这一问题，马克思在《形态》中批判青年黑格尔派时做了明确的回答："这些哲学家没有一个想到要提出关于德国哲学和德国现实之间的联系问题，关于他们所作的批判和他们自身的物质环境之间的联系问题。"[①] 理论与现实的割裂，使得过去的理性史观尽管想研究历史，但却无法真正地从历史本身出发，达到对社会生活的历史性理解，使历史研究成为历史编纂学。在《形态》中，马克思通过分析理性史观的形成环节，进一步揭示出理性史观不能历史地理解社会生活的原因。理性史观的形成主要有以下三个环节：第一，"必须把进行统治的个人——而且是由于种种经验的原因、在经验的条件下和作为物质的个人进行统治的个人——的思想同这些进行统治的个人本身分割开来，从而承认思想或幻想在历史上的统治"[②]。这是使思想脱离具体存在的关键一步，只有经过这一步，思想才能获得独立性的外观，成为社会生活的本质规定。第二，为了使各种思想不至于互相矛盾，必须从这些不同的思想中抽象出一般思想，并把它们当作在历史上占统治地位的东西，从而把所有这些个别的思想和观念说成是历史上发展着的一般概念的自我规定。这样一来，这种思想就会形成某种内在的秩序，并形成为界说现实历史生活的思想体系。这在黑格尔哲学中得到最高体现。实际上这些概念是由理论家、玄想家和哲学家创造出来的。第三，具体存

---

① 马克思，恩格斯. 马克思恩格斯文集：第 1 卷. 北京：人民出版社，2009：516.
② 同①554.

在的社会生活成为"某个人物"或"在历史上代表着'概念'的许多人物"的制造。他们没有看到，自己的这些思想只是一定历史发展阶段的产物，"意识［das Bewußtsein］在任何时候都只能是被意识到了的存在［das bewußte Sein］，而人们的存在就是他们的现实生活过程"①。因此，要历史性地理解社会生活，首先要走出理性史观的意识形态幻想，实现理性向现实生活的还原，从现实生活本身出发，而理性史观本身只是社会生活的产物。

在这一基础上再来透视哲学的思考就会发现，当维科等人提出要以不同于自然科学的研究范式来研究历史，但他们又只能非历史性地理解社会历史时，这恰是由于社会生活本身的逻辑决定的。当人们把资本主义社会看作永恒的自然社会时，具体劳动过程中的时间在历史的意义上就成为无时间性的时间，因此对社会生活的非历史性理解，这是资本主义社会生活逻辑每天都要生产出来的，在这个意义上可以说，"本质上哲学没有真正的历史"②。阿尔都塞的这一观点恰好说明，哲学本身并不是自律的，哲学史说到底是社会历史的哲学抽象，是人对历史的深层透视的逻辑结晶。

按照解释学的观点，任何理解中都有一个前视域在发生作用，理解的过程是一个当下视域同前视域的视域融合过程，前视域（偏见）对于人们认识当前事物具有重要的理论建构作用。解释学的这一观点表明，在认识过程中，一种认识反思、认识批判是十分必要的，但由于在对前视域进行反思时，认识主体又受制于前视域的作用，这造成了主体自我反思时的两难困境。当代解释学的这一思考，倒是揭示出自笛卡尔"我思故我在"以来哲学研究基础的脆弱，哲学如果仅从理性、意识层面进行自我反思，哲学的真理性是无法满足的，胡塞尔的先验现象学还原也不能实现严格科学的哲学理想。因为先验的现象学还原如果不深入社会生活中，这种纯粹意识本身恰恰得不到说明。马克思历史观的创立，首先是对哲学基础的置换，将哲学的研究置于社会历史生活的基础上，从社会生活的内在逻辑中，来实现对哲学的自我反思与批判，"在思辨终止的地方，在现实生活面前，正是描述人们实践活动和实际发展过程的真正的实证科学开始的地方。关于意识的空话将终止，它们一定会被真

---

① 马克思，恩格斯. 马克思恩格斯文集：第1卷. 北京：人民出版社，2009：525.
② 阿图塞. 列宁和哲学. 杜章智，译. 台北：远流出版事业股份有限公司，1990：60.

正的知识所代替。对现实的描述会使独立的哲学失去生存环境，能够取而代之的充其量不过是从对人类历史发展的考察中抽象出来的最一般的结果的概括。这些抽象本身离开了现实的历史就没有任何价值"①。因此，要达到对社会生活的历史性理解，不仅需要从学理的层面上进行哲学的反思，更需要将理论与社会生活联系起来，实现理论的社会历史定位。

从这一基本立足点来看，当青年卢卡奇将资产阶级思想的二律背反置于物质生活层面进行论述，强调从社会物质生活出发对资产阶级思想进行哲学批判时，他的出发点是可取的，法兰克福学派的意识形态批判理论在当代的文化批判中也的确是十分需要的。但他们解决问题的途径却又是一种资产阶级意识形态的折射，他们关于意识形态批判中先验主体的界定，体现的恰恰是资产阶级启蒙时期理想主体的设想。"我们必须看到这一点，即这种展现是从一种假定中获得力量的，这个假定便是在某种先前的历史阶段中，主体仍然是相对完整和自足的。然而那种心理观念和个人主义——那种被他们确诊为后期资本主义的原子化主体的东西——却阻碍了任何从资产阶级文明社会返归某种前个人主义和前资本主义社会形式中去的幻想，因为他正是先前构成资产阶级主体所必需的东西。因而，法兰克福学派不可避免地从这样一个历史阶段获取一种自足主体的规范，在这个阶段里，资产阶级自身仍是一个上升的、进步的阶级"②。法兰克福学派的理论际遇表明，意识形态批判如果不是作为达到科学历史概念的理论切入点，而变成理论自身的目的，极易走向自己的反面。在马克思历史概念的制定中，通过对理性史观的现实还原，达到社会历史视域，并通过对社会历史生活的理解，从中透视哲学逻辑的现实定位，才能实现意识形态批判本身的社会历史性规定。马克思的这一基本思想，后来在詹姆逊关于后现代主义的社会历史定位中，再一次得到体现。

2. 社会生活的主导阐释模式

只有实现了从理性向现实生活的回归，我们才能追问：社会生活本

---

① 马克思，恩格斯. 马克思恩格斯文集：第1卷. 北京：人民出版社，2009：526.
② 詹明信. 晚期资本主义的文化逻辑. 陈清侨，等译. 北京：生活·读书·新知三联书店，1997：257.

身的逻辑是什么，以什么样的模式才能进行科学的阐释？在《〈政治经济学批判〉序言》中，马克思在回顾自己的研究思路时指出：经过对黑格尔哲学的批判，"我的研究得出这样一个结果：法的关系正像国家的形式一样，既不能从它们本身来理解，也不能从所谓人类精神的一般发展来理解，相反，它们根源于物质的生活关系，这种物质的生活关系的总和……概括为'市民社会'，而对市民社会的解剖应该到政治经济学中去寻求"①。在《资本论》第一版序言中，马克思进一步指出："我要在本书研究的，是资本主义生产方式以及和它相适应的生产关系和交换关系。"② 从经济生活中的生产方式出发构成了马克思阐释社会历史的主导模式，这一对历史本身的本体性说明，也是历史性视角得以成立的现实根据。

但长期以来，对马克思阐释历史的这一主导模式产生了一种误解，认为马克思主义就是一种经济决定论，马克思的历史辩证法变成了一种线性历史观。这当然是理论上的误释。为了凸显马克思哲学的本真内涵，恩格斯晚年对此做了反复说明。恩格斯一方面指出，从经济生活出发，以生产方式来理解社会历史生活的正确性；另一方面也指出，"如果有人在这里加以歪曲，说经济因素是**唯一**决定性的因素，那么他就是把这个命题变成毫无内容的、抽象的、荒诞无稽的空话。经济状况是基础，但是对历史斗争的进程发生影响并且在许多情况下主要是决定着这一斗争的**形式**的，还有上层建筑的各种因素……这里表现出这一切因素间的相互作用，而在这种相互作用中归根到底是经济运动作为必然的东西通过无穷无尽的偶然事件……向前发展"③。晚年恩格斯还具体论述了意识形态、国家因素对社会发展发生作用的形式。在过去的研究中，我们主要是侧重于通过恩格斯的论述强调经济基础与上层建筑间的相互作用，这当然是恩格斯原文中的应有之义，但如果仅停留于这一理论层面，我们就无法理解恩格斯论述这一问题的深层寓意。我认为，恩格斯在这里强调的"归根到底"，实际上是强调从经济生活、生产方式出发阐释历史的优先性，但在对现实社会生活的具体分析中，并不排斥在此基础上吸收其他的阐释方法。关于这一点，引用一下詹姆逊的一些看法

---

① 马克思，恩格斯. 马克思恩格斯全集：第31卷. 北京：人民出版社，1998：412.
② 马克思，恩格斯. 马克思恩格斯全集：第44卷. 北京：人民出版社，2001：8.
③ 马克思，恩格斯. 马克思恩格斯选集：第4卷. 北京：人民出版社，2012：604.

是有所裨益的。詹姆逊认为:"马克思主义阐释学比今天其他理论阐释模式要更具有语义的优先权。"在对社会历史的理解中,有各种各样的解释模式,如结构主义解释模式、历史主义解释模式、符号学解释模式等,它们都有自己的主导性阐释方法,"马克思主义也提出一个主导符码,但是这个主导符码并不像人们有时所认为的那样是经济学或者是狭义上的生产论,或者是作为局部事态/事件的阶级斗争。马克思主义的主导符码是一个十分不同的范畴,即'生产模式'本身。生产模式的概念,制定出一个完整的共时结构,上述的各种方法论的具体现象隶属于这个结构。也就是说,当今明智的马克思主义不会希望排斥或抛弃任何别的主题,这些主题以不同的方式标明了破碎的当代生活中客观存在的区域。因此,马克思主义对上述阐释模式的'超越',并不是废除或解除这些模式的研究对象,而是要使这些自称完整和自给自足的阐释系统的各种框架变得非神秘化"①。这才是从生产方式出发来阐释社会生活的意义所在。

马克思的这个以生产方式阐释社会历史生活的优先性原则,在皮亚杰的发生认识论中得到了心理学的确证,而早期海德格尔的"此在"解释学则从微观层面进行了哲学上的说明。在发生认识论研究中,皮亚杰既不同意认识论中的经验反映论,即心理学层次对应的刺激理论,也不同意逻辑主义的先验论,他通过对儿童智力发展水平的考察,指出儿童智力的产生有其发展过程,这一发展过程的基础是变动中的感知运动,人的先验逻辑运演是通过感知运动格局、前逻辑的实体演算到数学—逻辑的形式化运算发展起来的,是基于感知运动的主客体同构过程。因此是儿童的社会生活模式决定着他们的心理发展,个人的社会活动模式在阐释个人的心理发展中具有元解释的作用。在早期海德格尔关于"此在"的解释学中,个人是通过上手状态来领悟与认识世界的,通过"世内上手的东西——向某种东西开放;那种东西的先行开展不是别的,恰是对世界之领会。而此在作为存在者总已经在对这个世界有所作为中"②。通俗地说,人在劳作中使世界显现出来,并在劳动显现世界的

---

① 詹明信. 晚期资本主义的文化逻辑. 陈清侨,等译. 北京:生活·读书·新知三联书店,1997:146,147.
② 海德格尔. 存在与时间. 陈嘉映,王庆节,合译. 北京:生活·读书·新知三联书店,1987:106.

同时，有着对世界的领悟，这是解释学所讲的前视域的初始发生地，在此基础上才能谈论其他的问题。

从上面的论述可以看出，从经济生活出发，以生产方式作为阐释社会历史的主导模式，是整合其他解释模式的基础，这实际上也是实现马克思哲学同当代西方哲学对话的理论基础。正如恩格斯所说的，在对具体的社会生活的说明中，既要考虑到经济因素，也要考虑到政治、意识形态因素，这是以经济生活为基础的多重因素的交互作用，是一种"合力"的结果。如果说在资本主义社会发展初期，经济因素还比较明显的话，在后工业时期，特别是随着数字化生存时代的到来、网络虚拟空间的出现，在社会生活的显性层面上表现出来的恰恰是一些符号体系，这时经济生活、生产模式的作用反而很难清晰地呈现出来，在这种情况下，从生产模式出发阐释社会历史生活，才是我们认清各种社会历史阐释模式真相的前提。

3. 关于历史情境的辩证法思考

要历史地理解社会生活，必须实现从理性向现实生活的回归，以现实作为历史研究的出发点，但是从现实出发是否就必然会达到对社会生活的历史性理解呢？回答却是否定的，这里的问题是如何理解现实。当一般唯物主义者从感觉出发，把现实当作具体的物质实体时，他是无法达到对现实的科学理解的，胡塞尔关于经验主义与心理主义的批判深刻地证明了这一点。当古典经济学从社会生活出发时，仍然无法达到对现实的科学说明。因此，如果马克思是从现实出发，那么马克思对现实的理解同旧哲学、古典经济学的区别是什么？对这一问题的回答，才真正显示出历史性视角在社会生活阐释中的重要地位。

古典经济学将经验论唯物主义运用于社会历史生活领域，从经济现象出发，来寻求社会发展的一般规律，这是马克思历史辩证法创立之前用唯物主义来说明社会历史生活的最高成果。当古典经济学持唯物主义观点时，它所面对的"物质"已不是可见的实体，而是无形的社会生活结构，而它所寻求的规律，恰恰是这种无形的社会生活结构的规律，并且形成了说明这种规律的劳动价值论。应该说，同马克思后来一样，从经济生活出发来阐释历史，这也是古典经济学家的理论主题。但是古典经济学家的阐释是超历史的，他们把资本主义社会的生产关系当成人类

第一章 实践与社会关系

历史上自始至终的存在，并认为这种社会形态才是自然的社会形态，这是古典经济学家的共同特征。正如马克思在批判蒲鲁东时所指出的那样："他没有看到：**经济范畴**只是这些现实关系的**抽象**，它们仅仅在这些关系存在的时候才是真实的。这样他就陷入了资产阶级经济学家的错误之中，这些经济学家把这些经济范畴看做永恒的规律，而不是看做历史性的规律——只是适用于一定的历史发展阶段、一定的生产力发展阶段的规律。"① 这也是资产阶级意识形态在思考问题时总是要受制于现实生活现象的根本原因。在马克思看来，对资本主义生产关系需要做出历史性的说明，这是辩证法的基本要求。

但是这种历史性的说明，并不是从一种社会进化论的视角来描述资本主义生产关系的历史形成过程，"把经济范畴按它们在历史上起决定作用的先后次序来排列是不行的，错误的。它们的次序倒是由它们在现代资产阶级社会中的相互关系决定的，这种关系同表现出来的它们的自然次序或者符合历史发展的次序恰好相反"②。因为资本主义社会生成过程的条件，在资本主义社会形成之后就变成了其生产关系存在的前提，而这些前提因素在新的社会结构运动过程中，已经发生了质的变化，要揭示资产阶级经济规律，必须坚持生产关系的历史性规定，从中看到这种历史性的社会关系已经成为先验性的关系，这时还简单地强调起源，就像古典经济学的经验唯物主义分析方法所做的那样，恰恰不能真正地说明资本主义社会关系。马克思感兴趣的不是从起源来说明各种不同的形式，而是把这些形式归于统一，从一种具体的总体性入手来理解资本主义社会生产关系的结构与运动。"我们应该注意历史在这里起作用的方式：不是作为内容丰富的可叙述的历史，而是作为被构成的概念。前者构成马克思主义研究所不可缺少的视界，但决不是在任何意义上构成这种研究的主题。"③ 正如卢卡奇在《社会存在本体论导论》中所说的，马克思的《资本论》也提供资本主义社会的历史，但是以"概述资本主义历史的那些概念的分析"形式提供的，"这也就是马克思主义的严格科学性的方法论基础"④。这种历史的概念并不是自然史意

---

① 马克思，恩格斯. 马克思恩格斯选集：第4卷. 北京：人民出版社，2012：413.
② 马克思，恩格斯. 马克思恩格斯全集：第30卷. 北京：人民出版社，1995：49.
③ 施密特. 历史和结构. 张伟，译. 重庆：重庆出版社，1993：32.
④ 卢卡奇. 社会存在本体论导论. 沈耕，毛怡红，等译. 北京：华夏出版社，1989：249.

上的概念。当从历史性出发来考察资本主义生产方式时,马克思实际上是将资本主义的过去、现在与未来置于同一个视域中,正如解释学所说的"视域融合"一样,是从具体的总体性中来理解历史生活过程的。

以这一历史性视角来分析现实时,它所强调的具体的总体性,实际上是强调在分析现实问题时要充分意识到历史事件得以发生的历史情境。历史情境指的是历史事件发生时多重因素的现实聚焦,构成了历史事件得以发生的场域,在对这个场域的分析中,既要考虑到各种因素的直接作用,同时也要考虑到各种因素相互作用时所产生的效应。恩格斯晚年强调的以经济生活为基础的各种因素的相互作用,只有在这一立足点上才能真正地理解。历史情境所表达的各种因素的现实聚焦,马克思结合对资本主义社会的讨论将之概括为"一定时代中各种生产形式的**历史的和暂时的**性质"①。这既是指资本主义社会产生的现实历史情境,也强调在分析这一社会时,任何概念的运用都要置于特定的历史情境之中,这是马克思致安年柯夫的信中批判蒲鲁东时所持的基本立场。在对历史事件的具体分析中,马克思的《路易·波拿巴的雾月十八日》等文章,充分发挥了历史情境的思想,在这些文章中,马克思在经济分析的基础上,具体地展示了各种因素相互作用时所形成的特定历史情境,正是在这样的历史情境中,路易·波拿巴的计划才得以实现。

从历史情境的批判性意味来看,它同辩证法是相一致的,"它在辩护的、即维护现存制度的派别同社会批判的、在其倾向上是革命的派别之间政治论争中,加强了攻击者的地位"②。辩证法按其本质来说是对现实的批判,在黑格尔那里,对现实的批判性是在思维中完成的,概念在空间中展开自身,这使得黑格尔的辩证法即使具有强烈的历史感,但他解决问题的方式最终是非历史的,他从辩证法出发对社会的批判,是一种外在之光的投射。早期马克思从人本异化史观出发所构建的哲学批判理论,在其理论逻辑上与黑格尔哲学具有同质性。而从历史情境的角度出发,对社会的批判就不再是外在的价值批判,而是社会的自我批判,是来自现实生活本身的辩证法批判。历史性的、暂时性的东西都有其存在的根据,但这个根据总是"一定的",事物的发展总是要突破原有的界限,比如在资本主义社会,生产力的发展总是要突破原有社会存

---

① 马克思,恩格斯. 马克思恩格斯选集:第4卷. 北京:人民出版社,2012:412.
② 卡尔·柯尔施. 卡尔·马克思. 熊子云,翁廷真,译. 重庆:重庆出版社,1993:14.

在状态，达到新的层次，这决定了任何具体事物的存在都是暂时的，都会转向它的反面，成为非法的存在。因此，现实事物的发展本身要求以辩证法的眼光去看待它，当经验主义的分析研究方法将每一因素当作永恒的实在时，它既不能真实地接近事物，也不能科学地进行哲学批判，这与马克思的历史情境思想恰恰是相背离的。这也说明了当代英美实证主义传统无法理解辩证法的原因。

马克思从生产方式出发的历史情境思想，成为詹姆逊评论当代西方文化批判理论与后现代思潮的理论起点。詹姆逊将马克思哲学划分为三项构架：政治的（直接的历史事件）、社会的（阶级和阶级意识）和经济的（生产方式），但他在分析每一文本时，都从这三项构架在具体历史情境的交互作用中加以理解，"我们面临的不再是个人主体对过去的冥思苦想，而是一个现在的客观境遇，与一个过去的客观境遇之间的关系问题"[①]。他认为从历史情境出发才能体现出辩证法的思维。"辩证思维便这样证明，它是思维矫正自身的时刻，其中心灵突然退缩回来，将自身含纳于其拓展了的新领悟里，在对现实的一种新的瞥视中，加倍恢复其前此的观念，并为这些观念重新找到基础：首先，逐步认识我们的概念工具本身如何决定所取得的结果的形态和局限（黑格尔式辩证法）；尔后，在其次的、更具体的、作为明确的马克思主义形式的反映运动中，在对我们自己既是历史产物又是生产者意识中，在对我们社会-经济境况深刻历史性质的意识中，来做到这一点，因为这种境况既提供了解决办法，又提出了问题，而它们又同样地引发出解决办法和问题"[②]。詹姆逊关于后现代主义的定位之所以得到普遍的关注，很重要的原因就在于，他从生产方式为核心的历史情境中，揭示了后现代主义文化的社会历史逻辑，实现了马克思哲学同当代哲学的批判对话。这实际上表明，马克思的从生产方式出发的历史情境思想，对于我们从马克思哲学的立场来吸收当代西方哲学的研究成果，具有重要的理论意义。

---

① 詹明信. 晚期资本主义的文化逻辑. 陈清侨，等译. 北京：生活·读书·新知三联书店，1997：172.

② 詹姆逊. 语言的牢笼 马克思主义与形式. 钱佼汝，李自修，译. 南昌：百花洲文艺出版社，1995：316.

第二章 主体与人

自 20 世纪早期西方马克思主义开始,对传统研究思路的反思,主要体现在将人的哲学思考直接引入马克思主义哲学研究中,这在 20 世纪 60 年代的西方马克思主义研究以及随后的东欧新马克思主义研究中达到了高峰。国内 20 世纪 80 年代以来实践唯物主义讨论的展开,对马克思主义哲学研究的反思,也是从人与人道主义问题的讨论开始的。从 20 年来讨论的进程来看,关于人的研究思路,基本上可以划分为三个逻辑阶段:80 年代早期的人道主义与异化问题的争论,经 80 年代中后期人的主体性讨论与人学的出现,到 90 年代后期开始的生存论人学研究。这些研究对于修正传统教科书体系,有着较大的理论意义。但在研究过程中,既存在思想史上的误读,也存在对马克思主义哲学的误解。梳理人学研究的思想史逻辑,反思马克思主义哲学与人学研究的关系,构成了国内马克思主义哲学当代阐释的出发点。

第一节 从古典人本主义到新人本主义

虽然国内人学的讨论具有自身的内在逻辑,但如果我们从西方近代以来人学研究的历史进程来看,我们讨论的许多问题,在思想史上已经有过清楚的论述。因此,要澄清对人的追问何以可能,就必须了解近代以来西方人学研究的逻辑进程。针对国内的研究,这里主要讨论古典人本主义的发展逻辑及其向新人本主义的转换过程,在这一过程中,我们可以清晰地看到"人"在西方历史中的不同含义,这对于我们澄清国内的研究思路是非常必要的。

1. 人的地位的确立

自苏格拉底提出"认识你自己",到智者派"人是万物的尺度",人的地位在古希腊哲学中得到了最初的确立。随着中世纪神学的兴起,人成为上帝奴仆,人只有在上帝的神性之光中才能获得自己存在的根据。但在14世纪之后,这一切都发生了变化,意大利兴起的文艺复兴运动,使符合近现代文明的"人"的观念得以确立。

针对中世纪的生活方式和思维习惯,文艺复兴运动讨论的主题是:人的潜在能力与创造能力在怎样的生活方式中才能发挥出来?是选择积极活跃的生活方式还是沉浸于苦思冥想之中?这时的思想家们认为,人身上潜伏着巨大的能力,这种能力只要发挥出来,就能认识世界、认识人本身。用布克哈特的话说就是"发现世界和发现人"。

从布克哈特的描述可以看出,文艺复兴时期对人地位的确立是沿着两个向度展开的:一是面对自然,形成了观察自然、描绘自然、表现自然的科学方法,这种面对自然的态度,一方面推动了自然科学的发展,另一方面也有力地打击了中世纪的宗教。二是发现人本身。这又是沿着两个维度展开的:第一是从自然科学出发理解人的身体结构,达·芬奇的解剖学就是一个重要的证明;第二是在文学、艺术中表现不同于神性的人性,针对中世纪宗教神学观,主要表现人的自然属性的崇高地位。拉伯雷的《巨人传》、薄伽丘的《十日谈》、波提切利的绘画《维纳斯的诞生》等,似乎都在回应着伊拉斯谟的名言:大自然让人们放纵情欲!他们都认为,只有在人的自然本性得到充分发展的情况下,人们才能得到最好的教育,才能一代接一代地克服艰难险阻,过上最好的生活。对探索自然合理性的证明,为后来资本主义社会提供了科学的动力,而对人的情欲合法性的证明,则为资本主义市场经济的发展提供了"人性"的基础。

但是文艺复兴也是分阶段进行的。早期的思想家借助于古典文化重申人的观念,表现出解放后的自信与自豪,但随着运动的发展,一种纵欲、放荡的风气开始盛行起来,早期那种节俭开拓的精神消失了,人们的"随心所欲""自行其是"导致了社会的混乱。丹纳在《艺术哲学》

中就曾指出:"十分脆弱的社会纲纪解体了;人又回到野蛮状态;个个人都想趁此机会摆脱仇家。便是平日,暴行虽则少一些,残酷的程度还是一样。"① 布克哈特也认为:"这个民族的每一项激情的趋势都是强烈的,而用来满足这种激情的手段则常常是犯罪的……在意大利我们所看到的却是由于强有力的性格的堕落。"② "在这个每一种个性都达到高度发展的国家里边,我们看到了那种标准的绝对的不道德的例子,喜欢为犯罪而犯罪,而不是把犯罪作为达到一个目的的手段。"③ 这也是造成意大利走向衰落、难以实现统一的文化要素。

文艺复兴运动的逆转,实际上提出了一个问题:当文艺复兴运动将人建立于自然性之上时,这种人性到底有多大作用?面对世风日下的社会现实,人的地位到底在哪里?这引起了思想家的反思。这一反思曾对人的地位发生了动摇,但又在更深的逻辑上论证了人在宇宙中的合法地位。

2. 人的理性确证

文艺复兴运动一方面导致了人的重新发现,而这一发现带来的结果是对人的地位的反思。文艺复兴的另一重要成果是对自然的发现,而这一发现并不都能直接证明人的自然地位的优先性。如果说早期的自然科学对于人从上帝的阴影中摆脱出来有着直接的帮助,那么"日心说"的提出在另一层面又动摇了人的地位,即人只是宇宙中一个点上活动的生物而已。人怎样确证自己,使文艺复兴时期培育起来的自由观念与乐观精神保持下来,这是近代人学发展中需要解决的问题。对文艺复兴运动的观照,当时的思想家们选择了理性的概念,这是17世纪之后人学逻辑的重要理论论证。

在中世纪神学中,虽然人是上帝的创造物,而且人本身就是有原罪的,但这个有着原罪的人却是地球的次主人,他居住于地球——宇宙的中心。哥白尼的"日心说"在科学上虽然比"地心说"前进了,并为人从封建神学中解放出来提供了科学的根据,但也给人的存在本身提出了诘难。当他拆掉一切至今把人类世界与自然的其他部分分离出来的人为

---

① 丹纳. 艺术哲学. 傅雷,译. 合肥:安徽文艺出版社,1991:163.
② 雅各布·布克哈特. 意大利文艺复兴时期的文化. 何新,译. 北京:商务印书馆,1979:485.
③ 同②492.

第二章 主体与人

的栅栏时,人被置于一个广大无边的宇宙中,人被一个不出声的宇宙所包围,人被一个对他的宗教情感和他最深沉的道德要求缄默不语的世界所包围,这将引起人的恐惧与颤栗,正如帕斯卡所说的:这无限宇宙的永恒沉默使我感到惊恐。哥白尼的这一发现,正好印证了蒙田对人的地位的怀疑:

> 让人用理性的力量来使我懂得,他把自认为高于其它存在物的那些巨大优越性建立在什么基础。谁又能使他相信——那苍穹的令人赞叹的无穷运动,那高高在他头上循环运行着的日月星辰之永恒的光芒,那辽阔无边的海洋的令人惊恐的起伏——都应该是为了他的利益和他的方便而设立,都是为了他而千百年生生不息呢?这个不仅不能掌握自己,而且遭受万物的摆弄的可怜而渺小的尤物自称是宇宙的主人和至尊,难道能想象出比这个更可笑的事吗?其实,人连宇宙的分毫也不能认识,更谈不上指挥和控制宇宙了。①

因此,新的人学逻辑必须证明:新的宇宙学不会削弱或阻碍人类的力量,而是确立和巩固这种力量,使宇宙学的冲击变成新的福音。这时人所面临的就是双重问题:既能对文艺复兴出现的社会衰退现象进行自我把握,也能对宇宙进行科学的说明和控制。理性概念的出现就成为至关重要的环节。

对人类理性的自我确证是分以下几个环节进行的。首先是要解决"日心说"中的无限概念对人的主体地位的否定问题。在古希腊哲学中,无限意味着无边际、无规定性,是有限的对立面,也是人的理性所无法达到的。但在布鲁诺的哲学中,赋予了无限以新的意义,即哥白尼发现的空旷无垠的宇宙,并没有给人带来世界的末日,而恰恰表明了人的智力和理解力的无限性。根据这一看法,哥白尼的学说是人的自我解放的决定性一步,人不再被禁闭于有限宇宙中,像囚犯一样生活在世界上,他可以穿越太空,并且打破了历来被一种假形而上学和假宇宙学所设立的天国领域的虚构界限,无限的宇宙没有给人类理性设置界限,恰恰相反,它会极大地激发人类理性。人类理性通过以无限的宇宙来衡量自己的力量,从而意识到它自身的无限性。这个论证消除了哥白尼革命带来的恐惧。

---

① 恩斯特·卡西尔. 人论. 甘阳,译. 上海:上海译文出版社,1985:19-20.

人怎样才能认识无限的宇宙呢？伽利略指出，认识世界要遵循两个原则：一是只有进行观察，才能提出自然的命题和假设；二是如果能够用数学语言来表达自然过程，就能更好地理解自然。伽利略提出的数学原则很快就得到了 17 世纪哲学家与科学家的赞同。牛顿三定律，不仅奠定了古典物理学的基础，而且提出了在未来的某一时期，数学方法能揭示迄今尚不为人知的规律。这样看来，上帝也不过是个数学家，他的计算是人的推理能力所能达到的，大自然不再是人类连续不断地怀着恐惧心理生活于其中的神秘力量的随机汇集，而是一种可知力量的体现。

笛卡尔哲学将哲学自我意识置于数学理性的基础上，这是对人的理性的更深层奠基。17 世纪所讲的理性，虽然是从怀疑入手，但最终是为了追求确定性。笛卡尔哲学首先是对一切的怀疑，从而将理性置于可靠的基础上，这个可靠的基础就是自我意识。他认为只要理性的自我意识遵循数学、几何学的原则，便可以认识人类社会生活的一切领域。这个问题在斯宾诺莎的《伦理学》中得到了全面的论证，特别是在形式上，斯宾诺莎的论证方式带有数学证明的特点。通过这些论证，17 世纪的人学接受了哥白尼与蒙田的挑战，并论证了人在宇宙中应有的地位。

虽然在理论上，人的理性得到了全面的论证，但如果回到现实生活，一种情欲的冲动无时不在发生作用。现实的经济生活要求人们有着发财欲、占有欲，同时商品生产与消费又要求人们对自己的欲望进行理性的节制，这样在资本主义文化中实际上就蕴含着理性与情欲的二律背反，在哲学中也表现为本质与现象、理性与非理性的二律背反。理性与情感的对峙，这构成了人学发展中新的矛盾。

3. 理性与情感的双重变奏

一般说来，18 世纪是一个理性的世纪，但实际上，人的情感、一种浪漫主义的倾向与理性同体而生，形成了人学逻辑中理性与情感双重变奏的状态。

从法国开始的启蒙运动进一步扩大了 17 世纪理性主义的成果，把批判应用于权威、传统与习俗领域，认为不管这些权威、传统与习俗过去发挥着多大的作用，都应该受到理性的审判，正如恩格斯所说的："他们认为，应当建立理性的国家、理性的社会，应当无情地铲除一切同永恒理性相矛盾的东西。"① 启蒙学者与 17 世纪的理性主义者一样自信，如果人类能从恐惧和迷信中解放出来，就会在自己的身上找到改造人类生活条件的力量。英国工业革命之后的经济发展，也似乎证明了启蒙理性的正确性与现实可行性。

在经济学领域中，斯密突破了重商主义传统，使哲学信仰的理性自由应用于贸易与工业，指出只要"经济人"遵从理性原则，就可以通过自由贸易发展经济，社会发展可以在这种自由贸易中被"看不见的手"所调节。在李嘉图劳动价值论之后，理性的经济学意义便得到了全面的确证。劳动价值论说到底是人的理性价值论，当古典经济学家认为是劳动创造价值时，实际上是说人的理性创造一切，因为在资本主义大工业生产中，生产的结果是在生产之前就被理性所设定的。因此，经济学中所讲的理性说到底与法国大革命的理性一样，合乎现代资本主义的内在要求。而工业革命之后，英国经济的长足发展与世界霸主地位的确立，人们好像看到了理性在创造人类未来中所具有的更为深远的意义。

但我们不可认为，18 世纪就是一个完全受理性统治的世纪。当启蒙学者论证理性的合法性地位，进而为资本主义论证时，一些敏锐的思想家已经意识到理性对人的思考的缺失。这不仅有法国的卢梭和德国浪漫派的批判，也有休谟、康德等来自理性的反思。

1749 年当卢梭偶然看到第戎学术院提出的有奖征文"科学和艺术的复兴会纯洁抑或腐化社会道德？"时，卢梭对理性展开了浪漫主义批判。卢梭认为，资本主义社会的发展呈现出二律背反现象：资本主义社会的科学得到了很大的发展，但同时人的自我完善化能力在大大下降，人的良心和内在情感也开始堕落。他认为，从感性、感觉和心灵的经验教训出发，才能获得正常的生活，依靠理智永远不可能确立真理。卢梭的著作激励了一种感性的复活和对感情的崇拜。

与此同时，德国的狂飙运动则直接针对启蒙理性而来。狂飙运动的年轻人谴责理性主义把感性的自发性、人的个性、天才的灵感从属于冷冰冰的古典主义理性规则和不自然的趣味，他们认为理性的发展将大森林中的小精灵杀死了，从而崇尚情感，推崇自然，力图将情感从理性中

---

① 马克思,恩格斯. 马克思恩格斯选集：第 3 卷. 北京：人民出版社，2012：643.

解放出来。歌德创作的《少年维特之烦恼》将对情感的崇拜推向了高潮。

同浪漫派齐头并进的是休谟、康德对理性的怀疑与限定。休谟先从必然性概念入手,认为理性所寻求的必然性只是习惯性联想的结果,这种习惯性联想来自经验,因此,理性自认为能涵括一切方面的因素就成了问题。更为关键的是,在现实生活中,还有许多领域是理性无法达到的,比如道德生活领域。

> 在我所遇到的每一个道德学体系中,我一向注意到,作者在一个时期中是照平常的推理方式进行的,确定了上帝的存在,或是对人事作了一番议论;可是突然之间,我却大吃一惊地发现,我所遇到的不再是命题中通常的"是"与"不是"等联系词,而是没有一个命题不是由一个"应该"或一个"不应该"联系起来的。这个变化虽是不知不觉的,却是有极其重大的关系的。因为这个应该与不应该既然表示一种新的关系或肯定,所以就必须加以论述和说明;同时对这种似乎完全不可思议的事情,即这个新关系如何能由完全不同的另外一些关系推出来的,也应该举出理由加以说明。不过作者们通常既然不是这样谨慎从事,所以我倒想向读者们建议要留心提防;而且我相信,这样一点点的注意就会推翻一切通俗的道德学体系,并使我们看到,恶与德的区别不是单单建立在对象的关系上,也不是被理性所察知的。①

也正是在这里,对理性的怀疑产生了。

继休谟之后,康德针对理性提出的问题是:人的理性究竟有多大的认识能力?一方面,他遵循笛卡尔的自我意识学说,从理性走向先验理性;另一方面,休谟的见解又从反面提示他,即对理性的合法性提出思考。这是理性的沉思,而不是浪漫派的干预。康德把理性限定于现象界,限于知识学领域,而在实践理性方面,理性是要让位于道德律的。在这里,理性的原则、浪漫派对理性的批判都在发生着作用,也就是说新的理论建构必须能对这两个方面的内容加以整合,这预示了新的人学逻辑——类人学的产生。

---

① 休谟. 人性论: 下册. 关文运, 译. 北京: 商务印书馆, 1980: 4-5.

4. 德国古典哲学的"类"人学

情感与理性的二重性，实际上意味着人学逻辑的内在分裂。如何超越这一分裂，在新的理性基础上建构新人学，一开始就构成了德国古典哲学中人学逻辑的出发点，发端于康德的德国古典哲学，就是想以类人学逻辑来解决此前的问题。

按照布克哈特的理解，文艺复兴运动中对人的地位的确立是沿着发现自然与发现人这两个向度展开的，发现自然是为了使人控制自然，从而展示人的力量与能力，培根所说的知识就是力量，就是人的自我确证在人与自然关系向度上的写照；发现人则是通过自我反思，发现人的存在根据是人自身，上帝也只是在人的直观中才能得到证明，这是笛卡尔哲学讨论的问题。这两个向度的汇集点就是17与18世纪提出的理性概念。但卢梭与休谟的反省则从发现自然与发现人这两个向度对理性概念提出了质疑。在休谟看来，通过理性来观察自然时所发现的规律，并不具有必然的、因果的联系，实际上这种联系只是人在看到同一现象时所产生的习惯性联想，因此，布鲁诺提出的认识自然在一定的意义上只是人的自我设计。这个发现无疑是对自然向度意义上的理性的一个打击。卢梭从社会发展指出：通过技术的发展，虽然社会财富增长了，但人的自我完善化能力却在衰退，这也就是说，以为理性的发展就可以实现人的发展，实际上并不一定正确。这两个向度的批评表明，人学逻辑必须在新的基础上进行新的论证，这构成康德类人学逻辑的思想前提。

在一定的意义上，康德接过了休谟与卢梭对旧哲学的批评。康德认为近代理性的方法论前提是数学与几何学理性，这种理性虽然也体现了概念构造的特征，但它并不是达到先验理性的方法，这种理性在康德看来只能解决现象问题，而现象背后的那个物自体是这种理性无法把握的，这就导致了现象与本体的对立。要解决这个对立，必须重建一种科学的形而上学，这种形而上学的知识不是由数学、几何学的知识型所能提供的。

> 盖此种方法具有能使其一切概念在先天的所能提供之直观中实现之便益，由此即成为所谓"控制自然"矣；反之，纯粹哲学当其由先天的论证概念，以求洞察自然世界时，实陷入渺茫之中，盖以

能先天的直观此等概念之实在，因而证实之也。①

因此，新的形而上学必须建立在新的基础上，这就是康德提出的先验理性。

从先验理性视角来看，笛卡尔及前康德哲学家所说的理性，在康德看来是一种知性，这种知性的抽象并没有走出经验理性的窠臼，而先验理性则是对知性的超越，是一种超越于个体之上的类存在所具有的理性，因此，类的概念实际上是德国古典哲学的核心概念，虽然在哲学思辨层面上，这个概念表现为先验理性（在费希特那里是自我，在黑格尔那里是绝对精神）。类概念显然是对旧哲学理性概念的批判与扬弃，在社会生活层面也是对以英法为代表的资本主义社会的批判与改造，是对启蒙理性的反思。与这一类理性对应的是类人学。"**这些自然秉赋的宗旨就在于使用人的理性，它们将在人——作为大地之上唯一有理性的被创造物——的身上充分地发展出来，但却只能是在全物种的身上而不是在各个人的身上。**"② 因此，康德讲的是世界公民。但这种世界公民，只有在伦理意识中才能得到实现，这是康德实践理性所要解决的问题。

在康德类人学的逻辑建构中，现象与物自体并没有实现同一性，当他将现象与物自体统一于先验理性的内在结构时，他的先验理性注重的仍然是形式的一面，而现实的内容仍处在形式之外，也就是说，在康德哲学中类人学逻辑与物自体处于一种二元论的状态。在黑格尔看来，从理论实质上说，康德并没有真正超越近代哲学，类人学逻辑必须在新的基础上进行新的逻辑建构，黑格尔的思辨唯心主义体系，就是对类人学的整体说明。

黑格尔为什么提倡"类"人学呢？研究过斯密、李嘉图、萨伊等经济著作的黑格尔，对资本主义经济学所讲的个人理性的缺陷有着清楚的认识。在他看来，资本主义社会中以个体为中心的理性尽管对人的发展是必须经过的阶段，因为建立在这一理性基础上的劳动体系，通过人本质的对象化，大大发挥了人的能力；而且建立在分工基础上的劳动体系和交换基础上的需要体系，造就了人在社会生活中的整体关联，推动了历史向世界历史转变，这是康德世界公民的现实条件，在这个意义上资

---

① 康德. 纯粹理性批判. 蓝公武，译. 北京：商务印书馆，1960：509.
② 康德. 历史理性批判文集. 何兆武，译. 北京：商务印书馆，1990：3-4.

本主义是无法超越的。但是在资本主义社会发展过程中，由于个人利益关系是社会关系的出发点，这就极易造成财富对人的异化，而且建立在分工基础上的劳动体系，在实现人的能力的发展的同时，也易带来人的抽象性发展，特别是随着机器化生产出现，人的劳动越来越被机器所代替，人也就易于沉没到机器体系之中。我们知道，以机器为代表的科学技术，正是以近代自然理性为基础的，在这个意义上，近代经验论与唯理论讲的理性并不能实现社会发展中的整体协调，个人也不可能真正在近代社会中得到全面的发展。在《逻辑学》中，黑格尔就曾对数学、几何学理性进行了较深的批判性考察。任凭个人理性的自由发展，并不能实现斯密的理想，其结果往往是法国大革命中呈现出来的混乱与恐怖状态。每个人都是自由的，实际上也就意味着每个人都不自由，因此，对资本主义社会的理性必须进行批判的理解，对之进行批判的提升，这个提升在黑格尔哲学中就是绝对精神，而这个绝对精神作为大全，就是对世界本质的整体洞察，这个理性在人学的意义上就只能是人类的理性。很显然，黑格尔的这个说明，比起康德来，更具有现实的社会历史内涵。

在逻辑建构上，黑格尔对康德哲学中的非同一性进行了批判。在康德哲学中，现象与物自体是无法统一的，因为它们是两个异质的存在，而在黑格尔哲学中，这两个异质的存在又是同质的，它们都是绝对观念在现实生活中的异化，是绝对观念自我建构中的环节。在这个思考中，现象与物自体的对立成为绝对观念的内部对立，而不再是外在的二律背反，这是哲学逻辑的一次重大发展。在绝对观念的自我运动中，现象与物自体不再是一个静止的对立，而是绝对观念自我运动中的矛盾，作为动态的矛盾，就不再是不可解决的，当绝对观念达到自我认识时，所有的矛盾都可以得到解决，而绝对观念的起点与终点的统一，使得绝对观念是自足的、自我阐释的，从而最终保证了类人学逻辑的自洽性，也证明了类人学逻辑的现实性与可能性。正是在黑格尔的逻辑中，康德提出的类人学成功地完成了论证。当费尔巴哈指认出德国古典哲学的核心问题是作为类的人时，古典人本主义的类人学清晰地呈现出来了。

类人学标志着古典人本主义逻辑建构的最高点，黑格尔哲学标志着古典人本主义理论建构的最高峰。但也正是在这个人学逻辑的最高点上，古典人本主义走向了自己的理论终点，也正是在对黑格尔哲学的批

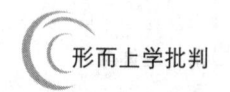

判中形成了当代人学研究的理论转向：一是从古典类人学走向关注个体存在的新人本主义，这以叔本华、克尔凯郭尔、海德格尔、萨特为重要标志；二是马克思的科学人学方法论的建构。但马克思的这个建构并不是直接完成的，也不像国内人学研究中所说的，在《手稿》中以"类人学""人的生存"等表现出来，而是以费尔巴哈、黑格尔和青年黑格尔派运动为中介，走向了"现实的个人"，而对"现实的个人"的分析，走向了社会历史生活。为了更好地理解马克思关于人的哲学思考，我们以早期海德格尔为主要分析对象，看看新人本主义的哲学转向。

5. 早期海德格尔与新人本主义

类人学的确立，是传统理性的最高成果，也体现了传统理性在面对社会历史生活时的一种信心。在黑格尔那里，他相信只要绝对理性能够降临，世界就会在理性的和解中达到光明的境界。但黑格尔的绝对观念是从一个假定出发的，其哲学的基础正是非理性，因为理性的基础来自假定。因此，从个体体验出发、强调人的非理性方面的人学，既是对黑格尔哲学的反叛，也是对黑格尔哲学的补充。特别是在19世纪末20世纪初，在西方思想上产生了一个过渡期，即一种强调个人的感受、强调当下性、强调人生的碎片性的思想登上了舞台。而在这一思潮中，叔本华唯意志主义哲学特别是克尔凯郭尔从个体出发的存在主义哲学的兴起，形成了与传统人学逻辑完全不同的研究思路。这一对传统理性的颠覆、从人的体验出发的反理性人学，就成为时代的主题。尼采、柏格森延续了这一主题，并影响到同时代的奥伊肯、舍勒、施韦泽及后来者海德格尔等一大批思想家。与古典人本主义相比，新人本主义体现出不同的价值观。在思想上，当时的人们认为，他们的体验是独特的，与过去的连续性被打断了；在精神状态上，他们以异化和无连续性、非理性、分裂和绝望的世界观代替理性、秩序、乐观的精神，强调的是人的内心体验和非理性的能量的释放，形成了新人本主义。这一新的人学观，首先从达尔文的生物进化论中得到了论证，这一学说说明了所有生物的统一性。其次是从弗洛伊德的无意识学说中得到了心理学的证明。在社会生活中，世纪末的情绪骚动，第一次世界大战带来的痛苦，都似乎在表明新人本主义的合法性。正是在这个背景中，海德格尔以"此在"对传统理性主体进行了批判的审视。

第二章 主体与人

海德格尔认为,在西方传统形而上学的探索中,存在的意义被当作一个不言自明的理论前提,究竟什么是存在的意义,却并未得到真正的思考。海德格尔哲学的主题就是要追问存在的意义,使这一被遮蔽的境域开启出来,达到澄明之境。就像康德认为对认识可能性的分析是达到哲学形而上学的前提性条件一样,海德格尔也认为,对"此在"的分析,才能为追问存在意义问题清理出一条可能的道路。

尽管海德格尔的"此在"也是在谈论人,但与传统哲学的一个重要区别在于:海德格尔强调的是人的"在此性",即人并不是孤零零地站在那里,成为对象性的存在,而是寓于世界之中,人正是在寓于世界中生活的同时,领悟着存在的意义,在这种前理论性的整体领悟中,人同其生活的世界同时绽现出来。因此,对于存在的意义问题,不能像传统哲学那样,将之作为主体的对象,进行逻辑上的演绎,而是要通过"此在"的解释学才能真正获得。这样,在海德格尔的哲学视域中,没有以主客对置的方式对客体进行孤立的解剖,而是把"此在"及其生活置于生活的世界中,把这看作哲学的初始地平。

"此在"又如何同其生活的世界同时绽现出来,以达到对存在意义的本真领悟呢?海德格尔认为,"此在"是通过使用工具(用具),在对世界的烦忙活动中,使世界显现出来的。而对用具的使用又是以"指引"与"筹划"为先行的,这种"指引"与"筹划"并不是通常所说的那样是一种理论上的把握,其本身就是烦忙活动中的领悟。因此,每个工具的使用并不是孤零零的,而是本身便寓于"此在"与世界的整体性境域中,通俗地说,人是在劳动中使世界显现出来,并在劳动显现世界的同时,具有对世界的领悟。在这种领悟活动中,"世内上手的东西——向某种东西开放;那种东西的先行开展不是别的,恰是对世界之领会。而此在作为存在者总已经在对这个世界有所作为中"①。对世界的领会、对世界的有所作为,绽现出世界本身的因缘整体性,而且在领会世界整体的联络之际,"此在"出于某种"能存在"而把自己指引到了某种"为了作"身上。这种"为了作"就表明:

> 此在总已经出自某种"为何之故"把自己指引到一种因缘的

---

① 海德格尔. 存在与时间. 陈嘉映,王庆节,合译. 北京:生活·读书·新知三联书店,1987:106.

"何所缘"身上；这就是说，只要此在存在，它就总已经让存在者作为上到手头的东西来照面。此在以自我指引的样式先行领会自身；而此在在其中领会自身的"**何所在**"就是先行让存在者向之照面的"**何所向**"。**作为让存在者以因缘存在方式来照面的"何所向"，自我指引着的领会的"何所在"就是世界现象**。而此在向之指引自身的"何所向"的结构，也就是构成世界**之为世界**的东西。①

"此在"通过烦忙活动，使自身同世界作为因缘整体性绽现出来，但这是与"此在"在世共为一体的。因此对"此在"的分析，就必须把此在日常生活的更广泛的现象领域收入眼帘，即与"共在"进行同时分析。在对"此在"的日常生活的分析中，海德格尔的思考呈现出两条思路：一是对"此在"在日常生活中沉沦的分析；二是对"此在"本真生存意义的透视。正因为"此在"在日常生活中的沉沦，"此在"通过烦忙活动揭示世界的意义时，便不能不受之影响，使世界成为主体的生存工具，反而忘却了存在的意义。要实现生活态度的逆转，就要达到对本真存在的领悟，即通过对"死亡"的"畏"，实现对时间的重新领悟，达到本真的生活，而这种本真的生活才是达到澄明之境的前提。这构成《存在与时间》第二篇的主要内容。

按照原书的计划，《存在与时间》出两部，但成书后，第一部的第三篇并没有立即写成，而第二部则没有再写，这意味着在海德格尔的"此在"解释学中，想通过对"此在"的生存论分析达到对存在意义问题的领悟，是比较困难的，海德格尔后来也承认这一点，这也说明仅从"此在"的解释学来理解海德格尔哲学是片面的。但海德格尔对存在意义的追问，却始终是他哲学运思的重要主题。在海德格尔的后期思想中，语言成为其哲学运思的主要内容，许多学者认为这是海德格尔思想的转折，但我认为，这种转折并不是对追问存在意义这一主题的背叛，而是逻辑的深入，因为"此在"对世界的领悟离不开语言，而语言本身就是一种逻各斯，不对语言的本质进行界说，海德格尔关于"此在"的分析就是建立在日常语言能够表达意味的不证自明性上的②，这既不符

---

① 海德格尔.存在与时间.陈嘉映，王庆节，合译.北京：生活·读书·新知三联书店，1987：106.

② 黑格尔在《精神现象学》第一章中，倒是把语言看作能够不证自明地表达事物的工具。

合现象学方法的要求，也不可能使存在意义问题达到澄明之境。

在海德格尔的这一论述中，传统的类人学让位于世界中的个体对存在的领悟，这种观点给萨特的存在主义提供了重要的理论参照系，而萨特的存在主义也成为新人本主义的重要表征。

第二节 存在的优先性与先验人性论批判

自海德格尔理解"此在"与存在的关系以来，西方人学讨论中一般都将海德格尔作为存在主义大师来对待。法国存在主义宗师萨特在完成《存在与虚无》之后，针对人们对他所描写的人生境界的批评，特别是针对指责他没有人道主义精神这一批评，在《存在主义是一种人道主义》这一文章中，强调自己关于人的生存的讨论本身就是一种人道主义。在这个辩解中，他把海德格尔当作自己的同路人，对先验人性论提出了批判。

1. 存在先于本质究竟意味着什么

在这篇文献中，最让人难以忘记的口号是："存在先于本质。"萨特认为，这是他的存在主义的第一原则。这个原则之所以重要，在我看来，它体现了萨特力图颠覆传统哲学关于人性讨论的理论基础，这是他所有讨论的出发点。

"存在先于本质"，是针对传统哲学中"本质先于存在"提出来的。本质先于存在，这是传统哲学关于人性讨论中一个重要的理论前提。这一思想最早在柏拉图关于理念的"分有说"中出现，即任何具体的存在都是对理念的分有，这也就意味着本质（理念）先于具体存在。在后来的近代哲学发展中，特别是在德国古典哲学发展过程中，这种哲学思路表现得最为明显。为了将人从传统神学中解放出来，针对上帝的先验存在，在近代哲学中，人们将理性置于哲学的中心地位，这是人类自身在社会历史发展中获得主体地位的前提。当黑格尔从绝对观念出发，将人性本身置于绝对观念这一"类主体"之中时，这恰恰表明，人的本质先于人的存在。先有了关于人的本质概念，然后才有作为普遍概念表现的每个个体。

萨特的讨论，首先针对的正是这种人性讨论的思维方式。但他更为深入的地方在于：他不仅针对近代以来的哲学进行反思，而且指出这种自认为是反对封建神学的哲学同神学思维方式具有内在同质性。萨特认为，这种本质先于存在的思维，实际上是技术制作思维。比如一把裁纸刀，当工匠制作它时，工匠在自己的脑海中当然先有一个关于这种刀子的形状，他也知道这把刀子的用途，然后才能制作出刀。可以说，这把刀的本质先于这把刀子的存在。这也就是说，从技术制作的角度来看，本质先于存在是最合理不过的（在这一点上，萨特已经触及了技术理性批判问题）。这种思维方式不仅是近代以来人性讨论的基础，也是关于上帝观念的基础。在神学关于上帝的讨论中，"人的概念在上帝的脑子里就和裁纸刀的概念在工匠的脑子里相仿佛：上帝按照一定程序和一种概念造人，完全像工匠按照定义和公式制造裁纸刀一样"。因此，尽管在18世纪的无神论哲学中，"上帝的观念被禁止了……本质先于存在的思想……到处都碰得见"①。如果本质先于存在，并且本质是永恒不变的，那么不管是森林中的原始人，还是资本主义市场生活中的人，都可以无区别地纳入人的概念之中，这种无区别的人，恰恰是非现实的人，可以说，类人学是反对个体的，而将这种抽象的人或类本质运用于一切社会时，也会混淆不同社会存在间的区别。这正是萨特所要批判的。

从资本主义社会发展过程来看，这种人性的概念构成了资本主义社会哲学、经济学、政治学等理论建构的基础。在古典经济学中，"经济人"的设定是理论建构的基础，而这一设定恰恰意味着所有社会的人都是处于市场经济中的"经济人"，所以斯密才会认为原始人用来打猎的弓、箭都是资本。这无疑将资本主义社会当成了人类社会存在的样板。同样，政治学关于契约论的论述，也是以市民社会中的理性人为前提的，只有理性的人才会订立契约而不是强取豪夺。这是西方资本主义社会的主流思想。马克思在哲学变革过程中，批判过这种非历史的、抽象的人性观点。经过两次大战之后的萨特，也批判了这个观念。但与马克思不同的是，萨特的这个批评，更多是文化意义的，而且经过了尼采、海德格尔这些重要的思想中介。

上面我们已经讨论过，近代人性理论的兴起，直接针对封建神学展

---

① 让-保罗·萨特. 萨特哲学论文集. 潘培庆, 汤永宽, 魏金声, 等译. 合肥：安徽文艺出版社，1998：111.

开（尽管在深层上并没有做到这一点），强调的是人类理性的中心地位。但经过费尔巴哈的讨论之后，这里的一个深层问题是：如果上帝是人创造出来的对象，而这个对象恰恰是人本质的反映的话，那么上帝的放逐过程，也正是人自身的自我放逐过程。也正是在这个意义上，尼采说"上帝死了"，人也就从中心地位滚向了未知数 X。传统价值崩溃了，西方文化的虚无主义也就来临了。所以当海德格尔读到尼采关于"上帝死了"这个宣言时，他写道："'上帝死了'这句话包含着以下断言：这种虚无展开自身。'虚无'在此意味着：一个超感性的、约束性的世界的不在场。虚无主义，'一切客人中最可怕的客人'，就要到来了。"① 怎样才能摆脱虚无主义呢？尼采设想出超人，超人自我设立价值，这样就可以重新充实上帝死亡之后留下的价值真空。

海德格尔认为，尼采的这一思考只是实现了对传统形而上学的颠倒，或者说将传统形而上学推到了极致，而没有真正找到新的哲学之路。他认为，对传统形而上学的真正克服必须重提存在问题。也正是接着这个话题，萨特说存在先于本质。但海德格尔说的存在，并不是指人的实存（这种实存倒是费尔巴哈论人的基础），尽管在追问存在意义问题上此在的生存具有优先性，但生存的意义恰恰在于对存在意义的领悟。萨特所说的存在，首先讲的是人的生存存在的优先性。"我们说存在先于本质的意思指什么呢，意思就是说首先有人，人碰上自己，在世界上涌现出来——然后才给自己下定义。"在这个意义上，人性是不存在的。"人就是人。"② 很显然这里所讲的存在不同于海德格尔所讲的存在，海德格尔要否定的正是萨特所说的存在。

从存在先于本质出发，从本质而来的一切传统社会价值也就失去了意义，这恰好说出了二战后人们对传统价值的怀疑。新生活的意义生长点在哪里？萨特认为，人之为人，并不是因为先有一个普遍的人性，这已经随着存在先于本质这一命题而被抛弃了，因此，人要想在自身之外找到一个价值参照系是不可能的。首先，人除了自己认为的那样以外，什么都不是，这就意味着价值在自己心中，但与路德将上帝信仰放到人

---

① 海德格尔. 海德格尔选集：下卷，孙周兴，选编. 上海：生活·读书·新知三联书店，1996：771.

② 让-保罗·萨特. 萨特哲学论文集. 潘培庆，汤永宽，魏金声，等译. 合肥：安徽文艺出版社，1998：112.

心中不同，萨特强调的是个体存在的自足性；其次，人之为人，在于人是把自己推向未来的东西，在把自己投向未来之前，什么都不存在，而这个未来是要靠人自己的自由行动去选择的。说存在先于本质，就是要使人人明白自己的本来面目，并且把自己存在的责任担负起来。这种担负，存在于人为了把自己造成他意愿成为的那种人而可以采取的一切行动中。对存在先于本质的解释，萨特实际上想颠覆传统人性的观念，并且针对种种批评，急于表明他所说的存在主义并不是一种不负责任的、消极的学说、观望的哲学。

2. 自由的选择行动何以可能

存在先于本质，意味着自己必须面对自己的未来，并进行自由选择，在行动中使自己成为自己。但这样一来，面临的一个问题是：我的自由选择有没有一个规范的标准？自由的选择行为何以可能？这是萨特需要进一步讨论的问题。

如果存在先于本质，按照上面的思路，那么上帝是没有的，因此依赖于上帝而建立的价值也就无法成为人们行为的规范。同样，康德所说的先验的道德假设也不存在，因为理论深层上，这两种道德观念是一致的，它们都反映了本质先于存在的思维方式。那么情感是否具有这种导引性的价值标准作用呢？萨特对此也持否定态度。萨特举例说，我们可以这样表达自己对母亲的情感，如"我爱我的母亲爱到同她待在一起的程度"，但这种情感光靠说是表达不出来的，只有当我真正同她待在一起的时候，才能援引这种感情来为我辩护。因此情感并不能作为行动的依据，倒是行动成为情感的证明。

在这里，萨特接着尼采的话题，针对上面的种种做法指出："存在主义者则与此相反；他认为上帝不存在是一个极端尴尬的事情，因为随着上帝的消失，一切能在理性天堂内找到价值的可能性都消失了。"[①]上帝不存在，什么事情都可以做，萨特认为这是存在主义的起点。在这种情境中，人永远不能参照一个已知的或特定的人性来解释自己的行动，人是自由的，我们的行动本身就具有合法性。同样，我们也找不到为自己辩解与推卸责任的方法。在这个意义上，人是被逼得自由的。所

[①] 让-保罗·萨特. 萨特哲学论文集. 潘培庆, 汤永宽, 魏金声, 等译. 合肥: 安徽文艺出版社, 1998: 116.

以，萨特认为存在主义者也不相信人在地球上能找到什么天降的标志为他指明方向，人对这些标志愿意怎样解释就怎样解释。他认为任何人，没有任何支持或者帮助，却逼得要随时随地发明人，即在未来中发明自己。他引用庞杰的话说："人是人的未来。"

但如果人们想怎样就怎样，那不就意味着存在这样一种情况，即我会将自己所选择的人的概念强加给人类吗？我是否可以为所欲为呢？如果这样的话，恰恰又是以一个既定的价值标准强加给他人，萨特的回答又是否定的。他正面借用了海德格尔"共在"的思想①，进行了说明。海德格尔关于"共在"的描述，并不是为了肯定这种存在方式本真地领悟到存在，而是要揭示"共在"的流俗性。而萨特从正面借用这个概念时，则表示人的存在总是同所有的人相关联。"人在为自己作出选择时，也为所有的人作出选择。因为实际上，人为了把自己造成他愿意成为的那种人而可能采取的一切行动中，没有一个行动不是同时在创造一个他认为自己应当如此的人的形象。"② 因此，当我个人自由选择时，我总是已经与他人共在，这个意义上，我对自己负责的同时也在对他人负责，但这种负责不是给他人提供一个规范价值，而是自己通过自己的责任行为，影响到他人。他援引笛卡尔"我思故我在"的原理，认为没有什么真理比得上"我思故我在"了，这是意识在它本身找到的绝对真理。但在这"思"中发现的并不仅仅是我自己，也发现了别人。"与笛卡尔的哲学相反，也与康德的哲学相反，当我们说'我思'时，我们是当着别人找到我们自己的，所以我们对于别人和对我们自己同样肯定。因此，那个直接从我思中找到自己的人，也发现所有别的人，并且发现他们是自己存在的条件。"③ 因此，个人的存在就处于同他人的互指性关系中。这个关系是一种历史性的关系，构成了人类存在的处境。

人的处境，是指一切早先就规定了人在宇宙中基本处境的限制。这

---

① 关于个人与他人的直接性证明，在费尔巴哈哲学著作中已经谈到。费尔巴哈在批判基督教关于人的类本质虚化时指出："在这里，完全缺乏客观的直观，完全没有意识到'你'是'我'的完善性所必需的，完全没有意识到只有许多人合在一起才构成了'人'"（路德维希·费尔巴哈. 费尔巴哈哲学著作选集：下卷. 荣震华，王太庆，刘磊，译. 北京：商务印书馆，1984：190）。但这种直观性受到了马克思的批评。

② 让-保罗·萨特. 萨特哲学论文集. 潘培庆，汤永宽，魏金声，等译. 合肥：安徽文艺出版社，1998：113.

③ 同②126.

种限制在不同的历史社会是不同的，人生下来可以是异教社会里的一切奴隶，也可以是一个封建贵族，也可能是一个无产阶级，这构成了人的处境的相对性。但也存在着普遍性的一面，那就是不得不劳动和死，这是所有人类都不得不面临的处境。在这个意义上，任何意图都有其普遍性的意义，任何意图都是可以理解的，因为它都表现了对处境的超越。这种处境的限制，使人的自由选择承担着责任。人的"自由存在——作为自我承担责任，作为存在选择其本质——与绝对存在之间，没有什么区别"。只要我选择，我就负有责任，在自己承担责任的同时，也使整个人类承担责任。因此，与随心所欲相反，"人发现自己处在一个有组织的处境中，他是摆脱不掉的：他的选择牵涉到整个人类，而且他没法避免选择"①。所以萨特说，存在主义的核心思想就是自由承担责任的绝对性质。

在这一立足点上，萨特对各种批判进行了回击。前此的种种批评归根结底认为存在主义是悲观的，对此萨特回答说，真正的存在主义恰恰是乐观主义。虽然存在主义描绘了人物的卑鄙、懦弱的一面，但并不将之归结为遗传或环境的影响，或者认为是由精神因素与生理因素决定的，这样一来人们就会为自己的行为找到各种外在的理由。存在主义者认为：

> 是懦夫把自己变成懦夫，是英雄把自己变成了英雄；而且这种可能性是永远存在的，即懦夫可以振作起来，不再成为懦夫，而英雄也可以不再成为英雄。要紧的是整个承担责任，而不是通过某一特殊事例或者某一行动就作为你整个承担责任。②

因此，存在主义并不是让人们观望的哲学，而是认为除了采取行动以外，就没有任何希望的哲学，所以萨特认为，他所追寻的是一种行动的和自我承担责任的伦理学，这种伦理学的基础就是自由，但这是一种负责任的自由。

3. 另一种人道主义

经过上述的讨论，萨特对传统的人道主义观点进行了批评。萨特认

---

① 让-保罗·萨特. 萨特哲学论文集. 潘培庆，汤永宽，魏金声，等译. 合肥：安徽文艺出版社，1998：129.

② 同①124-125.

为存在着两种人道主义：第一种人道主义是一种主张人本身就是目的而且是最高价值的学说。在这种人道主义中，人有着一个先验的本质，这也是西方近代以来的文化之根与哲学之石。

　　对于这个先验的本质，尼采之后的哲学都展开了深入的批判。在现象学运动中，胡塞尔看出了西方哲学的危机，力图通过现象学重建西方文化的根基。海德格尔在《存在与时间》中关于"上手状态"与"共在"的批判，并将这种理性的迷误追溯到古希腊哲学中，甚至认为，这是人类无法避免的状态。他认为，要摆脱这种状态，必须达到对存在意义的领悟，这是一种天、地、神、人四重境界的呈现，进入一种澄明之境。在20世纪30年代之后的法兰克福学派的哲学发展中，由于德国法西斯主义的兴起，对传统理性哲学的反思成为他们思考的主题。按照霍克海默等人的观点，西方的理性是技术理性，随着西方资本主义从自由竞争阶段向垄断阶段发展，一种新的经济秩序产生了，这种新秩序瓦解了传统社会的家庭，改变了社会生活方式，形成了新的经济控制。在这种统治机构中，统治集团利用了技术理性，而技术理性是对理性真正本质的背叛，人在利用这种理性控制自然的同时，实际上也就控制了人本身，控制自然与控制人的方式是一致的。这典型地表现在奥斯威辛集中营的控制与屠杀中。所以在法兰克福学派的许多思想家看来，新的文化基石必须有新的理论基础。本雅明认为，自由的实现只能是历史统一性的断裂，也就是说，新文化的基础必须与过去彻底断绝关系；阿多诺后来认为，传统的理性是一种同一性的理性，这也是一种控制理性，为了走出这种理性误区，他提出了一种非同一性的力场与星丛。虽然这些思想家的观点不乏浪漫主义精神，但对于经历过两次世界大战的人来说，特别是面对第二次世界大战的废墟，对传统理性实施批判，并力图找到一种新的文化家园，构成了当时欧洲文化的思想背景。在这个大背景下，萨特对传统人道主义的批判也体现了他对传统哲学的深层反思，并想通过自己的思考找到一条新的可能之路。

　　萨特认为，在传统人道主义理论中，人实际上是一个先验完成的人，这种决定论的思维方式，表明人在世界中恰恰是没有出路的。与此相对，他提出了另一种人道主义，这种人道主义与传统人道主义相比具有以下几个特点：第一，由于存在先于本质，"人类需要的是重新找到自己，并且理解到什么都不能使他挣脱自己，连一条证明上帝存在的正确证据也救不了他"①。因此，首要的是人本身自由的行动，这是新人道主义理论的重要规定。第二，从存在先于本质出发，人并不是一个被先验规定了的人，人也不是先验被界定的目的，我们不能把人当作一个对象来崇拜，萨特认为，这种崇拜以法西斯主义的结束而告终。人是仍旧处于生成中的人。第三，人总是处于不断超越的境界。生成的过程就是不断超越的过程，"人始终处在自身之外，人靠把自己投出并消失在自身之外而使人存在；另一方面，人是靠追求超越的目的才得以存在"。正是在超越过程中，人成为人自身。基于这些思考，萨特认为，存在主义才是真正的人道主义。它"所以是人道主义，因为我们提醒人除了他自己外，别无立法者；由于听任他怎样做，他就必须为自己作出决定；还有，由于我们指出人不能返求诸己，而必须始终在自身之外寻求一个解放（自己）的或者体现某种特殊（理想）的目标，人才能体现自己是真正的人"②。

从上面的论述可以看出，萨特关于存在主义的思考，体现了当时时代的精神状况与思想情趣。他对传统哲学的批评也有着较高的水准。他否定传统哲学中抽象的、永恒的人性，主张人处于一种共在的生成过程中，这些思考在外部形态上的确具有马克思主义哲学的特点，这促成了他后来将自己的哲学理解为一种存在主义的马克思主义。但是对传统哲学进行思想上的颠倒并不能解决问题，马克思对哲学的批判是通过对哲学赖以产生的社会生活进行批判来完成的，这是一个重要的差别。在这一点上，当后来海德格尔认为萨特的存在主义并没有达到马克思所理解的历史性维度时，海德格尔是有道理的③。因此，哲学的颠倒并不能完成文化的重建。

另外，在萨特的这篇文章中，由于他认为海德格尔是自己的同路人，激起了海德格尔的批评，写了《关于人道主义的书信》。在我看来，当海德格尔强调萨特对人道主义的讨论与他的思想有着根本的区别时，

---

① 让-保罗·萨特. 萨特哲学论文集. 潘培庆, 汤永宽, 魏金声, 等译. 合肥：安徽文艺出版社，1998：135.
② 同①134.
③ 海德格尔. 海德格尔选集：上卷. 孙周兴, 选编. 上海：生活·读书·新知三联书店，1996：383.

他是对的,因为他们讨论的问题不在一个层面上。简单地说,萨特将海德格尔的生存概念转换成了存在概念,而且对生存本身做了肯定性的描述。从海德格尔的视角看,这恰恰是站在传统哲学的立场上。值得注意的是,在海德格尔的这篇文献中,他在批评萨特时,马克思成为他的一个理论中介,这成为国内学者从海德格尔来解读马克思的一个重要理论依据。为了进一步分析新人本主义思路,我们有必要解读海德格尔的这篇文献。

第三节 存在与人的历史性生存

萨特的《存在主义是一种人道主义》很快在法国、德国传播开来。当法国学者波弗勒针对这篇文章,在给海德格尔的信中提出"以何种方式才能使人道主义一词重新获得一种意义!"① 这个问题时,海德格尔欣然写下了《关于人道主义的书信》。这是战后海德格尔发表的最早文献,阿伦特认为这也是战后海德格尔第一次重新达到原有水准的理论文献②。在文中,海德格尔对自己与萨特思想的区别进行了较为具体的论述,并通过对萨特存在主义的人道主义的批判,提出人是在历史性生存中达到对存在的领悟的。

1. 对萨特人道主义思想的批评

在上一节我们已经讨论到,萨特再次重申"存在先于本质"这个存在主义的第一原则,强调这个口号是针对哲学传统中"本质先于存在"提出来的。萨特认为,本质先于存在,这是传统哲学和宗教神学的共同思维方式,同时也是一种技术思维方式。这种思维方式的最终表现是法西斯主义的暴行。因此,面对二战后的满目疮痍,萨特通过倒转存在与本质的关系,指出了战后人们不得不面对的事实,即过去的价值都不再起作用了,我们必须在人的生存基础上,通过自由选择来创造自己的未来,重新确立生活的支点。在此基础上,萨特反驳了批评者,认为自己的哲学——存在主义才是真正的人道主义。在萨特的这个论述中,"存

---

① 吕迪格尔·萨弗兰斯基. 海德格尔传. 靳希平,译. 北京:商务印书馆,1999:475.
② 同①494.

在先于本质"与"自由行动"就成为两个重要的理论支撑点。因此，海德格尔一上来抓住的正是"行动"这个概念，并通过这个概念对萨特的存在概念进行了批评。

对于"行动"，海德格尔说："我们对行动的本质还深思熟虑得不够坚决。"这种不坚决主要在两个层面：第一，对于行动本身，人们往往从功利的角度去评价其现实性。第二，行动的本质指完成。而"完成就是：把一种东西展开出它的本质的丰富内容来，把它的本质的丰富内容带出来"。这个前提必须是，只有已经存在的东西才能谈得上完成。但一个东西存在意味着什么呢？这时就必须对"存在"进行思考。这样，首要的行动就是对"存在"之思。"思完成存在对人的本质的关系"[①]。但思并不制造此关系，而是把此关系作为存在交付给它自己的东西向"存在"供奉出来，因此，思就不是由于有作用或由于被应用才变成动作的，而当思思着时，思就行动着。在这个论述中，海德格尔从两个方面批评了萨特。首先，针对萨特关于行动的伦理性规定，海德格尔指出思本身就是行动，将行动与思分离开来，这在出发点上就是成问题的。后面海德格尔在论述伦理学时指出，正是对存在之思的遗忘，正是在技术性之思中，才出现了以伦理作为行动的外在规定。这就是说，虽然萨特想以存在先于本质来反对传统哲学中技术性思维，但其思维本身仍然没有跳出这一思考框架。其次，海德格尔批评了萨特的"存在先于本质"这个命题。由于"存在"规定着人的本质，这种本质关系由思完成，存在、本质与思就处于一种同构关系中，那么存在先于本质这个说法就不再具有特别的意义。更为重要的是，两者对"存在"的理解决然不同。海德格尔所理解的"存在"不是存在者意义上的东西，而是构成人类生存的本真规定的存在。而萨特的"存在"实际上是一种人的生存意义上的"存在"，即人在那儿这是一个无法否定的事实，这个存在是海德格尔所说的生存，而在海德格尔看来，生存本质上是由存在规定的。海德格尔认为，如果从萨特所说的"存在"出发，思就仍然停留在"技术"性的意义中，因为"思"是从存在者出发的。海德格尔认为，"思的严格处在于，说总纯粹地保持在存在的基本成分中并让说的形形色色的各

---

① 海德格尔. 海德格尔选集：上卷. 孙周兴, 选编. 上海：生活·读书·新知三联书店, 1996: 358.

度中的简单的东西贯串全局"①。

如果存在先于本质这个命题是成问题的,那么,奠基于这个命题之上的"人道主义"之说是否还有必要呢?在萨特那里,为了批驳反对者,他将自己的学说称为人道主义,而且认为只有存在主义才是真正的人道主义。海德格尔对此提出了质疑。

首先,海德格尔对"主义"究竟意味着什么进行了分析。思是对存在之思,那么构成思的基本成分的就是"思从其中出发才能成其为思的东西",这个基本成分就是能力;但思是听从存在而又属于存在的东西,思只有在存在之中,才能成其为思。当思存在时,存在已听命地主宰其本质了。因此,当思成其为本质时,这种能力的真正的本质就不仅能做出这件事或那件事,而且能让一个东西在它的来历中成其本质,也就是说让它存在。由于存在之思总是历史性地发生着,也就不可能出现超越于历史性之上的体系哲学,或者说思不可能是"主义"式的。只有当思偏离其基本成分时,才会出现像"主义"这样的名称,而这个名称正是公众需要的。"人们固然久已不信什么'主义'了。公众意见的市场总需求新的'主义'。人们又总是愿意供此需求。"② 在对"主义"的需求中,思的基本成分即"能力"被理解为与现实性相对应的可能性,"这种解释把存在解释为现实与潜能,而人们又把这种区别和存在与本质的区别等同起来"③,这是传统形而上学关于存在的解释。实际上,萨特对"存在"与思的理解,正是海德格尔所批评的上述解释模式。当思从基本成分中偏离出来,哲学就把思作为一种技术加以弥补,造成了哲学与其他学科的竞赛,"在从事于此的竞赛中哲学就公开地献身为一种……主义并力图取胜"。很显然,这里海德格尔没有点萨特的名,但实际上,他将萨特当作传统形而上学的解释者加以批评。

在此基础上,海德格尔结合萨特文章的意图,对"主义"的需求进行了更深一步的分析。萨特写这篇文章时指出,如果存在先于本质,那么过去从先在本质出发的一切学说都不能作为行动的标准,人必须在自己的行为中成为人本身。萨特这里是想以一种"个体"式的生存代替过

---

① 海德格尔. 海德格尔选集:上卷. 孙周兴, 选编. 上海:生活·读书·新知三联书店, 1996:360.
② 同①361.
③ 同①361-362.

去由先验本质"克隆"出来的公众生存。对此，海德格尔进一步指出，当萨特将这种生存当作一种存在主义方式时，像"主义"这样的名称，其"统治地位是来自独特的公众的专政，而尤其在新时代是如此"①。这就是说，萨特的本意是想逃出公众之役，但由于这种逃避只是一种否定，这种抽象的否定只能靠从公众事物中抽身回来养活自身，因此，萨特的私人生存就违反了自己的意愿而确证了为公众之役的情况。这种理解方式，是传统形而上学从存在者与对象着眼的必然。在对象化过程中，思成为达到对象的工具，语言也成为工具，"把一切事物对象化的情形就是一切事物对一切人都是在忽视任何界限的情况下同形式地可接近"②。这时，一切人的意见就非常重要，公众的专政就在所难免。在传统形而上学基础上谈人道主义，这就是一种新的公众之役。不能不说这是一种深刻的洞察。

就学理而言，海德格尔的思考无疑是深刻的。但这里的深层问题是，海德格尔与萨特的努力形成了对比：萨特想将人的自由与历史的限制结合起来，这倒具有现实的意义；而从对存在之思出发时，对人类历史内在分析就不再重要了，海德关于人性的思考，倒是真的陷入了一种存在的想象中，这在下面关于人道主义的讨论中表现得较为明显。

2. 传统人道主义：一种形而上学的规定

人道主义最早表现为罗马的人道主义。罗马人道主义的核心是教化观念，即以古希腊人的文化来提高罗马人的道德，并与野蛮人相对立。罗马的人道主义后来影响到14至15世纪意大利的文艺复兴，这些人文主义者也认为中世纪的经院哲学是野蛮且不合人性的，必须重新回到古代伟大文化中。教化的人道主义构成了传统人道主义的典型形态，而在教化中，都先验地设定了人的本质，这个先验本质的极端表现，存在于费尔巴哈批评的基督教与思辨哲学中，即先验本质成为人之外的一个对象，一个新的存在者。所以，海德格尔认为，自罗马以来直到现代成长起来的一切传统人道主义，虽然在对人性的具体内容的理解上大不相同，但它们在下面一点上是一致的："人道的人的人性或人道，总是从

---

① 海德格尔. 海德格尔选集：上卷. 孙周兴, 选编. 上海：生活·读书·新知三联书店, 1996: 362.

② 同①.

一种已经确定了的对自然、对历史、对世界、对世界根据,也就是说对存在者的讲法的角度来规定的"①。对存在的真理不加以追问,而以存在者的定义作为前提,这种对人的本质的规定是形而上学的。因此,传统的人道主义总是一种形而上学。这种人道主义不仅不追问存在对人的本质的关系,而且还阻止这种追问。"因而形而上学也从来不问人的本质是以什么方式属于存在的真理。"这样理解的人,实际上是一种生物的人,"人们在原则上总是想着生物的人,即使生命力被假定为精神或思而精神或思以后又被假定为主体、为人格、为精神,仍然是想着生物的人"②。海德格尔这里揭示了传统人道主义以先验本质界定人的思维过程,由于把人当作生物的人,当作一个用技术把握的生命对象,才会出现用不朽的灵魂或用理性能力或用人格装备起来的办法加以补救。在这些做法中,人的生命被忽略了,而且就是根据于此种形而上学的计划而被忽略的。这里的批判与萨特的批判倒有点相似,但很快海德格尔就显示出与萨特不同。

海德格尔认为,当萨特把人道主义理解为努力使人为自己的人性或人道而成为自由的以及在自己的人性或人道中发现自己的尊严时,那么人道主义就随着人们对"自由"和人的"自由本性"的看法之不同而不同。虽然无须回到古代传统,萨特甚至认为自己的存在主义是对传统的颠覆,但这种人道主义在总体上并没有超越传统形而上学,因为萨特的出发点仍然是生物体的存在,他仍然是从存在者角度来提出问题的。海德格尔认为,这种人道主义照样不能达到对人性的真正理解。

那么人的本质何在?与传统形而上学相比,新的追问方式是怎样的?海德格尔指出,对人的本性的理解必须从存在着眼,即人在人的本质中被存在要求着,而人只有在这种人的本质中才成其为本质。人只有从此种要求中才能发现他的本质是居于何处,只有人才适于以这种方式去存在。如此领会的生存不仅是理性的可能性的根据,而且这种生存就是人的本质在其中保持其规定的来源的东西。人的生存是就人的本质而言的,在这个意义上,将存在与本质区别开来,是海德格尔所要反对的,而这正是萨特的前提。生存只有就人而言才说得上,同样,只有就

---

① 海德格尔. 海德格尔选集:上卷. 孙周兴,选编. 上海:生活·读书·新知三联书店,1996:366.
② 同①368.

人的"存在"方式才能说得上生存。因此"人是命定要思他的存在的本质而不仅是报告关于他的情状与活动的自然故事与历史故事的"①。人的生存与流传下来的 existentia（存在）有别，这个 existentia 指现实性，与可能性相对，而传统形而上学正是在这个意义上理解人的生存的。萨特也是如此。而在海德格尔看来，人是在"此"中在，也就是说，人是在存在的澄明中成其本质的。只有这个此在，才有生存的基本特质，才有"出窍"地立于存在的真理之中的基本特质。人的"出窍"的本质在于生存，而此生存与形而上学地设想的存在（existentia）有别。

> 生存在内容方面的意思站出来站到存在的真理中去。反之，existentia 的意思是现实性，和作为理念的单纯的可能性有别。生存是称呼人在真理的天命中所是的东西的规定的。existentia 仍然是一种东西在自己的理念中出现的时候所是的东西的实现了的情况的名称。"人生存"这句话并不是人是否现实地存在这一问题的解答，而是追究人的"本质"的问题的解答。②

因此，人的本质就既不是由现实性来规定，也不是由潜能性来规定，而是由此在的出窍状态来规定的。在这种出窍状态中，人接受"此"在，把"此"在作为存在的澄明而投入"烦"中，在其被抛中达到其本质。因此，生存并不促成设定本质的东西。所以当萨特说"存在先于本质"时，他是从生存促成本质着眼的，海德格尔认为，萨特正是在传统形而上学意义上来讲现实与可能性的，但他把传统形而上学的命题倒转过来了。"但是把一个形而上学的命题倒转过来仍然还是一个形而上学的命题。作为这个命题，它就和形而上学一起固执于对存在的真理的遗忘之中。"③ 对存在真理的遗忘，使萨特的人道主义的规定并没有真正达到人的本真的尊严。从这种意义上说，

> 《存在与时间》中的思就是反对人道主义的。但此所谓反对的意思并不是说，《存在与时间》中的思投到人道的东西的反对方面

---

① 海德格尔. 海德格尔选集：上卷. 孙周兴, 选编. 上海：生活·读书·新知三联书店, 1996：368.
② 同①371.
③ 同①372.

第二章 主体与人

去了而赞成非人道的东西了，维护非人道了且贬低人的尊严了。那思反人道主义，是因为那人道主义把人的人道放得不够高。当然人的本质主权决不在于：人是存在者的实体，作为存在者的"主体"，以便作为存在的掌权者让存在者的存在着的存在在被称誉得已经太喧嚣了的"客观性"中化为乌有。①

由此出发，海德格尔认为必须从存在的澄明中，才能真正地理解人性。但这里的问题是，存在的澄明又是如何能够达到？在《存在与时间》中，海德格尔力图从此在的生存论中达到对存在的领悟，但在书的结尾处，海德格尔意识到这条思路并不能继续下去，因为如果上手状态与沉沦本身奠基于人原初面对太阳时的时间规定，那么存在的遗忘就是无法避免的，这是存在的天命。从此在出发无法达到对存在的领悟，这使得海德格尔后来的思路发生了转变，即直接从存在入手。当海德格尔从存在的澄明中把握人之人性时，就必须说明存在何以对人的生存发生作用。

3. 存在与人的历史性生存的关系

存在对生存是什么关系呢？海德格尔认为，存在就是澄明，由于澄明的被遮蔽才赋予传统形而上学以面貌，在形而上学的思考中，人才会从存在者、从自身之外来理解人本身，在《存在与时间》中海德格尔将之理解为"在世界之中"与"共在"，这正是对存在的遗忘。人要重新达到对存在的理解，就必须重新回到自身之中，只有回到自身，才处于与存在的关系中。因此，存在与人之间是一种本己的关系，在历史性中相互映照。

只消存在把在生存状态的本质，也就是出窍状态的本质中的生存把持在自己身上并聚集到自身上来作为在存在者之中的存在的真理的处所，那么存在本身就是关系。因为人作为生存着的人来到这个关系中停留，而存在就作为这个关系打发自身，同时人就出窍地承受这个存在，也就是烦着来承受这个存在，所以人暂时忽略了最近的东西而把自身执着于次近的东西之上。②

---

① 海德格尔. 海德格尔选集：上卷. 孙周兴, 选编. 上海：生活·读书·新知三联书店, 1996：374.

② 同①376.

但这种本己的关系，总是历史性的，或者说存在对人的生存规定总是历史地发生着的。对人的这一理解是思的主要任务，但思是此在之思，当存在的天命在历史上重要的思想家笔下形诸语言时，思到存在的真理中去的思是有历史性的，因此，没有一种"系统的"思，也没有一种过去的各种意见的历史来为这种系统的思作图说，更没有像黑格尔所认为的可以把思的规律看作历史的规律，而同时又将历史消失在这个体系中的这样一种只是体系的东西。想得更原始一些，却有存在的历史，而思就是要思这一历史，由历史中产生的思归属于这个历史之中，这意味着此在与思都处于历史性境域中。此在的历史性生存与思的历史性规定，并不能以传统形而上学的方式表现出来。这种形而上学抓住的是存在者，而不是存在，无法实现此在在历史性的生存中去理解和把握存在。

在海德格尔关于思的这一理解中，倒与马克思在《形态》中的理解有一些接近的地方。马克思认为，首先存在的是社会历史，但这个历史并不是历史编纂学家所说的思维的历史，而是由工业商业所创造的历史，在历史中才有从历史中发生并归属于历史的意识，一定的历史阶段才有历史性的意识。也只有在历史性的规定中，马克思认为才能去具体理解人的现实规定性。因此，"现实的人"是一种历史性生存的人，而不是先验界定的人。马克思的这一理解，是对传统哲学的颠倒，但这种颠倒与萨特不同，不是通过对"存在"与"本质"的主宾颠倒的方式，而是在社会生活中实现了哲学的颠倒，在对生活的批判中完成了对哲学的批判。这时，过去的哲学就不是一种思维的结果，而是由当时的社会历史生活规定的，它也不是"不真的"哲学，而是"颠倒"地反映了当时历史的历史哲学。因此，对于传统的人道主义，简单的拒绝是不行的，它的真理只能原始地复归于存在之中。萨特对传统人道主义的拒斥不能真正地回到历史性之思中。人的生存的历史性，决定了对思极为重要的事情就是要体会此在的历史性。

怎样达到这种历史性，海德格尔从两个角度展开。首先，存在在出窍的谋划中对人恬然澄明。"存在的澄明维持着通存在的近处。人作为生存着的人就居住在这近处中，在'此'的澄明中，而人在今天却并不是已经能特别体会并承担此种居住了。"① 这种澄明之境成为人的历史

---

① 海德格尔. 海德格尔选集：上卷. 孙周兴, 选编. 上海：生活·读书·新知三联书店，1996：381.

性生存经验的参照。这里，海德格尔无疑具有浪漫的情结。正是这个澄明之境，映现出处于存在经验的遗忘中的生活中的人，领会历史性生存的第二个方面就是领会这种生活。存在经验的遗忘，使人处于无家可归状态，这种状态正是我们生存时代的特征。对这种无家可归状态的深刻把握，海德格尔认为体现在尼采的"虚无主义"中。但尼采的解决方法是将造成这种状态的传统形而上学倒转过来，通过重新设定价值超越现时的生存方式。海德格尔认为这是行不通的。这也意味着萨特的倒转同样也解决不了问题。

正是在这里，海德格尔又回到对马克思的讨论。对存在的遗忘使人变得无家可归。

> 无家可归状态变成了世界命运。因此有必要从存在的历史的意义上去思此天命。马克思在基本而重要的意义上从黑格尔那里作为人的异化来认识到的东西，和它的根子一起又复归为新时代的人的无家可归状态了。这种无家可归状态是从存在的天命中在形而上学的形态中产生，靠形而上学巩固起来，同时又被形而上学作为无家可归状态掩盖起来。因为马克思在体会到异化的时候深入到历史的本质性一度中去了，所以马克思主义关于历史的观点比其余的历史学优越。但因为胡塞尔没有，据我看来萨特也没有在存在中认识到历史事物的本质性，所以现象学没有、存在主义也没有达到这样的一度中，在此一度中才有可能有资格和马克思主义交谈。①

在这里，海德格尔关于马克思的评价是非常高的，这也造成了许多国内学者从海德格尔来解释马克思的重要原因。但我们更应看到，海德格尔对马克思的理解恰恰是成问题的。在海德格尔的这个评论中，他关注的是马克思异化批判理论，其理论立点是《手稿》，因为在这篇文章中，马克思关于异化与历史的讨论才同海德格尔的理解具有较大的相同性。而在这篇文章中，马克思对人的理解恰恰是以价值悬设为前提的，这个前提设想了一个理想状态，这个设定与海德格尔关于存在的澄明具有相似性。当海德格尔这样来理解马克思时，他就很难面对变革之后马克思的哲学思考。这造成了国内一些学者从海德格尔出发理解马克思

---

① 海德格尔. 海德格尔选集: 上卷. 孙周兴, 选编. 上海: 生活·读书·新知三联书店, 1996: 383.

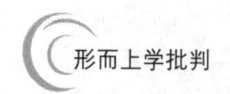

时，只能从《手稿》出发的局面。而且这里还有一个更深的问题是，虽然海德格尔认为马克思关于历史性的思考是深刻的，但他仍然把马克思当作传统形而上学的最后代表加以批评，在他看来，马克思从社会关系中来理解人的本质，而这种社会关系恰恰是人在遗忘了存在之后建构的世界。如果我们将《存在与时间》同《形态》加以比较，可以看到，海德格尔从深层上是反对旧哲学从上手状态（包括马克思）来建构世界的，他认为，这种理解方式仍然是一种技术性思维。这在下面关于唯物主义的讨论中非常明显：

> 唯物主义的本质不在于一切只是素材这一主张中，而是在于一种形而上学的规定中，按照此规定讲来一切存在者都显现为劳动的材料。劳动的新时代的形而上学的本质在黑格尔的《精神现象学》中已预先被思为无条件的制造之自己安排自己的过程，这就是通过作为主观性来体会的人来把现实的东西对象化的过程。唯物主义的本质隐藏在技术的本质中；关于技术，固然写出很多东西，但却被思得很少。技术在其本质中实为一种付诸遗忘的存在的真理之存在的历史的天命。①

海德格尔与马克思的这一差别，是我们需要注意的。

海德格尔认为，意识到这种无家可归状态，存在的历史的思才会看出人的未来的天命就在于人要找到存在的真理，而且要走在找到存在的真理的路上去。只有在这时，人才能意识到人在其存在的历史的本质中就是这样一个存在者，这个存在者的存在作为生存的情况是：这个存在居住在存在的近处。人是存在的邻居。因此，海德格尔认为如果用一个词称谓的话，这种对人性的思才可冠为人道主义，但在这种人道主义中，不是人，而是人的历史性的本质在其出自存在的真理的出身中演这场戏。这个理解与萨特当然不同。在这个基础上，海德格尔对人道主义进行了新的解释。他认为传统人道主义无法达到对存在真理的追问，但并不是说这个词本身没有意义，这个词只有在其历史性中才有存在意义。因此，

> 这个词中的"人道"是指人道，指人的本质。"主义"是指人

---

① 海德格尔. 海德格尔选集：上卷. 孙周兴, 选编. 上海：生活·读书·新知三联书店, 1996：384.

的本质要被认为是主要的。"人道主义"这个词作为词是有此种意义的。回复它的意义，这意思只能是：再规定这个词的意义。这首先要求更原始地体会人的本质；其次却要求指出这个本质在怎样的情形之下以它的方式变成命定的。人的本质基于生存。事情主要在于此生存，这就是说，从存在本身来生存，而此时存在就在作为生存着的人的人们中为看护存在的真理而实现到存在的真理本身中去。假若我们决心坚持"人道主义"这个词的话，那么现在"人道主义"的意思就是：人的本质是为存在的真理而有重要意义的，所以，事情因此恰恰不是视仅仅是人的人而定。①

因此，真正的人道主义必须从对存在之思中领会人的历史性生存，而不是从对象之思中来把握人的本质规定，这是旧哲学同萨特哲学的共同特征，正是对存在本质的遗忘，哲学才会沉沦到实证主义中，才会出现伦理学的补救，才会出现旧的人道主义，萨特仍然没有摆脱这条出路。也只有在这时，才会出现有神论与无神论的争论。这种观点，实际上还是建立在对象的基础上，认为反对一个对象，就是否定这个对象。海德格尔反对的是把存在者主观化为单纯对象，而要把存在的真理的澄明带到思的面前，似乎就意味着反对上帝。当海德格尔把"在世"作为生存的规定时，

> 在"在世"这个名称中的"世"却绝不意味着尘世的存在者以别于天国的存在者，也不意味着"世俗的东西"以别于"教会的东西"。"世"在"在世"这个规定中的意思根本不是一个存在者，也不是一个存在者的范围，而是存在的敞开状态。只要人是生存着的人的话，人就存在而且就是人。这个人站到存在的敞开状态中去，而存在就作为此种敞开状态自己存在，这个存在又作为抛已为自己把人的本质抛到"烦"中去了。人就这样子被抛而处"在"存在的敞开状态中。"世"就是存在的澄明，人就是从其被抛的本质来处于其中。"在世"指称展望着恬然澄明的度时的生存的本质，而生存就从此度来成其本质。从生存方面想过来，"世"就以一定的方式在生存的范围之内而且就生存说来恰恰是彼岸的东西。人从来没

---

① 海德格尔. 海德格尔选集：上卷. 孙周兴, 选编. 上海：生活·读书·新知三联书店, 1996：388.

有首先在世界的此岸是人而作为一个"主体",无论这个主体是被认为"我"也罢或者作为"我们"也罢。这个人也从来没有才是而且只是主体,这个主体固然总是同时也和客体有关系,但这个人从来没有才是而且只是其本质寄于主客体关系中的这样的主体。人倒是先行于在其本质中生存到存在的敞开状态中去,而这样敞开的东西才照明了这个"之间",在此"之间"中主对客的"关系"才能"存在"。①

在这里,并没有决定任何关于上帝存在或不存在的东西,如果从这里看出他是一个无神论者,海德格尔认为这恰恰陷入了形而上学人道主义的思维方式。在这个意义上,海德格尔的人道主义就不能是伦理学的,就像萨特强调其存在主义是一种负责任的伦理学一样。他关于人的思考,关于人道主义的理解,总是从存在出发对人的历史性生存的领悟,海德格尔认为这是他区别于旧哲学的根本所在。

从上面的论述中我们可以看出,海德格尔认为萨特误解了他的哲学,因为萨特的基础仍然是传统形而上学,而他的立足点则是对传统形而上学的解构,并为之奠定深层的基础。但海德格尔关于人的思考,却是一种浪漫主义的,他将人的解放置于对存在的领悟中,这是一种美学上的解放,而且与萨特相比,海德格尔的思想更乏现实性,它将人的沉沦植根于文明初始,这实际上反而否定了人类解放的可能,可以说他是在审美之境中,获得了心理的宁静。在这点上,海德格尔与马克思存在着根本的差别。马克思关于人的思考,恰恰奠基于现实可能性上,这也是马克思扬弃早期人本主义的重要基础。在这个意义上可以说,简单地以海德格尔来解说马克思是行不通的。对于海德格尔的这篇文献,阿伦特的评论倒是值得关注。阿伦特认为,这篇文章是一种思想的愚蠢,因为将问题追踪到古代社会是无济于事的。阿伦特特别强调的是:"在海德格尔那里,那些认为人并非神的人,那些与自己同类生活在世界中的所有类型的人,都显得是些'垃圾'。因此在海德格尔看来,他们缺少做人的条件。"② 谁否定了常人生活的世界,谁就放弃了人之为人的基础,关于人的理解也就成为一种空话。实际上,这是一种新的人学形而

---

① 海德格尔. 海德格尔选集: 上卷. 孙周兴, 选编. 上海: 生活·读书·新知三联书店, 1996: 392-393.
② 吕迪格尔·萨弗兰斯基. 海德格尔传. 靳希平, 译. 北京: 商务印书馆, 1999: 496.

上学，而这种人学形而上学是海德格尔的理论必然。

第四节 青年马克思人学现象学的哲学建构

从西方关于人的思想的分析中可以看出，古典人本主义更倾向于从类的视角来反思人的本质及价值，强调人的主体性在社会历史中的地位和作用。而进入新人本主义之后，这种趋向于类的人的本质与价值的观念，受到了批评，更为关注个体的存在与生命的体验。从马克思的思想发展来看，他对人的思想的讨论有着类似的逻辑转折，在马克思关于人的论述中，其早期思想与实现哲学变革之后关于人的思想的论述存在着逻辑上的区别。以《手稿》为代表的早期马克思，以费尔巴哈与黑格尔哲学为基础，以人本异化史观进一步发展了古典人本主义，在这种人本主义受到施蒂纳的批判之后，马克思哲学变革后关于"现实的个人"的讨论，已经转向了对人的历史性分析，这种分析是对古典人本主义的变革，但又不同于存在论人学的分析。澄清马克思关于人的分析中的思想差异，对于我们面对古典人本主义与新人本主义，是非常重要的逻辑界划。

《手稿》中，经过卢格的政治异化论、赫斯的经济异化论的中介，马克思将费尔巴哈的人本主义发展为以异化劳动为核心的人本异化史观，这种异化史观虽然在表层上是费尔巴哈的人本学，但在理论的深层逻辑上恰恰是黑格尔的《精神现象学》，建构的是一种人学现象学。这种人学现象学的思想构成了国内 1980 年代人道主义与异化问题讨论的思想基础，也是一些学者从存在论或生存论视角重新解读马克思关于人的论述的思想基础。但从思想史的逻辑来看，这种古典人本主义的人学现象学，并不能直接实现与新人本主义的存在论人学相对接。这是我们在面对早期马克思人学现象学时需要加以区分的前提。

1. 费尔巴哈的自然人本主义及其对青年马克思的影响

在《神圣家族》中，马克思指出："在黑格尔的体系中有三个要素：**斯宾诺莎的实体，费希特的自我意识**以及前两个要素在黑格尔那里的必然充满矛盾的**统一**，即**绝对精神**。第一个要素是形而上学地改了装的、同人**分离**的**自然**。第二个要素是形而上学地改了装的、同自然分离的**精神**。第三个要素是形而上学地改了装的以上两个要素的**统一，即现实的人和现实的人类**。"① 当然，这个现实的人类是经过费尔巴哈对黑格尔哲学的批判呈现出来的。马克思在接受费尔巴哈哲学之后，便以费尔巴哈的人本异化理论批判德国现实，这是马克思《德法年鉴》时期哲学思考的主要内容。但在进行经济学研究之后，马克思才真正意识到，费尔巴哈的人本学在理论深层上恰好是以黑格尔哲学为基础的。基于这一认识，在《手稿》中马克思实现了人本学同黑格尔哲学的结合，并以古典经济学的劳动理论为中介，创立了自己的人学现象学批判理论。

青年马克思人学现象学的创立，是以费尔巴哈的自然人本主义为理论基础的。费尔巴哈的自然人本主义，是以自然唯物主义与人本学对黑格尔哲学的颠倒。要理解马克思的人学现象学，先要理解费尔巴哈是怎样批判与颠倒黑格尔哲学的。

费尔巴哈认为，黑格尔的思辨哲学是神学，"**神学**的秘密是**人类学**，**思辨哲学**的秘密则是**神学——思辨神学**"②。这种神学是从斯宾诺莎开始，经过谢林的复兴，在黑格尔哲学中得以完成的。这种思辨神学与普通神学有什么不同呢？"**思辨神学与普通神学的不同之点，就在于它将普通神学由于畏惧和无知而远远放到彼岸世界的神圣实体移置到此岸世界中来，就是说：将它现实化了，确定化了，实在化了。**"③ 为什么将黑格尔哲学定义为一种神学？费尔巴哈认为："神学的本质是**超越**的、被排除于人之外的人的本质。黑格尔逻辑的本质是**超越**的思维，是**被看成在人以外的人的思维**。"④ 因此，

> 黑格尔的逻辑学，是**理性**化和**现代**化了的神学，是化为**逻辑学**的神学。**神学的神圣实体是一切实在性**，亦即一切规定性、一切有限性的**理想总体或抽象总体，逻辑学也是如此**。世界上的一切事物可以在神学的天国里再现，**自然中的一切事物也可以在神圣的逻辑学的天国里再现**：例如质，量，度量，本质，化学作用，机械精

---

① 马克思，恩格斯. 马克思恩格斯文集：第1卷. 北京：人民出版社，2009：341-342.
② 费尔巴哈. 费尔巴哈哲学著作选集：上卷. 荣震华，李金山，等译. 北京：商务印书馆，1984：101.
③ 同②.
④ 同②103.

造，有机体。在神学中，我们对一切事物都是作**二次**考察，一次是抽象的，另一次是具体的。在黑格尔哲学中，对一切事物也是作**二次**考察：先作为逻辑学的对象，然后又作为自然哲学和精神哲学的对象。①

既然黑格尔哲学是一种思辨神学，对神学的批判就必然以批判黑格尔哲学为前提。在这里，费尔巴哈实际上是对青年黑格尔运动提出了反思。由于德国落后，德国的政治问题首先都是从宗教中表现出来，正是这一原因，对宗教的批判，构成青年黑格尔运动的主题，从施特劳斯到鲍威尔都是从黑格尔哲学中的"实体"或"自我意识"出发的，他们都没有反思黑格尔哲学与神学的深层逻辑关联，而这是由费尔巴哈首先提出来的，也只有在这时，才可能出现对黑格尔哲学进行一种有意识的全面的批判改造。"**黑格尔哲学是神学最后的避难所和最后的理性支柱。**正如旧教神学家为了与新教作斗争，曾经事实上成为亚里士多德派一样，现在新教神学为了与'无神论'作斗争，依理也必须成为**黑格尔派。**"② 这种神学，以表象和思想之间的矛盾为借口，把对基督教的否定掩盖起来，也就是说，通过黑格尔哲学，所有现实的存在都可以获得神学的证明，因为从宗教的观点来看，上帝，就是人世君主政体的父亲、主宰者、天神、捍卫者、保护人、当权者和统治者。而现实幸福的生活也只能在神学的天国中。也就是说，如果不从整体上批判黑格尔哲学，青年黑格尔对现实政治的批判都无法落到实处。因为"**谁没有扬弃黑格尔哲学，谁就不扬弃神学**"③。

怎样才能从整体上批判黑格尔哲学呢？在费尔巴哈的理论思考中，这主要体现为两个方面：自然唯物主义与人本学，在方法论上，这主要是通过主宾颠倒的方法实现的。"**一般思辨哲学**的改革宗教的批判方法，与**宗教哲学**曾经应用过的方法并没有什么不同。我们只要经常将**宾词**当作**主词**，将**主体**当作**客体**和**原则**，就是说，只要将思辨哲学颠倒过来，就能得到毫无掩饰的、纯粹的、显明的真理。"④ 在黑格尔哲学中，主

---

① 费尔巴哈. 费尔巴哈哲学著作选集：上卷. 荣震华，李金山，等译. 北京：商务印书馆，1984：103.
② 同①115.
③ 同①114.
④ 同①102.

体是存在，存在是思维，而黑格尔哲学中的宾词指称的恰好是费尔巴哈认为的现实的真正的存在：自然与人。将黑格尔哲学中主词与宾词颠倒，这就是要将自然与人作为真正的哲学研究对象，而这两个对象在黑格尔哲学中，恰好是思维在现实中的异化存在，这个异化存在是非真实的，最终是要回到精神本身。所以费尔巴哈大声疾呼："观察自然，观察人吧！在这里你们可以看到哲学的秘密。"① 这种研究自然、研究人的哲学是新哲学。在旧哲学家那里，只有理性的东西才是真实的、实在的；而在新哲学家那里，只有人性的东西才是真实的，人不仅是一切的尺度，而且人还是思想和存在的统一，只有在将人理解为这个统一的基础和主体时，才有意义，才有真理。以唯物主义的颠倒方法，费尔巴哈通过批判人的异化恢复了人的地位。

经过《黑格尔法哲学批判》，费尔巴哈的人本主义成为马克思批判黑格尔哲学的基础，这种影响直接关涉到了马克思对经济学研究的态度。从费尔巴哈人本主义出发的哲学批判，与西斯蒙第的人本主义经济学批判具有理论的同质性；赫斯对金钱异化的人本主义批判，进一步影响到马克思的理论态度。这是马克思进入《手稿》的重要语境。

在《手稿》中，马克思加入了对黑格尔哲学的批判。这个批判可以分为两大部分，第一部分是对费尔巴哈哲学人本学的理论认证与逻辑提升，并通过对青年黑格尔派批判方法的反思，实现了从费尔巴哈的人本主义到人学现象学的递升，这是异化劳动理论中展现出来的内容。第二部分是马克思自己的人学现象学的逻辑建构。通过这两个环节，马克思实现了对自己写作方法的哲学说明，即一种不同于青年黑格尔派与费尔巴哈的人学现象学。

文章伊始，马克思就指出了写作这一部分的意图：对青年黑格尔派的批判运动同黑格尔的关系做一些说明。在这个说明中，马克思主要涉及三个问题：第一是青年黑格尔派的批判理论与黑格尔哲学的内在关系；第二是费尔巴哈人本学与黑格尔哲学的关系；第三是从费尔巴哈出发，马克思对黑格尔哲学的再思考。正是通过这三个问题，马克思实现了从费尔巴哈人本学出发对黑格尔哲学的批判，这是马克思人学现象学的理论前提。

---

① 费尔巴哈.费尔巴哈哲学著作选集：上卷.荣震华，李金山，等译.北京：商务印书馆，1984：115.

对于青年黑格尔派，马克思认为它们尽管在批判黑格尔哲学，但实际上并没有超越黑格尔哲学的问题域。"现代德国的批判着意研究旧世界的内容，而且批判的发展完全拘泥于所批判的材料，以致对批判的方法采取完全非批判的态度，同时，对于我们如何对待黑格尔的**辩证法这一表面上看来是形式的**问题，而实际上是**本质的**问题，则完全缺乏认识。"① 正因为青年黑格尔派对自己与黑格尔哲学的关系缺乏认识，所以它们的批判并没有超越黑格尔哲学的理论前提，这是造成他们在批判中逐字逐句重述黑格尔的观点的原因。对此的反思，马克思旨在说明，新的批判方法必须是以对黑格尔哲学的前提改造才是可能的。但与在《黑格尔法哲学批判》中不同的是，马克思这一次的重点实现了转移，即在自然唯物主义的基础上，以费尔巴哈的人本学作为改造黑格尔哲学的工具。

马克思对费尔巴哈批判黑格尔的方法给予了很高的评介。"**费尔巴哈**是惟一对黑格尔辩证法采取**严肃的、批判的**态度的人；只有他在这个领域内作出了真正的发现，总之，他真正克服了旧哲学。"马克思认为只有费尔巴哈从根本上跳出了黑格尔哲学，因此必须从费尔巴哈出发对黑格尔哲学进行批判。那么费尔巴哈在哪些方面为批判黑格尔哲学奠定了基础呢？马克思认为费尔巴哈的伟大功绩在于：

"（1）证明了哲学不过是变成思想的并且通过思维加以阐明的宗教，不过是人的本质的异化的另一种形式和存在方式；因此哲学同样应当受到谴责"。在这里，马克思不是从颠倒的角度来理解费尔巴哈对黑格尔哲学的批判，而是从"异化"的角度说明费尔巴哈的批判，即黑格尔哲学是一种人的本质的异化的存在方式，因此，对黑格尔哲学的批判，就是一种异化的扬弃的过程。

如果黑格尔哲学是一种人的本质的异化的存在方式，那么人的本真的存在方式又是什么呢？这就是费尔巴哈的第二个伟大功绩所在：
"（2）创立了**真正的唯物主义**和**实在的科学**，因为费尔巴哈也使'人与人之间的'社会关系成了理论的基本原则"②。在这里，马克思说明了改造黑格尔哲学的基础人与人之间的社会关系，对黑格尔哲学的批判只有置于人与人之间的社会关系基础上才是可能的。

---

① 马克思，恩格斯. 马克思恩格斯全集：第3卷. 北京：人民出版社，2002：312.
② 同①314.

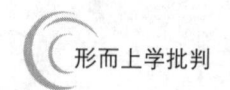

"(3) 他把基于自身并且积极地以自身为根据的肯定的东西同自称是绝对肯定的东西的那个否定的否定对立起来。"① 在这点中，马克思进一步说明从人与人之间的社会关系基础上改造黑格尔哲学的合理性。在黑格尔哲学中，作为否定之否定的东西是绝对观念，而在费尔巴哈哲学中，作为自身基础的肯定的东西是自然，这是哲学的基础，这才是真实的东西。把第二点与第三点联系起来，也就是说从人与人之间的关系出发才是改造黑格尔哲学的基础。

从人出发改造黑格尔哲学的重心何在呢？马克思在这里对自己的理论指向做了一个说明："我们既要说明这一运动在黑格尔那里所采取的抽象形式，也要说明这一运动在黑格尔那里同现代的批判即同费尔巴哈的《基督教的本质》一书所描述的同一过程的区别；或者更正确些说，要说明这一在黑格尔那里还是非批判的运动所具有的**批判的**形式。"② 可见，马克思并不是完全回到费尔巴哈，他是要经过费尔巴哈的人本学实现对黑格尔哲学中批判性思想的再现。马克思意识到，青年黑格尔派的批判，是从黑格尔哲学中一个观点出发直接回到现实，这个批判同黑格尔从现实批判地回到理性是一个不同的过程；黑格尔的这一批判与费尔巴哈的批判又有区别，费尔巴哈是从感性直观的现实世界出发的，他的批判是从人的颠倒的虚假本质向人的真正本质的回归，而黑格尔的批判则认为现象世界具有虚假性。但如果能够实现费尔巴哈与黑格尔的结合，既宣称现象世界的虚假性，又认为这一虚假现象必须向人的本质回归，这种新的批判就同过去所有的批判形式区别开来，这就是马克思自己的批判哲学。结合下面对《精神现象学》的讨论，马克思就是要在人本学基础上重现《精神现象学》中的批判精神，而要将其中的非批判性精神加以扬弃，这种新的批判就是马克思的人学现象学。

2. 青年马克思建构人学现象学批判理论

在接下来的第二部分，马克思结合《精神现象学》的具体内容，具体建构了自己的人学现象学批判理论。这个建构是通过以下几个环节完成的：

第一，将黑格尔的精神异化置换为人的本质的异化。马克思在全面

---

① 马克思，恩格斯. 马克思恩格斯全集：第3卷. 北京：人民出版社，2002：315.
② 同①316.

简要地论述了黑格尔《精神现象学》的内在逻辑后指出,黑格尔哲学有双重错误:一是黑格尔的异化只是意识的异化,这样现实的真实的异化存在就变成了思想形式的异化。"例如,当他把财富、国家权力等等看成同**人**的本质相异化的本质时,这只是就它们的思想形式而言……它们是思想本质,因而只是**纯粹的**即抽象的哲学思维的异化。"这种思维形式的异化,决定了黑格尔扬弃异化的方式的思辨性,"在这里,不是人的本质**以非人的方式**同自身对立的**对象化**,而是人的本质**以不同于抽象思维的方式并且同抽象思维对立的对象化**,被当作异化的被设定的和应该扬弃的本质"。在此基础上,马克思进一步指出,黑格尔的第二个错误是,如果将异化理解为意识的异化,那么异化的回归就是意识的回归,这实际上也就无法真正地扬弃现实存在的异化。这种理解就极大地遮蔽了《精神现象学》内有的批判力,"黑格尔晚期著作的那种非批判的实证主义和同样非批判的唯心主义……已经以一种潜在的方式,作为萌芽、潜能和秘密存在着了"①。

在指出了黑格尔哲学中的问题之后,马克思正面论述了自己的观点。即

> 要求把对象世界归还给人——例如,有这样一种认识:**感性**意识不是**抽象的**感性意识,而是**人的**感性意识;宗教、财富等等不过是**人的**对象化的异化了的现实,是客体化了的**人的**本质力量的异化了的现实;因此,宗教、财富等等不过是通向真正**人的**现实的**道路**,——这种对人的本质力量的占有或对这一过程的理解,在黑格尔那里是这样表现的:**感性**、**宗教**、国家权力等等是**精神的**本质,因为只有**精神**才是人的**真正的**本质,而精神的真正的形式则是思维着的精神,逻辑的、思辨的精神。自然界的**人性**和历史所创造的自然界——人的产品——的**人性**,就表现在它们是抽象精神的**产品**,因此,在这个限度内,它们是**精神的**环节即**思想本质**。②

在这一段论述中,马克思实际上是以费尔巴哈的人本学批判解读了黑格尔哲学。黑格尔讲的是精神异化过程,而在费尔巴哈看来,这个精神恰恰是人的精神,因此精神的异化实际上是人的异化,联系到刚才讨论的

---

① 马克思,恩格斯. 马克思恩格斯全集:第3卷. 北京:人民出版社,2002:318.
② 同①318-319.

黑格尔的第一个错误，如果国家、财富是人的异化的存在，现实的国家与财富恰恰是需要扬弃的，这个观点构成马克思第一手稿中异化劳动理论的核心，也是马克思批判资产阶级政治经济学的前提。从这个基础出发，"《现象学》是一种隐蔽的、自身还不清楚的、神秘化的批判；但是，因为《现象学》坚持人的**异化**，——尽管人只是以精神的形式出现，——所以它潜在地包含着批判的**一切**要素，而且这些要素往往已经以远远超过黑格尔观点的方式**准备好和加过工了**"①。通过将精神的异化置换为人的异化，马克思直接获得了批判的出发点。

第二，劳动作为扬弃异化的中介。按照黑格尔的理解，绝对观念在其建构过程中，劳动起着十分重要的作用，因为自我意识正是在劳动陶冶事物的过程中形成的，《现象学》中其后的各种异化形式，说到底不过是意识和自我意识的各种不同表现形式。

> 因此，黑格尔的《**现象学**》及其最后成果——辩证法，作为推动原则和创造原则的否定性——的伟大之处首先在于，黑格尔把人的自我产生看作一个过程，把对象化看作非对象化，看作外化和这种外化的扬弃；可见，他抓住了**劳动**的本质，把对象性的人、现实的因而是真正的人理解为他**自己的劳动**的结果。②

在这里，马克思是要完全肯定黑格尔从劳动出发理解人的本质的正确性吗？实际上并不是那么简单。马克思接着指出："黑格尔站在现代国民经济学家的立场上。他把**劳动**看作人的**本质**，看作人的自我确证的本质"。什么是现代国民经济学家的立场？在第一手稿的论述中，马克思批判的就是国民经济学家的立场，把国民经济学家视野中的劳动理解为异化劳动。这意味着，黑格尔的劳动辩证法也是需要进行人本学改造的，对劳动的理解必须站在人的立场上才是可行的，因为人要想在劳动中将自己的类的力量发挥出来，"首先又只有通过异化的形式才有可能"，这种异化了的劳动才是黑格尔抓住的劳动。通过这些表述，马克思无疑是对第一手稿中异化劳动理论的哲学逻辑论证，是对异化劳动理论的哲学逻辑提升。

第三，区分劳动的对象化和异化。对于黑格尔劳动观点的错误，马

---

① 马克思，恩格斯. 马克思恩格斯全集：第3卷. 北京：人民出版社，2002：319.
② 同①319-320.

克思认为黑格尔只看到劳动的积极方面，而没有看到其消极方面。这个积极方面和消极方面到底是什么？马克思认为就是要区分劳动的对象化和异化形式。黑格尔没有区分这一点，在他看来对象化就是异化，而马克思认为对象化与异化必须分开，异化是现实劳动的存在方式，而对象化则反映着人的本质力量。这个区分，为马克思找到了走出黑格尔异化理论的解决方法。按照黑格尔的原意，精神只有通过异化才能回到自身，经过费尔巴哈人本学的中介，从马克思的观点来看只能是人只有通过异化才能回到自身，但这个回归何以可能呢？这个问题在黑格尔哲学中是很好解决了的，因为整个运动都是在绝对观念的监控之中，而在马克思这里，则必须找到新的基础，这个基础就是区分对象化与异化，作为对象化的劳动是与异化劳动相区别的劳动，在这种劳动状态中人就能回归到人本身。这个环节恰好是对异化劳动扬弃方式的论证，在第一手稿中作为理论逻辑提出来的东西，在这里找到了在哲学论证中的激活点。这无疑是马克思站在费尔巴哈人本学立场上改造黑格尔哲学的一个重要成果，也是马克思人学现象学的逻辑环节。

第四，对象化概念在人学现象学中的意义。在黑格尔哲学中，对象化是由意识来设定的，这个对象并不是现实存在的对象，而是意识的对象，这个对象的真理是意识，"所谓对象本身对意识来说是正在消逝的东西"，因为这个对象总是返回到自我。这个对象中的物性也是由意识设定的，"**自我意识**通过自己的外化所能设定的只是**物性**，即只是抽象物、抽象的物，而不是**现实的物**"①。但经过人本学的改造，对象也就是人的现实活动的对象，它是人的活动的产物。而人能设定这个对象，原因在于他本身也是由对象所设定的。

> 当现实的、肉体的、站在坚实的呈圆形的地球上呼出和吸入一切自然力的**人**通过自己的外化把自己现实的、对象性的**本质力量设定**为异己的对象时，**设定**并不是主体；它是**对象性**的本质力量的主体性，因此这些本质力量的活动也必须是**对象性**的活动。……它所以只创造或设定对象，因为它是被对象设定的，因为它本来就是**自然界**。②

---

① 马克思，恩格斯. 马克思恩格斯全集：第3卷. 北京：人民出版社，2002：323.
② 同①324.

通过这个界说，马克思实际上进一步论证了对象化活动的合理性，因为这是人的自然本性所决定的。

为了进一步说明对象化活动的合理性，马克思指出：(1) 对象化活动中才能真正体现人的本质力量，表现人的生命力。一方面，人直接地就是自然存在物，是具有自然力、生命力，并具有能动性的自然存在物，这些力量作为天赋、才能、欲望存在于人身上；另一方面，人又是受动的存在物，受到对象的限制。作为对象化的活动才能表现人的自然生命力，才能将对象作为人的对象同人关联起来，因此"人有**现实的、感性的对象**作为自己本质的即自己生命表现的对象；或者说，人只有凭借现实的、感性的对象才能**表现**自己的生命"①。结合异化劳动的讨论，以对象化消除异化恰好是一个向人的生命力回归的过程。(2) 只有在对象化活动中才能确证非对象性的存在物是非存在物。

> 一个存在物如果在自身之外没有自己的自然界，就不是**自然**存在物，就不能参加自然界的生活。一个存在物如果在自身之外没有对象，就不是对象性的存在物。一个存在物如果本身不是第三存在物的对象，就没有任何存在物作为自己的**对象**，就是说，它没有对象性的关系，它的存在就不是对象性的存在。②

也就是说，只有对象化的存在才能真正驳倒黑格尔所说的抽象的绝对观念。很显然，马克思在接受费尔巴哈人本学基础上，强调的是对象化活动，这个对象化活动在一定意义上，成为马克思在《提纲》与《形态》中实践概念的基础。(3) 对象化活动不仅确证人的生命存在，而且只有在对象化活动中才有人的历史。"正像一切自然物必须**形成**一样，**人**也有自己的形成过程即**历史**，但历史对人来说是被认识到的历史，因而它作为形成过程是一种有意识地扬弃自身的形成过程。历史是人的真正的自然史。"③ 马克思这里的对象化概念还是从人学现象学意义上说的，如果将这个对象化活动理解为一种客观的现实的过程，那么这个历史概念就比较接近《形态》中的历史概念了。通过对对象化活动的论证，我们才能理解马克思在第三手稿的《共产主义》中所说的：

---

① 马克思，恩格斯. 马克思恩格斯全集：第3卷. 北京：人民出版社，2002：324.
② 同①325.
③ 同①326.

> 这种共产主义，作为完成了的自然主义=人道主义，而作为完成了的人道主义=自然主义，它是人和自然界之间、人和人之间的矛盾的**真正解决**，是存在和本质、对象化和自我确证、自由和必然、个体和类之间的斗争的真正解决。它是历史之谜的解答，而且知道自己就是这种解答。①

第五，人学现象学批判的完成。这是通过对意识的考察实现的。在黑格尔哲学中，异化的扬弃是通过意识的对象的克服实现的，马克思将之归结为8个环节，其中通过对第3—6个环节的讨论，马克思论证了对象性克服异化思想。在随之而来的讨论中，马克思完成了对黑格尔《精神现象学》的批判，也是马克思自己人学现象学的完成。在这些要点中，马克思集中批判了黑格尔意识对象克服论中的一个思想，即意识"**在自己的异在本身**中就是**在自身**"的观点。在黑格尔哲学中这个观点是顺理成章的，而在人学现象学的视野中，这是成问题的。

> 因为有自我意识的人认为精神世界——或人的世界在精神上的普遍存在——是自我外化并加以扬弃，所以他仍然重新通过这个外化的形态确证精神世界，把这个世界冒充为自己的真正的存在，恢复这个世界，假称在**自己的异在本身**中就是**在自身**。因此，在扬弃例如宗教之后，在承认宗教是自我外化的产物之后，他仍然在作为**宗教的宗教**中找到自身的确证。黑格尔的**虚假的**实证主义或他那只是**虚有其表的**批判主义的根源就**在于此**……②

马克思认为这是黑格尔异化克服论中的消极方面。

从积极方面来看，如果对黑格尔异化克服论进行人学现象学改造，就正好论证了对象性活动克服异化的结论。

> **扬弃**是**把**外化**收回**到自身的、对象性的运动。——这是在异化之内表现出来的关于通过扬弃对象性本质的异化来**占有**对象性本质的见解；这是异化的见解，它主张人的**现实的对象化**，主张人通过消灭对象世界的**异化**的规定、通过在对象世界的异化存在中扬弃对象世界而现实地占有自己的对象性本质，//正像无神论作为神的扬

---

① 马克思，恩格斯. 马克思恩格斯全集：第3卷. 北京：人民出版社，2002：297.
② 同①328.

弃就是理论的人道主义的生成，而共产主义作为私有财产的扬弃就是要求归还真正人的生命即人的财产，就是实践的人道主义的生成一样……只有通过扬弃这种中介……积极地从自身开始的即**积极的人道主义**才能产生。①

这样通过对黑格尔精神现象学内在逻辑的人本主义批判，马克思建构起自己的人学现象学哲学批判逻辑。

应该说，马克思对黑格尔的这一批判改造是非常深刻的。这个改造过程实际上是站在批判国民经济学的立场上，以费尔巴哈与黑格尔相互批判、相互阐释的过程，并不像传统研究思路所认为的是以费尔巴哈的唯物主义简单地颠倒黑格尔。马克思恰恰是站在人本主义立场上，通过挖掘出黑格尔《精神现象学》中的批判内容，从而整合出超越于当时所有哲学思考水平的人学现象学。理解了这一点，才能真正理解《手稿》的真实思想。当然马克思此时的思考存在着严重的问题。马克思对黑格尔哲学的批判，主要运用了三个逻辑构件：自然主义、人的本质、对象化活动，是以这三个构件从黑格尔的异化论中重现其哲学批判精神的，而这三个构件实际上是人本主义的，在这个基础上，马克思的深刻批判就只能是一种外在的价值干预，而这恰好是马克思后来要扬弃的内容。实际上也只有扬弃了这点，马克思才能真正实现自己的哲学变革。

3. 人学现象学与人学研究

对于马克思早期的人学现象学，在后来的人学思想讨论中存在着两种沿袭方式：第一种是从"人"出发，重申马克思哲学是一种人本主义和人道主义，强调人的实践主体性在历史中的作用。国内学界在20世纪80年代就是这样来论述马克思在《手稿》中的人学思想的。关于人学的这一思考，来自以下四个方面的反应，一是传统教科书体系，过于强调经济的决定性作用，将马克思主义哲学变成了一种宿命论；二是来自国外学者对正统马克思主义哲学研究的批判，认为正统马克思主义研究是一种人学的空场；三是来自对"文化大革命"时期人的价值的践踏的反思；四是随着中国市场经济的深入发展，人的主体能动性日益显现出来，同时人的自由和价值等也日益影响着中国市场经济的深层建构。

---

① 马克思，恩格斯. 马克思恩格斯全集：第3卷. 北京：人民出版社，2002：331.

正是这些因素的综合，使马克思的《手稿》成为人们反思当下现实与理论的基础。

对早期马克思人学现象学的第二种沿袭方式来自新人本主义的理论反应，特别是弗洛姆、早期马尔库塞、列斐伏尔等人对《手稿》的解读。由于历史时代的差异，当这些人重新回到早期马克思时，他们的出发点是20世纪的人的生存状态，强调的是个体的生存意义和价值。

这里的问题在于，随着马克思哲学思想的变革，这种人学现象学被马克思关于"现实的个人"思想所替代。在对"现实的个人"的分析中，一方面马克思走出古典人本主义的形而上学理解方式，另一方面马克思也没有从"现实的个人"进入对个体生存状态的思考，对于马克思来说，他关注的是"现实的个人"在何种意义上能够真正地解放自己，这种解放的现实基础是什么。这时早期的思辨被历史的辩证分析所替代，一种人学形而上学被颠覆了，此后重新以"人"将马克思哲学形而上学化，在我看来，这是与马克思不太一样的逻辑，当然在现代性的当代发展中，对个体生存状态的反思，有其现实的意义。

第五节 "现实的个人"与人学形而上学的颠覆

在青年马克思的人学现象学思想中，以人的类本质为前提的人本学构成了思考的核心内容。与前人仅从哲学形而上学的角度来论述问题不同，特别是由于费尔巴哈感性人学思想和黑格尔哲学的影响，马克思总是力图使自己的人学现象学走向现实的经济生活批判，在《手稿》中，人的理想性类本质，成为他批判资本主义经济生活的哲学前提。这也是继黑格尔之后，近代西方人学思想的理论制高点。但随着马克思思想的进一步发展，在《神圣家族》《评弗里德里希·李斯特的著作〈政治经济学的国民体系〉》等论著中，他渐渐认识到这种人本学思想的非法性。随着1845年春天哲学思想的革命性变革，在《提纲》与《形态》中，马克思真正认识到，以前的人学现象学并不能真正地说明人的本质，这种人学思想仍然站在传统人学理论的基础上，仍然是一种抽象人学。马克思对此反思，针对性地提出了"现实的个人"这一新的哲学范畴，认为这才是走向社会历史生活时对人进行思考的基本立足点。从今天的视界来看，马克思的这一思考，也是对传统人学形而上学的颠覆，这对于我们反思今天中国的人学研究具有重要的理论意义。

1. 人学形而上学传统的反思

青年马克思的人本学，在其逻辑建构中，概括地说主要体现为三个基本的立足点：一是关于人的本质的本真状态设定，这是人学现象学的立论基础。在本真状态中，人是完美的统一，用马克思当时的话说就是人的类本质。二是本真状态的异化存在方式，即类本质的异化，在其现实生活中主要表现为经济生活中无产阶级的生存状态，但判断异化的前提恰恰是存在着人的本真状态。三是类本质异化状态的扬弃，回归到人的本真状态中。这三个层面在理论深层上同黑格尔的逻辑具有同质性，因此，虽然马克思此时受到费尔巴哈的影响，但在其思想的深处，仍然是黑格尔在发生作用，有着很深的传统形而上学痕迹。

按照哈贝马斯的理解，传统形而上学的主要特征体现为三个方面：即"本源哲学的同一性主题、存在与思想的一致问题以及理论生活的神圣意义。归纳起来说，就是同一性思想、理念论以及强大的理论概念"①。同一性思想在近代唯心论特别是黑格尔哲学中最为明显，这种同一性并不是 A＝A 式的简单等同，也不像神话式的相似物与非相似物的协调一致，而是作为原则与本源的"一"，与这种本质在具体层面上的多样差异性的统一，本源的人通过外化，并通过外化的扬弃，从有限的具体性中走向无限的统一状态。这种统一的最高形式在黑格尔哲学中就是绝对理念。在这个统一中，理念论起着核心作用，没有理念的自我运动，或者说没有主体性的运动过程，任何统一都无从谈起。如果统一与外化都是在理念中发生的，与理念相连的生活当然是最完美的，因此，由理论概念所支撑的理论生活也就具有了神圣的意义。

从传统形而上学的角度来考察人，人的本质就区分为两个层面：一是作为类的一般人，这是论述具体的人的基础；二是作为一般人的对象化，即现实中的人，但这种对象化的人只是一般人的直观形态。由此，这两个层面的人才能统一起来。在黑格尔哲学中，任何个人都只是绝对观念（实际上也就是类）的外化，只是绝对观念回归自身的中介与工

---

① 于尔根·哈贝马斯. 后形而上学思想. 曹卫东，付德根，译. 南京：译林出版社，2001：28.

具,所以他说拿破仑只是马背上的绝对观念。费尔巴哈对黑格尔的批判在于,他将黑格尔的类与人相互观照,类与人在直观中统一起来,这种统一的基础就是人的自然情感。人的自然情感的永恒性,才能将每个有限的生命与类连为一体。费尔巴哈以直观反对理念,同样也就以感性的直观反对理性取向的主体性哲学,但如果以理念论的对立面来反对理念,最终仍然会走向理念论,法国机械唯物主义从感性直观出发,走向以理念为中心的唯心史观,就是明显的写照,这也是《提纲》第一条中马克思以"实践"概念作为近代唯物主义与唯心主义共同特征的深层含义。

在青年马克思关于人的理解中,除第三个特征外,其他两个方面都与人学形而上学思想有着较为明显的关联。在《手稿》中,虽然马克思谈到以现实的共产主义运动来消除异化问题,但如果这种运动以一种伦理的原则为依据,那么这种运动说到底还是一种以价值悬设为取向的伦理观念,而不是从现实生活本身出发的现实的革命运动。在这个意义上,马克思此时思想的深处,仍然是一种隐蔽的理论概念起着决定性的作用。这种状态,同马克思关于人的形而上学思考相一致。

马克思是在实现哲学变革之后才真正地认识到人的这种形而上学规定的。在《提纲》中,马克思指出,费尔巴哈关于人的思考,就是在上述两个层面上完成的。一方面,他将人的本质理解为"类","理解为一种内在的、无声的、把许多个人纯粹**自然地**联系起来的普遍性"①;另一方面,与这种作为"类"的人相对应,他将现实的人理解为类本质的直观反映,如人的自然性规定等。按照马克思在《形态》中的看法,这是费尔巴哈在哲学直观中所看到的一般的人,并不是"现实的历史的人"。作为"感性对象"的人,说到底是费尔巴哈哲学直观的产物,在这里仍然是理念论占据着绝对优势,所以费尔巴哈

> 也仍然停留在理论领域,没有从人们现有的社会联系,从那些使人们成为现在这种样子的周围生活条件来观察人们——这一点且不说,他还从来没有看到现实存在着的、活动的人,而是停留于抽象的"人"……也就是说,除了爱与友情,而且是理想化了的爱与友情以外,他不知道"人与人之间"还有什么其他的"人的关系"。②

---

① 马克思,恩格斯. 马克思恩格斯选集:第1卷. 北京:人民出版社,2012:139.
② 同①157.

因此，只有走出人的形而上学思考，才能真正地关注现实生活中的人，这是马克思通过反思青年黑格尔派特别是费尔巴哈哲学时获得的新的理论视域。这也说明，从青年马克思的人本学中重新寻找现代人学讨论的前提，至少不是马克思关于人的思考的科学内容。

费尔巴哈本想讨论具体的、现实的人，但他却依然陷入形而上学的传统中，其原因何在？对这一问题的批判分析，实际上也是马克思对自己早期思想的反思与清理。承接《手稿》的思路，马克思在《提纲》中仍然抓住"异化"范畴。在黑格尔那里，异化只是绝对观念总体演变过程中的一个环节，绝对观念最终要通过否定之否定来扬弃异化过程，回归本身。而在费尔巴哈的反思中，他将黑格尔哲学特定阶段的"异化"环节抽离出来，作为反对黑格尔哲学的立足点，加之他对异化的直观理解，这就使他无法真正地扬弃黑格尔哲学。如是，关于现实生活中"异化"的思考，就变成了一种直观的过程，这种直观性同样证明了"异化"的先验存在，因而"异化"说到底还是黑格尔式的。针对费尔巴哈的这一错误，马克思指出：

> 费尔巴哈是从宗教上的自我异化，从世界被二重化为宗教的、想象的世界和现实的世界这一事实出发的。他做的工作是把宗教世界归结于它的世俗基础。他没有注意到，在做完这一工作之后，主要的事情还没有做。因为，世俗基础使自己从自身中分离出去，并在云霄中固定为一个独立王国，这一事实，只能用这个世俗基础的自我分裂和自我矛盾来说明。①

因此，要批判关于人的哲学思考，就必须走出传统讨论的前提，即对人的先验异化理解，揭示异化的现实发生，从生活本身的内在关系来规定现实的人。在此基础上马克思说："人的本质不是单个人所固有的抽象物，在其现实性上，它是一切社会关系的总和。"这里，马克思并不是想给人的本质下一个定义，而是指出，关于人的思考既不能从人的抽象主体角度来理解，也不能从超越个人之上的"类"本质角度来理解，而这些恰恰是传统人学思考中的核心问题；对人的研究，必须关注人的现实生活过程，关注人在现实活动过程中的生存方式。在这一立足点上，人就不再是简单地认同于"类"本质的直观对象，也不再是抽象主体或

---

① 马克思，恩格斯. 马克思恩格斯选集：第1卷. 北京：人民出版社，2012：138.

"类"为主导的理念中的人,而是由历史性实践所规定的"现实的个人"。

2. "现实的个人"及其历史性规定

如果我们将理论视线进一步延伸,可以发现,传统哲学关于人的思考类似于中世纪的人物画。在这种人物画中,每个人物的背景都比较含混,人物突兀地呈现在画面上。同样,传统形而上学视野中的人,也是一个突兀地站在那儿的形象,这个人的现实立足点是什么并不清楚,或者没有。针对人的这一形象,实现哲学变革之后的马克思谈论人时,明确将人界定为"现实的个人",使人同其社会历史环境与社会生活过程同时展现出来,"现实的个人"及其历史性规定,构成马克思思考人时的理论主题①。

针对费尔巴哈关于人的无前提的抽象理解,马克思指出:"我们开始要谈的前提不是任意提出的……这是一些现实的个人,是他们的活动和他们的物质生活条件,包括他们已有的和由他们自己的活动创造出来的物质生活条件。"② 对于马克思的这一命题,在 20 世纪 80 年代中后期关于唯物史观起点的讨论中,曾出现过不同的理解:有的学者认为,马克思唯物史观的起点是人,从而强调人的主体性,反对传统教科书的物质决定论,这是国内学界以人来解读马克思的重要理论根据;有的学者认为,马克思唯物史观的起点应是劳动与物质生产,因为马克思强调人的物质活动与由物质活动创造出来的生活条件构成历史的前提。这两种理解都不能说没有道理,但在研究方法上又都具有同质性,两者都是从过去的因素性思维出发,把马克思思想划分为不同的因素,并将一种因素作为决定性力量,这恰恰是传统研究中最重要的特征。对于这种思

---

① 在《形态》中,马克思的"现实的个人"这一概念虽然在直接的批判语境上,针对的是费尔巴哈,但这里经过了施蒂纳的中介。施蒂纳在《惟一者及其所有物》中,对费尔巴哈以及青年马克思从"类"出发的人本主义思路进行了颠覆性的批判,认为这种思路仍然是一种神学与形而上学的讨论方式,仍然束缚于形而上学的奴役之中,其提出"惟一者",就是针对青年黑格尔派中大写的"自我"与"类"的批判,强调个体生存的独特性。马克思的"现实的个人"这个概念是直接针对施蒂纳的"惟一者"提出来的。当马克思对施蒂纳的哲学做出批判性的透视时,马克思实际上就已经超越了费尔巴哈的问题域,因此,以"现实的个人"来批判费尔巴哈同样有效。

② 马克思,恩格斯. 马克思恩格斯选集:第1卷. 北京:人民出版社,2012:146.

维方式，普列汉诺夫在20世纪初针对当时将马克思唯物史观理解为一种"经济决定论"时就指出：经济决定论的思维方式根源于因素论的影响，因素论顾名思义就是分析问题时把之分解为各种因素，然后再在这些因素中寻求最终的决定性作用因素，实际上真正的彻底的唯物主义者的确不喜欢到处乱套经济因素，而且关于哪一个因素在社会生活中起支配作用的问题本身在他们看来也是一个没有根据的问题。实际上，马克思的这句话，并不是孤立地强调哪个因素，而是指出，"现实的个人"并不是站出来的孤立形象，而是同社会历史生活结合在一起的人，这是人与其周围环境及生活过程相互制约的动态结构，是一种立体式的关系结构。在《形态》中，马克思指出，"现实的个人"作为一种历史性结构关系，具有多重的现实规定性：

第一，"现实的个人"作为有生命的个人存在，总是同特定的自然环境相关联，所以"第一个需要确认的事实是这些个人的肉体组织以及由此产生的个人对其他自然的关系"，这是一切社会存在的前提，也是个人存在的自然根据。但这里，马克思与费尔巴哈又表现出根本性的差别。费尔巴哈也是从人的自然本性出发来谈论人的，但他对人的自然本性有着双重误解：首先，他所理解的自然，是一种直观的自然，而不是历史的变动的自然，马克思指出，这种直观的自然并不存在，"他周围的感性世界决不是某种开天辟地以来就直接存在的、始终如一的东西，而是工业和社会状况的产物，是历史的产物"①，因此，讨论人的自然环境，必须关注这些自然基础的历史变更。其次，同这种直观理解的自然一致，费尔巴哈谈人时，人变成了由自然的情感规定的人，这决定了费尔巴哈"仅仅限于在感情范围内承认'现实的、单个的、肉体的人'，也就是说，除了爱与友情，而且是理想化了的爱与友情以外，他不知道'人与人之间'还有什么其他的'人的关系'"②，从而陷入爱的宗教之中。人的自然情感，总是同生活过程相关联，恩格斯曾在《反杜林论》中指出，人的道德情感在不同社会具有不同的内容。建立于自然情感上的类，就只能做到对人的直观。从这里，我们更能理解在《形态》中，马克思为什么强调费尔巴哈在哲学上的直观性，批判他在面对历史时从来不是一个唯物主义者。

---

① 马克思，恩格斯. 马克思恩格斯选集：第1卷. 北京：人民出版社，2012：155.
② 同①157.

从上面的讨论可以引申出马克思关于"现实的个人"的第二重规定，即人与劳动的同构性。如果人的自然基础并不是抽象的自然，而是建基于人的活动基础上的自然，那么就属人的自然条件而言，劳动、生产就起着根本性的作用，正是在劳动、生产的基础上，发生着人与自然的共同变更。由此，对人的理解，就不能简单地根据人的自然欲望或人的永恒理性来决定，这恰恰是近代西方人学讨论中一再出现的主题，把人与动物区别出来的根本性标志，恰恰是人们的生产劳动过程，所以马克思说："个人怎样表现自己的生命，他们自己就是怎样。因此，他们是什么样的，这同他们的生产是一致的——既和他们生产**什么**一致，又和他们**怎样**生产一致。因而，个人是什么样的，这取决于他们进行生产的物质条件。"①

在这里，马克思再次对黑格尔主奴辩证法中劳动的历史意义进行了重新批判。在《精神现象学》的自我意识部分的讨论中，黑格尔指出，主人与奴隶虽然在社会表层上是一种统治与被统治的关系，但实际上，奴隶通过劳动，将自己的观念外化为客观的存在，从而获得了对外在世界的知识，同时也确证了自身的力量，在这一确证过程中同时也反观出奴隶主的渺小，奴隶产生了征服对方的力量与信心。因此，在社会历史观的意义上来看，并不是奴隶主统治奴隶，而是奴隶通过劳动重新支配了奴隶主，在主奴关系的颠倒中，正是劳动对主体自我意识的形成产生了决定性作用。在《手稿》中，马克思指出，黑格尔站在国民经济学的立场上，看到了劳动的社会历史意义，这是其重要贡献，但他认为黑格尔只是看到了劳动的肯定意义，而没有看到劳动的否定方面，即劳动的异化。实际上，黑格尔并不是没有看到异化，而是认为在现实生活过程中，特别是在资本主义经济生活中，异化与对象化同时发生，并认为这是社会发展过程中的必然过程。黑格尔的这一观点，实际上比马克思此时的见解来说要更为深刻，因为在资本主义社会发展过程中，对象化与异化过程并不能真正地分离开来。黑格尔的问题在于，他只将劳动作为自我意识的外化与确证过程，最终是将绝对观念投射下的人推向历史的前台，马克思是在经过哲学变革之后，才发现黑格尔的问题所在。所以在《形态》中，他将人与劳动作为同构性关系提出来，在这里，劳动不

---

① 马克思，恩格斯. 马克思恩格斯选集：第1卷. 北京：人民出版社，2012：147.

再是一个黑格尔式的预设目的,而是一种历史性的发展过程,只要人们的劳动方式发生变化,人的本质性特征也就发生相应的变化,这才是走向人的真实生活的基础。

但劳动从不抽象地发生,它总以个人彼此之间的交往为前提,因此人总是处于社会交往中的人,人、生产、交往的同构性,成为"现实的个人"的第三重规定。随着生产与交往的发展,人的生活方式会发生历史性变化,在《形态》的第Ⅴ手稿中,马克思依据生产与交往方式的变化,揭示了社会历史在不同时期的不同特征,这同时也揭示出人的生活方式在不同历史阶段具有根本性的差异。

> 以一定的方式进行生产活动的一定的个人,发生一定的社会关系和政治关系。……这里所说的个人不是他们自己或别人想象中的那种个人,而是**现实中的**个人,也就是说,这些个人是从事活动的,进行物质生产的,因而是在一定的物质的、不受他们任意支配的界限、前提和条件下活动着的。①

这时,任何对人的抽象理解,不管是将之归结为"类"本质,还是规定为自然情感,或者像弗洛伊德那样归结为"力比多",都无法真实地面对历史变动中的具体的人。

但在马克思对人的现实关注中,他并没有完全停留于纯粹的客观说明上,这样就会走向与传统形而上学相对立的另一面——实证主义,这实际上又是一种新形而上学。在马克思的思考中,由于现实生活本身的矛盾,造成人在生存状态上的尴尬处境,这是在实践过程中产生的,也会使人在实践过程中对此产生反思,但这种反思并不是先验理性的反观,而是实践过程中的反思。这种反思使人在生活中有着辩证法的观念,即立足于客观现实的基础上实现自身的超越,"辩证法在对现存事物的肯定的理解中同时包含对现存事物的否定的理解,即对现存事物的必然灭亡的理解;辩证法对每一种既成的形式都是从不断的运动中,因而也是从它的暂时性方面去理解;辩证法不崇拜任何东西,按其本质来说,它是批判的和革命的"②。在这种辩证的视域中,人总是处于历史性生存中,在具体的社会生活过程中不断地超越当下的状态。

---

① 马克思,恩格斯. 马克思恩格斯选集:第1卷. 北京:人民出版社,2012:151.
② 马克思,恩格斯. 马克思恩格斯文集:第5卷. 北京:人民出版社,2009:22.

有了这三重规定，才能谈到人的意识问题。"思想、观念、意识的生产最初是直接与人们的物质活动，与人们的物质交往，与现实生活的语言交织在一起的。人们的想象、思维、精神交往在这里还是人们物质行动的直接产物。"① 马克思的这一界定，不仅批判了传统人学讨论关于人的理性、情感等的界定，更重要的是，通过将理性、观念等置于物质生产活动上，第一次实现了理念的去中心化，这是对传统人学讨论中形而上学思维方式的颠覆。而历史性生存，为国内外人学研究走出形而上学的思路奠定了方法论基础。

3. "现实的个人"与国内人学研究思路的辨识

在马克思那个时代，正如哈贝马斯所说，形而上学主要体现为以黑格尔为最高峰的形而上学，这是笛卡尔之后的主体性哲学的必然结果。这种主体性哲学，不仅直接推动了哲学的发展，也体现出资本主义社会上升时期，市场经济的运行过程需要的正是具有主体性的人。随着黑格尔哲学的解体，与马克思对传统形而上学批判相伴生的另一条思路，特别是随着克尔凯郭尔、海德格尔的出现，也实现了形而上学的现代转向，即从过去的追求无限同一性转向以有限性为核心，有限的生存成为讨论人时的本体论根据，关于人的传统形而上学思考也就转向以生存论为取向的现代形而上学思考，人学研究也就从以类人学为特征的古典人本主义转向以个体为核心的新人本主义。西方人学思想的这种变迁，同特定的社会历史阶段相关联，即随着资本主义从自由竞争走向垄断之后，特别是福特主义在西方国家的全面推广，个体的生存受到了根本性的威胁，传统的总体性人学思路似乎不再能够为福特主义生存状况下的人指明出路，新人本主义的无奈与绝望，就是在这种情形下产生出来的。如果说早期的类人学思路，在批判中渗透着理论上的自信，那么在新人本主义思路中，这是对现实无法抗争的抗争。

在前面关于海德格尔《关于人道主义的书信》的分析中，我们已经揭示出，海德格尔也非常强调人的历史性生存，这种历史性生存与马克思在"现实的个人"思想中揭示的人的历史性生存是否一致呢？在我看来，海德格尔从"此在"出发对个人历史性生存的分析，在形而上学之

---

① 马克思，恩格斯. 马克思恩格斯选集：第1卷. 北京：人民出版社，2012：151.

思的层面上，是非常深入的，但这种历史性生存说到底抹平了在真实历史处境中个人之间存在的差异，这是平面化的"个人"。这种平面化的个人向本真的个人的回归，只能依赖于个人对存在的领悟，这是一种纯粹哲学的解放方式。马克思从"现实的个人"出发，深入对社会结构的历史性分析中，并在社会结构的历史性规定中揭示出人的历史性差异，以及在特定历史性结构中不同阶层的人的历史性差异，从而将人的解放与真实的历史进程联系起来，在这种解放中，个人的哲学之思如果没有深入历史的辩证法之中，那么解放依然是一种思想中的幻觉。在这个意义上，经过哲学变革之后的马克思，在论及人的历史性生存时，与新人本主义特别是存在主义意义上的人本主义，有着重要的差别。

在国内的研究中，20世纪80年代中期实践唯物主义讨论中的主体性问题，在后来演变为以主体性为核心的关于人学的探讨。这种研究路径的出现，既表现出对传统哲学体系的修正，反驳了马克思主义哲学中人学空场的论调，又体现了市场经济的内在要求。但市场的发展，使人既体现出作为自由主体的特征，同时也带来了人的沉沦与存在意义的缺失。经过韦伯、海德格尔，对人的生存状态的关注，特别是对个体生活情境的分析，形成了西方经过自由竞争的资本主义之后出现的重要理论思潮，国内的讨论与之具有相似性，所以，生存论人学在主体性人学之后出现，是中国市场经济发展的必然产物，也是对主体性人学反思的一种结果，甚至可以说，生存论人学反对主体性人学。因此，我们需要注意的是，对于国内的研究来说，早期的人学与后来的生存论人学，实际上已经具有根本不同的理论指向。如果说早期的人学研究合乎市场经济的主体性要求的话，那么生存论人学则是对市场经济的批判与反思，这种逻辑上的异质性，是不能简单地将人学平滑到生存论就可以完成的，而在国内的讨论中，我们会经常看到人们将这两种不同的逻辑放在一起进行对接式的讨论，这恰恰是成问题的。

主体性人学与生存论人学，作为一种形而上学的思考，都预设了一个前提。在主体性人学中，人的自由自觉的主体状态，构成了一切问题的出发点；在生存论人学中，存在的澄明之境则是人的本真生存状态的根基。按照马克思的思想，这种预成论式的思考都是要扬弃的，当他从历史辩证法出发来考察人时，人处于一种历史性生成中，通过现实的劳动过程不断地超越自己，这决定了对人的考察，必须要置于具体的社会历史情境中。萨特在转向马克思主义哲学时,倒是清楚地认识到这一点:他认为马克思既反对黑格尔式将人淹没于绝对观念中,也反对克尔凯郭尔式将人回归到自身的空洞主观性中,"他研究的中心是具体的人,这种人同时由他的需要、他生存的条件和他劳动的性质,即他反对事物和人的斗争的性质来确定"①。"这样,马克思反对基尔凯郭尔和反对黑格尔都是对的,并且他同前者一起肯定人类存在的特殊性,因为他同后者一起把具体的人放在他的客观现实中来研究。"②

对于中国的人学研究而言,由于中国总体上处于一种多重文化的转型中,从农业文明向工业文明的转换、从工业文明向后工业文明的转换构成了中国现代化过程的主旋律,在这种情境中,任何以一种论调来面对中国问题的理论都难以抓住真正的难题。在这个意义上,我认为,人学研究应该在过去的基础上,走出形而上学的思维方式,真正地面对人的历史性生存。马克思的哲学,在根本上来说,首先反对的就是形而上学。

---

① 让-保罗·萨特.辩证理性批判:上.林骧华,徐和瑾,陈伟丰,译.合肥:安徽文艺出版社,1998:15-16.

② 同①16.

第三章 马克思与形而上学的颠覆

前一章的分析已经表明，马克思主义哲学的变革，是对人学形而上学的拒绝，这也是马克思思想转变时所表现出来的显性层面。在理论深层上，马克思实现的正是对形而上学的颠覆。在马克思当时的思考中，这种颠覆直接指向以黑格尔为代表的传统形而上学，而在其深层上，却指向了所有的形而上学。在讨论马克思对形而上学的颠覆之前，我们有必要看看马克思那个时代的形而上学，到底是以什么形态表现出来的；然后我们要讨论的是，当海德格尔认为自己颠覆了传统形而上学时，他的哲学又意味着什么。在此基础上，我们才能理解马克思主义哲学在当代的走向与学理性的建构。

第一节 黑格尔与理性形而上学的建构

马克思那个时代的形而上学，以黑格尔的绝对观念为最高表现形式。黑格尔的绝对观念，是近代理性的最高表现形式，黑格尔绝对观念所表达的自明性，体现了理性形而上学的理想境界。理性形而上学的建构主要体现为三个环节：笛卡尔对自我理性的确立，康德对理性的反思，黑格尔以绝对观念为基础实现的体系哲学的建构，使理性形而上学成为近代哲学建构的核心。

1. "我思"的形而上学意蕴

什么是形而上学？按照《中国大百科全书》的界定："通常有两种

含义：(1) 指研究超感觉的、经验以外对象的哲学；(2) 指与辩证法相对立的、用孤立的静止的片面的观点观察世界的思维方式。"① 在过去的马克思主义哲学研究中，我们主要是从第二个层面来讨论形而上学的，严格说来，这不是形而上学的主要内涵。我们这里所讲的形而上学，主要指的是第一个层面的形而上学。它作为哲学的核心，主要讨论"最抽象和最一般的本质，这种本质人们可以在各种事物中得出来——例如，在超自然存在（像上帝，天使，以及道德精神）和自然存在（如动物与岩石）间……形而上学尽力精确地描绘这种特性并确定是否确实存在着实体，这个实体是这一特性所有方面的唯一范例"②。从这两种理解可以看出，形而上学主要研究事物存在的最后根据，它使一切存在具有合法的前提。所以，亚里士多德称之为第一哲学，而海德格尔认为："形而上学包含人类认识所把握的东西之最基本根据的科学。"③

近代理性形而上学，从其发端来说，来自对哥白尼的"太阳中心说"的回应。正如前面在人学讨论中提到的，在"太阳中心说"的宇宙图景中，地球只是茫茫宇宙中一个悬浮不定的点，由中世纪宗教所确定的地球中心消失了，人的次主人地位也消失了，上帝也不再与我们同在，在这里现代人的生存困境已经展现出来了。上帝是可以消隐的，但上帝所占据的位置是无法消除的，现代人必须寻求另一个上帝，从而确立自己的生存方式，正如海德格尔所说的："人们重新提出了下述问题：在存在者整体中，也即在一切存在者的最具有存在特性的根据（即上帝）面前，人如何能够确定他本身的持久性，也即确定他的得救。这个得救的确定性问题就是辩护问题，也就是合法性问题。"④ 在路德那里，上帝是由自我内心深处的理性所确定的，在哲学中，这个上帝就是人的主体性——理性。笛卡尔的"我思故我在"就为理性形而上学奠定了基本的前提。

第一，我思故我在，讲的是我的本质是由我思直接确证的，以此类

---

① 中国大百科全书：哲学 2. 北京：中国大百科全书出版社，1987：1028.
② Encyclopedia Americana. 1993, Volume 18：777.
③ 海德格尔. 海德格尔选集：上卷. 孙周兴, 选编. 上海：生活·读书·新知三联书店, 1996：86.
④ 海德格尔. 海德格尔选集：下卷. 孙周兴, 选编. 上海：生活·读书·新知三联书店, 1996：798.

推，世界的本质也是由我思确证的，即世界不再是一个由上帝创立的世界，而是由人的理性自决的世界。在这里，笛卡尔实际上实现了一种思维转换：在宗教的世界观中，起源论是确定上帝存在合法性的重要前提；而在近代哲学中，理性则强调的是世界对我而言所存在的根据。世界是根据主体设置出来的，这时世界才成为对象。

> 直到笛卡尔时代，任何一个自为地现存在的物都被看作"主体"；但现在，"我"成了别具一格的主体，其他的物都根据"我"这个主体才作为其本身而得到规定。因为它们——在数学上——只有通过与最高原理及其"主体"（我）的因果说明关系才获得它们的物性，所以它们本质上是作为一个他者处于与"主体"的关系中，作为客体与主体相对待。物本身成为"客体"。①

这种主客两分构成现代理性形而上学的第一个环节。

第二，笛卡尔为现代形而上学的知识论倾向奠定了基础。"太阳中心说"给人们描绘出一个无始无边的世界，如何认识这个世界成为人类安身立命的需要。伽利略提出，只要按照数学的方式就可以认识这个世界；英国经验论提出，通过实验，按照归纳法可以得出这个世界的一些基本原则；笛卡尔则提出，要真正地认识这个世界，就必须从怀疑入手，确定一个真实的认识起点。"我思故我在"就是从怀疑入手的。"在关于世界的理论之前必须提出一种知识理论。知识论从此以后成为哲学的基础，从而使哲学成为与中世纪哲学大相径庭的现代哲学。"② 笛卡尔正是按照数学原则建构这种知识论的。通过怀疑，我思成为一切真实认识的基础，作为一种公理，已经预先从总体上确定了什么是存在着的并描绘出了世界图景。这种知识论图景，就为后来黑格尔的体系哲学埋下了伏笔。

第三，只有"我"的思想才是真实的存在，但这个"我"是一个有限的存在，而有限的存在是不可能获得对世界大全的认识的。因此，理性形而上学就必须超越有限的个人理性，走向纯粹理性，这是超越有限性的一个重要方式。

---

① 海德格尔. 海德格尔选集：下卷. 孙周兴，选编. 上海：生活·读书·新知三联书店，1996：882.

② 同①876.

2. 康德与批判哲学

在康德的哲学运思中,从休谟出发对经验论、笛卡尔唯理论的反思,是他建构哲学的基础。在英国经验论传统中,注重的是个体经验,认为凡是有用的东西必须是亲眼看到的、亲身经历的,反对超越经验之外的超感官世界。在个体经验的基础上,"经验主义者将属于知觉、感觉和直观的内容提升为**普遍的观念、命题和规律**"[①]。经验主义者认为规律只有置于经验的基础上才是科学的、真实的,而一旦经验的内容被提升为规律,也就达到了对世界的认识。但在经验主义的逻辑中,存在着三个问题:

第一,经验主义强调的是分析与归纳思维,先将对象进行分解,然后再进行归纳综合。这样分析问题的方法虽然有助于对细节的把握,但如何从个别细节中达到对事物总体的认识,这种总体的认识如何具有理论的合法性,这构成了经验主义无法真正回答的问题。按照卢卡奇在《历史与阶级意识》一书中的批评,在这种思维中,世界的总体图像消失了。这也是康德在面对经验主义时一个基本的立足点。

第二,休谟对经验主义的质疑。当经验主义者从可靠的感性经验出发,通过归纳与综合达到对世界的规律性把握时,他们认为这个规律是理性的、科学的、必然的,但在休谟看来,这恰恰成问题。休谟认为,在经验主义中,一方面是一个个杂多的材料,另一方面是普遍性和必然性的规定形式,这两者说到底是不相干的。经验主义通常所讲的规律,在本意上表达的是事物之间的必然联系,这个必然联系也可以说是因果关联,但实际上经验并不提供必然的联系,我们通常所说的经验的连续性,说到底只是个别现象反复出现的习惯性联想。他在分析必然联系、因果关系时指出:

> 每一个观念都是由先前的一种印象或感觉摹拟来的;而且我们如找不出某种印象,那我们可以确乎相信,也没有相应的观念。在物体或人心作用的单一例证中,并没有任何东西可以产生出"能力"印象或"必然联系"这个印象来,因而也就不能提示出这种观念来。但是许多一律的例证如果出现了,而且同一物象如果恒常被

---

① 黑格尔. 小逻辑. 贺麟,译. 北京:商务印书馆,1980:111.

同一事情所伴随，那我们就开始有了原因和联系的意念。我们在这里就感觉到一种新的感觉或印象，感觉到一个物象和其恒常的伴随之间在我们思想中或想象中有一种习惯性的联系。①

联系是一种习惯性的联想，经验主义关于规律的合法性证明被证伪了。这是康德后来超越经验主义的理论基础。

第三，当经验主义者以经验的确定性批判唯理主义时，他们并没有意识到，在他们所强调的经验背后恰恰是理性在发生作用，也就是说，在经验发生的地方，实际上是个体的自我意识在发生主导作用，这是笛卡尔"我思故我在"所揭示的内容，也是康德理性建构的重要基点。"在经验能够变为经验之先，还需要有一种完全不同的判断。已经提供出来的直观必须被包摄在一个概念之下，这个概念规定有关的一般判断的形式，把直观的经验的意识连结在一个一般意识里，从而使经验的判断得到普遍有效性。"② 在这个意义上，经验主义所讲的那个存在于理性规定之外的经验是不存在的，认识并不仅能从经验主义者所讲的经验出发。

但这并不表明笛卡尔所说的"我"就具有合法性。在康德看来，笛卡尔的哲学陷入了另外一个陷阱，即认为"我"的内在意识就可以当作客观对象的认识，这恰恰是错误的。康德认为，我们所能认识的是事物的现象，即事物与我的关系中表现给我的现象。这种现象的认识是由感性质料与理性的联结方式共同建构而成的，因此，需要研究的是理性的联结方式何以能先天地使经验成为可能，这是笛卡尔哲学无法解决的。当经验主义与唯理主义坚守自己的认识模式时，它们都已超出了理性自身的能力，康德的理性批判，就是要解决上面提出的问题，达到理性的自明。这构成了康德哲学的主题。

康德的思考无疑是深刻的，但在黑格尔看来，康德只是提出了问题。"康德哲学的主要作用在于曾经唤醒了理性的意识，或思想的绝对内在性。"③ 但由于康德将理性理解为一种形式理性，

    这种思维的方式，虽说也老是叫作**理性**，但只是彻头彻尾的**抽**

---

① 休谟. 人类理解研究. 关文运, 译. 北京：商务印书馆, 1992：164-165.
② 康德. 任何一种能够作为科学出现的未来形而上学导论. 庞景仁, 译. 北京：商务印书馆, 1978：66-67.
③ 黑格尔. 小逻辑. 贺麟, 译. 北京：商务印书馆, 1980：150.

象思维。这样,其结果,理性除了提供简单化系统化经验所需的**形式统一**以外,没有别的,在这样的意义下,理性只是真理的**规则**,不是真理的**工具**。理性只能提供知识的批判,而不能提供关于无限者的**理论**。这种批判,分析到极至,可以总结在这样一句**断语**里:即思维本身只是一种**无规定性的统一**,或只是这个**无规定性的统一的活动**。①

黑格尔认为,康德的理性只是抽象的理性,这种抽象的理性由于只停留于形式,无法为新精神奠定基础。黑格尔绝对观念的提出,就是针对康德哲学的深层问题,是对康德哲学的批判。

3. 绝对观念与理性的自明

在黑格尔看来,康德的理性是自我的抽象同一性,这种空无内容的同一性,在康德的实践哲学中得到了表达。当康德从道德律令出发,用善作为理性行为的标准时,这种抽象的无内容的理性就成为一种"应当"的价值悬设。这种理性在面对现实社会生活时当然发挥不了康德所设想的功能。正是在对康德哲学的反思中,黑格尔建构出自己的理性概念——绝对观念。

首先,康德的理性是抽象的无内容的理性,这个理性实际上是处于物自体之外的理性,所以康德并没有解决近代哲学中思维与存在的二元对立问题。当理性以理性自身作为思考对象时,虽然理性具有抽象的自明性,但这种自明性无法包含对对象的理解与把握,这个意义上的自明性,最多是人们在道德上的一致性,"所谓众心的一致不过只是大家对于某一内容表示共同赞成,以为足以建立起一个合乎礼俗的成见……如果思想的要求,在于从**普遍**常见的事物中更进而寻求其**必然性**,则众心一致的说法决不足以满足这种要求"②。这决定了康德的理性最多是一种外在的干预,而不是在面对现实对象基础上实现对外在之物的超越的自明性,这样的自明性是虚弱的,当以这样的理性面对现实时,现实永远是理性之外的现实。

其次,理性与物自体的对立表明,在康德的理性中并没有实现理性

---

① 黑格尔. 小逻辑. 贺麟,译. 北京:商务印书馆,1980:141-142.
② 同①164-165.

的同一性，这个同一性是指将现实内容包含于自身的同一性，而不像谢林所讲的以艺术直观的方式形成同一性。解决康德的问题，就必须由非同一性哲学（现象与物自体的分离）走向同一性哲学，而这个同一性哲学是有中介的哲学，这是黑格尔哲学建构的重要原则。康德哲学无法建构一个有具体内容的同一性哲学，在黑格尔看来，康德并没有在理性自身建立自己的中介。

> 只有当我们洞见了直接性不是独立不依的，而是通过**他物**为中介的，才揭穿其有限性与非真实性。这种识见，由于内容包含有中介性在内，也是一种包含有中介性的知识。因为真正可以认作真理的内容的，并不是以他物为中介之物，也不是受他物限制之物，而是以自己为自己的中介之物，所以中介性与直接的自我联系的统一。那执着的知性，自以为足以解除有限知识，超出形而上学和启蒙思想的**理智的同一性**，却仍然不免直接地以直接性或**抽象的自我联系**，或抽象同一性作为真理的原则和标准。**抽象的思想**（反思的形而上学的形式）与**抽象的直观**（直接知识的形式）实是同一的东西。①

理性的中介不是以他物为中介，这是一种知性的思维方式，而是以自身为中介，这才能真正保证哲学思考的真理性与客观性。

最后，当理性无中介规定时，康德所讲的理性实际上是一种静止的理性，这种静止的理性何以能构成动态的世界，这是一个难题。按照黑格尔的理解，如果理性具有同一性特征，而且理性是以自身为自己的中介，那么理性就是一个自我建构过程，"因为中介不是别的，只是运动着的自身同一，换句话说，它是自身反映，自为存在着的自我的环节，纯粹的否定性，或就其纯粹的抽象而言，它是单纯的形成过程"②。通过中介环节的流动性，理性将自身建构为一个整体，"它们的流动性却使它们同时成为有机统一体的环节，它们在有机统一体中不但不互相抵触，而且彼此都同样是必要的；而正是这种同样的必要性才构成整体的生命"③。黑格尔在建构自己的哲学体系

---

① 黑格尔. 小逻辑. 贺麟, 译. 北京：商务印书馆, 1980：167. 个别标点有改动.
② 黑格尔. 精神现象学. 贺麟, 王玖兴, 译. 北京：商务印书馆, 1979：12.
③ 同②2.

时，正是按照这个要求进行的。绝对观念外化为自然界、人类社会，在精神阶段达到绝对观念的自我回归。如果绝对观念在自我外化中造就自我的对象，那么理性与物自体的对立就变成精神内部的对立，绝对观念对这一对立是可以自我观照、自我解决的，这就解决了康德的难题。

但问题在这儿还没有结束。费希特已经试图将康德的二律背反置于自己的哲学逻辑中，但他没有成功。一个重要的原因是，在费希特那儿对理性的理解还是线性的，他的哲学开端是一个固定的点，而这个点只有在外力的推动下才能运动起来，这时他的哲学就无法获得自我证明。在黑格尔哲学中，线性的哲学思路变成了一个体系的圆圈，哲学的起点同时也是终点，这形成了理性内在的自我证明。这个体系的圆圈解决了费希特哲学的难题，一个同一性的、自我建构的、具有绝对自明性的绝对观念终于铸造出来了（黑格尔关于绝对观念自我循环这条思路，在一定的意义上被解释学加以发展了）。

应该说，理性自明是由笛卡尔最初提出来的，它体现了对经验主义的反思，但笛卡尔的理性自明是以直观的方式进行说明的。康德指出，直观只有置于概念之下才具有客观性，理性只有以纯粹思维本身为对象时，理性才能真正达到自我理解、自我证明。但康德的理性自明性，仍然是抽象的，无法解决人与世界关系、人与人关系的自明性问题。这正是黑格尔所要解决的。按照黑格尔的理解，理性要达到真正的自我理解与自我证明，它的对象的意义必须就是对象的自我意识，这是摆脱康德理性抽象性的重要环节。意识的这种相互对象性，正是人与自然关系的理性自觉，也是人与人关系的理性自觉，是交互主体性的澄明之境。绝对观念通过自身发展，进入无限的关系中，达到对一切的理解，"这就是黑格尔所描写的'真正无限'的存在方式。无限并不是有限之后或超越有限的某物，而就是有限的真正现实。无限就是事物存在的方式，在这个方式中，事物所有的潜在都得以实现，所有的存在都获得了它的最终形式"①。这才是真正的理性自明。在这种理性自明中，理性形而上学达到了最高境界，一切在这里都豁然而解了。

---

① 马尔库塞. 理性和革命. 程志民, 译. 重庆：重庆出版社, 1993：64.

形而上学批判

第二节　有限性与早期海德格尔的形而上学

黑格尔以绝对观念为核心的绝对形而上学，受到了海德格尔的批判。对于形而上学，海德格尔在思想发展的不同阶段，有着不同的谈论方式。早期海德格尔主要是通过对"此在"的思考，探索"此在"与"存在"的关系，并以此为基础重构形而上学；而在后来的思考中，海德格尔则直接追问"存在"的意蕴，在"存在"的无蔽状态与澄明之境中理解形而上学的内在规定。但在早期海德格尔的思考中，从有限性出发，从有限中直观无限，构成了他批判康德、黑格尔，建构自己哲学理念的重要问题。

在《存在与时间》一书中，海德格尔建构了关于"此在"的基础存在论，他认为分析"此在"是我们追问"存在"意义的前提。在紧随其后的《康德与形而上学问题》（1927—1928）和《形而上学是什么?》（1929）等文章中，结合对康德哲学的讨论，海德格尔接过《存在与时间》一书的主题，认为《存在与时间》中的"基础存在论，是指对有限的人类本质所作的那样一种存在论分析，它应当为'属于人的自然本性'的形而上学准备基础。基础存在论是为了使形而上学成为可能而必然要求的、人的此在的形而上学"①。以此为基础，早期海德格尔力图建构一个以"此在"的有限性为前提，有着内在自我批判的当代形而上学。他甚至认为这种形而上学是拯救西方世界的可能之途。

1. 康德与传统形而上学的无意识转向

海德格尔认为，形而上学在古希腊早期，体现的是一种在场性，即人与一切事物的当下交流，强调的是一种人与世界的澄明关系。而在亚里士多德之后，这种形而上学转化为对最高存在者的洞察与认知，变成了对绝对者的思考。随着古希腊哲学向古罗马的过渡，这种形而上学思想进一步强化，海德格尔甚至认为这个过渡是遗忘"存在"的决定性时期。形成这种情况的原因有两个：一是涉及对形而上学内容的划分。这

---

① 海德格尔. 海德格尔选集：上卷. 孙周兴，选编. 上海：生活·读书·新知三联书店，1996：81.

源于基督教信仰对世界的说明。基督教将世界划分为两个方面：上帝世界与世俗世界。上帝世界是世俗世界的根据与存在标准。另一个原因涉及形而上学概念的认识方式和方法。由于形而上学将一般存在者和最高存在者作为研究对象，它就成为诸科学的女王，并要求相应的理想知识与自己相对应。在近代，自然科学的发展使哲学家相信，这种理想知识就是数学知识。因此，数学知识成为近代唯物主义与唯心主义哲学的共同基础。海德格尔认为，康德坚持的就是这种形而上学的意图，并想在此基础上建立最终的形而上学。康德在《任何一种能够作为科学出现的未来形而上学导论》中指出，由于以前的哲学对形而上学的思考要么根据作为真正物理学源泉的外经验，要么根据作为经验心理学基础的内经验，所以都没有找到奠定形而上学的基础。因此，"一切扩展纯粹理性知识的企图都必须暂时中止，直到对这门科学之内在可能性的探究变得明朗化为止，这就产生了在某种本质规定的意义上为形而上学奠定基础的任务"①。

那么，在海德格尔的视域中，康德是如何为传统形而上学奠基的呢？或者说是什么东西给了这种形而上学以内在的可能性，使它成为它所愿意成为的东西呢？从《存在与时间》中的思考出发，海德格尔认为，这种奠基就是要揭示出存在与存在者的关系的本质，在这种关系中，存在者显示出它本身的样子，以至于一切有关它的表述从此以后都成为可证实的。但囿于近代哲学的知识论传统，要做到这一点，就是要做到对存在性知识何以可能的追问，这正是康德哲学的起点。康德认为，过去的哲学都是将认识与对象的一致作为研究的问题，而实际上人们真实的认识过程恰好与此相反。人们在认识事物时，总是以一定的认识图式为前提的，用海德格尔的话来说，每一领会作为敞开来的基本方式必定是在一条确定的视轨上活动的。因此，问题必须反过来，即对象与我们的认识相一致，才能真正揭示出真理。这样一来，为传统形而上学奠基的问题变成了认识的正确性何以可能的问题。所以在《任何一种能够作为科学出现的未来形而上学导论》中，康德总是反复追问：**"形而上学是怎样可能的，以及理性怎样来着手达到它。"**② 海德格尔认为，正

---

① 海德格尔. 海德格尔选集：上卷. 孙周兴，选编. 上海：生活·读书·新知三联书店，1996：88.
② 康德. 任何一种能够作为科学出现的未来形而上学导论. 庞景仁，译. 北京：商务印书馆，1978：28.

是在康德的思考中,存在论第一次从根本上成了难题。从这种思考出发,海德格尔对康德哲学的传统解释提出了批评。他认为,"为总体的形而上学奠基,就是揭示存在论的内在可能性。这就是在康德的'哥白尼式革命'这个题目之下总是被人误解的思想的真正意义,即形而上学的(与形而上学这一惟一主题相关的)意义"①。因此,对传统形而上学的奠基的工作是从存在论本身的内在可能性问题开始入手的。这才是康德哲学的革命性意义所在。

这种奠基的可能性在康德那儿可以表述为先天综合判断何以可能,而先天综合判断何以可能就需要对人的理性活动进行反思,因此,为形而上学奠基必须作为对理性的批判来进行,而不能从经验中获得,"因为有关存在者的经验本身总是已经由对存在者的存在论领悟来引导的,这种存在论领悟从特定的方面看应是通过经验可以达到的"②。康德把我们从先天原理出发进行认识的机能称为"纯粹理性"。纯粹理性是这样一种能力,它包含我们完全先天地认识某物的那些原理,因此,只要在理性中所包含的那些原理构成了某种先天知识的可能性,则对存在论知识之可能性的揭示必定就会成为对纯粹理性本质的澄清。为纯粹理性的本质划定范围,也就是与它的非本质的东西区别开来,因而也就是将它局限和限制在其本质的可能性上(批判)。为形而上学的奠基作为对存在论的本质的揭示,就是"纯粹理性的批判"。康德为纯粹理性划定范围,实际上就意味着形而上学在深层理性根据上不可能是无限的,而是有限的。当然康德并没有意识到这一点在形而上学重建中的意义,在他的理论深处,依然是想建构一种绝对的形而上学。

那么什么是先天综合判断呢?海德格尔在讨论中指出:

> 这种综合关于存在者应当告诉我们某种并非由经验从存在者中获得的东西,这就是告诉我们存在者的存在规定,就是先行关涉到存在者,就是告诉我们首先是何种纯粹的"与……相关"(综合)才构成了关涉者和这种视界,在这视界中存在者就其自身而言能通过经验的综合而被经验到。这种先天综合正需要在其可能性中得到澄清。③

---

① 海德格尔. 海德格尔选集:上卷. 孙周兴,选编. 上海:生活・读书・新知三联书店,1996:90.
② 同①92.
③ 同①93.

康德称此为先验研究。海德格尔认为，康德的这一研究，是把存在论建立为一般形而上学的基础，存在性的真理必须符合存在论的真理。在康德哲学中，对存在论的内在可能性的证明使自己成为对超验性亦即对人的主体之主体性的一种揭示。这表明，对形而上学本质的探讨就是对人的心灵诸基本能力之统一性的探讨。康德的这一奠基表明：对形而上学的证明就是对人亦即对人类学的探讨。

> 康德的形而上学奠基的目的是奠立一门"最终的形而上学"，即下属的形而上学，它包括三个部门即宇宙论、心理学和神学。然而形而上学的这样一种奠立却必须在其最内在的本质中把形而上学领会为对纯粹理性的批判，而另一方面则应当把形而上学在其可能性和界限之内理解为"人的自然倾向"。但人类理性的这一最内在的本质却是透过那些永远使理性作为人类的理性为之激动的关切而显示出来的。①

这意味着："只有一种哲学人类学才能接受为真正的哲学、为下属形而上学奠基的工作。"②

康德的分析在其深层上，将形而上学的奠基与关于人的探讨联结起来。正是通过对康德的这一批判性研究，海德格尔认为，形而上学的重建，首先需要对人之为人进行研究，揭示人与形而上学的深层关联。这个工作构成了《存在与时间》以及同时期关于形而上学思考中的重要问题。在这个意义上，早期海德格尔关于形而上学的重建，是回到了康德，但又在深层上超越了康德。

2. "此在"的有限性与形而上学的深层关联

从康德的哲学人类学出发，当然要讨论人。海德格尔认为，过去的哲学人类学虽然有了许多讨论，但对人的理解，仍然是不清楚的。由于受近代抽象认识论影响，人或者是一种自然规定性，或者将人先验地当作一种理性存在物，这使哲学对人的讨论在前提上就陷入了误区，因为这一讨论建立在人与世界的二元论基础上。错误的理论前提，当然无法

---

① 海德格尔. 海德格尔选集：上卷. 孙周兴, 选编. 上海：生活·读书·新知三联书店, 1996：98.

② 同①99.

理解现实生活中的人。对形而上学的重新奠基,就需要对"人"进行重新讨论。但这时,"值得导求的不是对'人是什么'这一问题的回答,而是首先要问,一般说来,在为形而上学奠基时对人的探讨只有怎样才是可能的和必须的"①。海德格尔的这一提问方式,与康德关于人的理性何以先天可能的提问方式相接近。

康德已经意识到这一问题。康德将形而上学批判归结为四个问题:(1) 我能够知道什么?(2) 我应当做什么?(3) 我可以希望什么?(4) 人是什么?在海德格尔看来,这四个问题中值得探讨的是:为什么前三个问题都与第四个问题有关?为什么一切都可以看作人类学的问题?什么是这三个问题的共同之处,在何种眼光下它们是统一的,也就是说可以被归结为第四个问题?这第四个问题必须如何发问,才能将那三个追问统一地吸收于自身并包含它们?海德格尔认为,人类理性的最内在的关切在自身中结合了上述三个问题。在这里,人类理性的能够、应当和可以都成了问题。在这三种状态中,实际上都表明了人自身的"尚未"状态,"一个自身尚未规定的满足的这种'尚未'表明,一个使自己最内在的关切取决于某种应当的生物,根本上是有限的"②。因此,康德在自己的哲学思考中,不仅泄露了理性的有限性,而且表明理性最内在的关切是指向有限性本身的。"对人类理性来说关键在于,不要去排除能够、应当和可以,因而不要去扼杀有限性,相反,恰好要意识到这种有限性,以便在有限性中坚持自身。"③ 当然,这在康德哲学中并没有呈现出来,而是海德格尔在《存在与时间》中关于人的"有死性"理解的基础上解读出来的。

在这里,海德格尔实现了话题的转换。在传统形而上学的奠基中,是为了超越有限性,达到先验理性的完美状态。虽然这个任务在康德哲学中没有完成,还体现为现象与物自体的二元对立,但在后来者的思考中,尤其是在黑格尔哲学中,绝对观念就是通过辩证法实现了理性的最终和谐与圆满。而在海德格尔看来,形而上学的真正基础恰恰是在有限性中,这种有限性并不是外在地加在人类的纯粹理性身上,"相反,理

---

① 海德格尔. 海德格尔选集:上卷. 孙周兴,选编. 上海:生活·读书·新知三联书店,1996:105.
② 同①106.
③ 同①107.

性的有限性就是有限化，也就是为了能够成为有限而'操心'"。正是因为有限性，人才提出上述的三个问题。康德的奠基，实际上带来了他自己都没有意识到的结果，即"回复到这一奠基工作的某种更本源的可能性变得明显了"。因此，海德格尔明确提出：

> 形而上学的奠基是在对人的有限性的探讨中建立起来的，也就是说，这种有限性现在才能够被讨论。形而上学的奠基是把我们的、亦即有限的知识"分解"（分析）为它的各个要素。康德把这种分析称为"对我们内在本性的研究"。但这一研究只有当它本质上所以出的困惑被足够本源地和全面地把握住之后，当由此出发而将"我们"自身的"内在本性"作为人的有限性来讨论之后，才不是任意的、无方向的对人的探讨，而是"对哲学家甚至是一种义务"。①

形而上学最初是为了探索存在，而现在却需要探索有限性，而且有限性成为哲学思考的核心，这在学理上是一个很大的跨越。那么怎样理解人的有限性？它与存在的关系怎样？又怎样通过有限性达到存在的本质？这是形而上学奠基中的难题。海德格尔再次通过分析传统发问的深层内容来进行揭示。在传统形而上学中，我们一般从存在者之为存在者出发，我们追问的是什么把存在者规定为这样一个存在者，并把对它的探讨称为存在问题。在这种思考的背后，隐含的一个前提是必须有对存在的预先把握，那么在这个问题中已被预先领会的存在是什么意思？这个在传统形而上学中当作不言自明的前提实际上恰恰是被遮蔽的。什么是存在？怎样寻找存在的答案？在《存在与时间》中，海德格尔通过追问"存在"的发问结构，指出了"此在"在追问"存在"意义问题上的优先地位。在《康德与形而上学问题》中，海德格尔进一步指出："真正的哲学研究只有当存在问题属于哲学的最内在的本质，而哲学本身只有作为人的此在的决定作用的可能性才存在时，才能够通往存在问题。"②

在"此在"追问"存在"意义的过程中，存在问题作为对存在概念

---

① 海德格尔. 海德格尔选集：上卷. 孙周兴，选编. 上海：生活·读书·新知三联书店，1996：108.

② 同①115.

把握的可能性的探讨，自身产生于前概念的存在领悟。所以，对存在概念的可能性的探讨在某个阶段上就再次被逼回到对一般存在领会的本质的探讨。更本源地被激发起来的那种为形而上学奠基的任务，由此就转变成对存在领悟的内在可能性的澄清，把这样理解的存在问题制定下来，便首次对这一问题做出了裁决：存在难题是否并以何种方式具有与人的有限性的某种内在关系。"**假如关于存在的领会没有发生，人就会永远没有能力作为他所是的存在者而存在，哪怕他已具备了多么奇妙的机能。**"因此，人在追问"存在"意义时，已经将自己置于"存在"之光中（这里已经预示了海德格尔的后来转向，即直接揭示存在的澄明之境）。"人的这种存在方式，我们称之为生存。只有在存在领悟的基础上生存才是可能的。"① 在这里，海德格尔再一次确定了"此在"的生存在追问"存在"意义上的优先地位。人的生存，总是处于有死状态中，这种有死性并不是一个事件，而是"此在"的生存论规定。"此在"的有限性构成了领悟"存在"的基础，也只有在有限性中，"存在"才能得到理解。"存在作为存在方式，本身就是有限性，而作为有限性，它只有基于存在领悟才是可能的。存在这类东西只有当有限性已生存起来时才有，也必定会有。这就启明了存在领悟，它的广度、持久性、无规定性和不成问题性都不为人知晓，却作为人的有限性最内在的基础而彻头彻尾支配着人的生存。"把存在当作有限性，这在哲学史上是一个事件。"只是由于存在领悟是有限之中最有限的东西，它才也能使人的有限本质的所谓'创造性'能力成为可能。""基于存在领悟，人就是这个'此'（Da），它以其存在而使存在者被首次突入而启开，以至于存在者作为存在者能够对它自己显示出来。**比人更原始的是人的此在的有限性。**"② 到这里，存在与有限性的关系就非常清楚了。通过这些思考，海德格尔向我们澄清了什么是"有限性"问题，也只是到这时，"我们现在才完全不需要探讨存在领悟与人的有限性的关系了，存在领悟本身**就是**有限性的最内在的本质，但这样我们就获得了成为形而上学奠基的困惑之基础的有限性概念"③。人是基于"此在"才成其为人，因此，

---

① 海德格尔. 海德格尔选集：上卷. 孙周兴，选编. 上海：生活・读书・新知三联书店，1996：117.

② 同①118.

③ 同①118-119.

对于比人更原始的东西的探讨,就根本不可能是过去意义上的任何人类学。这样,"形而上学奠基的难题在对人的此在的探讨中,即在对人的最内在的根据、对作为本质生存之有限性的存在领悟的探讨中,找到了它的根"。而这个工作,正是海德格尔在《存在与时间》一书中主要思考的问题。"这样一来,形而上学的基础就奠定在某种此在形而上学之中。一种形而上学奠基至少必须是形而上学,即某种卓越的形而上学,这难道有什么值得奇怪吗?"①

3. "有限的"形而上学与"无"之境

形而上学奠基于"此在"的形而上学,而对"此在"形而上学的思考根本不可能像过去一样重新建构一个封闭的体系。"形而上学的奠基又决不是抽象地建立一个体系及其各个层面,而是对形而上学的内在可能性进行建筑术上的范围界定和标记,也就是说,对其本质进行具体规定。只不过任何本质规定只有在对本质根据的发掘中才能完成。"② 在《存在与时间》发表后的第一年,哲学界期待着海德格尔写完这本著作,以给读者提供一个完整的哲学体系。对此,海德格尔明确加以拒绝。海德格尔认为,哲学正好是"一切稳定和保险可靠的对立面。它是一个漩涡,人们不断地旋到它里面去,以便不带任何幻想地,对人生此在进行纯粹的把握"③。而人生"此在"的有限性,决定了海德格尔并没有发展出一种全新的关于人和人的基本生活联系的体系哲学,因为这种哲学不符合人的有限性和历史性生存。哲学只要在人的生存中产生,它就必须从头开始。"**这个**此在的形而上学根本不是什么固定的、准备好了的'工具论'。它任何时候都必须通过改变其观念而在制定形而上学的可能性时重新构成自己。"④ 因此,在海德格尔看来,真正的哲学之思是对永恒的、自我封闭的体系的解构,最高的不确定性是哲学永久的邻居。这时,问题就是去思考一种"此在"形而上学应当如何具体地实现出来,"此在"存在机制的揭示就是存在论,而揭示这一机制恰恰表明

---

① 海德格尔. 海德格尔选集:上卷. 孙周兴,选编. 上海:生活·读书·新知三联书店,1996:119.
② 同①82.
③ 吕迪格尔·萨弗兰斯基. 海德格尔传. 靳希平,译. 北京:商务印书馆,1999:260.
④ 同①120.

"此在"的有限性构成形而上学的基础。

关于"此在"存在机制的思考，海德格尔一方面继续概要论述了《存在与时间》中的主题内容，另一方面通过对畏的进一步解读引出了关于"无"的思考。"此在"的存在是由筹划、领会等组成的构成性，"此在"的存在方式是要把"此在"及其存在领悟，亦即把原始的有限性压抑到遗忘中去，这就是海德格尔所谓的日常性。对日常性的分析并不能以认识论的方式进行，日常性的"此在"首先是"在世中存在"，这不是一种认识论意义上的最初的主客体关系，而是在一种被抛的筹划中实现出来。这当然是海德格尔需要超越的。这种超越正是通过对"死亡"的良知呼唤，在深入"不"之状态中，真正地体会到有限性，从日常流俗时间的无始无终性跳跃出来的。按照《存在与时间》中的分析，在世中存在总是寓于时间境域中，而时间境域就意味着一种历史性生存，这种形而上学的奠基就不可能是先验性，只能是有限的。"正是出于为形而上学奠基的意图而对有限性的最内在本质的强调，本身就必须永远是彻底有限的，永远不可能成为绝对的。"① 这种彻底有限性，就是一种哲学内在批判的根据，并解构了传统形而上学。这种批判既表现为哲学的思考总是要从头开始，哲学的提问必须每天都是新的有限性的规定，同时也表现为，哲学的思考如果奠基于有限性的基础上，那么任何如黑格尔式的体系哲学都是非法的，当黑格尔认为自己的哲学是对世界大全的认识，达到了绝对真理时，实际上只是终结了黑格尔本身的哲学，而非哲学自身的终结。海德格尔的这一立足点，对于国内研究中如何理解马克思主义哲学的当代性问题非常重要。马克思主义哲学的当代理论建构也是非体系式的。这是海德格尔关于有限性思考给予我们的理论参照点。

在这种被抛中，有限的"此在"如何返回到"存在"呢？海德格尔通过"畏"这一概念进行了分析。正是在"畏"中，"此在"进入了日常生活的"虚无"之中，"在畏中，此存在者整体之隐去就萦绕着我们，同时紧压着我们。周遭竟一无滞碍了。所余以笼罩我们者——当存在者隐去之时——仅此'无'而已……畏启示着无"②。"无"并不是要否定

---

① 海德格尔. 海德格尔选集：上卷. 孙周兴, 选编. 上海：生活·读书·新知三联书店, 1996：125.

② 同①142.

放弃整个存在者本身,"倒是'无'本身就要和离形去智同于大通的存在者合在一起并即在此存在者身上显现出来"①。因此,海德格尔的"无"与尼采的"虚无"不同。海德格尔认为,尼采所说的"虚无"依然是对存在者的思考,当尼采宣称"上帝死了",并以此反对传统形而上学,以"强力意志"作为价值重估的根据时,尼采的思考还是从把在存在中的存在者思考为"强力意志"。因此,海德格尔认为尼采只是传统形而上学的终结者。他所理解的"无",并不是一种否定意义的"无",而是存在者得以显现的根据,它首先把"此在"带到其自身之所以如此存在的面前。"只有在'无'所启示出来的原始境界为根据,人的此在才能接近并深入存在者。"② 因此,"无"显示出一种超越境界,形而上学就是超出存在者之上的追问,以求返回来对这样的存在者整体获得理解。"人的此在只有当其将自身嵌入'无'中时才能和存在者打交道,超越存在者之上的活动发生在此在的本质中,此超越活动就是形而上学。由此可见形而上学属于人的本性。"③"此在"本身就是形而上学。因此,形而上学不是由人建构的体系,相反,存在领悟、它的筹划和它的被抛,都是在此在本身中发生的。这表明,只要人生存,哲学活动就以一定的方式发生。哲学就是把形而上学带动起来,也只有在形而上学中哲学才能尽性,并尽其明确的任务。因此,哲学只有通过本己的生存之独特的一跃而入此在整体之各种根本可能形态中才动得起来。"为此一跃,关键性的事情是:首先给存在者整体以空间;其次,解脱自身而入'无',也就是说,摆脱人人都有而且惯于暗中皈依的偶像;最后,让此飘摇状态飘摇够了,终于一心回到此直逼'无'本身处的形而上学基本问题中:为什么就是存在者在而'无'倒不在?"④ 在问题的这一转换中,形而上学不再是一种自我论证的合法整体,而永远是一种面对在者而入"无"的发问。而对"无"的发问,又将再次表明形而上学的有限性。这时,形而上学已不再是一种自我说明的理论体系,而是一种自我批判的当下解构与重构。只有进入"无"之境中,我们才能

---

① 海德格尔.海德格尔选集:上卷.孙周兴,选编.上海:生活·读书·新知三联书店,1996:145.
② 同①145-146.
③ 同①152.
④ 同①153.

真正地进入形而上学的根基处。"无"体现的是原始境界,这种原始境界在后期海德格尔哲学中,成为具有美学意象的物化之境。

第三节 物化之境与形而上学的神化

在海德格尔看来,传统形而上学是无根的形而上学,当其将存在定位于关于存在者的存在者总体时,存在本身的遗忘构成了西方文化根基的"虚无"性,故尼采的虚无主义从深层上完成了传统形而上学①。与存在的遗忘相对应的,就是物成为物体,成为对象物,成为被摆置的东西,用他在《存在与时间》中的话来说,就是一个上手之物,一个用具,这是一种有用性。物从其周遭中孤立出来了,故物之物性在这种摆置中无从获得,在这个意义上,物性的获得与形而上学的深层奠基有着同构性。如果说早期海德格尔想通过"此在"的有限性来领悟存在的话,后期海德格尔则在直观中直达有限中的澄明之境,这种直观性使存在与具体物形成了一种相互映照的关系,他关于物化之境的思考就明显地体现了这点②。可以说物化之境体现了海德格尔后期形而上学思想的精华,也是他后期写作中的理论支点之一,这在《艺术作品的本源》③(1935—1936)、《物》(1955)等文本中得到了明显的体现。这种物化之境,虽然体现了形而上学的最高意境,但它更是形而上学的神化之境。这种一片光明的境界,实际上也是一片黑暗,在强光的照射下,海德格尔在激活了诸神的同时,也使诸神走向了死亡。

1. 物性之遗忘

海德格尔关于物性的追问,是在《艺术作品的本源》这篇文章中直接提出来的。何谓艺术?艺术的本质是什么?要回答这些问题,就要分

---

① 海德格尔. 海德格尔选集:下卷. 孙周兴,选编. 上海:生活·读书·新知三联书店,1996:763-819.

② 在海德格尔这里的"物化"概念,与卢卡奇使用的"物化"概念不同,后者是一个否定性的批判概念,前者则体现了哲学的最高境界。在我看来,这也是哲学的审美境界。

③ 关于这篇文献,一般是从美学的角度来解释,而不是放到形而上学的维度来思考。参见:比梅尔. 海德格尔. 北京:商务印书馆,1996。邓晓芒先生在《什么是艺术作品的本源?》(《哲学研究》2000年第8期)中也是从这个角度来理解的。

析什么是作品，艺术总是在作品中才能表现出来。但在作品中首先映入眼帘的是艺术的具体物性存在，任何艺术都具有这种物的因素，虽然艺术本身不等同于物。"艺术作品是一种制作的物，但是它所道出的远非仅限于纯然的物本身。作品还把别的东西公诸于世，它把这个别的东西敞开出来。"① 但要理解这种敞开出来的艺术，在艺术作品中找到真实的艺术，物的问题再也无法回避。我们要弄清楚物之存在，亦即物之物性，需要对何为物进行追问。

什么是物呢？通常意义上，我们是将摆在面前的对象称为物，但在海德格尔看来，物之物性因素并不在于它是被表象的对象，因而也不能从对象之对象性的角度来加以规定。我们可以认为，物是通过一种摆置而发生的，也即是通过置造而发生的，从置造方面来设想这种自立，但这种自立仍然是从对象性的角度来思考的。按照海德格尔在《存在与时间》中以及他关于技术批判的思路，从对象和自立的对象性出发，没有一条道路通过向物之物性因素。他认为，这可以通过对思想史的反思得到证明。

在西方思想史上，关于物之物性有三种解释：

第一种解释是，物是那个把诸属性聚集起来的东西。在这个意义上的物，可分为内核和属性两个部分，物的内核当然是根基并永远置于眼前的东西，物的属性指的是可见的特征，如一棵树，我们可见它的颜色、形状、重量等。这个内核与属性同时产生。在这里，海德格尔特别指出，这些理解在古希腊是关于在场状态意义上的存在者之存在的基本经验，而在古罗马的解释之后，关于存在者存在的基本经验开始向存在者转变，这导致了哲学无根状态的开始。

在这种理解中，存在着两个问题：其一，我们把物做了分解，即内核与属性，这种分解是物本身所具有的还是我们的观念所造成的，并没有得到深层的论证；其二，进一步看，当我们把物看作具有诸属性的实体时，我们实际上是以自己所陈述的物的结构当作物的结构本身了。

我们却必须追问：简单陈述句的结构（主语和谓语的联结）是物的结构（实体和属性的统一）的映像吗？如果物还是不可见的，

---

① 海德格尔. 海德格尔选集：上卷. 孙周兴, 选编. 上海：生活·读书·新知三联书店, 1996：240.

> 那么这种把命题结构转嫁到物上的做法是如何可能的。谁是第一位和决定性的,是命题结构呢还是物的结构?这个问题直到眼下还没有得到解决。①

在海德格尔的这一追问中,直接触及了语言学研究中的重要问题,即我们是通过语言来指涉现实的,因此语言构成是必须加以研究、加以澄清的问题,这就可以理解为什么海德格尔强调语言是存在之家了。按照这一思路,物的概念并没有切中物之物性,它遗忘了物赖以产生的前提,也无法把物性存在者与非物性存在者区分开来。因此海德格尔认为,流行的物之概念在任何时候都适合于任何物,但它把握不了本质地现身的物,反而通过言说的陈述结构与物性结构的混淆,把问题搞乱了。

如何避免这种混乱?正是对此的反思,出现了关于物的第二种解释。物是在感性的感官中通过感觉可以感知的东西。这种观点认为,物不需要我们去索求,它早就发生着,在视觉、听觉和触觉中,在对色彩、声响、粗糙、坚硬的感觉中逼迫着我们。按照这个理解,物无非是感官上被给予的多样性之统一体。至于这个统一体是被理解为全体,还是整体或形式,都丝毫没有改变这种物的概念的决定性特征。对于这一解释,海德格尔认为,在人与物之间首先是一种存在关系,尔后才是认识关系,这是海德格尔在《存在与时间》中主要解决的问题之一。比如我们首先总是听到"风",而不是风的声音。而当我们想听风的声音时,我们的耳朵就必须离开物,必须抽象地去听。更重要的是,这种解释在深层上恰恰无法回避第一种解释的深层难题。如果物给予我们只是其某一方面的感觉,但我们感觉到的却是全体,那么这种全体的观念何以具有合法性?而康德、黑格尔对经验主义的批判,触及的正是这个问题。从根底上看,物的经验主义解释是一种观念的投射,但经验主义却认为这种投射是纯粹客观的,想使自身的理解成为物性的再现。

> 对物的第一种解释仿佛使我们与物保持着距离,而且把物挪得老远;而第二种解释则过于使我们为物所纠缠了。在这两种解释中,物都消失不见了。因此,确实需要避免这两种解释的夸大。物本身必须保持在它的自持中,物应该置于它的本己的坚固性中。这

---

① 海德格尔. 海德格尔选集:上卷. 孙周兴,选编. 上海:生活·读书·新知三联书店,1996:244.

第三章　马克思与形而上学的颠覆

似乎是第三种解释所为,而这第三种解释与上面所说的两种解释同样地古老。①

第三种解释认为物是具有形式的质料。色彩、大小等是物的质料,物就在于形式与质料的结合。这种解释看起来是符合艺术作品中的物的因素问题,如作品中物的因素显然就是构成作品的质料,这是艺术家活动的基底。这种解释具有重大的影响,而且远远超出了美学的领域。但在海德格尔看来:

> 形式与内容是无论什么都可以归入其中的笼统概念。甚至,即使人们把形式称作理性而把质料归于非理性,把理性当作逻辑而把非理性当作非逻辑,甚或把主体—客体关系与形式—质料这对概念结合在一起,这种表象仍具有一种无物能抵抗得了的概念机制。②

但这里的问题是,质料与形式是在存在者的何种领域中实现其真正的规定性力量的?在具体的分析中,形式与质料的关系是不同的,如一块花岗岩,它有其形式,但这种形式是一种质料分布的结果,用具也有形式,但在用具中是形式规定了质料,如斧子等。在用具中,形式与质料实际上是以有用性为前提的,"有用性是一种基本特征,由于这种基本特征,这个存在者便凝视我们,亦即闪现于我们面前,并因而现身在场,从而成为这种存在者。不光是赋形活动,而且随着赋形活动而先行给定的质料选择,因而还有质料与形式的结构的统治地位,都建基于这种有用性之中"③。作为有用性的存在者,都是制作过程的产品。因而,作为存在者的规定性,质料与形式就寓身于器具的本质之中,器具这一名称指的是为使用和需要所特别制造出来的东西。质料与形式绝不是纯然物的物性的原始规定性。忽视了制作这一过程,将物当作一个天然的形式与质料的结合体,这恰恰会无视物的历史规定性。海德格尔的这一思考,就像马克思批判费尔巴哈的直观唯物主义一样。费尔巴哈认为,自然是真实可信的存在,从自然出发来规定人的本质,才是哲学思考的根基。马克思指出:自然总是处于历史变动之中,看不到人的实践活动

---

① 海德格尔. 海德格尔选集:上卷. 孙周兴, 选编. 上海:生活·读书·新知三联书店, 1996:247.

② 同①248.

③ 同①249.

对自然的影响，就只能停留于观念中来想象自然化的人。所以"当费尔巴哈是一个唯物主义者的时候，历史在他的视野之外；当他去探讨历史的时候，他不是一个唯物主义者"①。因此，费尔巴哈在根子上无法洞察自然的本性。海德格尔对形式与内容的批判，可以说与马克思的批判思路具有相似性。可见，形式与质料的区分以及由此对物的理解，与上述的另外两种物之物性的解释毫无二致，也是对物之物存在的扰乱。

但更深层的问题是，在西方历史上，由对物之物性的这三种规定，产生出一种思维方式，即一种非历史性的、对象式的思维方式，"我们不仅根据这种思维方式专门去思考物、器具和作品，而且也根据这种思维方式思考一般意义上的一切存在者"②。正是这种思维方式，阻碍着对存在者之存在的沉思，也阻碍着对物之物性的追问。

在海德格尔的早期思想中，就着力于对这种思维方式的打破。他反对主体、客体两分的思维方式，认为这是同关于存在者的形而上学思考一致的，而要追问存在问题，就必须超越这一思维方式，由此进入解释学的循环。正是在解释学的境域开启中，"此在"的历史性理解成为领悟存在的基础。而在这里，海德格尔则越过了"此在"这个中介，直接从物化之境来理解物之物性。

2. 物性与物化之境

那么，究竟什么是物之物性呢？我们以海德格尔对器具（梵高的画《农鞋》）的解释来揭示他是如何在物化之境中揭示物之物性的。

对于这一器具——鞋，我们不能通过将它当作对象，或通过传统认识论的"看"来把握它。农妇穿着鞋，她在劳动中对鞋想得越少，对它的意识越模糊，它的存在也就越真实，因此，器具之器具性是在使用过程中遇到的。在这里我们遇到的依然是《存在与时间》中关于上手性的分析。但与上手性分析不同的是，海德格尔想从这里看到器具的本性，他认为虽说器具的存在就在其有用性之中，但有用性本身又植根于器具之本质存在的充实之中。我们称之为可靠性。凭借可靠性，这器具把农妇置入大地的无声召唤之中，凭借可靠性，农妇才把握了她的世界。

---

① 马克思，恩格斯. 马克思恩格斯选集：第1卷. 北京：人民出版社，2012：158.
② 海德格尔. 海德格尔选集：上卷. 孙周兴，选编. 上海：生活·读书·新知三联书店，1996：251.

"世界和大地为她而存在,为伴随着她的存在方式的一切而存在,但只是在器具中存在。……器具的可靠性才给这单朴的世界带来安全,保证了大地无限延展的自由。"① 因此,器具归属于大地,并在农妇的世界中得以保存,在这种保存中,器具得以自持。这里,出现了一种循环关系。对物性的追问,要以器具的有用性为起点,有用性是具体物的有用性,而这种有用性又来自器具的本质规定,这种深层的关系界说清楚了,那么物性才能得到理解。

器具和自持性,奠基于器具的可靠性。正是在这种可靠性中,人们无声地使用着器具,并通过使用器具,按照物的不同方式和范围把一切物聚于一体。有用性只不过是可靠性的后果,没有可靠性就没有有用性。器具的消耗过程也就是可靠性的消失过程,当可靠性消失之后,器具的有用性"才获得了它们那种百无聊赖的死皮赖脸的惯常性",人们见到的也就是枯燥无味的有用性。只有到这时,它才给人一种印象,即器具的本源在于纯然的制作中,制作过程才赋予某一质料以形式。然而,在真正的器具存在中,器具远不只是如此。质料与形式以及两者的区别自有更深的本源。因此,当我们将形式与质料置于制作活动中时,还没有达到物之物性。

那么,在器具的可靠性中,到底发生了什么呢?海德格尔认为,可靠性是指存在者进入它的存在之无蔽中,存在者的真理已被设置于无蔽中了。"这里说的'设置'是指被置放到显要位置上。一个存在者,一双农鞋,在作品中走进了它的存在的亮光里。存在者之存在进入其显现的恒定中了。"② 物性的存在就是"存在者在其存在中的开启,亦即真理之生发"③。因此,只有当我们去思考存在者之存在之际,作品之作品因素和物之物性因素才会接近我们。这意味着,物性实际上就是真理,就是物寓于其中的敞开之境,是世界的解蔽。

接过上面的话题,为什么从置造出发并不能理解物呢?按照海德格尔在《存在与时间》中的理解,制作说到底是一种上手状态,而上手状态是日常生活物作为对象而出现的首要存在方式,但日常性是非本真

---

① 海德格尔. 海德格尔选集:上卷. 孙周兴,选编. 上海:生活·读书·新知三联书店,1996:254.

② 同①256.

③ 同①258.

的，它体现的是"此在"的沉沦状态，而这种沉沦状态与存在之遗忘相一致，因此制作当然不是理解壶之为壶的基点。从思想上来说，这是反对从技术与生产力来理解一切的思路。但在这里，海德格尔是从另外一条思路来分析的。如壶，在海德格尔看来，壶作为器皿，并不是因为被置造出来了；相反，壶必须被置造出来，是因为它是这种器皿。因此壶之物性因素在于：它作为容器而存在，当我们装满壶时，我们发觉这个器皿的容纳作用。壶之所以具有容纳作用，乃是因为虚空，虚空乃是器皿的有容纳作用的东西。壶的虚空，壶的这种无，乃是壶作为容纳的器皿之所是。正是壶之虚空决定着任何置造动作。器皿的物性因素绝不在于它由以构成的材料，而在于有容纳作用的虚空。

壶的虚空如何容纳呢？这是进一步的追问。通过接受注入的东西，虚空以双重方式容纳：承受与保持，对倾注的承受与保持，但这个统一性又是由倾倒决定的。倾倒就是馈赠，虚空的本质在于馈赠中，馈赠比单纯的斟出更为丰富。馈赠出来的东西是赠品。因此，壶之壶性在倾注赠品时成其本质。在馈赠中，可以是有死者的饮料，也可以是奉献给不朽诸神的祭酒。而饮料与祭酒又栖息着大地与天空，因此，

> 在倾注之赠品中，各各不同地逗留着终有一死的人和诸神。在倾注之赠品中逗留着大地和天空。在倾注之赠品中，同时逗留着大地与天空、诸神与终有一死者。这四方是共属一体的，本就是统一的。它们先于一切在场者而出现，已经被卷入一个维一的四重整体中了。①
>
> 壶的本质乃是那种使纯一的四重整体入于一种逗留的有所馈赠的纯粹聚集。壶成其本质为一物。壶乃是作为一物的壶。但是物如何成其本质呢？物化。物化聚集。居有四重整体之际，物化取聚集四重整体入于一个当下栖留的东西，即入于此一物彼一物。②

从这种物之物化出发，壶这个在场者的在场才首先得以自行发生并且得以自行规定。只有在物化之中，才有近化，才能体察到切近之本质。"物化之际，物居留大地和天空，诸神和终有一死者；居留之际，物使

---

① 海德格尔. 海德格尔选集：下卷. 孙周兴，选编. 上海：生活·读书·新知三联书店，1996：1173.

② 同①1174.

在它们的远中的四方相互趋近，这一带近即是近化。近化乃切近的本质。切近近化远，并且是作为远来近化。切近保持远，保持远之际，切近在其近化中成其本质。如此这般近化之际，切近遮蔽自身并且按其方式保持为最近者"①。这四重存在相互映射，成为一体，构成世界，其统一性就是四化，四化作为世界之世界化而成其本质。世界的映射游戏"乃是居有之圆舞"。"圆舞乃环绕着的圆环"，它照亮四方，使四方敞开归于其本质，这种被聚集起来的本质是环化，在环化的映射游戏中，"物之物化得以发生"。"如果我们让物化的物从世界化的世界而来成其本质，那么，我们便思及物之为物了。""如此思来，我们就为物之为物所召唤了。""物是从世界之映射游戏的环化中生成、发生的。"因此，物之物性并不能通过对象性的认知而获得，也不能通过制作方式而获得。物之物性在于其物化之境中，这种物化之境的获得，按照海德格尔在上面的分析方式，只能通过具有神秘性的直观与禅宗所讲的悟性方式才能理解。"讲得确切一些，海德格尔的思想方式是一种总是追究到问题的终极处、从而暴露出纯构成的缘发境域或理解视域的方式或道路。"② 张祥龙先生对海德格尔"缘发"性的强调颇为准确。

3. 物化之境：形而上学的神化与无奈

物之物性在于物化之境的澄明之中，在物化之境里，天、地、神、人同时在场，这是一场狄俄尼索斯引导的人、神狂欢，我们沉醉于倾注在壶中的敬神玉液，在这种沉醉中，诸神——这个被近代工业文明杀死的精灵，再次回归于我们的生活之中。在物化之境里，沉沦的日常生活消隐了，如当节日的时候代替了日常生活；器具之物消隐了，揭示世界之为世界的物性在熠熠发光；我们再次置于"返魅"的世界之中③。

> 神圣作为神圣开启出来，神被召唤入其现身在场的敞开之中；在此意义上，奉献就是神圣之献祭。赞美属于奉献，它是对神的尊

---

① 海德格尔. 海德格尔选集：下卷. 孙周兴，选编. 上海：生活·读书·新知三联书店，1996：1178.
② 张祥龙. 海德格尔与中国天道. 北京：生活·读书·新知三联书店，1996：7.
③ "返魅"对应于韦伯的"祛魅"概念。韦伯认为现代性是一个"祛魅"的过程，理性化消除了氛灵世界，工具理性构筑着现实世界的牢笼。

严和光辉的颂扬。尊严和光辉并非神之外和神之后的特性，不如说，神就在尊严中，在光辉中现身在场。我们所谓的世界，在神之光辉的反照中发出光芒，亦即光亮起来。……作品在自身中突现着，开启出一个**世界**，并且在运作中永远守持这个世界。①

相对于黑格尔思辨式的形而上学论证而言，海德格尔的形而上学在物化之境中呈现出诗性的微笑。

海德格尔的形而上学，目的在于反对以黑格尔哲学为代表的传统形而上学。但海德格尔真的做到了吗？我认为并不如此。物化之境，在我看来是对黑格尔形而上学的颠倒。在黑格尔哲学那里，任何具体的"这个"（物），如果不借助于理性，就无法交流出来，就只能是存留于心中的意谓，对于"这个"这一意谓，我们只能以沉默的方式来表达，而这恰恰是不表达。因此这个并不具有本体的意义，它只是假象，真实的存在是位于背后的概念或理性，正是借助于概念或理性，"这个"被扬弃了，并被包含于概念之中。而在绝对观念之中，最高境界是万物的和解，理性对自身达到了清晰明了的领会，这也可以说是达到了澄明之境。但在海德格尔那里，他从双重角度对黑格尔哲学进行了颠覆：一是"这个"直接就达到了存在之境，它本身就是大全，壶之壶性就是如此；与"这个"成为本体相对应的，就是对传统主体—客体两分的思维方式进行颠覆，一种直觉的领悟成为直达形而上学的本体性道路，这种领悟与本体是合而为一的。正是这种颠倒，才有了壶中的天、地、神、人四境圆舞。但在这种强光之中，虽然诸神到场了，但正如黑格尔所说，一片光明形同一片黑暗一样，这仍然是一片死寂之地，这种最后的境界正如《红楼梦》上所说的"落了片白茫茫大地真干净"，诸神到场了，诸神也死亡了。

进一步看，当海德格尔追求具体的生命存在，反对世俗生活的沉沦时，其理论构架的一个隐性基础是：只有本真的存在在场时，物才能回到物化之境中。但如果本真的存在是一个谎言，物还能回到物化之境吗？在大众文化时代，特别是技术制作时代，当物本身只成为一种功能物，成为一种技术存在物时，物化之境的干预还能成立吗？这是鲍德里

---

① 海德格尔. 海德格尔选集：上卷. 孙周兴, 选编. 上海：生活·读书·新知三联书店, 1996：264.

亚在《物体系》中对海德格尔的深层追问①："在日常生活里，我们对物的科技现实可谓毫无意识。然而此一抽象性却是基本的现实……物品最具体的一面便是科技，因为科技演进和物的结构变化实为一体。严格地说，物的科技层次变化是本质的，而物在其需求及实用的心理或社会学层面的变化则是非本质的。"② 如果心理的体验已不再是关键的，如果物本身变成了科技的外在表现，那么物就不再具有其自然的外观了，就不再像海德格尔所说有着木柄的锤子或壶一样了。要想在一个多功能的钢架床上看到天、地、神、人的四境圆舞，这就是一种痴人说梦了。

在我看来，在海德格尔的思想深处，追求一种自律的主体构成了其隐性的哲学主题，这是精英文化在面对工业化进程时，特别是在面对大众文化时的一种被激发的心态。正是这种心态使他无法直面大众文化，想到的只能是上帝的救赎、美学的救赎。以这种心态面对今天的传媒社会，最好是什么也不说，保持着沉默，回到黑森林的小房子中。只是今天这个社会，已经没有隐居之地了。诸神在场的同时，也就是诸神的死亡，在诸神死亡的世界，海德格尔的上帝并不能救赎这个功能化的物的世界③。马克思曾指出，批判的武器不能代替武器的批判，同样，对传统形而上学的批判并不能以新的形而上学取而代之，必须从生活世界中实现根本性的改变。在这个意义上，马克思对黑格尔式的形而上学的批判，触及的也是海德格尔哲学中的问题。

第四节　马克思与形而上学的颠覆

在《关于人道主义的书信》中，海德格尔写道："形而上学作为体系是第一次通过黑格尔才把它的绝对地被思过的本质形诸语言；正如此

---

① 鲍德里亚虽然在《物体系》中没有直接批评海德格尔，而主要指向法兰克福学派的技术批判理论，但鲍德里亚早年深受海德格尔的影响（Mike Gane. Baudrillard: Critical and Fatal Theory. London: Routledge, 1991: 6-7）。实际上，法兰克福学派的技术批判与海德格尔关于技术的思考具有某些相同的特征。

② Jean Baudrillard. The System of Objects. Trans. James Benedict. London: Verso, 1996: 5. 尚·布希亚. 物体系. 林志明，译. 上海：上海世纪出版集团，2001: 3.

③ 仰海峰. 走向后马克思：从生产之镜到符号之镜——早期鲍德里亚思想的文本学解读. 北京：中央编译出版社，2004：第一章.

种形而上学是真的一样，黑格尔对历史的规定亦如此真。绝对的形而上学连同它的由马克思和尼采所作的倒转一起都归属于存在的真理的历史之中。"① 在这里，海德格尔给我们提了一个问题，即如何理解马克思与传统形而上学的关系：马克思是实现了传统形而上学的颠覆，还是传统形而上学的极端完成者。在这一问题的背后，一个更深的问题是：如果马克思完成了对传统形而上学的颠覆，他与海德格尔对传统形而上学的颠覆之间的关系如何？这些问题构成了马克思主义哲学当代性理解中必须回答的问题，而对此的解决，不仅是对马克思主义哲学与现代西方哲学内在关系的深层辨析，更是马克思主义哲学与当代文化之间批判性对话的基石。我认为：马克思实现了对传统形而上学的颠覆，这不仅体现为对黑格尔式的绝对形而上学的颠覆，而且在理论深层上，也颠倒了海德格尔式的形而上学。

1. 两种形而上学

"形而上学"（Metaphysics）从其词源来看，译为"物理学之后"。这个概念源自亚里士多德的书名——《形而上学》，这是他的弟子在编完亚里士多德的《物理学》之后，对他这部讨论哲学内容的著作的称谓，但形而上学本身并非亚里士多德的术语。在全书十四章中，亚里士多德的讨论既涉及世界的本体问题，又涉及知识何以形成的问题。在后来的哲学讨论中，中世纪主要关注世界的本体层面，近代则转向关于世界的知识何以可能的问题，即形而上学必须能成为一切认识合法性的根据，这在康德的著作中成为一个重要的主题。而在康德之后的德国古典哲学中，知识的合法性基础存在于本体论的奠基之中。由此，形而上学与德国思辨哲学合为一体，在黑格尔哲学中达到高峰。

对于这一发展过程，海德格尔通过研究认为："形而上学是包含人类认识所把握的东西之最基本根据的科学。"② 这一科学包括两个层面：一是作为存在者的存在者的知识，二是关于存在者的最高领域（最高的种）的知识，存在者由此得到总体上的规定。在海德格尔的这一描绘中可以发现，他实际上是偏重于从近代知识论传统来理解传统形而上学

---

① 海德格尔. 海德格尔选集：上卷. 孙周兴，选编. 上海：生活·读书·新知三联书店，1996：379.

② 同①84.

第三章 马克思与形而上学的颠覆

的。一旦从知识论传统出发，形而上学形成的条件就必须是："把现存之物当作某种对立之物带到自身面前来，使之关涉于自身，即关涉于表象者……借此，人就把自身设置为一个场景，在其中，存在者从此必然摆出自身，必须呈现自身，亦即必然成为图像。人于是就成为对象意义上的存在者的表象者。"① 也就是说，在形而上学的建构中，主体与客体已经成为对立的两端，人已经具有关于自己作为主体地位的意识，因而对象成为主体意识中的镜像。海德格尔认为，这一形而上学的产生主要发生于柏拉图之后。在柏拉图之前，存在者是涌现者和自行开启者，它作为在场者遭遇到作为在场者的人，即由于感知在场者而向在场者开启自身的人，因而两者并不处于镜像关系中，而是处于敞开领域中并且被敞开领域所包含，通过直观达到相互的感知。而在柏拉图之后，存在者才开始被规定为外观，这是世界成为图像的必然前提。继柏拉图之后的亚里士多德，则进一步完成了传统形而上学的建构，这种形而上学经过长期发展，在黑格尔哲学中达到新的制高点②。

对于这种形而上学，海德格尔认为其在对存在者之为存在者的追问中，始终将眼光盯向高一级的存在者，然后以最高存在者的神目之光来俯瞰低一级的存在者，却忘记了存在本身，因而存在的遗忘构成了西方形而上学的历史。在《存在与时间》一开始，海德格尔通过考察哲学传统中的"存在"概念，指出"我们向来已生活在一种存在之领悟中，而同时，存在的意义却隐藏在晦暗中，这就证明了重提存在的意义问题是完全必要的"③。传统形而上学关于存在的理解是成问题的，海德格尔认为，他对存在的理解当然与传统形而上学的思路有着根本性的区别。正是在这里，两种形而上学的区别呈现在我们眼前。

一是以绝对为根基的传统形而上学。这种传统形而上学要达到的是

---

① 海德格尔. 海德格尔选集：下卷. 孙周兴，选编. 上海：生活·读书·新知三联书店，1996：901.

② 哈贝马斯在追踪传统形而上学时，与海德格尔一样，也直达柏拉图。在《后形而上学思想的主题》一文中，他指出："撇开亚里士多德这条线不论，我把一直可以追溯到柏拉图的哲学唯心论看作是'形而上学思想'，它途经普罗提诺和新柏拉图主义、奥古斯丁和托马斯、皮科·德·米兰多拉、库萨的尼古拉、笛卡尔、斯宾诺莎和莱布尼茨，一直延续到康德、费希特、谢林和黑格尔。"参阅：于尔根·哈贝马斯. 后形而上学思想. 曹卫东，付德根，译. 南京：译林出版社，2001：28.

③ 海德格尔. 存在与时间. 陈嘉映，王庆节，合译. 北京：生活·读书·新知三联书店，1987：6.

对绝对的认识与把握，要否定的正是有限性，变动不居的有限性只是作为假象而存在。这是自笛卡尔开始的理性形而上学，从主客两分出发，为主体存在的合法性确立根据，这种根据最终存在于黑格尔的绝对观念之中。可以说，有限主体是在无限之中获得其合法地位的。这个过程主要依赖于主体思维的思辨过程，在黑格尔哲学中就是通过精神的游历之旅，最后达到对一切事情的洞察。按照哈贝马斯的理解，传统形而上学要达到这一目的，具有基本的理论支撑点：本源哲学的同一性主题、存在与思想的一致问题以及理论生活的神圣意义，概括地说，就是同一性思想、理念论以及强大的理论概念。本源的同一性，这既是保证世界秩序的基础，也是世界能构成整体的前提与条件。但这里起源不再是发生学意义上的开端，而是被剥夺了空间与时间维度的抽象始基，是作为有限世界根据的无限物。这就是抽象的"一"与"多"的关联。这种关联恰恰是唯心论的，因为统一的秩序存在于理性的抽象之中，

> 我们规整现象的种属，依照的就是事物自身的理想秩序。……这些理式深深地扎根在质料当中，自身内部就包含着普遍同一性的承诺，因为它们处于等级森严的概念金字塔的顶端，就其本质而言，这些理式以包容其他一切概念的善的概念为内在参照。理想的抽象本质赋予了存在其他一些特征，诸如普遍性、必然性和永恒性等。①

如果理想的本质规定了事物的具体特征，因此对事物的认识归根到底就是自我意识，或者是精神，或者是绝对观念，"自笛卡尔以来，自我意识，即认知主体与自身的关系，提供了一把打开我们对于对象的内在绝对想象领域的钥匙。因此，形而上学思想在德国唯心论那里表现为主体性理论。自我意识不是作为先验能力的本源被放到一个基础的位置上，就是作为精神本身被提高到绝对的高度"②。这就可以理解在德国近代哲学中，或者将自我意识作为先验能力的本源置于最根本的位置，或者将绝对观念作为达到对世界绝对把握的基石。因此，哲学是一种沉思，是一种理论生活方式，理论生活的合法地位也就随之确立，生活过程中

---

① 于尔根·哈贝马斯. 后形而上学思想. 曹卫东, 付德根, 译. 南京：译林出版社, 2001：30.

② 同①31.

的实践，必然被费尔巴哈当作卑污的犹太人活动加以鄙视。

二是与传统形而上学对立的海德格尔的现代形而上学。与从绝对出发的传统形而上学不同，海德格尔的形而上学是有限性的形而上学。当传统形而上学从绝对的存在者出发时，他否定了有限存在者的意义，认为存在只能存在于绝对的存在者之中，这时存在就变成了存在者。而在海德格尔看来，存在总是在场的，这个在场首先就在于有限的存在者——"此在"对存在的领悟中。因此，并不是通过对有限的否定才能达到存在，当我们把存在当作一个对象放在那儿时，这种否定是必然要发生的，而是通过对有限本身的把握，才能呈现出存在。因此，当海德格尔重新奠基形而上学时，他实际上是开始了现代形而上学——承认有限性才是形而上学的合法基础。

由海德格尔开始的现代形而上学，在解释学中得到了直接的表述。解释学的发展也是从对传统认识论的反思出发，围绕着合法性的认识何以可能展开，实现了从早期的浪漫解释学到历史解释学再到生存论解释学的转变，在伽达默尔的"效果历史意识"中达到顶峰。而"效果历史意识"说到底就是讲历史性"此在"对世界的理解具有本体论的合法性，这也是解释学何以可能的理论根据①。这种合法性当然是有限性形而上学在现代哲学之思中的典型表现。

这样，讨论马克思对形而上学的颠覆问题，就不再只是讨论他对传统形而上学的颠覆问题，而且要讨论这种颠覆在面对现代形而上学时，两者的深层关系问题。这是当我们从现代视域考察马克思主义哲学时，必须分清的基本前提。

2. 马克思对形而上学的颠覆

我们先看看马克思是如何颠覆传统形而上学的。鉴于传统形而上学的最高表现是黑格尔哲学，这里我们以马克思与黑格尔哲学的关系为例加以说明。

在黑格尔哲学中，一种以绝对观念为核心的形而上学，是近代哲学批判反思的结果。近代哲学从培根开始，强调感觉、实验是科学认识的

---

① 伽达默尔在《真理与方法》上卷第二部分关于解释学思想史的讨论，就是围绕着历史性理解何以可能展开的，而这一问题的基础必然是"此在"在本体论中具有合法的地位。参阅：汉斯-格奥尔格·加达默尔. 真理与方法. 洪汉鼎，译. 上海：上海译文出版社，1999.

起点,但在培根的沉思中,存在着两个隐性的前提:一是感觉只是对事物各部分的感觉,而我们对事物的认识却呈现出一种整体的面貌,那么事物的整体性规定何来?二是进行感觉的人必须是理性的人,一个非理性的人,其感觉当然没有可靠性①。因此,从深层上看,唯心主义所讲的理性,恰好能解决这两个前提性的问题。正因为个人首先是理性的,他才能感觉与观察,他才能将感觉到的东西统摄在一起。在这一简单的逻辑转换中,近代唯心主义构成了近代唯物主义的深层逻辑,这种理论深层上的一致性,才能有助于我们理解为什么英国的经验论,其发展结果却是贝克莱的唯心主义。正是在这里,理性形而上学取得了合法的地位,并说出了旧唯物主义哲学所没有说出的深层内容。黑格尔在《精神现象学》一开始就指出:任何观察都是以理性为基础的,正是对这一哲学思想史的根据与总结。

那么,黑格尔的理性形而上学问题出在哪里?要理清这个问题,我们看看黑格尔在《精神现象学》中是如何表达自己哲学的生长点的。按照黑格尔的理解,当我们面对世界时,如果我们想认识这个世界,就必然以理性为前提。黑格尔举例说,当我们在一个地方看到一座房子,换了一个地方时,我们又说这有一棵树,这时,具体的东西改变了,但只有"这个"没有改变。"这个"当然不是一个具体的存在物,"这个"就已经是一个观念,如果没有"这个"这一观念,我们根本无法认识这个世界,更无法言说这个世界。因此,具体的存在物是现象,而这个现象背后的概念才是事物的本质规定,由此出发,黑格尔开始了自己的哲学思考——一种理性形而上学的逻辑建构。但在黑格尔这里,存在着重要的理论混淆:将认识过程混同于表达过程。黑格尔所论证的,实际上是一个人在面对世界时,他是如何表达世界的。只要表达世界,语言就占据了优先地位,而现代的语言本身就是一个观念,因此当然是观念先在②。但这个表达过程并不能否认每次认识过程的真实发生。因此,"这个"首先并不是作为认识的符号出现,而是一个实实在在的认识过

---

① 这就可以理解,福柯将现代意义上的疯癫看作近代理性进行区隔的结果。

② 这里的隐性前提是:语言只是表达的工具,语言与主体的思维具有同一性,并且语言本身与所表达的事物具有同一性。而语言何以构成,它与存在的关系怎样,特别是语言交往中首要的是任何对话都应指向一个主体,并假定了这个主体是能听懂谈话的,但这种假定的合法性基础何在,在黑格尔那里都没有得到深入的反思。

第三章 马克思与形而上学的颠覆

程的抽象与结果，这时重要的就不是"这个"构成了言说的前提，而是"这个"是何以在生活过程中被建构的，哲学的表述过程并不能否定理性的产生过程，这并不能像黑格尔那样被忽视，反而成为颠覆黑格尔哲学的前提。

马克思对黑格尔式形而上学的颠覆，首先在于意识到任何理性、观念并不是现象背后的本质，将理性独立出来作为本质加以规定时，这只是传统形而上学的幻觉。马克思经过对黑格尔法哲学批判，经过对费尔巴哈人本主义的反思之后，在《形态》中，他嘲讽地对青年黑格尔运动进行了评论：青年黑格尔派强大的理论批判，"据说这一切都是在纯粹的思想领域中发生的"①。这种思想论战，就像资本主义市场上的竞争一样，通过对绝对精神的瓦解与重新组合，成为青年黑格尔分子的兜售物。这些人认为，只要从思想上发动一场"革命"运动，就可以改写历史，并且认为这种词句的、哲学的历史可以取代真实的历史过程。"既然根据青年黑格尔派的设想，人们之间的关系、他们的一切举止行为、他们受到的束缚和限制，都是他们意识的产物，那么青年黑格尔派完全合乎逻辑地向人们提出一种道德要求，要用人的、批判的或利己的意识来代替他们现在的意识……这种改变意识的要求，就是要求用另一种方式来解释存在的东西，也就是说，借助于另外的解释来承认它。"② 在这里，马克思意识到，理性、意识如果膨胀为一切时，正如哈贝马斯揭示出来的："哲学则把过沉思的生活，即理论生活方式当作拯救途径。"③ 因此，意识革命只是一种古代神话的当代再现，这是一种想象的革命、一种跪着的造反。

马克思的这一思考，实际上也是对自己早年形而上学理想的颠覆。早年的马克思也想从青年黑格尔派所强调的理性的自我意识出发，来批判现实社会生活，以便建立一个体现人的类本质的理想社会。而通过对资本主义社会的经济生活过程的研究，马克思才意识到，资本主义社会的流动性，使任何想寻求一种固定的形而上学式的理性，都是一种幻想。对于青年黑格尔派而言，只要它们想到要提出关于德国哲学和德国

---

① 马克思，恩格斯. 马克思恩格斯选集：第1卷. 北京：人民出版社，2012：142.
② 同①145.
③ 于尔根·哈贝马斯. 后形而上学思想. 曹卫东，付德根，译. 南京：译林出版社，2001：30.

现实之间的联系问题，关于它们所做的批判和他们自身的物质环境之间的联系问题，纯粹理性革命就会现出其神话的本质。"思想、观念、意识的生产最初是直接与人们的物质活动，与人们的物质交往，与现实生活的语言交织在一起的。人们的想象、思维、精神交往在这里还是人们物质行动的直接产物。……意识［das Bewußtsein］在任何时候都只能是被意识到了的存在［das bewußte Sein］，而人们的存在就是他们的现实生活过程。"①"因此，道德、宗教、形而上学和其他意识形态，以及与它们相适应的意识形式便不再保留独立性的外观了。它们没有历史，没有发展……不是意识决定生活，而是生活决定意识。"② 形而上学的历史自律的神话，在马克思这里第一次颠覆了。理性并不是历史的主宰神，而是社会生活的产物，重要的不是形而上学的理性演绎，而是生产形而上学的社会历史过程。因此，社会历史生活构成了形而上学的前提，形而上学也只有在社会历史生活的基础上才能得到认识与考察。在这个意义上，马克思第一次实现了形而上学的去中心化过程，正是在这个意义上，福柯将马克思与尼采、弗洛伊德并称为现代三大理论先驱：他们"各自起到了一种根本性的去中心作用……这三人都使用了某种方法，以使思想摆脱一种组织和创造原则"③。

但马克思在这里并没有想重建形而上学，他将形而上学的颠覆推到了一个新的理论高度。按照马克思的基本精神，形而上学的颠覆并不能通过将形而上学放到社会历史生活中就可以解决，而是要通过对社会生活本身的颠覆才能实现旧形而上学的真正颠覆。所以在马克思后来的思考中，批判基本上沿着两个层面展开：一是揭示现实生活与形而上学的内在关联，实现对任何形而上学思潮的现实定位；二是揭示社会历史生活，主要是资本主义社会生活的内在颠覆可能性，因为哲学只有以对社会生活的颠覆为基础时，才是彻底的，只要生活基础没有改变，形而上学的反思只能形成另一种形而上学。在这个意义上，马克思不可能重新建立形而上学，他也根本没有想到重建形而上学，他的理论旨趣在于，以面对社会历史生活的批判精神，走向对当下生活的批判性解构。

---

① 马克思，恩格斯. 马克思恩格斯选集：第1卷. 北京：人民出版社，2012：151-152.
② 同①152.
③ C. C. Lemert, G. Gillan. Michel Foucault: Social Theory as Transgression. New York: Columbia University Press, 1982: 23.

从马克思对黑格尔形而上学的批判可以看出，传统形而上学的深层问题并不在于海德格尔所说的，在于对存在的遗忘，而在于这种形而上学是对现实生活过程的一种表现，这种表现或者是直接的，或者是间接的。因此，对传统形而上学的颠覆并不在于找到一个新的理论基础，而在于对产生这种形而上学的社会生活进行批判改造。当海德格尔从一种沉思出发，重新为形而上学寻求另一种基础时，这正是马克思所要批判与解构的。因此，马克思对形而上学的颠覆，不只是颠覆了黑格尔式的形而上学，而且也颠覆了海德格尔式的形而上学。

3. 后形而上学时代与马克思主义哲学的当代理解

从理论深层上来看，两种形而上学体现了两个不同时期的人们对当时社会的总体看法。在黑格尔时代，资本主义社会以其不可阻挡的态势横扫着欧洲大陆，在这种强大的驱动力面前，任何过去的东西都不得不被卷入到工业化的进程之中。早年的黑格尔，想以宗教的改革来拯救德国民族，并不关心现实的物质生活过程，对资本主义社会也是持一种否定的态度。他憧憬于古希腊时期的共同体生活，将这种生活的纽带理解为宗教。但法兰克福时期之后，通过对古典经济学，特别是对斯密、李嘉图与萨伊的研究，他认识到资本主义社会体现了当时社会发展的方向，同时也认识到就德国而言，又必须对英法资本主义社会的个体理性进行批判性的反思，在这个意义上，绝对观念就是对资本主义社会个体理性反思的产物。但黑格尔的理想并不是从资本主义社会走向马克思所理解的社会主义社会，产生这一理解的原因在于：黑格尔始终是站在德国民族国家的立场上，而马克思则是站在无产阶级世界历史的立场上。但从黑格尔的思考中可以发现，绝对观念集中体现了当时的人们面对资本主义社会时一种巨大的信心，这种信心是任何浪漫主义的批判所无法对抗的。所以，与黑格尔同时代的荷尔德林的浪漫诗在当时不可能像海德格尔时代那样，到处传诵。可以说，以绝对理念为核心的黑格尔式形而上学，构成了早期资本主义社会的基本精神，这是一种激昂的情怀，就像贝多芬在《命运交响曲》中，用一种铿锵有力的节奏所表现出来的音乐精神一样。虽有矛盾，虽有冲突，最后达到的是一种理解与矛盾消解的状态。

但资本主义社会的发展并没有实现这个理性王国，这个主题在马克思那里得到了深刻的揭示,在19世纪后期的文化反思中成为一种主要的思潮,世界大战的阴影则直接使人们开始从理性——这一近代文化的根基来反思欧洲文明。尼采以一种酒神精神对理性文明提出了挑战;而胡塞尔则从理性自身中反思近代理性的难题,认为当时欧洲的文化处于一种危机状态;弗洛伊德的精神分析则直接表明,文明的发展就是对人的自然欲望的压抑过程,文明就是压抑。在这些反思中,绝对的理性不再占据着最高主宰的神位,强调对当下性的发现、对人的生存状态的关注开始取代了以社会历史为主题的宏大描述。正是在这个背景中,海德格尔以"此在"在有限性中领悟着存在为形而上学的当代基础,并以此重建欧洲形而上学,反映了当时存在于人们心中的深层焦虑状态。在这种焦虑中,海德格尔开出的药方是回到一种天、地、神、人的物化之境,在这里任何技术的座架都失去了支配的功能,人在一种内心与外界关系的完善境界中,重新找回到自己的存在。如果说黑格尔以绝对理念为核心的形而上学体现了资本的信心的话,那么海德格尔式的形而上学则是对资本的倒转,海德格尔的情结体现的是前工业文明时期的自然心境,这是对前工业文明的浪漫式怀旧。海德格尔式的思维特征在某种意义上也体现出前工业文明的特点,用雅斯贝尔斯的话说:"在我看来,海德格尔的思维形态是拘谨、专制、封闭"①。这种形而上学是无法真实地面对时代的。

以上的分析表明,面对现实的社会历史生活过程,特别是当下的现实生活过程,形而上学的思考,不管是黑格尔式的批判修正思想,还是海德格尔式的浪漫批判思想,并不能真正地触动现实生活过程,而其形而上学可以说是对这种生活过程的反映与补充。在他们思想的背后,都想寻求一个救赎性的主体来批判这个世界,而这种主体的观念从现代学术视角来看,恰恰是需要论证的,特别是在大众文化与网络时代,黑格尔与海德格尔式的那种精英思想,根本无法建立一种新的批判理论范式。因为这种精英式的主体观念在现代社会中首先遭到了批判。

索绪尔在《普通语言学教程》中从语言学的角度对主体的观念提出了反思。在他看来,语言符号是一个自成体系的系统,语言是按照自身的规则进行运转的,因而他将语言与言语进行了区分。在这个基础上,

---

① 吕迪格尔·萨弗兰斯基. 海德格尔传. 靳希平,译. 北京:商务印书馆,1999:455.

第三章 马克思与形而上学的颠覆

后来者进一步指出，言语本身并不表明是主体在说，主体的言说本身就是受语言规则所支配的；另外索绪尔指出，语言符号具有任意性原则①，这种任意性不仅体现在构成语言符号的能指与所指之间的关系上，而且语言符号与事物之间的联结也是任意的。这两个方面实际上就颠覆了形而上学的基础。在黑格尔那里，语言是作为主体对客体进行表达的工具出现的，是主体在使用着语言；海德格尔虽然意识到了语言就是存在之家，但他也认为语言与存在具有直接的对应关系。而符号语言学则表明，语言本身与事物之间并不是一一对应的，语言也并不是主体的表达工具，因此，语言在形而上学建构中所具有的不言自明的地位受到了动摇。更为重要的是，如果主体在言说中并不是作为真实的主体而出现，那么以主体（虽然海德格尔称之为"此在"）为前提的形而上学何以具有合法性地位？深受结构语言学研究影响的福柯就曾指出："我并不相信存在着自主的、独立的主体，不存在无处不在的普遍形式的主体……正相反，我认为主体通过种种奴役实践而得以构建，或者，则以一种更加自律的方式，通过解放和自由的实践而得以构建……"② 正是在这里，后结构主义对主体的解构实际上也表明了对传统形而上学的解构。

从语言学研究出发，在新的社会历史生活中，特别是在大众传媒时代，传统的主体/客体二分的形而上学的思维方式以及这种思维方式的变式（如海德格尔式的形而上学），已经让位于语言的结构化过程，这种语言的结构化过程在网络时代就尤为明显。正如波斯曼（Postman）在论述网络社会时所指出的："我们并非……如'其'所然地观察现实，而是见到现实在我们语言里的样态。我们的语言便是我们的媒介。我们的媒介是我们的隐喻，我们的隐喻创造了我们的文化内容。"③ 当一切都经过0、1两个基本算符进行语言化的组合时，进入网络中的主体就成为被组合了的虚拟主体，形成的已是虚拟的世界。这不再是人与世界的对峙，而是人与机器的组合问题。在网络的互动过程中，要想直接实

---

① 索绪尔. 普通语言学教程. 高名凯，译. 北京：商务印书馆，1996：第一编第一章"语言符号的性质".

② Lawrence Kritzman, ed. Foucault: Politics, Philosophy, Culture. New York: Routledge, 1988: 50—51.

③ Neil Postman. Amusing Ourselves to Death: Public Discourse in the Age of Show Business. New York: Penguin Books, 1985: 15.

现黑格尔式的人与自然的和解、人与人的和解，要想直接实现海德格尔式的天、地、神、人四重映现的圆舞状态，根本无法触及网络社会的根本问题，因为黑格尔与海德格尔式的沉思，反映的都是工业社会的理想。正是在这里，美国学者马克·波斯特（Mark Poster）以阿多诺为例时指出："社会空间中充满了人与机器的结合体，而阿多诺却没能对社会空间的这一新状况加以理论探讨。我认为他的这种无能为力，以及他对主体的自律/他律的坚持，都妨碍着他对正在被媒介文化以及接受过程的能动性重新组构的主体的分析力度。"[1] 为了解决阿多诺的难题，波斯特提出要分两步解决：第一，以后结构主义的语言学转向为基础，因为这个转向提出了主体在不被消除的情况下，将主体呈现为去中心化、多重化状态等；第二，通过最新的电子媒介特别是网络社会，探究当下阶段主体组构的新的具体模式。波斯特的这一思考实际表明：在面对网络社会时，马克思的批判理论固然是理论基础（因为阿多诺本人就是批判理论的大家），但这种批判理论必须走出主体论形而上学，这也意味着，面对海德格尔哲学在国内学界的强劲影响，我们并不能简单地以海德格尔式的形而上学来重构马克思主义哲学的形而上学基础。网络社会是一种后形而上学的时代，对于这个时代，让·鲍德里亚曾前瞻性地提出：这是一个符号统治的社会，一切都只有能变成符号价值时，它才能在符号世界中找到自己的位置。对于符号世界，传统的哲学批判已不再能抓住其核心的问题[2]。在鲍德里亚论述的基础上，美国学者卡斯特进一步指出：在网络社会的符号虚拟系统里，"现实本身（亦即人们的物质与象征存在）完全陷入且浸淫于虚拟意象的情境之中，那是个'假装'的世界，在其中表象不仅出现于屏幕中以便沟通经验，表象本身便成为经验"[3]。当深层模式已经消失时，我们的社会就已经走向了后形而上学时代（这一概念是对哈贝马斯《后形而上学思想》书名的移用），这才是后现代思想的真实基础。这就给我们今天的马克思主义哲学研究提出了这样一个问题：马克思主义哲学的当代理解，其基本

---

[1] 马克·波斯特. 第二媒介时代. 范静哗，译. 南京：南京大学出版社，2000：13.

[2] Jean Baudrillard. For a Critique of the Political Economy of the Sign. Trans. by Charles Levin. Telos Press, 1981.

[3] 曼纽尔·卡斯特. 网络社会的崛起：第一卷. 夏铸九，王志弘，等译. 北京：社会科学文献出版社，2001：463.

的走向到底应该怎样界定？马克思对形而上学的颠覆，其基本的方法论精神是要真实地面对社会生活，随着社会生活的发展而不断地实现对社会历史过程的批判反思，并以此为契机来重构社会生活过程。从这一基本精神出发，新的理论建构，必须走出海德格尔式的新一轮形而上学建构，走向对网络社会的历史性的批判分析。这构成了马克思主义哲学在当代的一个重要课题。从理论方法来说，这才是一种历史性的方法，这也是由马克思的历史认识论呈现出来的内容。

第四章 历史认识论

从马克思对形而上学的颠覆可以看出,马克思反对任何仅从思辨先行的形而上学,虽然他对传统形而上学的批判,也强调思辨层面的辨识,但他更将这种思辨层面的辨识与当下的社会历史生活建构联系起来,并揭示思辨与历史建构的内在可能性空间,这样,马克思就将自己对当时的哲学批判与对社会生活的批判联系起来。在这样的理论转换中,历史认识论起着十分重要的作用,而且也构成了我们面对当代学术资源的方法论基础。

第一节 认识论:从逻辑思辨到历史性建构

在国内认识论研究中,社会认识论构成了一个重要的理论领域。但在社会认识论的研究中,只是把传统认识论的对象换成了社会,把认识社会当作一个客观观察者的活动,而在马克思的认识论思想中,关键是要意识到,任何认识都是历史性地建构起来的,探索认识的历史建构,这构成了认识论研究的基础,纯粹理性的认识只是认识论的第二层面问题。只有在这个视域中,认识论研究才不会脱离为孤立的领域,它本身就与社会历史研究融为一体,马克思主义哲学的整体性特征,也只有深入到这个层面,才能真正地得到理解。因此,本书所讲的历史认识论,关注的是认识的历史性建构维度,只有在这个基础上,才能谈到科学的认识历史问题。

第四章 历史认识论

1. 近代认识论的逻辑建构与深层难题

马克思的历史认识论是在批判资本主义社会中建构起来的，但从学理上看，揭示近代思想中的认识论难题，这是我们科学地理解马克思历史认识论的理论基础。

在我看来，近代认识论的建构主要体现为四个环节：首先是英国经验论的发生。英国经验主义者以人的感觉、知觉与直观内容为起点，认为只有从感觉出发，才能达到对普遍规律的认识。培根认为，全部对自然的解释都从感觉开始，由感官的知觉沿着一条径直的、有规则的、谨慎的道路达到理智的知觉，即达到真正的概念和公理，所以，由此必然得出：感觉的表象愈丰富、愈精确，那么一切事情进行起来就愈容易、愈顺利。培根的这一观点，为人的认识走出上帝的阴影提供了有利的证明。人也只有摆脱了中世纪那种对上帝的依赖性，才能自主地以自己的思维来认识世界与改造世界。但培根的思想是以自然科学研究为起点的，以这种观点来看待自然物体还比较容易理解，但对人的心情、情感等就难以规定。从理论深层来看，感觉所能感受的只是事物的一个方面，而我们在看到一个事物时，总是将之理解为一个整体，这就已经包含超越感觉直观的东西，否则我们就永远无法把握一个事物。这个超越感觉直观的东西是什么？这是经验主义者从感觉出发无法理解的问题。这表明仅有感觉直观是无法形成认识的，认识的本质可能存在于另一种规定中。

正是对经验认识论的反思，笛卡尔以"我思故我在"实现了对近代认识论的第二次奠基。在经验主义者那里，他们以感性的经验为认识起点，以此反对观念论。但如果仔细考察，经验主义者所谈的经验，说到底是由个体的自我意识建构起来的。这表明，认识的可能在于先有概念，正是在概念之光中，经验才能被组建起来。这就是后来波普尔"理论先于观察"这一命题揭示出来的内容。因此，在认识论中重要的并不是经验直观，而是经验直观何以能得到整体性的建构，这个问题是经验主义者无法回答的。而在笛卡尔的"我思故我在"中，这个经验直观是通过主体的自我意识建构起来的。因此，重要的不是追问经验何以通过反映到达人的思维，而是追问这个"我"何以可能。但笛卡尔并没有进一步追问。在他的思考中，这个"我"具有无须证明的自明性，一切都可以怀疑，唯独这个"我"是无法怀疑的，我可以怀疑一切但我无法怀疑我正在怀疑这个事实。从这个"我"出发，笛卡尔关心的是如何实现从"我"出发对世界的建构。

笛卡尔的这一理论，从认识论奠基的意义来看，主要体现在两个方面：第一，认识主体"我"的出现，这是近代认识论的基础。只有出现了主体"我"才会出现主体之外的客体——世界。这种主体—客体关系，不仅揭示了经验论的理论根据，而且也为后来认识论研究尤其是德国古典哲学奠定了基础。可以说，只有在笛卡尔之后，近代认识论才成为可能。第二，笛卡尔的"我思故我在"这一哲学基础，是对经验论的反思，是想以心灵的独立性反对已经开始的机械论，这是造成笛卡尔哲学二元论的原因。当代英国哲学家吉尔伯特·赖尔曾指出：

> 当伽利略表明他的科学的表现的方法足以提供一个将说明空间中万事万物的机械论时，笛卡尔的内心出现了两种对立的动机。作为一个科学天才，他唯有接受机械论，此外别无选择，可是作为一个虔诚而讲道德的人，他无法像霍布斯那样接受这种理论的令人沮丧的附加内容，即人性只在复杂程度上与钟表有所不同的观点。他认为，心理事物不能只是机械事物的一个种类。①

正是基于这一思考，他才从"我"出发来证明上帝的存在。根据后来戈德曼的理解，这种观点在当时思想界占据了一定的地位。戈德曼关于帕斯卡的分析，就很详细地说明了这一点②。那么怎样将这种机械的认识论与具有道德的认识结合起来？这就是笛卡尔以松果腺为解决问题的纽带的原因。这当然是失败的。笛卡尔遇到的这一两难困境，后来成为德国古典哲学建构的一个重要驱动力。在康德后来的思考中，他就试图将纯粹理性批判中遇到的二律背反，置于实践理性中加以解决。

近代认识论建构的第三个环节是康德。从经验主义到笛卡尔哲学，虽然在理论上是一个逻辑递升，但在方法论上，经验主义与唯理主义具有同质性。经验主义是以自然科学方法论为前提的，同样，笛卡尔也是以物理主义的方法为基础的。在经验主义者那里这种方法主要表现为观

---

① 吉尔伯特·赖尔. 心的概念. 刘建荣，译. 上海：上海译文出版社，1988：13.
② 参阅：戈德曼的《隐蔽的上帝》（蔡鸿滨，译. 天津：百花文艺出版社，1998）中有关帕斯卡的论述。

第四章 历史认识论

察与归纳法，而在笛卡尔那里这种方法主要体现为数学方法，而我们知道数学方法恰好构成了近代自然科学方法的基石。因此，笛卡尔所讲的理性并没有真正超越经验主义。大陆唯理主义与英国经验主义在这个意义上是对立的两极。当洛克批判大陆唯理主义，或者当笛卡尔批判英国经验主义者时，他们都讲出了对方的真理。康德对认识论奠基的第一个意义就是对这两个学派同质性的洞察。在康德哲学中，他将这两派的理性理解为知性，而知性并不能达到对本质的认识。第二个意义是揭示了近代认识论中的二律背反。正是由于过去的认识论并不能达到对本质的看法，所以必须要对认识论进行新的探索。这个新的探索在康德哲学中是以"认识论转向"为标志的，即认识何以可能。对于这一可能，不能从对象出发，而是要追问对象何以可能与我们的认识一致。这个方向无疑是笛卡尔开创的。笛卡尔的哲学中有了一个"我"，但这个"我"何以可能？这是笛卡尔没有思考的问题。康德的问题是：这个"我"何以构成？在认识论中这个具有统摄性的"我"，作为这个"我"的具体化的认识图式何以构成？康德哲学中所讲的先验统觉，就是力图解决这一难题。

但在康德哲学中，现象与物自体的对立揭示了认识论中的深层矛盾。按照卢卡奇在《历史与阶级意识》一书中的概括，这一矛盾体现在以下几个对立方面："首先归结为物质的问题（逻辑和方法论意义上的），归结为'我们'借以认识世界和能够认识世界（因为它是我们自己创造的）的那些形式的内容问题；其次可以归结为整体的问题和认识的最终实质问题，归结为认识的那些'最终'对象问题，对这些对象的把握才使各种部分性体系成为一种总体，成为被完整把握了的世界的体系。"对于这一矛盾，只能通过建构体系的方式加以解决。因此，从康德哲学出发，建构一个完整的理论体系就成为近代认识论建构中的第四个重要环节。

如何建构一个体系？在费希特哲学中表现为从自我到非我的逻辑推演。自我通过异化设定非我，但自我并不是一个完满的存在，而是借助外力的推动才能达到非我，这样一来，康德哲学中的难题并没有解决，而是以一种极端的方式存在于费希特哲学中。这也表明在费希特的哲学体系建构中，这个体系并不是自给自足的。但他通过一种运动的方式来解决自我与对象的难题，这一点被黑格尔加以继承。在黑格尔哲学中，以一个自我满足的体系解决了康德哲学中的二律背反。这种解决的方式首先是对体系开端的解决。费希特所讲的开端是一个自我,这是一个确定的阿基米德点。但只要这个点存在,哲学的开端就是一个非自足的、能自我证明的点。而在黑格尔哲学中,他将这个点看成是起点与终点的统一,是一个在前进中的回溯与自我证明。如是,这个体系的自我循环解决了体系哲学建构中的开端问题。其次是以历史的运动的方式解决康德哲学中僵硬的二元对立。但这个运动的体系最终是一个封闭的体系,作为自我完满的体系,它就成为一个绝对真理的体系。

通过上面的考察,我们可以发现,传统认识论的建构实际上都是以理性为核心的,而这个理性在黑格尔哲学中得到最高表现。但近代哲学中的理性,在其根基上却是一个设定。黑格尔在《精神现象学》中对理性的证明就是以设定为前提的。按照黑格尔的看法,一个人在面对感性世界时必须以理性为前提,否则就无法认识感性世界,更无法将之表达出来。比如我们在表达自己的感性经验时,必须运用概念,而概念就是理性的抽象,因此,概念对于感性经验而言具有优先性。应该说,对于在一个特定社会中存在的人来说,他在面对世界时的确是以理性为前提的,但黑格尔的错误是,他将一定历史阶段中人的理性作为人类认识的永恒前提,而他并没有说明这个历史性的理性何以形成。这不仅是黑格尔的错误,也是近代认识论中没有解决的问题。后来海德格尔从生存的角度指出:人们"始终漏过了去询问这个认识主体的存在方式。诚然,当人们讨论这个主体的认识之时,这个主体的存在方式虽未明言却也向来已经在论题之中了"①。对于旧体系哲学中这一前提的缺失,马克思是在哲学变革之后才认识到的。在《形态》中,他在批判德国当时的意识形态时指出:青年黑格尔派的吵闹都是在理性的领域中进行的,没有对认识形成的社会物质条件加以思考。也就是说,哲学并不是一个抽象的理性体系,哲学基础的奠基并不是仅靠理性的推论就能完成,哲学的基础是在它同现实的联系之中,只要这个基础没有被揭示出来,哲学就永远没有达到自觉意识,哲学也就不可能达到自觉意识。因此,近代认识论与理性的体系哲学,需要进行新的奠基。当马克思在《提纲》中,从人类社会的生活实践出发,并将认识论置于社会实践基础上时,正是

---

① 海德格尔. 存在与时间. 陈嘉映,王庆节,合译. 北京:生活·读书·新知三联书店,1987:75.

意识到了传统认识论的深层难题,并在新的基础上开创了认识论研究的新局面。马克思的这一思考,是对近代认识论哲学的当代转向,是继康德之后认识论研究的第二次转向,即从抽象的、体系的认识论转向历史认识论。

2. 马克思历史认识论的内在逻辑

在《形态》中马克思指出:"思想、观念、意识的生产最初是直接与人们的物质活动,与人们的物质交往,与现实生活的语言交织在一起的。人们的想象、思维、精神交往在这里还是人们物质行动的直接产物。表现在某一民族的政治、法律、道德、宗教、形而上学等的语言中的精神生产也是这样。"① 如果哲学的基础并不在于自身的自我确证,而在于人们的社会生活中,那么,哲学研究首要的便是揭示社会历史生活过程,近代哲学中抽象的、理性的认识论,就必须以对历史进行科学考察的历史认识论为前提。正如社会物质生活构成人们的意识与思想的基础一样,在哲学中,历史认识论构成了一般认识论的基础。马克思主义哲学的变革正是从过去的那种理性的认识论回归到建基于社会生活过程的历史认识论。

在理解马克思的历史认识论时,我们先要进行历史认识论与历史哲学的区别。在近代认识论的建构过程中,经验论者与唯理论者主要都是从自然科学模型来建构认识论的,他们对认识论问题的讨论也主要集中在对自然物体进行认识这个主要内容上,对于人们的社会生活过程,按照笛卡尔的看法,没有什么可以值得思考的。对此的反思是在维科的《新科学》中。按照维科的看法,人们只能认识自己创造的东西(这个看法实际上是对笛卡尔"我思故我在"这一命题的合理推论),自然是上帝创造的,只有上帝才能认识;历史是人创造的,因此,真理的认识只能存在于对历史的考察中。在《新科学》中,维科以一种循环论建构了认识历史的历史哲学。这种历史哲学就是从理性出发,寻找历史运动过程中内在的理性规定,看看理性是如何通过历史运动体现出来的。这种历史哲学在黑格尔《历史哲学》中达到了最高表现。在《历史哲学》中,黑格尔就是要发现理性如何在社会生活中异化地表现出来,最终又

---

① 马克思,恩格斯. 马克思恩格斯选集:第1卷. 北京:人民出版社;2012;151-152.

回到理性自身。在后来者中,如斯宾格勒与李凯尔特等都是从历史哲学出发来认识历史的。在黑格尔以及近代的历史哲学中,理性构成了历史的本质规定,但与黑格尔等不同的是,在后来者中则是文化。从历史哲学发展来看,主要体现为以下几个特征:第一,历史哲学是作为哲学自然科学化的对立面出现的,强调的是人类历史的独特性。第二,历史哲学寻求的是社会历史的本质规定,这个本质规定是一种超越了具体社会形态的东西。在黑格尔哲学中就是理性,在斯宾格勒与李凯尔特哲学中就是文化。第三,具体的社会历史过程只是这一本质的现象形态。黑格尔认为,社会历史生活就是理性的异化形式。可以说,历史哲学是以一种超历史的观点反观现实生活的,是近代抽象认识论的衍生样式。

与这种历史哲学对应的就是对社会经济生活过程的经济学考察。在马克思主义哲学以前的思想中,对社会生活过程的理解集中体现在古典经济学中。古典经济学到斯密之后是从生产过程出发的,它们寻求的是社会生活中看不见的抽象的社会运动规律。但在这一考察中,古典经济学家是将资本主义社会当作一个永恒的自然存在来看待的,比如斯密就认为原始社会中用的弓箭都是资本。这个眼界在理路上同历史哲学相一致,同近代认识论将理性当作认识的永恒前提相一致。古典经济学的前提是资本主义社会的生产过程,但资本主义社会的生产过程与过去社会的生产过程的一个重要区别在于,随着机器大生产的出现,虽然社会的总体生产结构处于无序状态,但对个别生产来说,生产的总体过程都处于理性的监控之中。如果这种理性的监控能扩大到社会生产的总体性之中,就可以解决资本主义社会生产的无序状态。从哲学理念上反思,必然就是从理性出发对社会生活的历史哲学考察。这种考察恰恰是资本主义社会生产的必然结果。

> 随着历史进入现代,人类外部的自然存在已越来越归于人类社会的准备活动的一个环节。对这样一个事实,在哲学上的反思是:客观性的种种规定越来越纳入主观之中,以至在康德之后所完成的思辨中,被全部吸收到主观性中去了。因此,在黑格尔那里,生产就其整体来说,仍然是精神的一种作用,尽管在个别细节上他还是显示了他的非凡的洞察力。①

---

① A. 施米特. 马克思的自然概念. 欧力同,等译. 北京:商务印书馆,1988:16.

第四章 历史认识论

因此,要科学地认识社会历史,首先需要从社会生活的物质生产过程出发,在此基础上又要超越古典经济学与历史哲学的理论视域。这是马克思历史认识思想的边界区分。

在马克思历史认识论的建构中,我认为主要是从以下四个方面实现了对传统认识论与历史哲学的超越:

第一,在《提纲》中,马克思以实践为基石实现了从抽象认识论到历史认识论的转换,这种历史认识论是建立在大工业生产基础上的哲学认识。对于《提纲》,在过去的研究中我们已经解读得很多,但过去我们主要是从一般的哲学视野来理解的,将《提纲》中的实践概念理解为人的感性活动。这个总体的研究框架虽然没有错,但如果仅停留在这个层面,就无法呈现马克思此时哲学思考的深层内涵。在《提纲》写作之前,马克思在布鲁塞尔再次研究了古典经济学,在这次研究中,马克思着眼于改造现实生活进程的工业的社会历史意义,认识到在资本主义社会中,正是这个工业才导致了社会生活的变化发展。这个工业在哲学上的抽象,就是马克思的实践概念。这个过程也展现了马克思主义哲学研究中从具体表象到理论抽象的思考过程。正是在现代大工业生产中,人类摆脱了对自然的依赖性,而是以主体性进入物质世界的运动变化过程中,通过工业生产创造了一个属人的世界,工业实践活动及其实践结构已经成为我们周围世界客体结构的重要构件,自然物质对象第一次成为人类主体在工业生产过程中全面支配的客体。因此,过去的那种自然对象性消解了,费尔巴哈正是认识不到这一点,才犯了直观主义的错误。在《形态》中马克思直接指明了这一点:"他没有看到,他周围的感性世界决不是某种开天辟地以来就直接存在的、始终如一的东西,而是工业和社会状况的产物,是历史的产物,是世世代代活动的结果"[①]。所以,第一条批判费尔巴哈的直观性,并不是停留在一般的感性活动上,而是建基于工业生产的实践上。如果看不到这一点,我们就无法理解马克思。

从工业生产出发,我们不再像在自然经济中那样简单地直观自然对象,而是能动地面对工业实践和交换市场关系的产物。物相第一次直接成为人类实践的世界图景,自然经济社会中那种此岸世界与彼岸世界的

---

① 马克思,恩格斯. 马克思恩格斯选集:第1卷. 北京:人民出版社,2012:155.

区分，第一次通过工业实践消除了。正是在社会历史实践中，传统认识论所讲的主体与客体才能联结起来，人的理论态度正是在社会历史实践中形成的，如果将社会历史实践这一现实基础抽离掉，那么就变成了人与世界的纯粹的理论关系，这时才可能产生主体与客体的分离，只有产生了这一分离，才会出现康德所说的现象与物自体的二元对立。所以，在《提纲》第二条中马克思指出："人的思维是否具有客观的［gegenständliche］真理性，这不是一个理论的问题，而是一个**实践的**问题。人应该在实践中证明自己思维的真理性，即自己思维的现实性和力量，自己思维的此岸性。关于离开实践的思维的现实性或非现实性的争论，是一个纯粹**经院哲学的**问题。"① 理论的问题是在实践中产生的，因此首要的是对社会历史生活的理解与认识，这是马克思超越传统认识论的现实基础，也是当代认识论的根本立场。马克思这一认识论转变，在海德格尔哲学中就表现为生活世界解释学的建构。

第二，在《形态》中，马克思从广义历史唯物主义出发，完成历史认识论的一般建构。在第二手稿中，马克思通过对社会历史原初四重关系的考察和历史向世界历史转变的分析，指出自己的历史观是：

> 从直接生活的物质生产出发阐述现实的生产过程，把同这种生产方式相联系的、它所产生的交往形式即各个不同阶段上的市民社会理解为整个历史的基础，从市民社会作为国家的活动描述市民社会，同时从市民社会出发阐明意识的所有各种不同的理论产物和形式，如宗教、哲学、道德等等，而且追溯它们产生的过程。②

与《提纲》相比，马克思在这里从哲学的理论抽象走向了更为具体的社会历史解释，在理论基石上从实践走向了现实的物质生产过程。从历史认识论的立场看，马克思在这里揭示了认识的社会历史形成，认识论的基础是研究认识在社会历史生活中尤其在社会物质生活生产中如何建构起来的。只有这样，我们才能对传统认识论进行理论定位。

马克思关于历史认识论的这一建构又是以经济学研究为基础的。在写完《提纲》后的《布鲁塞尔笔记》与《曼彻斯特笔记》中，马克思看到了分工与物质生产的社会历史意义，他在《形态》中对社会历史生活

---

① 马克思,恩格斯. 马克思恩格斯选集：第1卷. 北京：人民出版社，2012：137-138.
② 同①171.

第四章 历史认识论

的建构正是以这两点为前提的。但这里有一个需要注意的问题：马克思此时的历史认识论是对经济学的抽象，如果将这种抽象扩大为对一切人类社会的认识，那么很可能会陷入一种与历史哲学相类似的历史认识论。这样在理论视域上马克思就无法将自己同古典经济学、旧的历史哲学根本性地区分开来，马克思的哲学就会变成新的形而上学体系。这个区分就是历史认识论中历史性视野的建构。这构成了马克思历史认识论建构中的第三个重要方面。

在上面我们已经分析过，传统认识论中主客体分离的认识前提，其基础是社会历史生活的实践，因此，传统认识论问题的解决首先依赖于历史认识论的建构，这个建构在一般意义上是要勾画出社会生活中意识的形成。但历史总是人的历史，是人自己创造了自己的历史，但这个创造又是以特定的社会生产力为前提的，这决定了历史中进行认识的人既受到历史的制约，又通过实践活动将自己的思想、意志对象化，相对于传统认识论那种客观观察而言，历史认识论中的人既是剧中人，又是剧作者。这表明，历史认识论中的人并不是一个抽象的存在，而是一个特定历史情境中的人，"这里所说的个人不是他们自己或别人想象中的那种个人，而是**现实中的**个人，也就是说，这些个人是从事活动的，进行物质生产的，因而是在一定的物质的、不受他们任意支配的界限、前提和条件下活动着的"①。用海德格尔的话说就是"此在"。在现实社会历史生活中，人总是一个在"此"的人，那种将人从特定的"此"中抽象出来的主体，并不能揭示人的现实的存在状态。作为在"此"的人，总是寓于特定的社会历史时空中，这个历史时空不是抽离出具体存在特征的自然科学中的时空，而总是同特定的社会历史实践相契合的时空。在这个意义上，历史认识论中的人处于历史性生存之中，历史性构成了人的存在规定。这是马克思历史认识论中历史性视野的第一个方面。

处于历史性生存的人，并不是一个仅同周围世界打交道的个人，而总是处于特定社会关系中的个人，在《提纲》中，马克思针对费尔巴哈的抽象的类本质指出，人的本质不是单个人所固有的抽象物，在其现实性上，它是一切社会关系的总和。在《形态》中马克思称为"交往关系"。按照马克思的理解，个人是怎样的，取决于他们进行的物质生产

---

① 马克思，恩格斯. 马克思恩格斯选集：第1卷. 北京：人民出版社，2012：151.

的条件,"而生产本身又是以个人彼此之间的**交往**[Verkehr]为前提的"①。因此,人的历史性生存与社会关系的历史性存在相一致。也就是说,对社会历史的认识总是受制于历史性,这个制约并不是由于人的思维水平的局限,而是由社会生活的历史性规定所决定的。因此,只要我们科学地面对社会生活,就不能将之理解为一个超历史性的统一结构,而是要充分意识到社会生活的历史性规定,这是将马克思历史认识论与古典经济学、历史哲学区别开来的重要标志。在古典经济学与历史哲学的视野中,资本主义社会是一个超历史的社会,不管他们是站在辩护还是反对资本主义社会的立场上。而在马克思看来,资本主义社会是一个历史性规定的社会,古典经济学也只是对资本主义这个一定历史阶段的社会的认识与反映。只有这时,马克思才可能科学地认识资本主义社会。

通过上面三个方面的讨论,我们澄清了马克思历史认识论的一般理论视野,并将马克思历史认识论推进到了对特定社会历史生活阶段——资本主义社会的认识。我们知道,马克思主义哲学的目的并不是解释资本主义社会,更是在理论的批判中改造资本主义社会。这样一种科学的批判的历史认识论何以可能?这是马克思在《1857—1858年经济学手稿》中解决的问题,即建构历史认识论的批判维度。这构成历史认识论的第四个方面。

当我们面对资本主义社会时,首先呈现给我们的是一个无所不包、无所不在的市场经济,在这个经济活动中,商品、货币、资本直接发挥着作用,而且它们也规定着人们日常生活的基本领域。正是由于这一现象,一些社会主义者如蒲鲁东主义者就是从商品流通与货币出发来解决资本主义社会的问题的。在马克思看来,这种解决问题的思路是只看到了现象(假象),而没有看到本质,与这种思维相一致的就是资本主义社会的商品、货币、资本拜物教意识。科学的历史认识论就必须剥离这种假象,认清资本主义社会的本质。这一过程就是通过科学的批判性剥离实现的②。

资本主义社会表面上看来是商品、货币、资本这些物在发挥作用,但如果剥离出这些直接性的物相,在背后发生作用的恰恰是人与人关系

---

① 马克思,恩格斯.马克思恩格斯选集:第1卷.北京:人民出版社,2012:147.
② 张一兵教授在《回到马克思》一书中,将之概括为历史现象学。参阅:张一兵.回到马克思.南京:江苏人民出版社,1999.

的变形,即在社会生产过程中资本对劳动的奴役。通过对历史现象学的剥离,马克思发现了资本主义社会的最基本关系——劳动关系。通过劳动的二重化——交换关系——价值实体化——价值形式——货币——资本等这一资本的运动过程,揭示了资本主义社会通过资本的社会历史抽象作用,正是这一抽象作用的实体化,才出现了资本主义的拜物教现象。在这种批判性剥离中,马克思不仅揭示出资本主义社会意识形态的拜物教特征,而且揭示了这种拜物教思想的现实生产过程,指出这种生产过程的物役性特征。在这种科学的分析中,马克思的历史认识论就不只是纯粹客观的描述,而且是一种科学的历史的批判,这是将马克思历史认识论同实证主义、批判的历史哲学区分开来的一个重要方面。

3. 马克思的历史认识论与现代认识论转向

从马克思的历史认识论出发,认识论研究可以划分为两个基本层次:一是历史认识论,二是纯粹认识论。传统认识论主要集中于第二个层次,而实际上,第一个层次的认识论才是后一个层次的认识论的基础。在现代认识论的研究中,一方面是通过脑科学、心理学、生物学等学科的发展进一步揭示人的认识的生理、心理发生机制;另一方面则是从社会生活中揭示认识的形成,并将之作为纯粹认识论研究的基础。在这个意义上可以说,正是马克思历史认识论思想的创立,为现代认识论研究奠定了基础。

从认识论的视角来看,黑格尔之后的哲学转向体现为以下三个方面:一是语言学转向。认识总是通过语言表达出来的,而语言在传统认识论中是一个不言自明的存在,并且将之作为表达工具,语言何以能达到事物的本质,这并没有引起人们的重视。那么语言何以能达到对事物的本质呢?这必然要对语言本身的形成及其表达方式进行研究,需要揭示出语言在何种意义上能表达出事物的存在状态,这是认识论研究中一个深层的问题。在海德格尔看来,语言是存在之家,语言本身就是对世界敞开状态的言说。但语言何以能成为世界敞开状态的言说呢?海德格尔并没有具体地解决这一问题。世界的敞开状态是在活动中揭示的,而语言也正是在活动中构成的,这正是维特根斯坦语言哲学的起点。在这个意义上,从马克思的社会生活实践出发,这是语言哲学的生长点。二是生活世界解释学的兴起。对传统认识论的解构在胡塞尔哲学中是通过现象学的"悬置"实现的，而现象学的"悬置"以个体意识的澄明之境为目的，但个体意识的澄明并不表明个体性之间的意识也能达到澄明之境，何以实现交互主体性的澄明之境呢？晚年的胡塞尔不得不回到生活世界的解释学，而生活世界的分析也是《存在与时间》的重要主题，海德格尔正是通过当下上手状态来揭示世界是何以构成的，并以此反对传统主客体二分的认识论模式，通过此在解释学来探索近代认识论得以发生的基础。海德格尔在《存在与时间》中关于世界构成的思考，与马克思在《形态》中的思考，具有理论的对接性，甚至可以说，海德格尔以现代思维重新解读了马克思，并将马克思作为被批评的对象。解释学兴起后，当它以视域融合来理解认识的发生时，这个融合的基础恰恰植根于社会生活的实践中，视域融合的历史性恰恰来源于社会生活实践的历史性规定。三是发生认识论的研究。在皮亚杰的发生认识论中，认识的起点并不是传统认识论中抽象的主体—客体，而是现实的活动所引起的认识图式的建构。他研究的主题就是揭示认识图式与活动的内在关系。在当代认识论的这些视野中，其理论基础都是特定的社会历史生活，在这个意义上，他们都没有脱离马克思创立的历史认识论基础。

更需要指出的是，这些当代认识论研究实际上都是同对传统认识论批判相一致的。胡塞尔在前期虽然还想建构一个严格的科学认识论体系，但当他实现从先验现象学到生活世界解释学的转变后，这个认识论体系哲学的建构也就不可能了，因为个体先验意识要转变为具有自明性的互主体意识必须在生活世界中形成，也就是说，必须要先研究生活世界，才可能认清认识问题；而在海德格尔看来，当代哲学的转向是以马克思、尼采对传统形而上学的解构为基础的，虽然他在前期与后期对问题的讨论有所转向，但从新的哲学之思中批判传统的主客体认识论，是他一贯的主题。在他看来，认识论首要的是弄清楚主体的存在方式，其次才能理解主客体认识论。深受海德格尔影响的科西克说：

> 在对实在作最初的直接探究时，人不是一个抽象的认识主体，不是一个思辨地对待实在的沉思着的头脑，而是一个客观地实际行动着的存在，一个历史性个体，亦即在与自然和他人的关系中进行着实践活动，并在一个特殊的社会关系综合体中实现着自己目的和

利益的个人。①

因为,"为要认识自在之物,人必须把它变成为我之物;为要认识事物的不依赖于他的实在,他必须将它们诉诸自己的实践;为要弄清事物在没有他的干涉时是怎样的,他必须干涉这些事物。认识不是沉思。对世界的沉思要以人类实践为基础"②。当代认识论研究的这一转向,恰恰与马克思历史认识论的思路具有同构性,在这个意义上,能否理解马克思的历史认识论,这是我们面对当代哲学的一个重要理论质点。

第二节 认识的历史性构成:从个体到社会

按照马克思的历史认识论思想,认识并不是独立的主体面对客体的知性化过程,认识的基础在于社会生活,认识论研究首先就是要研究认识的社会历史构成。因此,在马克思主义哲学中,认识论研究与社会历史研究构成了同体发生过程,对以黑格尔为代表的传统哲学进行批判,就与对产生这种哲学的社会生活进行批判不可分离。这是马克思实现形而上学颠覆后,走向历史认识论的基本前提。马克思的这一思想,在当代的认识论研究中得到了较为充分的体现,即探索认识的构成成为现代认识论研究的一个重要焦点,这不仅体现在皮亚杰的发生认识论研究中,更体现在米德的社会心理学研究中。分析皮亚杰与米德的认识论,对于我们今天重新思考认识论问题,无疑具有重要的理论意义。

1. 皮亚杰发生认识论的反思

在皮亚杰的发生认识论研究中,将认识的产生建立在个人活动的基础上,认为认识是个人活动基础上主体、客体之间相互建构的过程,从而对认识的本质以及认识的建构过程进行了不同于传统认识论的探索。

在传统认识论中,存在着两种相互对立的观点。经验主义认为,认识源自对外部客体的反映,这种认识论的典型模式就是洛克的"白板说"。但实际上,认识并不是简单地对外界的反映,因为任何对外界的

---

① 卡莱尔·科西克. 具体的辩证法. 傅小平,译. 北京:社会科学文献出版社,1989:1.
② 同①11.

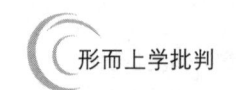

反映都有其特定的视角，具有不同心智结构的人，对同一事物的反映具有不同的方式，因此，反映总是在特定认识框架下的反映。那么认识是否就是主体内部的心智结构所决定的呢？理性主义者正是看到了经验主义者的缺陷后，比经验主义者更为深刻地理解心智结构在认识中的决定性作用。这种观点相对于直观反映论而言，虽然具有合理性，但如果将认识的根据定位于心智结构上，心智结构本身就成为一个先验的存在，这必然要走向先验论的认识论。皮亚杰的发生认识论一上来反对的就是传统认识论关于认识本质的这两种理解。他认为：

> 认识既不能看作是在主体内部结构中预先决定了的——它们起因于有效的和不断的建构；也不能看作是在客体的预先存在着的特性中预先决定了的，因为客体只是通过这些内部结构的中介作用才被认识的，并且这些结构还通过把它们结合到更大的范围之中（即使仅仅把它们放在一个可能性的系统之内）而使它们丰富起来。①

因此，认识的本质不再是主体如何反映客体，或者是主体的内在理智如何产生客体的问题，而是要对这两种认识论的合法性进行深层的反思。皮亚杰认为，"传统认识论只顾及高级水平的认识，换言之，即只顾及认识的某些最后结果"，而忽视了对这种高级的认识论进行深层的追问，即主客体两分的认识论是如何产生的这一问题在传统认识论中是隐而不现的，皮亚杰的认识论研究恰恰就是要追问这种认识论的分裂何以可能。"因此，发生认识论的目的就在于研究各种认识的起源，从最低级形式的认识开始，并追踪这种认识向以后各个水平的发展情况，一直追踪到科学思维并包括科学思维。"② 或者说，皮亚杰追问的是主体、客体在认识中何以建构起来，在这种建构中两者处于何种关系之中。这是认识论研究视角的现代转换，这个视角与海德格尔关于现代认识的反思具有一定的同质性。海德格尔是从哲学的深层来反思现代认识论的，而皮亚杰则主要是从心理学与生理学基础上，通过经验实证的方式来考察现代认识论的。

对传统认识本质的反思，使皮亚杰认识到，认识"起因于主客体之间的相互作用关系，这种作用发生在主体和客体之间的中途，因而同时

---

① 皮亚杰. 发生认识论原理. 王宪钿，等译. 北京：商务印书馆，1995：16.
② 同①17.

第四章　历史认识论

既包含着主体又包含着客体,但这是由于主客体之间的完全没有分化,而不是由于不同种类事物之间的相互作用"①。因此,认识的首要问题就不再是传统哲学中所谓的主体或客体何者为第一性的问题,而是主客体相互作用时中介的建构问题。"这些中介物从作为身体本身和外界事物之间的接触点开始,循着由外部和内部所给予的两个互相补充的方向发展,对主客体的任何妥当的详细说明正是依赖于中介物的这种双重的逐步建构。"② 在皮亚杰的这个说明中,认识的本质是主客体双向建构的过程,在这个建构过程中,任何一方面都不具有第一性的决定性优势,而是处于开放性的动态格局之中,而这种开放性的基础就是活动过程中主体与客体在动态认识格局中的适应、同化及自我调节过程。因此,认识是动态格局中创造性的结果。

这种认识的动态格局是如何形成的呢?在这里皮亚杰并不像康德与黑格尔那样,将格局理解为一个先验的、现成性的存在,或者如柏拉图所说的,通过回忆就能唤醒的心智结构。格局是一种活动的功能结构,它不是不变的模式,而是不断地生成和改变着,"格局是指动作的结构或组织,这些动作在同样或类似的环境中由于重复而引起迁移或概括"③。

结合儿童心理学的研究,皮亚杰对从运动格局到思维逻辑的转换过程进行了详细的分析与说明。皮亚杰把这个产生过程划分为三个阶段:第一阶段是前运演思维阶段。在这个阶段,儿童通过身体的活动,逐渐获得了对自身与外部世界分离的意识,但这种分离只是实物层面上的分离,形成的是从实物层面关于主体活动的协调与关于客体在时空组织上的协调,这是感知运动格局的形成。这种格局并不是先验就被决定了的,虽然最初的运动模式(如儿童吮奶)是先天的,但这种先天的运动格局很快就在后天的运动过程中同化着机体活动过程中遇到的新客体,并将之同化于更新了的运动格局之中,在这个基础上,通过再生性同化,推动着新格局的形成,这个新格局对新出现的客体进行再认性同化,使原有的感知运动格局向新阶段发展。皮亚杰认为,在这个阶段的

---

① 皮亚杰. 发生认识论原理. 王宪钿,等译. 北京:商务印书馆,1995:21.
② 同①22.
③ J. 皮亚杰,B. 英海尔德. 儿童心理学. 吴福元,译. 北京:商务印书馆,1980:5 注释②.

主要成果是模仿内化为表象形式，使得儿童能把先后相继的活动压缩为同时性的表象，为产生概念性思维提供了基础。第二阶段是具体运演阶段。皮亚杰认为，具体运演把预见和回顾协调起来，产生了对运动的可逆性认识。但这个阶段的认识仍然与具体的实物结合在一起，但与第一阶段相比，这个阶段的运演被赋予了一种运演的结构，也就是说儿童可以将运动以一种传递和可逆的方式组合起来。这为形式运演提供了认识的发展空间。第三阶段是形式运演阶段。在形式运演过程中，运演本身已超出了具体的现实物本身，现实被纳入可能性和必然性的范围内，无需具体物为中介，这是认知格局发展的较高形式，只有到了这个阶段，我们才能纯理性地讨论问题。很显然，康德、黑格尔的理念只是在这个阶段时才可能真实地存在，高级的认识格局是在低级的认识格局的基础上不断建构出来的。如果没有以活动为基础的认识格局，任何认识都难以产生。

皮亚杰的分析表明，人的认识过程是主客体之间双向的运动过程，认识格局也不是一个静态的结构，而是主体和客体在活动基础上的双向建构过程。人通过活动作用于外部客体的同时，也内化着外部客体的结构与活动方式，并将内在形成的逻辑运演方式运用于外部客体身上。这个过程也是同化、顺应和自我调节这些内部活动环节不断发生作用的过程，推动着认识的发展和创新。在这种认识格局中，认识是一个开放的过程，是一个复杂性的发展过程，传统的线性反映论倒是真的被皮亚杰推翻了。

皮亚杰的这个分析，在一定的层面上可以说将马克思的历史认识论具体化与微观化了。认识格局不断建构、通过这个建构实现着主体与客体之间的双向内化，这个过程用马克思的认识论语言来表达就是能动的实践过程。对于这一点，皮亚来也认识到了："卡尔·马克思的一个根本社会命题就是：人为了生产而作用于自然界，但也为自然界的法则所制约。在对象的特性和人类的生产之间这种相互作用也在认知心理学中为我们所发现。我们只有作用于对象并改变它时，我们才认知对象。"[①]正是皮亚杰与马克思的这种关联，使得皮亚杰的认识论研究在国内产生了极大的反响。但从理论深层上来看，这种相似性与认同只是在历史认

---

① 让·皮亚杰. 儿童的心理发展. 傅统先, 译. 济南: 山东教育出版社, 1982: 151-152.

识论的一个层面上才是可行的：从实践的活动性层面来说才是可行的。但在马克思的认识论中，活动从来就不是个人的孤立行为，而是社会关系中的实践活动，在这个意义上，当皮亚杰将发生认识论与马克思的认识论联系起来时，皮亚杰的发生认识论对于马克思的历史认识论而言，恰恰又是非法的。这种非法性不是因为皮亚杰反对旧唯物主义的直观反映论，而是在于，发生认识论的建构如果不能进入社会生活层面，如果不能揭示个体认识的社会建构过程，发生认识论仍然还是一种传统经验式的认识论。虽然皮亚杰反对传统的认识论研究模式，走向了现代认识论研究，但他仍然有一只脚停留在经验认识论的门槛内。在这个意义上，米德的社会认识论，倒是更为接近马克思的历史认识论思想。

2. 个体认识的社会建构：米德的社会心理学分析

皮亚杰的认识论虽然把认识的动力归结于活动基础上的认知格局，但皮亚杰的认识论仍然是以个体为中心的认识论，这个个体所面对的仍然是一个客观的外部世界。发生认识论的建构过程，用哲学的语言来说，就是个体的主体化建构过程，但这种建构过程并不像皮亚杰所说的那样，是独立主体在自身的行动过程中就可以完成的，在米德看来，这个过程是在社会化过程中和自觉的社会生活建构过程中实现的。在社会化过程中，主体把从他人那里期望得到的东西内化为自己的东西，从而实现了个体认识的社会建构。针对心理学研究中的个体主义和内省主义，米德指出，华生的行为主义比当时心理学中的内省主义具有更大的优势，因为认识只能从行为中才能产生出来。但华生的行为主义是一种个体式的行为主义，这使得华生的研究既无法达到对内省领域的洞察，也无法达到对个体心理的社会分析。如果考虑到个体本身属于某种社会结构，属于某种社会秩序，考虑到人的本质是社会关系的总和，那么就必须从个体之间的社会沟通层面来理解心理经验的构成。米德称自己的这种研究是一种社会行为主义的社会心理学研究。这一研究的主要问题就是：

> 社会心理学研究处于社会过程内部的个体的活动或者行为；只有根据个体作为其成员的整个社会群体的行为，一个个体的行为才能得到理解，因为他的个体性活动都包含在更大的、超出他自己的

范围之外的社会活动之中，而且后者还涉及这个群体的其他成员。①

因此，米德的研究不再是根据单个个体的行为来研究社会群体的行为，而是从既定的、复杂的群体活动组成的社会整体，来分析每一个个体的行为，说明这个个体如何在社会情境中建构出社会性的经验，在米德那里，他将这种建构区分为三个不同阶段：心灵的建构、自我的建构与社会的建构，而这种建构过程都离不开社会情境中的行为互动。如果说在皮亚杰那里还是个体面对客观世界的话，那么米德这里的问题则是个体以他人为中介形成自己的认识，主体—主体的关系优先于传统认识论中的主体—客体的关系。从现代认识论的视角来说，米德要解决的问题就是：个体的认识是如何社会地构成的？哈贝马斯认为，米德的这一思考，是走出主体论形而上学、走向交往理性的一个重要理论支点②。

米德的研究也是从行为出发的，但这里的行为不再拘泥于个体独白式的特征，他更强调行为的社会意义。米德认为，行为的最初形式是姿态行为，人们最初是通过姿态进行对话，相互之间传递着所要表达的内容与意义。在姿态性的对话中，一方活动的姿态对另一方而言变成了某种刺激，使他针对这种姿态调整自己的动作，而这调整又构成了作用于对方的姿态，使对方开始了另一种活动，这是一个完整姿态的回路，也只在这个回路中才可能真实地促成姿态间的互动关系。在姿态的这种互动过程中，构成了一种表达情绪与观念的社会情境，这是一种互动的社会情境，它包含着个体在完成这个社会过程的时候互相针对对方进行的对自己行为举止的调整，直到社会活动本身完成。但米德认为，这种情境中所谓的情绪与观念的表达，并不是通过语言言说的方式完成的，而是通过行为的社会情境意义完成的。在关于姿态的这个说明中，米德批评了两种认识论思想：一是华生式的个体行为主义，米德表明，这种个体式的姿态只有在社会行为的意义域中才能被理解；二是黑格尔式的理解，把语言看作观念的对等物，认为运用语言进行表达是一个不言自明的认识论前提，而在米德看来，语言恰恰不是先验的自然事实，在个体认识间的相互沟通层面上，社会行为才是首要的。"所以，我们必须从

---

① 乔治·赫伯特·米德. 心灵、自我与社会. 霍桂桓，译. 北京：华夏出版社，1999：7.
② 于尔根·哈贝马斯. 后形而上学思想. 曹卫东，付德根，译. 南京，译林出版社，2001.

第四章　历史认识论

关于行为举止的姿态类型的观点出发来研究语言——语言存在于这种行为举止之中，但是它本身并不是这样一种明确的语言。而且，我们还必须理解语言沟通功能怎样才能从这种先出现的行为举止中产生出来。"① 在这里，米德得出了与马克思相似的结论："毋宁说，我们不得不得出下列结论，即意识是一种从社会行为中突现出来的东西；它非但不是社会活动的前提条件，社会活动反倒是它的前提条件。"② 当米德将意识当作社会行为的产物时，米德也同马克思一样，反对将一个具有理性的个体与外部的世界对立起来的传统认识论，这种认识论在米德看来是传统形而上学的必然产物。他关心的是个体认识在形成过程中与其他个体所共同的认识结构，这种结构既存在于个体的经验之中，也存在于对个体经验发挥条件的外部世界中。

在姿态的情境互动中，姿态本身也是一个有意义的符号，成为双方调整自己行为的起点。而当语音姿态产生后，在语音姿态的对话中，我不仅会根据对方的语音姿态调整自己，而且也由于能听到自己的语音而可以像针对他人语音进行调整一样来调整自己反应。因此，姿态本身就标示着对自己与他人而言都感兴趣的共同的对象，在对共同意味的领悟中，双方都进行着自我调整，而这个过程实际上就是自己和他人共同参与到既定的社会活动过程中，将他人的姿态内化到自己心灵中的过程，这样对于既定的社会群体或社会共同体内部而言，姿态就代表着一种既定的活动或者反应，包含着一定的意义内容和意义流，成为一种有意义的符号，只有在这个基础上，共通性的心灵或智力的存在才是可能的。

> 因为只有根据那些作为有意味的符号的姿态，思维——它只不过是个体利用这些姿态与他自己进行的一种内化的或者潜在的对话而已——才能出现。存在于我们经验之中的、对我们在社会过程中与其他个体进行的外在姿态对话的内化，就是思维的本质；而如此得到内化的姿态就是有意味的符号，因为它们对于这个既定的社会或者社会群体的所有个体成员来说，具有同样的意义——也就是说，它们分别在作出它们的个体和对它们作出反应的个体那里导致同样的反应；否则，个体就无法把它们内化、无法意识到它们和它

---

① 乔治·赫伯特·米德. 心灵、自我与社会. 霍桂桓，译. 北京：华夏出版社，1999：18.
② 同①19.

们的意义了。①

在这里，并不是两个自主的心灵在对峙中相互交流，这是传统形而上学的问题，而是心灵本身只有置于这种过程的内在本质性关系之中，才可能沟通，身体也不是独立的自我，只有当它在社会经验的脉络中发展了某种心灵的时候，它才会变成自我。因此，不是因为反思而相互指涉，而是根据行为来指涉含义；不是社会沟通通过心灵而发生，而是心灵本身发生于社会过程中或者处于经验脉络之中的姿态对话组成的沟通中。米德的这个分析，实际上反对的正是胡塞尔先验现象学的思路，因为胡塞尔的思路说到底是要说明两个个体之间如何形成交互主体性的问题，而这个问题在米德的提问中刚好是需要倒置过来的。只有在姿态对话基础上形成了某种特定的、具有某种共同意义的符号，社会群体中的个体之间才可能进行沟通。

在对姿态的反应中，特别需要注意的是语音姿态。上面的分析已经指出，语言姿态使一方在与对方进行姿态对话的同时，由于能听到自身的声音，他也会像对待对方一样面对自己，也就是说他在不知不觉中使自己处于他人的位置上，并且像他人一样活动。"因此，语音刺激的重要性是通过下面这个事实表现出来的，即个体可以听到他所说的东西，而且，他在倾听他所说的话的过程中，往往会像另一个倾听他的话的人做出反应那样做出反应。"② 个体意识中的他人意识是在无意识的姿态对话中形成的，而语音姿态的重要性则表明，语言的产生在人类经验的发展方面具有重要作用，它可以像影响他人一样影响我们自身。当姿态本身成为符号的时候，即当姿态对于个体具有明确的意义或意谓时，有意识的姿态对话就产生了，这时互相调整联系的自我意识才可能出现。米德实际上表明，通过无意识的行为姿态和语音姿态的对话，社会群体中的个体之间形成了共同行动的意识平台，这个平台我们可以没有意识到，但却构成了我们行为的基础，正是在这个平台上，他人活在我的心灵中，形成了对我的刺激，我也可能通过语音姿态像他人刺激我一样刺激自己，如此，我和他人之间才可能真实地沟通。

利用姿态进行沟通只是人类较低级的交流方式，而这种交流方式为

---

① 乔治·赫伯特·米德. 心灵、自我与社会. 霍桂桓，译. 北京：华夏出版社，1999：50-51.

② 同①71.

第四章 历史认识论

高级的交流方式提供了基础。在姿态沟通的基础上，产生了利用有意味的符号进行的"意义"沟通、普遍性的观念和反思性的思维。在上面的分析中已经指出，在姿态中存在着对两方而言的"意谓"，这种意谓既不是对行为的某种心理观念的补充，也不是传统认识论所谓的先在观念的作用，它是作为姿态活动之间的关系而存在于那里的某种东西，

> 一个有机体做出的姿态，这种姿态作为其中的一个早期阶段的社会活动的结果，以及另一个有机体对这种姿态的反应，都是存在于姿态与第一个有机体、与第二个有机体，以及与这种既定的社会活动之此后诸阶段形成的三方关系或者三重关系中的有关联的事物；而这种三重关系则构成了意义从其中产生出来的基质，或者说构成了发展成这种意义领域的基质。①

也就是说，意义是在社会行为关系中产生出来的，并且潜在于社会行为关系中，它的本性与社会过程密切联系在一起。正是姿态、调整性反应以及随后引发的社会活动构成了意义的基质，而参与和可沟通性构成了意义的两个基本特征。这个分析倒有点像解释学的思考。按照海德格尔的观点，在主客体分离的认识之前，我们是在对世界的领悟中理解着这个世界，而这个领悟的过程，说到底也就是对意义的领悟。当然，这种领悟并不是事后对认识附加意义或价值，而是构成了认识产生的基础与前提。因此，意义是姿态形成明确的符号，而对这个符号的理解又是通过社会经验即社会行为实现的，在这里，社会经验起着决定性的作用，而语言也只是将这些姿态或社会行为情境提取出来罢了。所以米德认为：第一，正是社会过程才使它所涉及的诸个体之间的沟通成为可能，并且正是通过这种沟通使新对象的显现成为可能；第二，一个有机体的姿态和另一个处于任何既定的社会活动之中的有机体对这种姿态做出的调整性反应，导致了作为这种既定社会活动之开端的姿态和这种姿态所指涉的、这种既定活动的完成或者结果之间存在的关系。

实际上，一进入社会沟通过程，不但意义出现了，而且产生了认识意义上的共相。当姿态刺激形成了一种意义时，这种意义对姿态对话的两方都可以发生作用，意义就走出了殊相的局限性，具有了双方（当然也可以是多方）都认可的同一性内容，从而具有了普遍性的特征，这就

---

① 乔治·赫伯特·米德. 心灵、自我与社会. 霍桂桓，译. 北京：华夏出版社，1999：82.

是共相的发生。米德同样认为，这种普遍性的基础是社会活动，并且从这些社会活动中得到它们的意义，离开了这些社会活动，就不可能有任何意义，也不可能产生共相。意义与共相，从一个层面来看，对于个人而言，都是开放的，这种开放性，使普遍性的共相作为人类活动的前提在广大范围之内固定下来。从另一个层面来看，这种开放性，使在既定的社会情境中针对一种姿态可以采取不同可能性的行动计划，而对这种不同行动可能性的控制与规划，则产生了反思性智力，而这种反思性智力由于共相的普遍性作用，又不会逃离整个心灵产生的整个机制。

在米德的这个分析中，他从不把意识（心灵）当作一个存在的事实，他追问的也不是作为存在的意识与作为存在的世界之间的关系问题，在他看来这是传统形而上学在心理学中的表现。米德认为，要理解观念的产生，就必须理解产生观念的条件，就必须从社会行为中去建构观念。

> 不是从以某种精神的方式确立一个影响肉体的心灵的、形而上学的意义上把它置于行为举止之中，而是把它当作行为主义心理学可以研究论述的一个实际过程置于行为举止之中。这些形而上学问题仍然存在，不过，心理学家必须能够按照这种形成条件反射的过程在行为举止本身之中发生的样子，来陈述这种过程。①

因此，心灵的产生是在特定的社会情境之中通过姿态和对姿态的反应，以及这种反应的内化过程形成的。这种反应当然不再是条件反应意义上运用的，并不是简单的刺激—反应，而是社会过程中建构出来的反应。在这个意义上，米德的思路与皮亚杰具有相似性的地方，但他与皮亚杰又具有根本性的不同，在皮亚杰拘泥于个体性认识建构的地方，米德看出的是，如果个体的认识不进入社会过程，这种认识是根本无法建构出来的。

> 我们的全部经验世界——包括正在为我们所经验的自然界——从根本上说都是与社会行为过程联系在一起的；在这种过程中，各种活动都是由发挥作用的姿态本身引起的，因为它们接下来又由于标示它们所引起的那些活动的抑或结果，或者与这些活动的完成抑

---

① 乔治·赫伯特·米德. 心灵、自我与社会. 霍桂桓，译. 北京：华夏出版社，1999：115.

或结果有关,而导致另一些有机体作出调整性反应。也就是说,我们所经验到的客观世界的内容,大部分是通过社会过程与它的关系构成的,尤其是通过在这种社会过程中被创造出来的意义的三元组关系构成的。只要心灵的全部内容和自然界的全部内容具有意义的特征,那么,这种内容就取决于这种存在于社会过程内部、存在于社会活动之诸组成阶段之间的三元组关系,而这种社会活动和社会过程则是意义存在的前提条件。①

在这个分析中,意识是功能性的而非实体性的,意识建构于我与环境之间的活动关系中,用马克思的话来表述就是,我对我的环境的关系是我的意识。

第三节 历史认识中的主体间性

在认识的历史性建构中,我们已经讨论了认识的建构过程并不是通过个体的方式完成的,这是皮亚杰发生认识论的重要缺陷。认识是在社会互动的情境中,通过姿态、调整性反应、意谓和反思性智力等过程形成的。也正是在这个意义上,在认识论研究中,必须从传统的抽象认识论走向以马克思主义哲学为基础的历史性认识论。但对历史认识论的进一步探讨中,我们必须要分析的是,不管什么样的认识,都无法取消主体,无视心理学意义上的"自我"的重要作用。为了摆脱传统认识论中将自我当作一个既定的事实的理解,从历史认识论的角度来看,就必须在社会互动情境中分析自我的建构过程,也正是在这个过程中,我们可以发现,认识的历史建构,蕴含着主体间性。

1. "自我"概念的再思考

在近代哲学建构中,理性的核心地位,使自我变成了一种个体反思性智力的规定,认识论的研究也就变成了具有自我意识之后的理性分析过程。笛卡尔在自己的哲学中,以"我思故我在"作为自己的理论起

---

① 乔治·赫伯特·米德. 心灵、自我与社会. 霍桂桓,译. 北京:华夏出版社,1999:121.

点,在这里,具有理性的自我变成了一个既定的前提,在获得这个前提之后,认识世界的过程就是一个自我面对自己之外的世界的问题,即一个理性自律的自我如何超越自身达到对外部世界的认识与把握,这实际上是近代自然科学范式中的自我。对自我的这种界定,黑格尔在《精神现象学》中也做了较为深入的分析。在黑格尔对理性的考察中,他认为只要我们存在于这个世界中,我们面对世界时首先并不是以一个理性的自我方式出现,我们先遇到的是无法言说的意谓,然后是知性,只有超越了知性阶段之后,我们才达到理性的第一阶段,即自我意识。但在黑格尔看来,前两个阶段并不重要,它们所达到的最多只是现象世界,意谓与知性的本质存在于理性的规定中,

> 意谓阶段的单纯的**存在**,知觉阶段的**个别性**和与个别性相对立的**普遍性**,以及知性的对象**空虚的内在世界**都不复被当作本质,而只是作为自我意识的诸环节,这就是说,作为一些抽象的东西或有差别的东西,这些东西对意识本身同时是没有存在的或者没有差别的和纯粹消失着的东西。①

因此,只有到了自我意识的出现时,我们才能进入世界的本质结构中,《精神现象学》的主题,实际上就是要揭示具有理性规定的自我意识,如何超越自己、超越自己与外部世界的二元对立,达到万物和解的境界。在这样的分析中,对自我的理解存在着两方面的问题:或者将自我当作一个既定的理性存在物,将自我从社会中抽象出来变成孤立的存在,而没有意识到,自我在其原初性上,恰恰是与经验过程联系在一起的,需要揭示的正是这个经验过程中自我是如何产生的;或者分析自我的构成问题,但这种分析只停留在纯粹认识领域,关注的只是个体的经验,而不是从社会情境中特别是与他人的互动情境中揭示自我的构成过程,缺乏对主体间性的揭示。

近代哲学中关于自我的这一理解,直接影响了我国传统的认识论研究。在实践唯物主义讨论以前的教科书中,认识论的前提是反映论,这看起来强调了唯物主义,但实际上如果没有一个理性的自我为前提,合乎认识需要的反应如何构成就是一个问题。因此,在传统教科书的认识论研究中,理性的自我构成了其隐性的基础,但又没有对这个理性的自

---

① 黑格尔. 精神现象学:上卷. 贺麟,王玖兴,译. 北京:商务印书馆,1979:116.

我进行说明。在后来的认识论研究中，虽然有学者提出了社会认识论，但社会认识论的研究并没有突破对认识论研究的传统模式，或者说学者们主要是将传统的认识论模型推进到了如何认识社会这一对象身上。而对于认识是如何在历史中建构的，特别是对于自我是如何建构的，缺乏深入的探讨。

与上述的理解不同，自我，在米德看来是这样一种经验，即通过这种经验，具体的有机体才能变成它自己的对象。针对传统哲学中关于自我的抽象性理解，米德指出，这里的问题在于，

> 一个个体怎样才能（从经验的角度）以这样一种使自己变成自己的对象的方式从外部看待自己呢？这是一个有关自我中心（selfhood），或者自我意识的基本的心理学问题；应当通过参照把这个既定的个人或者个体包含于其中的社会行为举止过程或者社会活动过程，来找到解决这个问题的办法。①

米德显示了与传统形而上学完全不同的关于自我理解的道路。在米德看来，自我并不是先验理性的存在，而是一种构成性的存在，因此，问题必须是倒过来的，我们首先要追问的不再是自我如何面对外部的世界，而是自我是如何形成的。对于这种自我的形成，米德反对从个体出发的行为主义解释，而是把自我的形成置于社会性行为互动之中。个体并不是直接经验他的自我本身，而是只能从和他处于同一社会群体的其他个体成员的特殊立场出发，或者说从他所从属的作为整体而存在的社会群体一般化立场出发，来经验他的自我本身。因为他作为一个自我或者一个个体进入他自己的经验，并不是直接的和一蹴而就的，并不是通过变成他自己的主体而做到的，而是只有当他首先变成了他自己的对象——就像其他个体都是他的对象，或者都存在于他的经验之中那样——时，他才能做到这一点；而他只有通过采取其他个体在一个——把他和他们都包含在内的——社会环境或者由经验和行为组成的脉络内部针对他自己的态度，他才能变成他自己的对象。在这个意义上，对自我的理解，首先要摆脱的就是自然科学的范式，真实地进入社会生活过程中来理解自我的构成，从中揭示自我的存在方式。作为可以成为自己的对象的自

---

① 乔治·赫伯特·米德. 心灵、自我与社会. 霍桂桓, 译. 北京：华夏出版社, 1999：149.

我，从本质上说是一种社会结构，是从社会经验中产生的。当一个自我产生以后，它就从某种意义上为它自己提供了它的各种社会经验，这样，我们才能设想一个绝对离群索居的自我。这正如马克思在批判费尔巴哈的抽象的人时所说的：马克思的历史观的前提是人，"但不是处在某种虚幻的离群索居和固定不变状态中的人，而是处在现实的、可以通过经验观察到的、在一定条件下进行的发展过程中的人"①。实际上，只有先理解了自我的社会建构过程，才能理解单独存在的个人。因为即使"一个人通过反思性智力计划其活动，并且打算单独活动，所以，这种行动仍然是某个社会过程的组成部分"②。

在对自我形成具有建构性的社会情境中，姿态对话具有十分重要的意义。姿态对话可以分为行为姿态对话和语音姿态对话，语音姿态对话虽然并不具有源发性，但在语音姿态对话中，我们可以听到自己的声音，我们可以根据这一点来调整自己对他人的态度，控制自己对其他人的讲话。正是在这个过程中，我们才可能成为自己的对象。关于语言的作用，塞尔从认识的意向性角度指出：

> 动物和不会说话的儿童可能具有意向性的初级形式。他（它）们可能有信念、愿望、知觉和意图。但是一旦儿童开始获得语言，他的意向性能力通过某种引导效应而极大地增加了，扩展了的意向性增加了对语言的理解力，而这又使意向性得到更大的扩展。③

所以米德说："除了语言之外，我不知道还有什么行为形式可以使个体在其中变成他自己的对象，而且就我所知，除非个体成为他自己的对象，否则，个体从反射性的意义上说就不是自我。"④ 在语言对话基础上形成的具有反身性特征的自我，正是由社会经验构成的，不同的社会关系情境，会形成自我的不同方面，或者说各种不同的自我，但这种

---

① 马克思，恩格斯. 马克思恩格斯选集：第1卷. 北京：人民出版社，2012：153.
② 乔治·赫伯特·米德. 心灵、自我与社会. 霍桂桓，译. 北京：华夏出版社，1999：153.
③ 约翰·塞尔. 心灵、语言和社会. 李步楼，译. 上海：上海译文出版社，2001：146. "意向性"是塞尔的一个重要概念，指的是意识和人类想象世界上的物体与事态的能力之间有一种本质的联系，它是心灵的一种特征，通过这种特征，心理状态指向或者关于、论及、涉及、针对世界上的情况。但塞尔与米德的观点存在着差别。塞尔关心的是心灵如何建构性地具有关于外部世界的观念，他是从身心两者的关系入手的。
④ 同②154.

不同的自我又具有完整的自我结构，这种完整的自我结构反映了社会过程所具有的统一性和结构，而组成这种完整自我的每一种基本自我，也都反映这个把个体包含于其中的过程之诸方面中的一个方面所具有的统一性和结构。在这样的分析中，实际上已经触及这样的问题，个体的自我结构是在与他人的社会互动中建构出来的，在自我的内在结构中已经蕴含着主体间性。

2. 自我的构成与主体间性

米德在分析自我的构成时，是从两个层面来描述的：首先是在两个互动个体的意义上，例如在上面谈到的姿态对话中，我们就是从两个个体的意义上来完成的；其次是指，这种自我不仅是由这些特定的个体态度的组织构成的，而且也是由一般化的他人，或者他所从属的作为一个整体而存在的社会群体的社会态度的组织构成的。在这个描述中，自我的构成，并不是一个封闭的单子的玄思冥想，而是主体间在社会存在的基础上完成的互动。只有当个体能将其他个体的态度按照其社会含义和社会意义进行组织化和一般化，形成一般系统模式并使之进入自己的个体经验时，自我才能真正地构成。"使自我从其中产生的过程是一个社会过程，它意味着诸个体在这个群体中进行的互动，意味着这个群体的预先存在。"[1] 这正是自我框架的主要内容。在这里，涉及的正是自我建构中的主体间关系，我们需要揭示的，正是包含着主体间关系的自我框架的构成。

自我建构中的主体间性体现在以下环节上：

第一，自我意识的建构并不是纯粹私人的理性思考，构成自我意识的是采取或者感受他人对自己的态度的过程，而不仅仅是个体的机体感觉或理性玄思。自我总是处于特定的社会历史情境中，总是处于与他人的关联中，自我的发生与发展，就是个体对外在于他但又构成他与同一社会其他个体的主要互动方式的、有意味的对话，并将这种具有社会意义的规则与组织内化到自身的经验中。米德称之为"最早的试验性阶段"。因此，在自我的发展过程中，表面看来似乎是一个个体的过程，实际上是主体间以社会规则和组织、以社会意义为中介的主体

---

[1] 乔治·赫伯特·米德. 心灵、自我与社会. 霍桂桓，译. 北京：华夏出版社，1999：178.

间关系建构的过程。在这个过程中，主体间性与社会共同体具有同向性。在这个意义上研究认识论，实际上与研究社会历史过程是一致的。

第二，在将他人以及与他人的关系内在化过程中，自我结构分裂为"主我"与"客我"。"'主我'是有机体对其他人的态度作出的反应；'客我'则是一个人自己采取的一组有组织的其他人的态度。其他人的态度构成了有组织的'客我'，然后，一个人就作为'主我'对这种'客我'作出反应。"① "客我"是使个人能够成为共同体中的一员的保证，"主我"则是对这种共同体经验的反应。相对于第一阶段的姿态对话而言，这是自我意识发展的高阶段。根据这个区分，在认识的构成意义上，主体间关系作为一定社会情境中的经验，内化于个体的经验结构中，个人对主体间关系的体验是在其自我意识之内完成的。从时间的维度来看，社会情境场所的变更，就会导致相应的"客我"与"主我"的变动，从前的体验就会形成记忆，"主我"对"客我"的反应以及这种记忆既对当下的社会情境发生作用，也会因当下社会情境的变更而发生变化。当人们的体验能够区分为"主我"与"客我"时，在自我意识内部就形成了一个开放性的对话关系。自我也就不是一个固定的结构，"只要通过不断进行的互动使一个人自己的有机体与其他人联系起来的过程，被个体利用'主我'和'客我'的对话吸收到他的行为举止之中，那么，它就构成了自我"②。也正是借助于这个有区别的对话关系，自我才能在社会互动情境的基础上不断地建构与解构着。这种反思性的思维过程，构成了社会过程的组成部分，也正是借助于这个过程，这个社会才能变成更高层面的社会组织。

第三，自我在社会情境中的实现。虽然在自我的建构过程中，社会共同体的经验以及社会意义和组织制度，构成了自我的重要前提，它也是自我在建构过程中能够融入共同体的保证。但这并不意味着每个自我意识的建构都是同一个过程，都具有相同的特征。由于自我的建构离不开特定的社会情境，每个个体在这个社会过程中占有着属于他自己的、基本上是独一无二的、由各种关系组成的"场所"，这正如海德格尔所

---

① 乔治·赫伯特·米德. 心灵、自我与社会. 霍桂桓，译. 北京：华夏出版社，1999：189.

② 同①194.

谓的"此在",因此,每个个体都是从自己的角度、从这种社会过程的特定侧面来建构着"客我"的。这种"客我"的建构,也会使"主我"体现出不同的内涵。当"主我"做出反应之后,或者说当"主我"对这个社会做出行动之后,这不仅会导致自我的实现,而且由于个体的独特性,也会造成社会的变化,导致主体间关系的变化。当有些个体的"主我"对"客我"的反应大大超越了主体间关系的共同规定时,或者产生越轨行为,或者是以个体的天才表现改变了共同体,产生了新的主体间关系,"有时会偶然出现这样一个人,他能够比其他人更全面地理解历史过程中的一个活动,他能够与共同体中的所有各种群体形成联系,而这些群体的态度这时却尚未进入这个共同体的其他人的生活"①。这正是伟大人物发生作用的重要方式。

第四,在主体间关系的建构过程中,沟通是重要的纽带。在我看来,沟通可分为两种基本的形式,即情境性沟通与抽象性沟通。所谓情境性沟通,指的是在直接的活动情境中,通过将一般化他人的态度变成"客我",对这种"客我"做出反应,并预测他人对自己反应的反应,并调整自己的活动这一开放性的过程。所谓抽象性沟通,就是不通过直接的物质活动情境,而以抽象媒介为基础的沟通方式,比如我们通过书本与作者的沟通,通过宗教观念与他人的沟通,通过货币实现的交换等。这样的分析当然不是绝对的,实际上在日常生活中,这两种沟通形式都同时存在,并且相互蕴含,因为即使在直接的物质活动情境中,抽象性层面也发生作用;同样,如果没有情境性沟通所获得的社会意义与规范性的内化,抽象性沟通就不可能发生,正如一个人可以知道一个外文字母,但如果他无法体会这个外文字母所蕴含的意义,他照样无法与说这种语言的人进行沟通。米德的这一分析,构成了哈贝马斯交往行动理论的重要前提之一。

从上面的分析可以看出,在自我的建构中,主体间的关系并不是一个孤立的主体对另一个孤立的主体之间的关系,这样一种关系还是传统认识论意义上的主体间相互关系。在历史认识论的意义上,主体间关系是以社会历史过程为平台的,每个个体寓于其中并与在社会历史过程共同建构中体现出关系,社会历史的规定性构成了主体间关系的基本内

---

① 乔治·赫伯特·米德. 心灵、自我与社会. 霍桂桓, 译. 北京:华夏出版社, 1999:276.

容，或者说是理解主体间关系的逻辑基础。但作为个体的自我来说，又必须能够超越这种既定的主体间关系，超越既定的共同体，超越构成这一共同体与主体间关系的活动区域和价值观念。正如马克思所指出的："只有这样，单个人才能摆脱种种民族局限和地域局限而同整个世界的生产（也同精神的生产）发生实际联系，才能获得利用全球的这种全面的生产（人们的创造）的能力。"① 只有这时，我们才能真正地发展和丰富主体间关系。

3. 实践意识与理性思维

对自我与主体间性关系的讨论，使我们对认识论的研究问题进入这样一个层面：不论传统认识论中的唯物主义与唯心主义，其前提都建立在一个自足的自我概念的基础上。在这个基础上讨论认识时，虽然存在着经验与理性之间的区分，但经验都是作为理性的不言自明的前提出现的，或者是认为经验产生着理性，或者是认为理性统摄着经验。对经验的研究，都是以理性的方式进行要素式的建构，虽然现象学的反思，将经验与生活世界联系起来，但这种联系的前提是，把那个原初的经验当作既定的给予，而无须对这个经验本身的社会构成条件进行思考，更无法对"'客观'观察者立场固有的预设提出质疑"②，同时，观察者是一个非身体化的人，他只在思维层面活动，这就背离了实践活动。马克思的历史认识论正是在这个意义上，通过历史的活动过程来理解认识的构成，即在实践活动中追问一种无意识的构成，以及这种意识何以构成为理性。

在《形态》中，马克思主要揭示了意识形态的非自律性特征，强调意识形态是从社会实践过程中建构出来的，但这种建构是以遮蔽的方式实现的，即意识形态是对现实生活过程的颠倒反映，并将现实生活过程理解为一种自然的既定存在。但这种颠倒何以在社会历史过程中发生，马克思还主要是从认识论的角度进行分析的，讨论的是概念何以被思辨哲学独立出来，但没有进一步从历史建构过程对此进行讨论。但在《资本论》中，马克思对商品拜物教的分析，揭示的是资本主义社会所需要的理性思维何以在实践意识的层面产生出来的。他以桌子为例分析说：

---

① 马克思，恩格斯. 马克思恩格斯选集：第1卷. 北京：人民出版社，2012：169.
② 皮埃尔·布迪厄. 实践感. 蒋梓骅，译. 南京：译林出版社，2003：40.

第四章 历史认识论

> 用木头做桌子，木头的形状就改变了。可是桌子还是木头，还是一个普通的可以感觉的物。但是桌子一旦作为商品出现，就转化为一个可感觉而又超感觉的物。它不仅用它的脚站在地上，而且在对其他一切商品的关系上用头倒立着，从它的木脑袋里生出比它自动跳舞还奇怪得多的狂想。①

资本生产与交换所造成的颠倒的世界、神秘化的世界，使物成为认识的直观对象，费尔巴哈的直观唯物主义的错误、黑格尔的神秘主义只有到这个层面，才能得到理解。因此，作为理论理性的认识是在实践意识的基础上才能获得合法性，也正是在这个基础上，这种理性意识才能不断地生产出来。

在这个前提下，认识的社会构成可以理解为两个大的阶段：实践意识与理性思维。实践意识是指在实践活动过程中对自己的行为所具有的惯性影响力的意识，它是非反思的，但又确实对人的实践起着根本性的作用，类似于康德所说的，即无目的的合目的。关于这种意识，布迪厄关于"实践感"的分析，非常值得关注。在布迪厄看来，人们在日常实践过程中，通过反复性的动作，在特定的物质条件下，通过身体的运动形成了对特定条件的习性。

> 习性是持久的、可转换的潜在行为倾向系统，是一些有结构的结构，倾向于作为促结构化的结构发挥作用，也就是说作为实践活动和表象的生成和组织原则起作用，而由其生成和组织的实践活动和表象活动能够客观地适应自身的意图，而不用设定有意识的目的和特地掌握达到这些目的所必需的程序，故这些实践和表象活动是客观地得到"调节"并"合乎规则"，而不是服从某些规则的结果，也正因为如此，它们是集体地协调一致，却又不是乐队指挥的组织作用的产物。②

这种习性的获得与身体化的过程联系在一起，通过规范身体姿态、说话、行走等，使身体与社会的制度达到一致。

> 习性是持久地配备了有规则即兴之作的生成动力，作为实践

---

① 马克思,恩格斯. 马克思恩格斯文集：第5卷. 北京：人民出版社,2009：88.
② 皮埃尔·布迪厄. 实践感. 蒋梓骅,译. 南京：译林出版社,2003：80-81.

感，它使制度中的客观化意义恢复活力。集体历史的产品，亦即客观结构，若要以持久的和调适的行为倾向——客观结构的运行条件——这一形式再生产，就离不开反复灌输和据为己有这样的工作，而习性就是这种工作的产品，它形成于一种特殊的历史，将它的特殊逻辑施加于身体化，行为人则通过这种身体化使自己从属于制度中客观化了的历史。①

通过习性形成的实践感，具有一种面对外部世界的准客观化机制，以一种惯性的方式将外部世界内部化，将内部世界外部化。

> 实践感是世界的准身体意图，但它绝不意味着身体和世界的表象，更不是身体和世界的关系；它是世界的内在性，世界由此出发，将其紧迫性强加于我们，它是对行为或言论进行控制的要做或要说的事物，故对那些虽非有意却依然是系统的、虽非按目的来安排和组织却依然带有回顾性合目的性的"选择"具有导向作用。②

资本主义意识形态在其实践意识层面，就是通过身体化的商品交换运动，使物独立出来成为统治一切的根据，在这样的基础上，才能形成拜物教意识。在拜物教意识的基础上，才能形成自由、平等的现代资本主义意识形态。柏格森在论述本能与智力的关系时，实际上也触及这一问题：

> 本能就是对物体的先天知识，但智力却是构成非器官化的工具的机能。倘若大自然为了自身的利益，不再赋予生物可能为自身服务的工具，那么，生物就肯定会按照环境来改变自身的结构了。……因此，从根本上看，智力指向既定环境与利用这个环境的手段之间的关系。所以说，智力中那种先天的东西，就是建立关系的趋向，而这种趋向意味着有关某些非常普遍的关系的天然知识，它类似于一种材质，而每个具体智力的活动都会将它再分成一些更具体的关系。因此，活动一旦被指向制造，知识便必然指向关系。③

实践意识构成了人们活动的非反思的、自明的基础。一个集体在一

---

① 皮埃尔·布迪厄. 实践感. 蒋梓骅, 译. 南京：译林出版社, 2003：87.
② 同①101.
③ 亨利·柏格森. 创造进化论. 肖聿, 译. 北京：华夏出版社, 2003：129.

种共同的条件下活动,虽然会存在着个体的差异,但最易形成一种具有共通性的实践意识,用葛兰西的语言说就是作为"常识"的世界观,在哈贝马斯那里,这就是扎根在世界观结构当中的"本体论"。传统的哲学都是按照一种逻辑学和语义学来解释这个世界的,这造成了韦伯意义上的工具理性行为向生活世界的殖民化,因此对当下社会科学的建构来说,需要做的是对构成人们交互行为的非自觉意识的阐明,以使之形成沟通的基础。

> 交往行为的主体总是在生活世界的视野内达成共识。他们的生活世界是由诸多背景观念构成的,这种背景观念或多或少存在着不同,但永远不会存在什么疑难。这样一种生活世界背景是明确参与者设定其处境的源泉。通过解释,交往共同体的成员把客观世界及其主体间共有的社会世界与个人以及(其他集体)的主观世界区分开来。世界概念以及相关的有效性要求构成了形式因素,交往行为者可以用它们把各种需要整合的语境与他们自身所处的明确的生活世界协调起来。①

这也是解释学的主要任务。

在这个意义上,理论理性只是第二位的东西,当我们以理论理性来建构实践意识时,这就易把对实践意识的看法理解为实践意识本身,这是以特定的视点为前提的理论透视。但这并不是说否定理论理性的作用。如果说实践意识是一种无意识的意识,那么这种意识与身体活动的非距离性,造成了一种惯性的活动方式,也就形成了一种无法超越的局限性。理论理性的意义在于,通过将实践意识与实践活动本身拉开距离,使对实践意识的反思成为可能,这才能打破实践意识的局限性,为不同实践意识的融合创造条件。在这个时候,才能真正地形成自我意识。因此,区分实践意识与理论理性,对于我们批判认识论中的拜物教,真正建构解释学所谓的视域融合,提供了重要的基础。

4. 从米德到马克思

米德关于心灵、自我与社会的社会心理分析,在国内的认识论研究

---

① 尤尔根·哈贝马斯. 交往行为理论:第一卷. 曹卫东,译. 上海:上海人民出版社,2004:69.

中没有得到重视，但实际上米德的思想深深地影响了当代学术的理论建构过程。哈贝马斯从交往行动理论出发认为："米德的独创性表现在：从独立提出的交往理论的内在重构视角出发，他能够赋予社会学的基本概念以一种比较精确的意义。"① 他认为米德的理论打破了传统形而上学思考中关于主体独立性的思想，揭示了主体的自我意识是在社会生活过程中，以一种主体间性的方式完成的，而不是像黑格尔在《精神现象学》中所意谓的，正是因为概念的先在性，使主体具有一种反思性的意识，推动着主体意识的发展。"只有在生活世界理性化的基础上，这种过程才意味着是社会化主体的个体化，也就是说，才不是简单地意味着自我反思所控制的个性系统自由化和单个化。米德揭示了自我的主体间性。"② 实际上，米德在深层上影响了哈贝马斯的思路，哈贝马斯的交往行动概念，也只有在后形而上学的社会建构意义上，才能得到真实的理解。在这个意义上可以说，不理解米德，也就难以理解哈贝马斯。

实际上，不仅对于哈贝马斯是如此，对于吉登斯而言，米德的理论也是其结构化理论的重要前提。虽然吉登斯批评了米德总是将互动情境中的"我"与能动作用联系起来，还具有形而上学的特征，因此他强调要借鉴结构主义关于对主体去中心化的过程③。但在结构化理论中，当吉登斯强调从社会互动情境中谈论社会的构成与意识的构成时，米德的理论仍然构成了他深层的理论语境之一。

在哈贝马斯与吉登斯那里，把认识论孤立起来加以研究已经消解了，认识不再是抽象的主体面对客体的过程，而是与社会生活"本体"建构相一致的过程，因此认识论的研究就必须走出纯粹认识论研究，将社会生活研究与建构于这一生活基础上的认识研究结合起来，进行统一的思考。在这种一致性的过程中，社会生活实践起着重要的作用。吉登斯从社会学研究视角指出：传统社会学研究，要么强调主体的重要意义，要么就像结构主义与功能主义那样，强调社会的至高无上的地位。

这里的关键在于，如何确定行动、意义和主体性的概念，确定

---

① 于尔根·哈贝马斯. 后形而上学思想. 曹卫东，付德根，译. 南京：译林出版社，2001：203.
② 同①220.
③ 参阅：安东尼·吉登斯. 社会的构成：结构化理论大纲. 李康，李猛，译. 北京：生活·读书·新知三联书店，1998：第二章。

第四章 历史认识论

它们与结构、制约观念之间可能存在的关联。……我之所以要提出结构化理论,其基本的目标之一就在于宣告这些建立霸主体制的努力的破产。在结构化理论看来,社会科学研究的主要领域既不是个体行动者的经验,也不是任何形式的社会总体的存在,而是在时空向度上得到有序安排的各种社会实践。①

这个分析,在一定的意义上是通过米德回到了马克思的社会实践概念,而当吉登斯从社会实践情境中分析意识时,与马克思从社会生活过程中分析观念的产生,有着极为相似的分析逻辑。从这一视角出发,认识论研究就不再局限于主体如何反映客体、主体反映客体有哪几个阶段等问题,研究认识的过程,同时也就是研究社会生活的过程,也只有在这一基础上,才能理解意识的内在逻辑发生过程,这正是马克思历史认识论的基本视域,也只有在这个视域中,我们才能理解列宁在《哲学笔记》中所说的,逻辑学、辩证法、认识论三者构成了同一个东西,这三者只有在实践的基础上,才能真实地统一起来。"人的实践活动必须亿万次地使人的意识去重复不同的逻辑的式,以便这些式能够获得公理的意义。"② 但在这里,我们也需要一种有区别的意识,即皮亚杰与米德等人的分析,虽然在直接的层面上与马克思的思想有着同构性,但他们对认识的理解都存在着实证性的特征,而对于马克思来说,认识的社会历史性建构与对社会历史的批判是同体而生的,在这个意义上,对社会历史的批判构成了历史认识论的深层前提,认识论的批判就有赖于社会生活批判,正是在这里,哈贝马斯指出:"彻底的认识批判只有作为社会理论才是可能的。"③ 传统教科书中将认识论独立出来的板块思维不见了,只有这样,我们才能真实地进入马克思的哲学认识论思想。

当然,米德的分析还缺乏这种社会历史的视域。作为社会心理学家,米德的分析虽然在逻辑上,我们可以将之理解为马克思历史认识论的微观化,但当米德将自己的分析定位于反对形而上学时,他也将自己的分析实证化了,还不能真实地达到社会历史层面,更不具有马克思历史认识论的批判性视域。在一定意义上,皮亚杰与米德的认识论研究主

---

① 安东尼·吉登斯. 社会的构成:结构化理论大纲. 李康,李猛,译. 北京:生活·读书·新知三联书店,1998:61.
② 列宁. 列宁全集:第55卷. 北京:人民出版社,1990:160.
③ 哈贝马斯. 认识与兴趣. 郭官义,李黎,译. 上海:学林出版社,1999:导言1.

要是从社会学的视角着手的，而对于马克思的历史认识论来说，更为重要的是"历史性"的认识建构，因此，"历史性"构成了马克思历史认识论的主要规定性。在这个意义上，分析解释学关于理解的"历史性"，对于我们理解马克思的思想有着参照系的意义。

第四节　解释学与历史性理解合法性论证

在解释学发展历史中，从一种对象式的解释到"历史性"生存中的领悟，经过海德格尔，构成了解释学发展中的重要转向。深受海德格尔影响的伽达默尔，将"效果历史意识"作为自己解释学的核心内容，对"历史性"的理解，构成其理论建构的核心。也正是借助于这一"概念"，伽达默尔对传统解释学的历史发展进行了梳理，在《真理与方法》上卷第二部分中，他深刻揭示了"历史性"思想与解释学发展的深层关联。

1. 解释学：从启蒙到浪漫主义

现代解释学的产生，首先奠定于宗教改革与人文主义兴起的基础上。就来自神学领域而言，宗教改革家要维护自己对《圣经》的理解、批驳正统神学家的反对及其对传统的维护，就需要一种新的理论方法论证自己解释的合法性。这种新的方法，正是作为复兴古典文学这一人文主义要求的工具——语文学的阐释。在这两个领域内，解释学的要求就是通过精巧的程序为人文主义文学和《圣经》揭示其文本的原本意义。后经路德与梅兰希顿，人文主义传统和宗教改革的诱因结合了起来。

路德的解释学仍然具有独断论传统。路德认为《圣经》可以自身解释自身，并认为对它的整体的理解是理解各个部分的指导前提，而对各个部分的理解又加深着对整体的理解，并将之发展为文本解释的一般原则，即文本的一切个别细节都应当从上下文即从前后关系，以及从整体所具有的统一意义即从目的去加以理解。在这里，他预先假设了这样一个前提，即《圣经》本身是一种统一的东西。这是后来者要加以批判的。

实现对启蒙运动思想的这一转变的，首先是施莱尔马赫。施莱尔马赫不再在流传物的内容的统一里寻求解释学的统一性，而是摆脱所有内

第四章 历史认识论

容上的特殊性，在一种甚至不为思想怎样流传的方式所影响的方法统一性中寻求解释学的统一性。这种方法的基础是什么？施莱尔马赫首先注意到误解的另一层意义。

从一般观点看，之所以要解释，首先是因为误解的存在，对误解的纠正是早期解释学争取合法性的途径。而在施莱尔马赫看来，陌生性的经验和误解的可能性乃是一种普遍的现象，特别是以艺术作品和文字固定下来的讲话里，陌生性更大。因此，解释学首先不是简单地克服陌生性，因为陌生性与理解者的个性是不可分离地被一起给予的。而按照启蒙运动的观点，合理性的思想反对的正是这种个性。在这个意义上，施莱尔马赫走向的正是德国当时的浪漫主义。如果从肯定个性出发，那么过去解释学中以《圣经》的同意或以理性建立的同意都不再构成对一切文本理解的独断论的指南，需要为解释学提供一种根本的动因。这样解释学的问题被置于一个尚未被认识的领域中。

从肯定个性出发，施莱尔马赫区分了两种解释学实践，即宽松的解释学实践与严格的解释学实践。前者是自发出现的，而在后者看来，自发出现的东西都是误解。因此，"解释学就是避免误解的技艺"①。但避免误解并不是回到原独断论的前提上，在他看来，应当被理解的东西现在不只是原文和它的客观意义，而且也包括讲话人或作者的个性。为了进一步阐明个性的东西在解释学中的意义，施莱尔马赫提出了心理学的解释，这是他的创造性贡献。

> 这种解释归根结底就是一种预感行为，一种把自己置于作者的整个创作中的活动，一种对一部著作撰写的"内在根据"的把握，一种对创造行为的模仿。这样，理解就是一种对原来生产品的再生产，一种对已认识的东西的再认识，一种以概念的富有生气的环节、以作为创作组织点的"原始决定"为出发点的重新构造。②

他并不把理解看作一个孤立的、指向客观原文的过程，这样，作为言辞或文本去理解的思想构成物并不能按照它的客观内容去理解，而是要理解为一种审美构成物，这里应当要理解的东西决不是一种共同的关

---

① 汉斯-格奥尔格·加达默尔. 真理与方法：上卷. 洪汉鼎，译. 上海：上海译文出版社，1999：239.

② 同①242.

217

于事物的思想,而是个体的思想,这种个体的思想按其本质是一个个别存在的自由构造、自由表达和自由表现。在施莱尔马赫这里,解释学由原来的回到原文变成了一种自由的创造活动。这种自由创造是一种回返过程中的再建构,是对一种构造的再构造。因此,这里核心是个性的解释学。这种个性的解释学对应的是机械性的应用,因为,技艺是与机械因果关系相对应的。因此,解释不再仅应用于语文与《圣经》,而要应用于心理学的解释,按照这个理解,解释必须把每一个思想创造物理解为这个人的整个生命关系的一个要素。

要重构这种创造活动,就必须与原作者处于同一个层次。而要做到这一点,又必须与作者相交织在一起。与整体和部分之间的循环一样,这构成了第二个循环。这个循环的目的是比作者理解他自己更好地理解作者。

这一点何以可能?首先,要理解施莱尔马赫的天才说美学。从前面讲的个性出发,施莱尔马赫认为理解应是一种审美的活动,而审美的活动中处于最高层次的是天才,天才的艺术创作方式是无意识的创造与有意识的创造的统一,这种无意识是天才自己往往无法理解的。其次,他认为需要理解的不是作者所说的对象,而是文本本身。处于特定时代的人,他们创造文本时,总是遵循着那个时代的规则和形式,而他们本人对此并不加以注意,在这个意义上,作者在创造文本时,可能"根本不'理解自己'"。因此,创造作品的艺术家并不是这个作品的理想解释者。同此,从天才说中,施莱尔马赫完成了一项重要的理论成就,即取消了解释者和原作者之间的差别。解释的标准就是作品中的"意蕴"。

这里的问题是这种"自由创造"的理想对于解释学问题是否真能有权威性,作品按这个尺度能否充分地被理解?伽达默尔否认这一点。因为它与语文学家的精神相矛盾,这些人以承认古典文献的绝对范例性而自豪,他们的目的不是原样地去理解他的范例,而是去模仿范例,甚至超出他的范例。在施莱尔马赫这里,文本变成了脱离它的认识内容的一种自由的产物。他建立了这样的解释学,根据语言的标准范例对于任何语言性事物的理解。

> 个别人的讲话事实上就是一种自由的创造活动,但其可能性也受语言的固定形式所限制。语言就是一种表达场地,对于施莱尔马赫来说,语言在解释学领域的优先地位权意味着:作为解释者的人

把文本看成独立于它们真理要求的纯粹的表达现象。①

施莱尔马赫的解释学对于打破《圣经》与古典文学的独断论兴趣具有重要的意义,但与历史科学的普遍理解还存在着惊人的差距。施莱尔马赫的解释学的目的是精确地理解特定的文本,而历史关系的普遍性应当服务于这种理解。这是他的局限性。

2. 历史学派中的解释学问题

早期解释学中这种独断论倾向,除了施莱尔马赫的浪漫主义批评外,另一个重要的转向是狄尔泰关于解释学的历史意识转向。狄尔泰认为,解释学必须使自己解除一切独断论的限制,解放自己,以便使自己能提升为历史研究的普遍原则。因此,解释学要从教条中解放出来,就必须从路德开始的由整体关系来进行的理解,转向历史地再现文献所属的生活关系。"旧有的以整体来理解个别的解释原则现在不再关系到和限制于教义的独断论统一,而是涉及全部的历史实在,而个别的历史文献正构成这种实在整体的部分。"② 这样一来,解释不再是对文本的研究,也包括对整个历史事业本身的研究,而这时,根据解释学的已有原则,历史研究的个别对象得以表现自身真正的相对意义的世界史关系本身就是一个整体,只有借助于这一整体,一切个别的东西的意义才能得以完全理解,反之亦然。这就是狄尔泰用以建立历史世界观的范式。也正是在这一范式中,狄尔泰实现了解释学研究的历史意识转向,这不仅指解释学从教条桎梏中的解放,而且是解释学本质的转向。如果一切都以历史为前提,而历史本身又是一个整体,那么古代与现代之间也就不再存在明确的榜样和仿效关系,这形成了一种新的历史反思意识。这种反思,按照伽达默尔的说法是"终于摧毁了以古希腊罗马文化为典范的要求"③。由此,在神学与语文学两条路线中,传统的特殊典范性不再表现为解释学任务的先决条件。

历史不是个别的文本,因此,施莱尔马赫的基础并不足以构建历史

---

① 汉斯-格奥尔格·加达默尔. 真理与方法:上卷. 洪汉鼎,译. 上海:上海译文出版社,1999:254. 为了统一译名,原译本中的"本文"都改为"文本",以下不再说明。
② 同①229.
③ 同①231.

学的解释学。但如果考虑到历史学研究也是通过流传物把过去告诉现在，那么整体与部分的关系仍然构成了历史解释学的核心。狄尔泰有意识地采用了浪漫主义的解释学，并把它发展为一种历史学方法。对于狄尔泰这种方法与浪漫主义的联系，伽达默尔认为："狄尔泰对历史里的联系概念的逻辑分析，事实上乃是把这样一条诠释学原则——我们只能从文本的整体去理解个别，以及我们只能从文本的个别去理解其整体——应用于历史世界。"①

浪漫主义的解释学，对于反对黑格尔历史哲学起到了决定性的作用。从流传物中研究历史，反对的就是黑格尔式的历史的终结和任何超出历史之外的东西。"文本的意义由文本本身才能被理解。所以，**历史学的基础就是诠释学**。"② 但在狄尔泰那里，文本还是被看作独立的，意义本身被看作封闭的，这正如伽达默尔所说的：

> 在狄尔泰和浪漫主义诠释学那里，应当被理解的东西乃是意义整体，这个意义整体在他们两者那里同样都与要理解的人本身相脱离。总是存在一种陌生的、必须按照它自己的概念和价值标准等加以判断的个性，然而这种个性却能够被理解，因为"我"和"你"都是同一重价生命的"要素"。③

但历史是没有尽头的，因此，这种解释学还无法支持历史学家的最根本任务，即研究世界史。

狄尔泰遇到的问题，实际上也是历史学派需要解决的问题。我们先看看历史学派是如何理解这一问题的。历史学派的兴起与反对黑格尔历史哲学相关。历史学派的要求是：不是思辨哲学，而只是历史研究，才能导致某种世界史的观点。赫尔德为此准备了条件。他反对启蒙运动的目的论历史观，要求对一切过去中的典范性和不可重复性进行辩证的思考。这时"历史性"这个词就非常重要。"历史性的思考现在意味着，承认每一个时期都具有它自身存在的权利，甚而具有它自己的完美性。"④ 这样，历史研究才能超越历史之外的标准。而这种超历史的思

---

① 汉斯-格奥尔格·加达默尔. 真理与方法：上卷. 洪汉鼎，译. 上海：上海译文出版社，1999：256.
② 同①257.
③ 同①258.
④ 同①259.

第四章 历史认识论

考方式在黑格尔等人那里是明显的。但这并不意味着历史学派与先天的形而上学没有关联。

按照伽达默尔的观点,无论是兰克、德罗伊森还是狄尔泰,他们共同的基本假定在于:

> 理念、存在和自由在历史实在中找不到任何完全和恰当的表现。不过,这一点不能在一种单纯的缺乏或缺陷的意义上去理解。相反地他们从理念在历史中总是只有一种不完全的表象这一事实发现了历史的构造原则。恰恰是因为这一事实,就需要一种向人类启示他们自身及其在世界中位置的历史研究来替代哲学。把历史视为理念的纯粹表象这一观念将包含这样的意思,即对观念的抛弃乃是通向真理的特有之路。①

但历史也并不是缺乏精神的僵死的必然性,"正是人类存在在时间中的展开才具有它自身的创造性。正是人类的丰富充满和多种多样才使人类自身在人类命运的无限变迁中不断达到高一级的实在。历史学派的基本假定可能就是这样被表述的。它与歌德时代的古典主义的联系是不能忽视的"②。这里占主导的当然是一种人文主义的理想。因此,历史研究首先就是要理解这种丰富多彩的个性,正是它构成了历史的意义。"历史自身内就有一种意义。对于这种意义似乎要说的东西——一切尘世间东西的短暂性——实际上就是它的本真根据。因为历史生命源源不断的创造性的奥秘就存在于这种不断消失的过程中。"③ 但这样一来,问题是怎样用这种标准和历史的形式理想来设想世界观的统一性,以及怎样才能证明关于这种统一性的认识? 根据兰克的思考,历史中存在着联系,历史的行为没有任何可在它之外被发现和被把握的目的,没有一种先天必然性支配历史,人类命运的变迁中不断坚持存在的乃是一种不可中断的生命联系,存在着历史的形式结构,这种结构使得整个行为和事件的联系成为有意义的或无意义的,先前发生的事情对后来的事件产生影响,而另一方面先行的东西的意义由后继者所决定。这样,历史本体论结构本身虽然没有目的,但却是目的论的,历史联系是一种无意识

---

① 汉斯-格奥尔格·加达默尔. 真理与方法:上卷. 洪汉鼎,译. 上海:上海译文出版社,1999:260.
② 同①261.
③ 同①261-262.

的目的论规定,这个目的论统一这个要素。

按照兰克的思考,目的论并不是像机械装置那样的一种必然性,历史联系的结构性链节就是"自由的场景",即

> 在无限的事件网里存在着某种重要的场面,而历史的决定仿佛就集中于这些场面之中。凡是自由地运动的地方,虽然都有决定被做出,但是这种决定实际上是**某物**被决定,这就是说,某种决定创造历史,并在自己结果里显示其完全而持久的意义,乃是真正历史瞬间的标志。历史瞬间给予历史联系以其鲜明的节奏。我们把这样一些自由行动可以在其起历史决定性任用的瞬间称之为划时代的瞬间或转换期,而把那些其行动能起**这种**决定性作用的个人,用黑格尔的用语,称之为"历史性的个人"。①

正是"历史性的个人"自由地创造着历史。但问题在于,如果历史学的基础是有限的个性的自由的创造,那么这种有限的活动的意义以什么为标准?因为像黑格尔那样的做法,无疑是取消了历史。"如果历史学派不想抛弃它自身特有的本质,即把自己视为继续进行的研究,它就必须把自身有限的受限制的认识与某种上帝的精神联系起来,因为对于上帝来说,事物是在其完美性中被认识的。"② 上帝面前一切平等,这就意味着万物同时存在,一切时期与历史现象在上帝面前都有同样的权利。因此,历史学家愈能认识每一种现象特有的不可毁灭的价值,愈能够历史地去思考,他的思想也就愈接近上帝。在这里,历史性的思想,反而同神学思想相一致。我们就可以理解海德格尔早期为什么会钟情于历史性与具体性的经验了③。这时,历史学便是历史作为上帝创造物被提升到对自己本身的意识。这种意识是对上帝生命的直接分有,是大全生命的显现,而不是概念上与上帝的关系。这种直接分有,实际上就是一种透明的和通观自身的澄明之境。这也是黑格尔绝对观念的最高境界④。兰克反对思辨哲学,但还是同思辨哲学相接近。在兰克与德罗伊森思想中存在着经验主义态度与唯心主义态度的冲突。

---

① 汉斯-格奥尔格·加达默尔. 真理与方法: 上卷. 洪汉鼎, 译. 上海: 上海译文出版社, 1999: 263-264.
② 同①271.
③ 吕迪格尔·萨弗兰斯基. 海德格尔传. 靳希平, 译. 北京: 商务印书馆, 1999.
④ 参阅本书第二章第一节。

3. 历史性：从历史认识论问题到精神科学的理论基础

历史学派中审美解释学因素与历史哲学因素之间的对抗，在狄尔泰这里达到了顶点。在狄尔泰这里，无论是兰克式的将审美与哲学的结合，还是与黑格尔历史哲学的结合，都不再是他的理论基础。狄尔泰为精神科学提供一个哲学基础的努力，就是试图从兰克和德罗伊森为反对德国唯心论而主张的东西推导出认识论的结论。历史学派的基础是经验，它将经验与德国从康德到黑格尔的唯心主义元批判相结合，而没有认识到这种前提的统一性[①]。狄尔泰的任务是，在历史学派的历史经验和唯心主义中间建立一个新的认识论基础。这就是他通过历史理性批判去补充康德的纯粹理性批判这一目的的意义。

在康德之前的认识论研究中，主体认知与对象的一致性是不言自明的理性前提，而康德在《纯粹理性批判》中，通过"现象"与"物自体"的区别，实际上指出，主体的认知对象与客观现实对象本身是有差别的，并不能像传统研究那样，把现实本身当作主体的表象，因为不管是经验论还是唯理论，当它们追求认识与对象的统一性时，说到底只是把对象本身作为主体的表象世界。当黑格尔从康德出发，将认识对象看作理性的自我认识对象时，恰恰在理论上又回到了传统认识论的理论目标。因此，当黑格尔哲学解体之后，逻各斯和存在之间的自明的符合关系最终被摧毁了，这时康德的批判再次显现出其重要的意义。

> 如果历史被认为与自然一样，并不是精神的显现方式，那么人的精神怎样能够认识历史就成了一个问题，正如通过数学构造方法的自然认识对于人的精神也是一个问题一样。所以，相对于康德答复纯粹自然科学如何是可能的这一问题，狄尔泰必然试图对历史经验怎样可能成为科学这一问题进行答复。因此在与康德问题作清楚的比较之中，狄尔泰探究了那些能够支持精神科学的历史世界的范畴。[②]

这样一来，狄尔泰回到了历史经验，但历史经验又是不同于自然认

[①] 关于近代唯物主义与近代唯心主义的深层关联，参阅我在《走进马克思》（孙伯鍨，张一兵，主编. 走进马克思. 南京：江苏人民出版社，2001）第一编关于实践问题的论述。

[②] 汉斯-格奥尔格·加达默尔. 真理与方法：上卷. 洪汉鼎，译. 上海：上海译文出版社，1999：285.

识领域中的经验的东西。但对这种经验的解释，狄尔泰又不同于新康德主义者。新康德主义把精神科学包含在重新构造的批判哲学里面，认为承担历史世界构造的东西，是由经验而来，而后又在一种价值关系中出现。狄尔泰认为，世界历史的基础其实是那种属于经验本身的内在历史性。内在历史性是一种生命的历史过程，它的范例不是固定的事实，而是使回忆和期待成为一个整体的奇特组合，这种组合就是经验。在这个经验中，历史的主体就是历史的客体，两者的同质性使得历史认识成为可能。

但这里的问题是，即使从个人的角度来看，由于经验中主客体的同一使历史认识得以可能，但个别人的经验及其对这种经验的认识怎样提升为具有普遍意义的历史经验？因为在历史中我们不再涉及那些像这样被个别人所体验的或像这样被其他人再体验的联系，而狄尔泰论证的首先只适合于个别人的体验和再体验，这是他的认识论出发点。这个转变是何以实现的？他使用了结构这个概念。结构意指一种关系整体，这种整体不依赖于事物的时间性的因果次序，而依赖于内在的关系。这个内在的关系后来经胡塞尔意向性学说，解决了从个体的要素式体验到历史经验的上升问题。按照胡塞尔的想法，意向性的所指，即意向对象，并不是实在的心理成分，而是一种理想统一体，这就是意义。从这一观点出发，每一种关系都是对某物的关系，每种意识都是对某物的意识，指向这种意义的理想统一体。意识的意向性学说实际上为所与性概念提供了基础。"自从以后，我们可以不再由体验原子去推导联系并以这种方式去解释联系。意识其实总是包含在这样的联系之中，并在这种联系的概念中有其自身的存在。"① 但狄尔泰与胡塞尔又不相同，在胡塞尔那里是逻辑的东西，在狄尔泰这里表现为生命的表现。生命本身，作为流失着的时间性，形成统一的意义体，生命自身诠释自身。它自身就有解释学的结构。所以，生命构成精神科学的真实基础。

但这里的问题仍然在于，生命的自我阐释总是个体性的，这种个体性的力怎样同超越于它的、先于它的东西，同客观的精神相连？狄尔泰必须实现从心理学立场到历史解释学立场的转变。而要真正地使自己的理论成立，狄尔泰必须证明从生命基础上对历史的阐释具有一种理性的

---

① 汉斯-格奥尔格·加达默尔. 真理与方法：上卷. 洪汉鼎, 译. 上海：上海译文出版社, 1999：291.

自明性，否则他的理想就不可能实现。这种自明性在黑格尔那里表现为绝对观念，而狄尔泰是反对黑格尔思辨哲学的，但他也认为历史认识中所要认识的对象与自然科学的对象不同，一切在这里都是被创造出来的，这是维科观点的另一种表述①。但在历史过程中，被创造出来的东西总是在人之外的对象，按照黑格尔的看法，这是一种对象化了的存在，这种对象化了的存在与人本身又是怎样关联的？黑格尔认为，对象化是精神自我的对象化，正是在对象化中，历史本身成为精神自我观照的对象，这样黑格尔就解决了历史认识中主客体的异质性问题。狄尔泰在这里也是依赖于黑格尔的，不同的是，在黑格尔那里是精神的东西，在狄尔泰这里变成了一种生命的表现形式。对这种生命的表现形式的认识，其可能性体现在历史意识中。这种历史意识把历史现象作为精神借以认识自身的对象，但这种认识不再是思辨概念的严格的内在逻辑，而是生命的自我表现与观照。由此历史意识取得了绝对观念的地位。但问题是，如果历史意识总是特定历史中的意识，这恰恰表明历史意识是一种有限制的，并不能胜任狄尔泰原初设想的，即作为建立精神科学的基础的意图。这种经常变化的意识怎样摆脱主观性而达到客观性？这是历史意识中的又一个难题。

在这个提问中，我感觉到狄尔泰依然是一个受启蒙理性影响的哲学家，他依然没有摆脱黑格尔绝对观念那种客观的、确实性的理想。狄尔泰总是试图克服历史观察者的时空局限性，总是想把这种特定的有限性的认识提升到一种绝对的、客观的高度。狄尔泰认为："有限性的意识并不指意识的有限化和局限性。有限性的意识其实证明了生命在力量和活动方面超出一切限制的能力。所以它正表现了精神的潜在的无限性。"② 那么这种有限性如何超越自己呢？狄尔泰认为可以通过同情来实现。他所说的同情不同于道德的同情，而是指完美的历史意识的理性，这种理性基本上超出了那种由于偏爱和亲近某个对象这种主观偶然性而对理解所造成的界限。这种同情是通过伟大对象而来的自己生命性

---

① 维科在《新科学》中指出，人能认识自己创造的东西。人并不能真正地认识自然界，因为它是上帝创造的，只有上帝才能认识它；而历史是人创造的，因此只有历史才可能人被真正地认识。参阅：新科学：上卷. 朱光潜，译. 北京：商务印书馆，1986：154.

② 汉斯-格奥尔格·加达默尔. 真理与方法：上卷. 洪汉鼎，译. 上海：上海译文出版社，1999：299.

的继续不断的制约性。但我们知道这种制约性并不同于认识条件的东西，这里狄尔泰并没有解答自己的问题。狄尔泰要解决问题，就必须论证生命与知识具有同一性，即在生命的表现过程中，知识总已经起作用，生命在表现自己的倾向时，总着固定的追求。他认为，生命与知识的关系乃是一种原始的所与，他在精神科学方法方法与自然科学的实验方法中发现了一种相同性，自然科学的实验方法是通过超出主体偶然性的客观观察，保证自然规律性的知识成为可能；精神科学方法也是通过从方法论上超越传统以及特殊时空立场的偶然性来达到客观的历史认识。因此，生命的表现形式与知识总是一致的。在这里，可以看到启蒙运动作为一种历史启蒙运动被完成。在他这里，笛卡尔主义占有主导地位，而忽视了精神科学的本质特征。

实际上，狄尔泰还带有客观主义的残余，他想追求的依然还是那个最后的根据，而这个根据是超越于历史性生命之外的存在，这个存在对他而言，实际上是一先验的设定。按伽达默尔的说法，问题的关键在于：假如没有一种超出一切历史意识的绝对的哲学知识的概念，意识和对象的绝对同一性对于有限的历史性的意识来说基本上是不可达到的，而总是卷入历史的效果关系之中，那么历史意识那种超越自身并能够获得客观历史认识的特征究竟依据于什么？对此的分析，以及引导对"历史性"分析的进一步可能性，是由胡塞尔开始的现象学研究。胡塞尔的意向性概念是对各种"客观主义"的批判。胡塞尔认为："意向性现象学第一次使得作为精神的精神成为系统性经验和科学的领域，从而引起了认识任务的彻底改变。绝对精神的普遍性在一种绝对的历史性中包容一切存在物，而自然作为精神的创造物也适应于这种历史性。"① 在意向性体验中，意识不是"对象"，而是一种本质性的协同关系，是一种意义统一体。现象学的观念，要排除一切存在设定，只研讨主观的所与方式，并且现象学成为一种普遍的工作纲领，其目的是使一切客观性、一切存在意义从根本上可明白理解。这样，人类主体性就具有了存在的有效性。在意向性体验中，每一种体验都包含以前和以后的隐约的边缘域，并最终与以前和以后出现的体验的连续统相融合，以形成统一的体验流。

---

① 汉斯-格奥尔格·加达默尔. 真理与方法：上卷. 洪汉鼎，译. 上海：上海译文出版社，1999：313.

在这里，对时间意识的构成性研究就非常重要，因为时间意识的和时间意识里的单元从其自身说又是以时间意识的构成性为前提的。这样单一的体验，从边缘域的视角看，并不是现象学分析的最终材料，因为每种体验都可能包含着处于边缘域中的但又不是处于焦点时间中的东西，这时体验就可能落入边缘域融合时空的边缘域中，边缘域的变化与流动性，形成了客观对象方面同样广泛的边缘域——意向性。在边缘域中，还可能存在着隐蔽的、匿名暗指的意识的诸意向关系。边缘域的这一特征，正是"有作为的生命"的作为。正是通过这种匿名的、不以任何个人的名义所完成的意向性，无所不包的世界边缘域才被构成。因此，科学的宇宙世界并不是生命运动的最初世界，而是生活世界。生活世界意味着另外一种东西，即我们在其中作为历史存在物生存着的整体，生活世界本质上是一个"历史性"概念。但伽达默尔认为，胡塞尔的问题是，生活世界作为一个个人世界，总是自然而然地设定为正当的，那么，这种正当性如何由生命的有作为来证明呢？另外，个人的正当的生活世界如何又同他人相沟通呢？以怎样正当的方式推到他人那里？主体间性何以可能？这里，胡塞尔只能动用移情类推法，并将移情概念当作先验的意义。由于胡塞尔还是从纯粹思辨出发，这是他无法解决的问题。

如要走出这一问题，只有回到生活本身。思想必须被引回到这个隐蔽的基础，哲学的反思总是与生活倾向相反的，哲学必须使这种脱离过程颠倒过来，从意识规定的历史性，走向生活本身的历史性。这是由海德格尔完成的。现象学要探讨的不是普遍性本质的纯粹我思，而是那种不能证明和不可推导的此在的实存性，即生存。这样问题不再是从时间意识中来构建世界，而是存在和客观性的全部意义只有从"此在"的时间性和历史性出发才能被理解和证明。在这个意义上，海德格尔是对胡塞尔现象学的倒转。这样海德格尔对基础本体论的筹划，必须把历史问题放在首位。以前历史总是作为沉思的对象，当胡塞尔从时间意识建构世界时，依然没有摆脱这种观点；而在海德格尔这里，时间本身就是存在得以展现的境域。这里，海德格尔消解了近代全部的形而上学。

此在是关系到其存在，此在首先是通过存在领悟而与其他在者相区别，这些论点正如在《存在与时间》中所表现的，它们并不构成某个先验探究必须以之为出发点的最终基础。它们讲到一个完全不同的基础,只有这个基础才使所有的存在领悟得以可能,这个基础就是:有一个"此",一种在的澄明,也就是说,一种存在者和存在的区分。①

在这里,理解不再是一种方法论的东西,像狄尔泰所理解的那样,理解就是人类生命本身原始的存在特质。正是在这里,我们说海德格尔实现了向本体论解释学的转变。按照海德格尔的看法,谁理解,就是照他自身的可能性去筹划自身。筹划自身意指未来性,正是人类此在在生存论上的未来性,历史理解的结构才在其本体论的全部基础上得以显现。同时理解是有其前结构的,历史认识又得到了一种内在的合法性。这时,认识的可能性不再是因为两者以同质性存在,而是寓于"历史性"中,即它们都具有"历史性"存在方式。所以伽达默尔说:

> 我们只是因为我们自己是"历史性的"才研究历史,这意味着:人类此在在其忆及和遗忘的整个活动中的历史性,乃是我们能根本明瞭过去的条件。最初似乎只是有损于科学传统概念和方法的障碍东西,或者作为取得历史认识的主观条件而出现的东西,现在成了某种根本探究的中心。②

到这里,以"历史性"理解的合法性为底蕴的解释,才真正找到了自己的理论基础。

从伽达默尔关于解释学历史的描述中可以看出,他把"历史性"这一概念作为解释学发展的深层难题。正是"历史性"理解的凸现,人们才能摆脱传统认识论或早期解释学的难题,在理解的历史性循环中,确证了解释学基础的合法性。也正是在这个意义上,伽达默尔说:"一种名符其实的解释学必须在理解本身中展示这种本质的历史的实在性。"③但实际上,历史性并不存在于一种领悟中,或者存在于思辨中,历史性存在于社会生活的真实过程中,解释学的历史性只有奠基于社会生活历史性的基础上才是可能的,马克思的历史认识思想成为解释学深层奠基的根据。

---

① 汉斯-格奥尔格·加达默尔. 真理与方法: 上卷. 洪汉鼎, 译. 上海: 上海译文出版社, 1999: 331.
② 同①337.
③ 伽达默尔. 伽达默尔集. 邓安庆, 等译. 上海: 上海远东出版社, 1997: 48.

基于历史性的解释，总是离不开解释者自身的前见，解释的过程变成了前见与当下理解之间的融合过程，在这种视域融合中形成的是效果历史意识。这里的问题在于：解释学是想对文本实现无遮蔽的解释，但这种解释又无法摆脱前见的困扰，只要前见存在，困扰就无法根除，这种循环构成了理解中的二律背反，同时这种二律背反也是解释学自我推进的动力。

第五节 从效果历史意识到意识形态批评

在解释学中，循环是理解的一个重要特征。从施莱尔马赫到海德格尔，对解释学循环的理解有一个决定性的转折。早期的解释学循环，主要局限于面对文本时所表现出来的整体与部分间的循环，将之运用于社会历史研究中，就是特定历史阶段中的个人在面对历史流传物这一整体时，如何确证个人认识的合法性。海德格尔通过将解释学循环作为此在的生存论情境，通过对前见合法性的确证，展现了历史性认识的合法性。在此之后，伽达默尔提出了效果历史意识的思想，进一步确认了解释学的历史性特征。效果历史意识是带有前见的意识，社会存在决定社会意识，前见以及由此形成的效果历史意识总会受到特定的意识形态的制约，因此，效果历史意识的合法性确认必然会转向对前见的意识形态批评。进入这个层面，解释的过程一方面要展现思想层面的视域融合，另一方面则体现为对思想与社会历史之间内在关系的批评性审视，特别是对思想的意识形态特性进行反思，这是两个不同层级的循环，但又是交织在一起的循环。正是在这里，马克思哲学中的意识形态批判理论，成为反思效果历史意识的一个重要理论基础。

1. 前见的合法性与效果历史意识

在《存在与时间》中，海德格尔要追问的是存在的意义，但存在的意义并不是摆在某处的事实，对存在的意义的追问总是必须从对存在意义具有领悟能力的此在着手，这构成了一种循环。对于这种循环，海德格尔认为："在原理研究的领域中，人们随时都能轻易地引出论据来指责研究工作陷入了循环论证，但在权衡具体的探索途径时，这种形式上的指责总是徒劳无益的。它丝毫无助于事情的领悟,反而妨碍我们突入探索的园地。"① 循环构成了解释的一个特征,包含着认识事物的可能性,当然,这种可能性只有在解释中才能得到实现。但这种认识并不是在纯洁状态下进行的,它总受到前见的制约,因此,前见并不像早期解释学认为的那样是必须消除的偏见,它反而成为解释中无法消除的因素,它是过去历史在解释者身上留下的痕迹,"早在我们通过自我反思理解我们自己之前,我们就以某种明显的方式在我们所生活的家庭、社会和国家中理解了我们自己。主体性的焦点乃是哈哈镜。个体的自我思考只是历史生命封闭电路中的一次闪光。因此个人的前见比起个人的判断来说,更是个人存在的历史实在"②。解释者不可能完全抛弃自己的前见而"客观"地面对文本,这样一种客观的态度是非历史主义的态度。因此,在解释过程中,解释者需要面对内心已有的前见,从而做到合乎事物本身的筹划。

当然,这并不是说任何前见都是合法的。前见的合理性又来自哪里?在海德格尔思考的基础上,伽达默尔区分了两种前见:权威的前见和轻率的前见。轻率的前见当然是要克服的,但问题是,权威的前见是否也像启蒙理性所认为的那样具有非法性呢?在这里,伽达默尔对启蒙运动进行了一种反驳:"权威首先是人才有权威。但是,人的权威最终不是基于某种服从或抛弃理性的行动,而是基于某种承认和认可的行动——即承认和认可他人在判断和见解方面超出自己,因而他的判断领先,即他的判断对我们自己的判断具有优先性。……权威依赖于承认,因而依赖于一种理性本身的行动,理性知觉到它自己的局限性,因而承认他人具有更好的见解。"③ 这样一来,权威性的前见就成为我们这个有限性历史存在的内在规定,也是我们进入文本解释时无法抛弃的前提,无视这一点,就是一种素朴的历史主义,这决定了历史解释在一开始时,就不是以近代以来自然科学的模式展开的,即将对象与认知者都从特定的情境中抽象出来,把对象看作一个孤立的外在物,把认知者看

---

① 海德格尔. 存在与时间. 陈嘉映,王庆节,合译. 北京:生活·读书·新知三联书店,1987:10.
② 汉斯-格奥尔格·加达默尔. 真理与方法:上卷. 洪汉鼎,译. 上海:上海译文出版社,1999:355.
③ 同②358.

作一个没有前见的纯洁的存在,历史解释学需要摆脱的正是这种自然科学式的认知模式,以消解传统与历史之间、历史与历史知识之间的抽象对立。人们总是带有特定的前见对历史文本展开解释,这种受到传统影响的前见所具有的效果与历史研究本身的效果融合在一起,形成新的历史意识,这个过程是一个内在结构的循环,我们总是在历史关系中去认识传统的要素,同时又会探索这一传统要素在历史解释中的作用。在这个意义上,并不存在历史学研究中确定的对象,历史研究恰恰是将我们带入历史运动中,带到生活的深处。对历史文本的解释不是对原本的简单复制,在解释者与原作者之间存在着无法消除的差异,这种差异是历史间距造成的。作为解释者,他总是从自己所处的时代来理解历史流传物,每个解释者的前见都是由特定的历史处境所规定的,或者是由社会历史的客观进程所规定的。因此,理解根本不是一种纯洁的主体性的行为,而是被置于传统过程中的一种行动,在这个过程中过去和现在经常地得以相互中介,形成新的认识,这种新的历史性的认识就处于这一中介区域,解释学的位置也恰恰在这个中间地带。因此,解释学不仅是一种理解文本的方法,而且是历史生活本身的再现,是我们在当下展现历史生活的行动,解释的过程也是把过去带到当下的过程,正如克罗齐所说的:"在历史进程中所保存和丰富的是历史本身,是灵性。过去不异于在现在而活着,它作为现在的力量而活着,它融化和转化于现在中"①,正是基于这一老师,克罗齐才宣称一切历史都是当代史。

当然,这里会再次出现解释学中的老问题:如果解释总是一种创造性的活动,尽管这种创造性的活动本身具有历史的合法性,那么个人创造性解释中被理解的意义如何才能保证自身的意义统一性、对他人的可接受性?伽达默尔认为,意义的统一性当然有赖于对文本的原初理解,要有自己生活前见的澄清,但更重要的是解释者在特定历史进程中的处境,理解不再是简单的对象性的解释,而是面对特定历史情境中的事件的真理,"现在所关心的东西不是个人及其意见,而是事情的真理,所以文本就不被理解为单纯生命的表达,而是被严肃地放置在它的真理要求中"②。重视解释者所处于其中的历史进程,这是解释学发展中的根

---

① 贝奈戴托·克罗齐. 历史学的理论和实际. 傅任敢, 译. 北京:商务印书馆, 1982:68.
② 汉斯-格奥尔格·加达默尔. 真理与方法:上卷. 洪汉鼎, 译. 上海:上海译文出版社, 1999:381.

本转变,伽达默尔将这一转变归根于海德格尔的"生存论"的本体论转向。正是在这一转向中,解释的历史性获得了自身的合法性,时间距离的解释学意义得以呈现出来。

> 现在,时间不再主要是一种由于其分开和远离而必须被沟通的鸿沟,时间其实乃是现在植根于其中的事件的根本基础。因此,时间距离并不是某种必须被克服的东西。这种看法其实是历史主义的幼稚假定,即我们必须置身于时代的精神中,我们应当以它的概念和观念、而不是以我们自己的概念和观念来进行思考,并从而能够确保历史的客观性。事实上,重要的问题在于把时间距离看成是理解的一种积极的创造性的可能性。①

只有当这一历史生活本身与现代没有任何关联时,或者说,只有当文本处于一个封闭性之中时,它的永存的意义才可能被客观地认识,但实际上任何文本,一旦生产出来就处于历史性的流传中。从理解的时间性规定来说,哲学本身不再是抽象的体系,而是一个永远开放的意义阐释过程,正是在时间的开放性中,不断地造成具有特殊性前见消失和新的意义呈现出来。也正是因为时间距离,真的前见与虚假的前见才得以区分开来,达到客观性的认识,历史主义的素朴性就在于它相信自己的处理方法而忘记了自己的历史性存在这一生存论规定。一种真正的历史思维必须同时想到它自己的历史性,在自己和他者的统一体中或者一种关系中实现对历史实在的理解和解释,一种名符其实的解释学必须在理解本身中显示历史的实在性。"真正的历史对象根本不是对象,而是自己和他者的统一体,或一种关系,在这种关系中同样地包含着历史的实在和历史理解的实在。一种名符其实的解释学必须在理解本身中展示这种本质的历史的实在性。"② 伽达默尔认为,这是一种效果历史,理解在本性上乃是一种效果历史事件,因为历史学家的兴趣不仅关注历史现象或历史流传下来的文本,而且关注这些现象或文本在历史上所产生的效果,因此在解释历史现象或文本时,历史研究不仅关注两者的直接意义,还会关注两者所受到的历史影响以及它们产生的效果,这构成了历

---

① 汉斯-格奥尔格·加达默尔. 真理与方法:上卷. 洪汉鼎,译. 上海:上海译文出版社,1999:381.
② 伽达默尔. 伽达默尔集. 邓安庆,等译. 上海:上海远东出版社,1997:48.

史解释中的深层内容,即效果历史的内容,加之解释者本身的历史性生存的影响,这就更加加强了解释结果的效果历史性。"历史高于有限人类意识的力量正在于:凡在人们由于信仰方法而否认自己的历史性的地方,效果历史就在那里获得认可。"① 效果历史意识构成了理解活动过程本身的一个要素,不管我们承认与否,它都在理解过程中发生着作用。

效果历史意识是对解释学处境的自我察知,但意识到这一点非常困难,因为处境的特征恰恰在于:我们很难将自己置于处境的对立面,从而像认识外部对象一样去把握它,就像马克思所说的,我们既是剧中人,也是剧作者,有时就会忽视制约着我们行为与意识的处境,这使得想要阐明我们的处境,有时甚至是一项不可能完成的任务。作为历史性的存在,我们总是受到先前历史的束缚,难以直接面对自己进行自我认识。因此,处境限制了视觉,这正是伽达默尔所要讨论的视域问题。

视域就是看视的区域,这个区域囊括和包容了从某个立足点出发所能看到的一切。没有视域的人无法认识事物,有了视域才能正确评介视域内一切东西的意义。视域本质上属于处境,处境意味着对于那些我们面对流传物而向自己提出的问题赢得一种正确的问题视域。在历史解释中,从效果历史原则来看,存在着双重视域:一是解释者由前见所带来的当下视域,二是流传物本身所具有的视域,解释的过程就是两个视域的融合过程,在这种融合中,解释者并不是走向一个外在于自己视域的客观对象,因此必须要破除一种看法,伽达默尔认为就是要避免客观地达到对他人的理解,因为这不是一种真正的谈话方式,真正的谈话是要达成一种共识,而客观地理解他人只是把谈话的一切实质内容仅仅作为了解他人视域的一种手段,而无须达成一致,或者说,这最多只是达到对他者异性的一种承认,在这种情况下,视域也随之变成一种封闭的状态。伽达默尔指出,视域是一种我们活动于其中并与我们一起活动的东西,一切人类生命由之生存的以及以传统形式而存在于那里的过去视域,总是已经处于运动之中,正是在这个运动中,才有历史意识,因此,即使当我们将自身置于一种"客观"的历史视域时,我们自己的视域也在发挥着作用,在这个过程中,解释者既将自己的个性移入另一种

---

① 汉斯-格奥尔格·加达默尔. 真理与方法:上卷. 洪汉鼎, 译. 上海:上海译文出版社, 1999:387.

个性中，也以自己的个性来制约由历史文本所展现出来的个性，从而将两者都提升到一种更高的普遍性，以实现视域融合，这种融合保证了视域的开放性。因此，效果历史意识是一种开放的意识，它总是会随着历史本身的进展而不断地打开自己的视域，不断地实现视域之间的融合，可以说，这构成了效果历史意识的内在规定性，从而保证着解释的开放性。这种开放性与人的历史性生存处于同构状态，解释就在这种历史性的事件中打开了真理的空间。

2. 效果历史意识与经验问题

在传统解释学中，解释者虽然是一种有限的存在，但解释的要求是要达到无限的知识，一种无偏见的绝对的知识，但在伽达默尔的效果历史意识中，历史解释的知识并不是无偏见的纯洁的知识，也不是绝对无限的知识，而是一种有限性的知识，这种有限性的知识就很难避免相对主义的质疑。伽达默尔虽然已经摆脱了传统知识论的提问方式，但他并没有完全跳出这一知识论的传统，他还是希望能够保证效果历史意识具有客观性。根据前面的讨论，效果历史意识是解释中的自觉意识，这种自觉意识同样是一种反思的意识，"效果历史意识既然作为意识，它在本质上似乎就能够使自己超越它是其意识的东西。反思性的结构基本上是一切意识所具有的。所以这种反思性的结构对于效果历史意识也一定有效"①。他认为，黑格尔关于反思的思考有助于理解效果历史意识的客观性。

反思可区分为外在的反思与内在的反思。外在的反思表现为外在评判，比如根据黑格尔的思想，康德哲学就是一种外在的反思，这种反思并没有真正超越知性思维的水平。真正的反思是来自事物自身的自我反思，这种反思正是辩证法的重要内涵。"反思最初仅仅对孤立的规定性的外在超越和关联，从而使这种规定性既具有关系，也保持其孤立效用；反之，辩证法则是内在的超越，在这种超越中知性规定的片面性和局限性都表现为自己所是的东西，即表现为自己的否定。"② 在这种自

---

① 汉斯-格奥尔格·加达默尔. 真理与方法：上卷. 洪汉鼎，译. 上海：上海译文出版社，1999：438-439.

② 黑格尔. 哲学全书·第一部分·逻辑学. 梁志学，译. 北京：人民出版社，2002：155-156.

第四章　历史认识论

我反思与超越中,精神把外在于自身的东西看作与自身的异化,并在回到自身的过程中达到与外部对象的和解。伽达默尔认为,黑格尔的这一思想揭示了精神的生命的本质,即精神在历史性的展开中既不拘泥于抽象的自我反思,也不简单地取消自我异化的单纯形式,而是达到了自身的和解。这种和解才是精神在特定历史情境中的历史性存在状态,即一种实在的经验。这种经验就是效果历史意识中所有的经验。

从效果历史意识出发,伽达默尔认为存在着三种不同的经验:培根意义上的经验、黑格尔意义上的经验和确证效果历史意识的经验。

培根强调真正的知识来自经验,强调对当前的实况进行考察,尊重所见到的东西,承认感性现象,通过实验方式,把感觉一步一步地上升到真实的、普遍的经验,即自然的简单形式,使精神在这里不能为所欲为。培根的假相批判,就具有这种目的性。在培根这里,"经验并不是单纯的看、听、摸等等,并非只是对于个别事物的知觉,主要是由此出发,找出类、共相、规律来"①,从而达到对世界和人的认识。这种经验成为近代以来科学认识的基础,隶属于科学认识的图式。科学的目的是将经验客观化,以使经验本身不再包含任何历史的内容,使经验可在重复中被证实。对于这种经验概念,狄尔泰是持批判态度的,他认为英国的经验论使经验失却了历史的内容。但由于受到近代科学方法论的影响,狄尔泰等人的解释学,实际上也想将精神科学的全部程序达到可检验性,在这个意义上,他还只能从方法论的角度来讨论解释学问题,并没有彻底摆脱上述方式的影响。

黑格尔同样对这种经验科学的认知图式提出了批评。在《精神现象学》的"序言:论科学认识"中,黑格尔指出:哲学的认识不同于以自然科学为基础的认识,近代以来以自然科学为基础的认识关注的是对世界的形式化的考察,没有停留在事情本身中并忘身于事情本身,把握的却是另外的事情。哲学考察的是事物的本质规定,这种规定是事物自己建立自己的东西,是绝对观念的自我展开,在这个意义上,培根从经验出发的认知图式,并不能实现哲学认知的科学化。在黑格尔的这一讨论中,作为哲学认识意义上的科学已经不同于自然科学意义上的科学,它是事物本身真理的揭示。在《精神现象学》第一章论述感性确定性时,

---

① 黑格尔. 哲学史讲演录:第四卷. 贺麟,王太庆,译. 北京:商务印书馆,1978:21.

黑格尔明确指出，我们对事物的感性经验，说到底必须依赖于共相才能表现出来，真正的经验是感知者依据共相"做出"的，在这个意义上，伽达默尔对两种经验的区分是有道理的，"一是指那些与我们的期望相适应并对之加以证明的经验，一是指我们所'做出'的经验。后一种经验，即真正意义上的经验，总是一种否定的经验。如果我们对某个对象做出经验，那么这意味着，我们至今一直未能正确地看事物，而现在才更好地知道了它是什么。所以经验的否定性具有一种特殊的创造性意义"①。前一种意义上的经验更接近于培根所指认的经验，而后一种意义上的经验才是黑格尔所讨论的经验。这种意义上的经验，是一种正在行动的怀疑论，其本质并不在于证实，而在于一种否定性的"做出"，只有经过这种否定性的"做出"，才能占有新的经验，达到对以前没有占有的对象的理解，这是经验意识本身的自我倒转。经验通过否定做到这一点，但这种否定乃是一种肯定的否定，这种意义上的经验是辩证的，这种辩证性的经验，在历史性的运动中展开，因此经验就有了历史的规定。有着这种经验的意识，在自身中确立，然后在自身中倒转，在自身的异化中再回到自身，在陌生性的他物中认识自身，这个过程是在历史中展开的，经验获得了历史性的内涵，这是黑格尔关于经验的重要规定。从经验的否定性本质出发，经验应当是开放的，这种开放性与历史性是一个东西，但当黑格尔将绝对观念理解为一种自身的和解时，这种开放性消失了，经验的有限性最终还是消融于绝对观念的无限性中，虽然这种无限性从根本上来说是封闭的循环。

  伽达默尔当然不会认同培根式的经验概念，他赞赏黑格尔关于经验的历史性的讨论，但对于黑格尔将这种有限性的经验消融于绝对观念的做法，也持批评的态度，他认为确证效果历史意识的经验是第三种意义上的经验，即有限性的经验。"真正的经验就是这样一种使人类认识到自身有限性的经验。在经验中，人类的筹划理性的能力和自我认识找到了它们的界限。"② 与此相应，真正有经验的人是一个意识到经验是有限的人，即认识到自身存在的有限性的人，一旦意识到这一点，他就不会要求每一次解释都是具有绝对真理意义上的解释，不会将自己置于时

---

  ① 汉斯-格奥尔格·加达默尔. 真理与方法：上卷. 洪汉鼎，译. 上海：上海译文出版社，1999：454.

  ② 同①459.

间之外,或者置于未来主人的位置。当我们意识到存在的有限性时,我们恰恰会承认经验的局限性、预见和计划的不可靠性,只有这样,才可能从不完满的经验上升到完满的经验,从而在开放性的解释中达到更高级的知识形式。效果历史意识正是这样一种经验,它反映了经验的普遍结构。当解释学确认了这种经验的合法性时,它不仅没有使效果历史意识陷入相对主义之中,反而在历史性经验的不断展开中使解释更加完满,更具真理性。

在效果历史意识中,存在着三种结构:

一是人性知识的经验结构。解释学面对的是历史流传物,因而经验总是与流传物有关。在解释的过程中,流传物不是外在于解释者的对象,而是一个真正的交往伙伴,伽达默尔称之为"你"。流传物像"你"一样自行说话,我也像对"你"说话一样面对流传物,只有在这种"我"与"你"的关系中,视域的融合才能真正地发生。可以说,这种"你"实际上是另一个"我",用米德的话说,这是一种"客我",以对应于作为"主我"的"我",这时,经验对象本身具有了人的特征,经验成为一种道德现象,通过经验而获得的知识和对他人的理解也就具有道德现象的意义。"存在这样一种'你'的经验,这种经验试图从同伴的行为中看出典型的东西,并且能够根据经验做出关于另一个人的预见。我们把这称之为人性知识。"[①] 伽达默尔认为,对"你"的态度说到底是一种自我相关性,"我—你"关系是人们之间最易沟通的关系,运用于解释学中,这是理解流传物时的最理想状态。

二是我—你关系中的反思结构。这种结构认识到我与"你"的相关性,但把这种相关性理解为一种反思关系,在这种反思意识中,对象失去了对我们提出要求的直接性,它是从另一个人的观点出发被预期和在反思中被截取了。另外,这种支配一切的我—你关系的交互主体性的辩证法,认为人类一切关系都是一种反思形式。在反思中,就会有一个"我"被另一个"我"(即"你")所统治的情况,但也存在着对这种统治的反抗与斗争,从而将"我"与"你"的关系打开,展现其内在的丰富性。在这里,伽达默尔将黑格尔关于自我意识中主人与奴隶的关系进行了挪用,以此展现解释过程中"我"与"你"的关系结构。如果说人

---

① 汉斯-格奥尔格·加达默尔. 真理与方法:上卷. 洪汉鼎,译. 上海:上海译文出版社,1999:460.

性知识的经验保证了解释的沟通性,那么这种反思结构则在沟通的基础上打开了解释的空间,这是推动解释的重要动力。

三是以承认为基础的经验结构。在反思过程中,"我"深入到你的经验之中,可能比"你"还要理解"你",在统治与抗争的辩证法中,"我"与"你"相互承认,把自身建构为一个交互主体性意义上的主体。这种相互承认的意识,运用于解释学中,实际上就是效果历史意识,这是得到认可的意识,从而建构出一个新的共同体。"解释学意识并不是在它的方法论的自我确信中得到实现,而是在同一个经验共同体中实现——这共同体通过与受教条束缚的人的比较来区分有经验的人。这就是我们现在可以更精确地用经验概念来刻画效果历史意识特征的东西。"①

正是第三种经验的开放性,确证了效果历史意识是一种开放的意识。为了保证这种开放性,伽达默尔进一步将"提问"作为推动解释学前行的重要动力。提问是在不知道答案的前提下开始,从而不断地在解释学的循环中打开空间,从而不断地展现新的效果历史意识。

3. 效果历史意识与意识形态批评

伽达默尔肯定了解释者的前见对解释的影响,解释者的前见来自他的历史经验,受制于他的历史生活,同样,文本本身也不是无前见的存在,文本的写作者同样受到前见的影响,这种前见同样来自他的社会历史生活。因此,不论是文本创作者还是解释者,都是一定社会历史存在中的人,这种前见总是受到特定历史生活的影响。社会存在决定社会意识,"意识[das Bewußtsein]在任何时候都只能是被意识到了的存在[das bewußte Sein],而人们的存在就是他们的现实生活过程"②。因此,直接将前见置于效果历史意识中,这是对前见的直观态度。从马克思的视角来看,解释的过程虽然是一个效果历史意识的过程,但对前见的批评构成了效果历史意识的理论基础,这正是意识形态批评的意义所在。

从解释学的视角来看,马克思在《形态》中将解释区分为两个层

---

① 汉斯-格奥尔格·加达默尔. 真理与方法:上卷. 洪汉鼎,译. 上海:上海译文出版社,1999:465.

② 马克思,恩格斯. 马克思恩格斯文集:第1卷. 北京:人民出版社,2009:525.

面：一是理论层面的解释，二是理论与历史之间内在关系层面的解释，前者构成了思想内部的批评，后者构成了意识形态批评。

从思想内部的批评来看，青年黑格尔派从实体、自我意识，再到费尔巴哈的人，体现了理论逻辑的变更，这种变更似乎体现了理论的进展，因此，这些青年黑格尔派的哲学家把这看作伟大的斗争，"一些原则为另一些原则所代替，一些思想勇士为另一些思想勇士所歼灭"①，他们把这种思想上的代替，看作十分重大的成就，但这些思想中的运动，都是在对黑格尔哲学的再解释中展现出来的。青年黑格尔派认为，人们之间的关系能让人们的一切行为都受制于思想，但他们都没有想到要提出这些思想与德国现实的关系问题。从解释学的意义上也就是说，如果我们只是从思想层面的关系来展现效果历史意识，那么这种历史意识与社会历史之间的关系仍然处于解释学视域之外。因此，对于青年黑格尔派的批评不能停留于思想内部的批评，而必须提出青年黑格尔派所做的批判与他们生活于其中的社会现实的联系问题，从而将思想内部的批评推进到意识形态批评。正是基于这一点，马克思才指出："这些哲学家没有一个想到要提出关于德国哲学和德国现实之间的联系问题，关于他们所作的批判和他们自身的物质环境之间的联系问题。"② 当这种联系消失时，思想就会变成独立性的存在。

马克思的意识形态批评首先要揭穿的是思想独立性的神话。人们的思想总会受制于特定的社会历史情境，随着社会分工的发展，特别是脑力劳动与体力劳动的分工，思想逐渐独立出来，思想的这种独立性神话经历了三个环节：第一，将思想与个人分开，将统治的个人与其思想分割开来，从而承认思想在历史上的统治。但实际上，统治阶级的思想在每一个时代都是占统治地位的思想，而这些思想又通过统治的个人表现出来。将思想与个人分割开来，这是思想独立性的重要一步。第二，将思想排序，从而证明思想之间的内在联系，将思想看作有自身逻辑的链条。这正是思想内部批评的着力点。通过这种批评，克服思想逻辑间的悖论，使思想成为概念的自我规定的总体。第三，将思想重新变成某种人物的思想，而这些哲学家也就变成了超历史性的个人，这时，思想的独立性就彻底实现了。

---

① 马克思，恩格斯. 马克思恩格斯文集：第1卷. 北京：人民出版社，2009：513.
② 同①516.

思想的独立性虽然有意识本身的逻辑原因，但从社会存在与社会意识的关系视角来看，这恰恰是社会存在与社会意识之间的颠倒，这种颠倒容易使得思想颠倒性地反映现实。当然，思想的这种颠倒性有时并不是思想家有意为之，思想家也常常受制于社会生活本身的颠倒，因此，意识形态批评的第二个重要方面就是对意识形态颠倒性的批判。"如果在全部意识形态中，人们和他们的关系就像在照相机中一样是倒立成像的，那么这种现象也是从人们生活的历史过程中产生的，正如物体在视网膜上的倒影是直接从人们生活的生理过程中产生的一样。"① 因此，对社会历史生活的批判分析构成了意识形态批评的基础。

社会生活本身何以颠倒地表现自己？这在《形态》中并没有充分地展开。在这篇文献中，马克思更多是从分工出发来讨论的。分工在推动社会生产力发展的同时，也带来了社会内部的矛盾。第一，这种矛盾体现为个人利益与共同利益之间的矛盾，正是这种矛盾，才使得共同利益采取了国家形式，使得统治阶级的思想成为占统治地位的思想。正是在这个意义上，马克思才指出，不管是民主制、君主制还是贵族政体，都是国家内部斗争的形式。这与他在《黑格尔法哲学批判》中将民主制看作人民的政体的观念根本不同，在这篇文献中，马克思在批判黑格尔的君主制时，强调民主制才是人民主权的形式。第二，分工使得人本身的活动对人来说成为一种异己的、与自身对立的力量，受分工制约的个人组成的共同生活同样成为外在于人的强制力量，这意味着在生产劳动基础上形成的社会交往、政治形式也是一种异己的形式。第三，脑力劳动与体力劳动的分离，使得意识容易直观地面对上述问题，将异化的存在状态看作事物的本来状态，形成对社会生活的颠倒性直观。虽然有些思想家对这种状态做出了批判，但当他们不能从根本上透视社会存在时，这种批判往往会成为现实的另一种解释，青年黑格尔派就是如此。用解释学的话语来说，这是对前见的直观认可。马克思的这些讨论是从一般生产过程出发的，虽然面对的对象是当时的社会，但并没有展现出资本生产条件下社会生活的颠倒是如何独特构成的，对于这一问题的分析，必须进入《资本论》。

在《资本论》的"商品"章，马克思通过对商品、商品交换的分

---

① 马克思，恩格斯. 马克思恩格斯文集：第1卷. 北京：人民出版社，2009：525.

析，展现了资本主义社会日常生活层面的社会颠倒以及这种颠倒社会的拜物教意识是如何构成的。

商品是资本主义社会的细胞，这意味着在资本主义社会，商品生产与交换是一种普遍化的存在。这里的商品不仅包括制造出来的产品，也包括人本身，因为当劳动力成为商品时，人在资本主义社会的第一规定性就是作为商品而存在。商品具有二重性，即使用价值与交换价值，使用价值满足人的需要，但使用价值只是交换价值的载体，这意味着资本主义生产的首要目的并不在于使用价值，而在于交换价值。不同的商品在质的规定上是无法比较的，但商品交换决定了不同质的商品必须能够比较，这就需要抽离商品的质的规定，使之成为在价值量上可比较，这是商品交换中发生的第一重抽象。商品的二重性与劳动的二重性相关联。具体劳动与使用价值的生产相关，抽象劳动生产出商品的价值。当不同质的商品进行交换时，商品之间的量的关系，对应的是商品生产中抽象劳动之间的量的关系，这是对具体的、具有质性规定的劳动的抽离。这是商品交换过程中发生的第二重抽象。这两重抽象既体现了质被量所取代，也体现了内容被形式所取代。相比于传统社会，商品交换使人们的日常生活发生了颠倒，即人与物的关系变成了以量或形式为中介的关系，在其表现形式上体现为以物为依赖的关系。可以说，在以商品交换为主导的日常生活层面，人们受到了看不见的形式的制约，这种看不见的形式通过日常行为，沉淀为我们的无意识。因此，商品拜物教并不在于对可见商品的崇拜，而是对看不见的社会形式的崇拜。"商品形式在人们面前把人们本身劳动的社会性质反映成劳动产品本身的物的性质，反映成这些物的天然的社会属性，从而把生产者同总劳动的社会关系反映成存在于生产者之外的物与物之间的社会关系。"① 商品社会的形式化结构，使物与物的关系颠倒为主导着社会的关系，这才是商品拜物教的本质所在。

在这种形式化的社会结构中，人是作为自由的主体而存在的。人是自由的主体，这是近代以来哲学的主题，但从社会构形的层面来说，这只是资本现象界的意识结构。一旦从商品交换领域走向资本生产领域，主体的人具体地表现为资本家和劳动者，资本家只是资本的人格化，而

---

① 马克思，恩格斯. 马克思恩格斯全集：第44卷. 北京：人民出版社，2001：89.

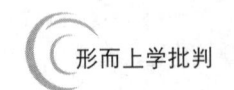

劳动者则成为资本增殖的工具。商品拜物教是由资本生产这一本质界所支撑的，如果认为废除商品交换就可以解决拜物教问题，这恰恰是立足于拜物教意识对拜物教的批判，蒲鲁东主义者想废除商品交换但不改变商品生产的解决问题的方式，正是这种拜物教意识的体现。同样，诗歌与散文中的社会主义的代表格律恩等强调爱的宗教，同样没有摆脱拜物教思维。近代以来的哲学说到底是对自由市场的反映，但这种反映却以思想独立的方式表现出来，这才是意识形态最为深层的颠倒，同时也是更为隐蔽的理性直观。

从这里可以看出，解释学所说的前见，说到底受到现实生活的影响。社会构形引导着人们的日常生活，并形成人们的无意识结构，前见往往是这种无意识结构在意识层面的表现，这种表现可以是直观的，也可以是倒置的。当解释者的前见与文本本身的视域实现融合形成效果历史意识时，如果我们忽略了前见的"意识形态"规定，那么整个效果历史意识同样会打上意识形态的印记。伽达默尔后来是意识到这个问题的："如果在早期解释的目的只在于阐明作用的真实意图（我有理由认为这个概念太狭窄了），那么现在解释的目的显然在于企望超越意义活动的主观性。问题在于如何学会识破表面所指的东西。无意识（弗洛伊德），生产关系及其对社会现实的决定性意义（马克思）"[1]，这就需要"思考意识形态批判，这种批判自马克思以来被越来越多地运用到宗教、哲学和世界观等被人无条件地接受的信念之上"[2]。

从上面的讨论可以看出，马克思关于社会历史的批判分析构成了我们讨论效果历史意识合法性的更为深层的基础。从思想史的视角来说，思想逻辑的本身进展固然体现哲学发展的内在逻辑，但这种思想逻辑的进展受到社会存在的制约，这决定了哲学的批判实际上要在以下三个层面展开：一是思想逻辑的自我批判；二是意识形态批判；三是社会历史批判，这正是马克思在面对当时的哲学与相关社会思潮时的方法，也是马克思社会批判理论的主要内容。

---

[1] 伽达默尔. 伽达默尔集. 邓安庆, 等译. 上海：上海远东出版社, 1997：302.
[2] 同[1]301.

第五章 社会批判理论

马克思的历史认识论,在其本性上是批判的,在其直接意义上是为批判当下社会提供方法论的基础,因此,社会批判理论是马克思思想中的一个重要内容。但长期以来,这一重要内容在国内学界却没有得到应有的重视。在西方马克思主义那里,对这一问题的阐发却没有真正厘清马克思在不同时期对社会批判理论的不同论述,以致马克思的社会批判理论主要变成了从人本主义出发的价值批判理论,马克思成熟时期科学的社会批判理论也没有真正地绽现出来。造成这一理论现象的原因在于,他们没能理解马克思从早期的价值批判理论到后来科学的社会批判理论的内在逻辑转换,而不理解这一点,也就无法理解马克思社会批判理论的科学内涵。

第一节 从价值批判到社会的内在批判

在思想发展过程中,马克思早期为了批判市民社会与资本主义自由竞争的市场经济,从人的"类"本质出发,以异化为理论核心展开对现实社会的批判。通过从人本学向实践、历史性思想的理论定位,马克思从历史辩证法中获得了批判资本主义社会及其意识形态的理论基础,走向了历史的、科学的社会批判视域。讨论马克思的社会批判理论,首先就需要澄清这一思想转变过程。

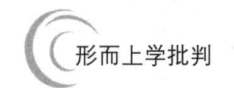

1. 马克思社会批判理论研究的兴起

在第二国际时期，考茨基等人把马克思主义哲学解释为一种"经济决定论"，把社会历史的发展看成一个自组织过程，从而使马克思主义哲学具有了宿命论的特征。针对这一理论倾向，早年卢卡奇通过借用黑格尔哲学中的总体性范畴，对马克思主义哲学进行重新解读，形成了以强调无产阶级阶级意识为理论主题、以"物化"为资本主义社会主要特征的批判理论。他认为，无产阶级革命首先便是对资本主义社会政治、经济、文化进行总体性的批判，培植一种无产阶级的阶级意识，才能实现对"物化"社会的全面革命。与此同时，柯尔施和葛兰西也都为把马克思主义哲学发展为一种批判理论而进行着艰苦的理论探索。他们的这些理论思考，实际上成为后来西方马克思主义者的重要理论方向。

如果说早年卢卡奇、柯尔施和葛兰西对马克思主义哲学的重新阐述是直接依据马克思早期文本，那是不对的。如卢卡奇的"物化"理论，主要是源于对《资本论》的解读，并大量借用了当时理论界的重要成果，特别是韦伯关于资本主义社会的全面论证。但由于他注重的是马克思主义哲学的黑格尔传统，强调的是对黑格尔哲学的重新解读，而黑格尔哲学在其"客观"的绝对理性中，渗透出来的恰恰是一种主体性哲学，是一种彻底的主体性哲学（而康德恰恰是不彻底的），这就使他们的理论染上了鲜明的人本主义痕迹。早年卢卡奇在哲学中，把无产阶级革命的希望寄托在阶级意识上，而在现实中，无产阶级的阶级意识又恰恰是受到了"物化"的意识，那么这种革命的阶级意识又如何获得呢？早年卢卡奇并没有解决这一难题。实际上，如果执着于阶级意识，便易陷入宗教式救世主的幻想中，因为这种阶级意识的获得，只有靠一种启示才能得到。而这一点，早年卢卡奇是没有意识到的。在理论逻辑上，这种从黑格尔出发的论证思路，与马克思早期的哲学逻辑恰恰具有理论同质性，这就为后继者从马克思早期哲学文本出发来阐述马克思的社会批判理论提供了理论起点①。所以，在 1932 年马克思《1844 年经济学哲学手稿》一发表，在西方马克思主义理论阵营中，很快兴起了一股把马克思主义哲学人本化的思潮，并运用马克思的人本异化史观阐发出一

---

① 关于卢卡奇的"物化"理论与马克思社会批判理论的关系，参阅本书第六章第一节。

种人本主义批判理论，这在理论的逻辑衔接上是一脉相承的。

以弗洛姆、马尔库塞等为代表的人本主义批判理论，构成西方马克思主义批判理论的第二种形态，其理论的文本依据直接就是马克思《1844年经济学哲学手稿》，其核心内容就是马克思通过"异化劳动"理论阐发出来的人的学说。他们还借用弗洛伊德的精神分析学说，把马克思的"异化"理论同精神分析学说相结合，转向对意识形态与社会心理的分析，揭示资本主义社会通过消费对主体的支配现象，正是在这一支配中，主体自觉地与现实同化，完成了自我的异化。他们以此来批判现实资本主义社会的人的异化现象，并强调通过文化的与心理的解放，实现人的自由与全面发展。人本主义批判理论，虽然看到了当时资本主义社会发展新形态中出现的一些问题，同时，对资本主义社会的消费支配现象与心理异化的批判都发人深省，但在理论症结上，并没有解开卢卡奇的难题。

在这种对资本主义社会的心理、文化的批判中，生发出西方马克思主义批判理论的第三种形态，即对西方文明的总体性批判，霍克海默与阿多诺合写的《启蒙辩证法》和阿多诺的《否定的辩证法》就是这一批判的最高表现。二战中，奥斯威辛集中营对犹太人的迫害，对理论家产生了强烈的震动，使他们的批判从对资本主义社会的文化批判延伸到对西方文明的批判。他们认为，从古希腊神话开始，西方文明就处于"工具理性"的统治之中，逻辑的同一性是西方强权统治的思想根源，以此实施对西方文明的全面诊断。在《否定的辩证法》中，阿多诺以黑格尔哲学为对象，批判其同一性理论，并认为卢卡奇的人学主体论、总体性理论以及物化逻辑也是这同一性理论的表现形态，认为正是这种同一性逻辑带来了奥斯威辛集中营。为走出西方文明的困境，他提出"力场"与"星丛"理论来反对一切同一性的奴役。虽然阿多诺的批判是鞭辟入里的，但阿多诺的理论反驳仅仅是站在文化立场上实现的，而对现实进行"物质"的改造则是他所反对的。因此，虽然在理论沉思中阿多诺比早年卢卡奇要深刻得多，但在理论立场上，他比卢卡奇则要更加远离马克思主义哲学。

西方马克思主义的批判理论，一开始是直接针对第二国际把马克思主义机械化的理论倾向的，而且卢卡奇对阶级意识的强调和葛兰西对意识形态领导权的重视，的确是当时第二国际的理论家所忽视的内容，对瓦解第二国际固有的唯物主义理论教条,为在新形势下发展马克思主义提供新的理论思考,的确起到了一定的作用。到法兰克福学派时期,西方资本主义完全进入了一个新的阶段,即经济上为不断增长的垄断和越来越多的政府干预所统治,而无产阶级被整合进社会的迹象日益明显,更重要的是,无产阶级在一定意义上又恰恰是下意识地自愿认同整个资产阶级意识形态,特别是在法兰克福研究所迁到美国以后,这种情况更加突出。因此,如何获得新的观点以便使新情况可以理解,并保证理论的基本构架仍然是马克思主义,便成为他们面临的新课题,他们从早期西方马克思主义者那里延伸出一种文化批判理论,其理论目的也在于此。应该说他们的这种理论探讨看到了当代资本主义社会的一些重要问题,同时又吸取了当代西方哲学的一些重要成果,对当时批判资本主义社会、宣传马克思主义哲学都起到了很大作用。但问题是:如果把对资本主义的批判变成了文化批判,其结果是从一种价值角度对社会进行了不加区别的总体批判,而并没有真正地触动现实的物质生产过程。而只要这一现实的物质生产过程没有变更,对社会的未来展望就只能在新的层面堕入理想的乌托邦。从理论根基来说,这种从价值批判出发的哲学批判正是马克思早期哲学的重要特征,而这一理论逻辑又恰恰是马克思在成熟著作中加以扬弃的内容,并被从社会自我批判出发的科学的社会批判理论所代替。可以说,西方马克思主义者从马克思主义哲学中生发出新的文化批判理论的地方,恰恰是马克思后来要扬弃的理论环节。这决定了西方马克思主义所弘扬的批判理论,并不能真正地绽现马克思科学批判理论的深刻内涵。

2. 青年马克思的价值批判理论

马克思早期的价值批判理论,集中体现在《手稿》中以"异化劳动"理论为核心内容的人本异化史观中。马克思通过对资本主义社会异化劳动现象的具体分析,揭示出整个资本主义社会的非人本质,认为应该以共产主义社会代替非人的现实社会,以自由自觉的类活动——劳动来代替非人的异化劳动。正是在这一论述中,马克思以一种系统的人本异化史观完成了对资本主义社会的批判。

说马克思这一时期的批判理论是一种价值批判理论,是因为从人本异化史观出发的哲学批判,其实质是以"应该"这一价值悬设为理论基点的。在马克思的"异化劳动"理论中,对资本主义社会的批判,是建立在"自由自觉的劳动"这一先验设定上的,而自由自觉的劳动的基础是什么?其现实内容又是什么?这在马克思的异化劳动理论中并没有得到真正的解决,这决定了马克思此时所设想的自由自觉的劳动具有强烈的主体理想性内涵,它并不是从社会生活的真实境域中生长出来的,具有明显的道德律令的特征。这种从道德律令出发的哲学批判,决定了马克思只能是外在地介入现实生活,他对资本主义社会的批判就只能是一种外在的价值批判。

问题的关键是,在马克思的异化劳动理论中,不论是从其理论自身的内在逻辑来看,还是从理论与现实的关系来看,都蕴含着内在的不可解决的矛盾,而这些矛盾决定了马克思的人本异化史观必然要被科学的社会批判理论所代替。

从理论逻辑的内在矛盾来看,首先体现为两条分析思路的潜在对立。马克思接受人本异化史观的主要理论根源在于批判资本主义社会。我们知道,马克思最初的思想是从黑格尔哲学的"理性"出发的,马克思也认为社会的发展取决于理性的进步,理性的最高表现是在民主制的国家理性之中。但在林木盗窃案与摩塞尔地区贫困问题的争论中,马克思看到的是财产所有者恰恰是运用国家理性为自己谋取私利,这就提出了一个问题:体现自由、公正的国家理性究竟表现在哪里呢?正是对这一问题的思考,马克思开始了对黑格尔哲学的批判。经过克罗茨纳赫时期的历史学研究,马克思确证了费尔巴哈的唯物主义原则,实现了对黑格尔哲学的第一次颠倒,即是市民社会决定国家而不是国家决定市民社会。黑格尔哲学是被颠倒了,但问题并没有解决,因为如果是市民社会决定国家的话,那么在以谋取私利为特征的市民社会中,财产所有者以国家来为自己谋取私利时,还是一种合理的行为,这样马克思并没有解决颠倒黑格尔哲学前所遇到的问题。

这一问题的真正解决,依赖于对市民社会的批判。对市民社会的批判有两个方向:一是从经济学的科学分析中,分析资本主义社会的内在矛盾,揭示无产阶级受剥削的经济根源,就像马克思在成熟时期所做的那样。很显然,此时的马克思还并不能达到这一理论深度,他当时对经济学的理解也还不能完成这一理论任务。于是马克思接受了另一条批判思路,即从费尔巴哈的人本学出发,以一种人本异化史观的逻辑批判资本主义市民社会。按照这一思路，以谋取私利为特征的资本主义市民社会，是一种人和人相异化的非人社会，是应该加以批判与扬弃的社会，由此，马克思实现了对资本主义社会的批判。在这里，我们就可以看到在马克思思想中潜在地有着两条逻辑思路的对立：一是从现实出发的科学分析逻辑，二是从唯心史观出发的人本主义分析逻辑，而在马克思此时的思考中，后一条逻辑思路又占据着话语支配地位。只有扬弃了这一内在矛盾，马克思才能达到对资本主义社会的科学批判。

这一理论分析思路中的内在矛盾，决定了马克思在理论运演中的内在对立。在马克思的人本异化史观中，从总体上来说，他是以自由自觉的劳动来反对现实的异化劳动，但在具体的理论运作中，他是通过劳动的对象化与异化的区分进行论证的，马克思并以之批判黑格尔哲学看不到对象化与异化的错误。在以前的研究中，这一点被许多学者认为是马克思思想超越黑格尔哲学的地方，但实际上，马克思关于对象化与异化的区分，反而没有达到黑格尔哲学的高度。

黑格尔关于对象化与异化的分析，是同当时的经济生活相一致的。在资本主义社会，商品是劳动的对象化存在，作为劳动产品的商品，只有通过交换才能实现自身的价值，也就是说，某一商品的价值只有在同其他商品的交换关系中才能实现出来。从哲学上加以解读，劳动的对象化与异化恰恰是同一个过程，没有劳动的异化过程（交换过程），劳动的对象化（商品）就不是现实的存在，单纯的肯定也就是单纯的否定。熟谙斯密、李嘉图等经济学著作的黑格尔实质上看到了资本主义社会生产、交换等一体性的特征，他所讲的劳动的对象化就是异化恰恰真实地反映了资本主义社会生活过程。在一点上，马克思当时并没有达到黑格尔的高度。更重要的是，对现实劳动过程的完全否定，马克思就无法承认劳动价值论，而不承认劳动价值论，马克思就无法评判当时的古典经济学，更无法达到对现实的科学的分析，发现剩余价值理论。而在当时的理论思考中，汤普逊、布雷以及蒲鲁东等已经从李嘉图的劳动价值论出发来论证资本主义社会的不合理性了，这显然是马克思此时的"异化劳动"理论还无法达到的理论高度。而且对劳动对象化与异化的抽象区分，实际上与马克思后来批判的蒲鲁东的"好坏"辩证法在理论逻辑上具有同质性，只是完成了对现存社会的道德评判。

理论自身的内在对立，导致马克思以人本异化史观分析现实时，存在着理论与现实的矛盾。马克思接受人本异化史观的目的是批判资本主义社会，为无产阶级解放提供理论指导，具有直接的现实指向，但如果停留在人本异化史观，马克思并不能实现自己的理论意图。从批判资本主义社会这一视角来说，马克思所有的批判是以"自由自觉的劳动"为理论基点的，但自由自觉的劳动又意味着什么？它以什么为现实前提？如果没有这些理论支撑点，单纯地谈论自由自觉的劳动，首先就已经落入了资产阶级意识形态之中，整个启蒙运动的起点就是以自由、理性等为起点的。更需注意的是，"自由自觉的劳动"这一概念直接来自赫斯的"自由自觉的活动"这一概念，赫斯在《行动的哲学》一文中提出这一概念带有典型的伦理特征。

> 精神的自由行动，是现代一切企图出发和归宿的核心。因此，有必要去研究它的规律、组织和后果。自由行动的基础，就是**斯宾诺莎的伦理学**，而现在的**行动的哲学**将只是这个伦理学的一个新发展。**费希特**为这个演进奠定了第一块基石；但德国哲学本身并未能摆脱**唯心主义**。为了实现社会主义，在德国对于旧的社会组织还理应有一个**康德**，正如在思想方面它曾经有一个康德那样。①

"自由就是道德，因而就是生命规律和精神活动（**既从称为观念的行动的狭义上说，也从称为行动的观念的广义上说**）的完成以及对这一事实的明显意识。因此，这不是通过自然的必然性或者自然的偶然性，像以往任何创造物的生活中所发生的那样，而是自我决定。"② 运用这种带有资产阶级意识形态特征的伦理范畴来批判资本主义社会，这种对现实的批判能真正地达到彻底性吗？而且，一旦自由自觉的活动没有现实的、具体的历史内涵，每个人都将从个人的立场来理解自己所意识到的自由自觉的活动，于是每个个体都将成为绝对自由的存在，而他者都将成为自己获得自由的障碍，这将会带来一种"革命的"恐怖时期，使革命流产。因此，尽管马克思以自己的人本异化史观系统地批判了资本主义社会，并且通过人—非人—人的逻辑论证了无产阶级革命的合理性，但由于这是从价值批判出发对社会的外在"干预"，这就决定了他的理

---

① 莫泽斯·赫斯. 赫斯精粹. 邓习议，编译. 南京：南京大学出版社，2010：98-99.
② 同①104.

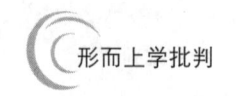

论与现实之间存在着脱节，还无法给无产阶级革命提供科学的理论指导，并不能实现马克思的理论意图。

人本异化史观中存在的理论的内在逻辑悖论、理论与现实的矛盾，推动着马克思主义哲学的发展。也正是对这些矛盾的解决，使马克思最终扬弃了早期的人本异化史观，达到了对资本主义社会的科学批判，即从早期的外在价值批判到社会发展过程中的自我批判，这才是马克思科学批判理论的真实生长点。

3. 批判理论的深层难题

马克思科学的社会批判理论，在其逻辑转换上必须要解决如何从"应该"到"是"的逻辑转换和从"是"到"应该"的逻辑转换，也就是说，先要从价值的外在批判转到对社会的科学的分析，然后从对社会的内在分析中引申出社会的自我批判，这样，马克思才能真正地扬弃早期人本异化史观的外在价值批判，确立科学的社会批判理论的生长点。

"应该"与"是"的分离，这是马克思早期价值批判的一个重要特征，正是这一分离，使马克思的哲学批判并不能真正地对社会产生直接的作用，在这一点上，西方马克思主义的文化批判，在其提问方式上与早期马克思并无二致。这种"应该"与"是"的分离，实际上是把现实消解在思想之中，把现实问题变成纯粹思想问题，这注定了价值批判无法真正地介入社会（康德、黑格尔的失误也在这里）。因此，科学的批判理论，就是要从现实自身出发，实现哲学提问方式的变革，对思想进行现实的归位，实现从"应该"到"是"的逻辑转换，这正是马克思1845年春天开始的哲学变革的一个核心内容。

在《提纲》和《形态》中，马克思主义哲学的提问方式发生了根本性的转换。在《提纲》中，马克思以"实践"范畴来概括社会的总体性特征，强调的是"实践"的社会物质基础，这一点在《形态》中，通过"物质生产"来描述社会历史的发展过程时，就更为具体化了。马克思此时的理论重心在于，通过对社会物质生活过程的科学分析，揭示意识、语言的产生过程，对思想、意识形态进行现实的、历史的归位，揭示出思想、意识的现实的、历史的内涵，打破了旧哲学仅从纯粹思想中来解决问题的神话。按照现代的语言来说，就是冲破了逻辑同一性的牢笼、打破了思想中心论。可以说，只是在这时，马克思才实现了从"应该"到"是"的逻辑转换，这在马克思科学的社会批判理论中，是一个重要的理论转折点。

但问题是，如果单纯停留于"是"的逻辑分析，追求一般的社会发展规律，恰恰又会消解理论自身的批判张力。当把社会理解为受一个普遍的规律所支配时，社会就会变成一个自组织发展过程，人就会变成消极的受动者，而这又恰恰是卢卡奇等西方马克思主义者重新引发马克思主义哲学批判力的生长点。因此，单纯停留于"是"的逻辑还不能解决理论的深层问题，还必须实现从"是"到"应该"的逻辑转换，但这时的"应该"已不是从外在价值批判出发的道德律，而是从现实本身中生长出来的可能性，是从社会本身生长出来的批判，即社会的自我批判，这样才能在对社会进行科学分析的同时，保证理论的批判力。这才是马克思科学批判力的真正内涵。

马克思在自己的理论探索中，又是如何做到这一点的呢？我认为，他主要是从三个方面来解决的。第一，马克思对资本主义社会进行了现实的、历史的定位，强调概念本身只是对现实的、历史的映现，这样就扬弃了一般地、抽象地谈问题的方式。资本主义社会本身是现实的、历史的，其本身就是要加以批判、扬弃的，任何将之永恒化的做法都是错误的。马克思在这里既批判了旧哲学、经济学一般地谈论问题的错误，同时也表明，资本主义社会的历史性存在，意味着资本主义社会必然是暂时性社会形态，潜藏着内在的自我批判力。这是从"是"到"应该"的隐性驱动力。

第二，这种自我批判的内在驱动力源于资本主义社会关系的总体性的内在矛盾。资本主义社会关系的总体性矛盾主要体现在两个方面：一方面是经济生活中的内在矛盾，主要是通过生产力的社会化大生产与生产资料私有制的矛盾表现出来的。在资本主义社会，要获取更大的剩余价值，就必须提高社会生产率，但提高社会生产率，又会导致私有制的崩溃，这就导致生产、分配、交换、流通中的二律背反。另一方面是经济、政治、文化等的总体性矛盾。由于私有制的存在，形成了阶级，这既带来阶级与阶级的冲突，也带来阶级内部的个体之间的冲突，导致私人利益与公共利益的对立。这种利益的对立，在政治生活领域，决定了国家必然以虚幻的共同体形式表现出来，使资产阶级的民主概念具有二律背反的特征。它既是大众要求的一种虚幻的反映，体现为普遍的形式，但同时也并不妨碍其维护私有制的功能，这是资本主义社会政治生活矛盾的体现。在文化层面，市民社会的原子私利性特征，决定了意识形态的虚幻的普遍性存在，整合着社会中个人的价值观念，在这种表层的统一后面，隐藏的恰是深层的文化矛盾，所以当后现代思潮反对这种意识形态的权力话语时，恰恰是这一矛盾的自我展现。对资本主义社会矛盾的总体性描述，揭示出资本主义社会自我否定的批判力，是"是"自身的自我否定。

第三，资本主义社会的内在矛盾，又是通过对主体的"物役性"形态表现出来的。在资本主义社会，由于生产资料私有制和雇佣劳动的存在，在生产领域，是以资本对活劳动的奴役来完成生产的总体性过程的，这既是以"物"的形态表现出来的生产资料、资本对无产阶级的奴役，更是人格化了的资本家对无产阶级的奴役。资本家以获取最大限度的剩余价值为其生产目的，而这又是通过商品流通才能实现的，而在资本主义社会，流通的时空分离特性，使货币成为流通是否成功的标尺，也是剩余价值实现的表现形式。这就既导致了商品拜物教，又形成货币拜物教，这是资本奴役的外在表现形态，体现出资本主义社会全面的"物役性"特征。随着资本主义社会生产的社会化和生产资料的私人占有之间的矛盾加剧，不仅资本对无产阶级的奴役更为突出、深入，而且资产阶级本身的受奴役状态也日益明显，资本主义社会内在的文化矛盾也日益尖锐，在这一点上，海德格尔对"技术"的批评，后现代思潮对资本主义社会文化的批判，都有着直接的针对性。正是在这一"物役性"境域中，资本主义社会的自我批判力通过无产阶级的主体意识而表现出来，体现为"是"与"应该"的现实的、历史的统一。

正是在这一现实的、历史的哲学视域中，马克思通过揭示一定历史阶段社会关系的内在矛盾及其在主体层面的"物役性"表现，实现了"是"与"应该"的具体的、历史的统一，也正是在这统一中，马克思才能扬弃从"应该"出发的对社会的外在的价值批判，达到在对社会的科学分析中，生发出社会的内在的自我批判力。这才是马克思科学的社会批判理论的初始地平。

第五章 社会批判理论

第二节 马克思社会批判理论的科学视域

马克思早期的批判理念,并没有因为哲学的变革而丢失,就像传统研究模式所理解的那样;同样,在马克思的后期思考中,他也并不用早期的人本主义批判统摄批判话语,而是在新的理论基础上,走向科学的社会批判理论。我认为:成熟时期的马克思并没有抛弃其社会批判理论,但与早期不同的是,新的社会批判理论具有其科学的理论视域,主要体现为对思想中心论的打破、对概念的历史性理解和对资本主义社会关系的矛盾分析。正是在这一全新的科学视域中,马克思主义哲学渗透出强烈的社会批判力。

1. 走出思想中心与价值悬设

在马克思的早期思想中,对社会的批判最初依赖于黑格尔哲学的自由理性,对黑格尔哲学的反思,后来又借助于费尔巴哈的人本主义异化史观。虽然哲学的立足点发生了转换,但从哲学批判的总体视角来说,马克思都是以先验的"应该"范畴为理论内核的。在这一基础上,马克思对社会的批判便只能是价值悬设的道德批判,无法跳出康德、黑格尔哲学的圈套。人应该是自由自觉的,也就是说,我们每个人都应按照自己理解的自由自觉的内涵来行动,这最终会陷入纯粹自我的设定中。因此,一些西方马克思主义者从早期著作中来生发马克思主义哲学的批判张力,也就无法面对马克思后来的哲学变革。实际上,马克思在实现哲学变革后,他的哲学批判维度发生了彻底的视域转换,在这一新的理论层面上,马克思首先扬弃的就是仅从思想中来进行的价值批判,或者说他打破了思想中心论,对价值批判进行了现实的理论定位。

黑格尔在《精神现象学》第一章中,通过对感性确定性的分析指出,人不可能完全原封不动地表达出他所感觉到的东西,当我们说我们看到了这个杯子时,实际上我们已经在运用知觉思维,已经在运用概念表达所见到的东西。因此,我们实际上是生活在理性之中,如果我们真正想要表达出自己的感觉,我们便只能保持沉默。黑格尔的这一分析,实际上揭示了传统哲学为什么总是从思想出发理解现实的根源,因为我们永远只能生活在思想之中。古典哲学对社会的批判便着重于如何使社会生活更加符合思想与理性，康德、黑格尔都是从这里获得哲学的批判力的，黑格尔哲学更是这一思想的集大成者。

古典哲学的这一思维方式，是把现实纳入一个具有统摄性的逻辑结构中，在一种理性的信仰中，完成了对人的现实统治。正是对黑格尔哲学的思考，当代哲学体现出对传统哲学逻辑的巨大解构力。在黑格尔那里，纯粹表象，如果没有知觉的参与，是无法表达出来的，这种纯粹的"有"实质上也就是"无"。海德格尔认为，他的哲学就是要将这一无法言说的东西言说出来，他认为这样才能追回被传统哲学所遗忘的"存在"，达到思想的"去蔽"。海德格尔的这一哲学探索，成为后来思想家的重要方向。利奥塔对"元叙事"的批判、福柯的"权力话语"理论以及德里达所刻画的"解构"，都是直接针对黑格尔哲学来提问的，在这一点上，读不懂黑格尔也就无法读懂当代西方哲学。

马克思主义哲学实际上也是针对黑格尔哲学的思想中心论发问的。在《形态》中，马克思一开始就谈到青年黑格尔派离开现实空谈思想的错误。"这些哲学家没有一个想到要提出关于德国哲学和德国现实之间的联系问题，关于他们所作的批判和他们自身的物质环境之间的联系问题。"[①] 在《形态》中，马克思认为：（1）人类社会存在的第一个前提是物质生产，这是人和动物的根本区别，否定了过去思想家以思想作为人和动物区别的根本尺度。（2）思想、观念、意识都是人们物质生产的结果，"人们的想象、思维、精神交往在这里还是人们物质行动的直接产物。表现在某一民族的政治、法律、道德、宗教、形而上学等的语言中的精神生产也是这样"[②]。语言也是从人们的物质生产中发展而来的。（3）任何意识都是对现实关系的表现，"意识在任何时候都只能是被意识到了的存在，而人们的存在就是他们的现实生活过程"，意识的独立性发展源自社会分工的发展。（4）在资产阶级社会，意识之所以出现于独立王国中，根本原因在于市民社会的原子式个人主义特征，以一种虚幻的共同体的形式表现出来，黑格尔的绝对理性就是这种思想的集大成者。

有了这样的思想基础，马克思对他的新历史观做了一个简要的阐

---

① 马克思，恩格斯. 马克思恩格斯选集：第1卷. 北京：人民出版社，2012：145-146.
② 同①151-152.

述:"由此可见,这种历史观就在于:从直接生活的物质生产出发阐述现实的生产过程,把同这种生产方式相联系的、它所产生的交往形式即各个不同阶段上的市民社会理解为整个历史的基础,从市民社会作为国家的活动描述市民社会,同时从市民社会出发阐明意识的所有各种不同的理论产物和形式,如宗教、哲学、道德等等,而且追溯它们产生的过程。"① 对于这一概括,在传统思路中,仅仅从字面上将之理解为生产力决定生产关系、生产关系决定上层建筑等,当然这是马克思主义哲学中的应有之义,但如果仅停留在这一层面,是远远无法把握马克思主义哲学的深刻寓意的。联系我们刚才的解读,马克思在这里通过把思想、语言置于社会物质生产的基础上,实际上是打破了旧哲学中的思想中心论,从而也就扬弃了早期从"应该"出发的哲学批判,这是哲学思路的一次重大转换,也是当代哲学的一个重要转折点。马克思在此时意识到,如果仅从思想中的价值悬设出发来批判资本主义社会,第一,由于这一思想是从资本主义社会中生长出来的,其本身就是资本主义社会的意识形态,其概念本身就是非批判的;第二,以这样一些非批判的概念来批判资本主义社会,最多只能像青年黑格尔派那样,只是完成了对资本主义社会的另一种解释,"既然根据青年黑格尔派的设想,人们之间的关系、他们的一切举止行为、他们受到的束缚和限制,都是他们意识的产物,那么青年黑格尔派完全合乎逻辑地向人们提出一种道德要求,要用人的、批判的或利己的意识来代替他们现在的意识,从而消除束缚他们的限制。这种改变意识的要求,就是要求用另一种方式来解释存在的东西"②,并不能真正实现对资本主义社会的科学批判。

对思想中心论的打破,马克思对资本主义社会的理解,实现了从"应该"到"是"的逻辑转换,把概念理解为社会生活的绽现。只有实现了这一视角转换,马克思才能科学地理解社会生活,才能科学地剖析资本主义社会,这是一切科学批判的理论前提,这也是马克思后来的批判理论同早期批判理论的不同质点,即要从外在价值批判到社会内部的自我批判,体现出马克思对黑格尔哲学辩证法的真正改造。这一视角的转换,马克思对社会的批判就不再是从抽象的"人"出发,来寻求哲学批判的张力,这是他早期哲学的重要特征。在这一点上,一些西方马克

---

① 马克思,恩格斯.马克思恩格斯选集:第1卷.北京:人民出版社,2012:171.
② 同①145.

思主义者如弗洛姆、马尔库塞等,他们想构建一种人学的马克思主义,这是一种理论上的误解,并没有跟上马克思主义哲学的发展步伐。在国内实践唯物主义的讨论中,出现把马克思主义哲学人本化的倾向,就更为错误了。马克思后来对资本主义社会的科学分析,构成其科学的社会批判理论的现实基础,而不是他历史观的唯一目的。

通过对思想中心论的打破,马克思扬弃了早期从人本主义异化史观出发的哲学批判,为了将他成熟时期的批判同早期的哲学批判区别开来,我们称之为社会批判理论。这一批判视角,成为马克思后来考察资本主义的重要理论视角,这也是西方马克思主义者所未能意识到的。

2. 概念的历史性、现实性定位

打破思想中心论,并不意味着不运用概念进行哲学思考,但只要使用概念就难以摆脱逻辑控制力,在这一点上海德格尔运用诗性语言也难逃困境,正是这一理由,德里达才说先写下然后再擦掉。怎样走出这一理论困境?马克思又是如何做到这一点的?我认为,马克思是通过对概念的时空定位来实现的,概念本身的历史性定位使之具有特定的批判功能。

在黑格尔哲学中,如果我们撇开其逻辑学的脚手架,而深入其哲学的具体内容中,我们可以看到,在他的哲学思考中,其每一个概念都是流动的、发展的,每一个概念在其最初出现时都体现出简单的直接同一性,随着意识的自我绽现,概念从直接同一性走向具有丰富内容的同一性,这使黑格尔的概念具有强烈的历史感,也正是在这一强烈的历史感中,真正体现出黑格尔辩证法的批判性功能。

在马克思的科学哲学视域中,他对概念的运用也贯穿着历史性、现实性的原则。概念的历史性、现实性定位主要体现在两个方面:第一个方面是概念的总体性原则。在《〈政治经济学批判〉导言》中,马克思集中论述了他的概念辩证法思想。马克思指出,政治经济学的研究有两种方法,一种是古典经济学的方法,"从实在和具体开始","从表象中的具体达到越来越稀薄的抽象,直到我达到一些最简单的规定"①。这是古典经济学的重要特征。但它们的抽象是从孤立的事实出发,也就无法真正理解每一个具体的事实。马克思举例说,在经济学上从作为全部

---

① 马克思,恩格斯. 马克思恩格斯全集: 第 30 卷. 北京: 人民出版社, 1995: 41.

第五章 社会批判理论

社会生产的基础和主体的人口开始,似乎是正确的。但是更仔细地考察起来,这是错误的。如果抛开构成人口的阶级,人口就是抽象的,如果不知道这些阶级所依据的因素,如雇佣劳动、资本等,阶级又成为一句空话,而这些因素又是以交换、分工、价格等为前提的。也就是说,随着资本主义生产方式的发展,在资本主义社会的每一个问题中,都隐藏着其他问题的内容,这是资本主义社会总体性特征的重要表现。这决定了对资本主义社会经济运行中每一问题的分析,都必须以其他问题的"非在场性"的"在场性"为依据,黑格尔哲学中"总体性"概念的意义就在这里。资本主义社会的这一特征,要求经济学、哲学的分析必须从多样性的统一出发,从思维中的具体总体出发,以从抽象上升到具体的方法,把具体从思维中再现出来。这种在思维中表现为结果的东西,虽然决不是具体本身的产生过程,但作为一种分析方法,可使抽象的规定在思维过程中导致具体的再现。马克思认为,只有这种方法,才能实现概念的现实性定位,达到对现实的理解。

概念的历史性、现实性定位的第二个方面体现为每一个概念的产生都有其社会历史的条件,每一个概念都有其特定的社会历史内涵。马克思以劳动概念为例做了仔细的分析。劳动在每一个社会都存在着,并具有人类学的意义,但对劳动的理解只是到古典经济学中才真正体现出其丰富的社会历史内容。货币主义者把财富看成是外在于人身的货币,与此相比,重工主义或重商主义把财富的源泉从对象性存在转移到主体的活动——商业劳动和工业劳动,体现出很大的进步,也体现出当时社会的主要活动方式,但它们仍然把这种活动本身理解为限于取得货币。而重农主义认为只有农业劳动才能创造"纯产品",虽然重农学派的理论反映了当时社会中农业劳动还占有一定的社会地位,但把财富理解为劳动(虽然还是一定形式的劳动)已是很大的进步。到了斯密时期,他抛开了创造财富的活动的一切具体规定性,干脆认为劳动创造财富。"有了创造财富的活动的抽象一般性,也就有了被规定为财富的对象的一般性,这就是产品一般,或者说又是劳动一般"①,斯密的这一概括,就体现出资本主义从工场手工业到机器大工业过渡时期产业资本的要求,反映出当时资本主义社会的总体性特征。劳动的这种最一般的抽象,既

---

① 马克思,恩格斯. 马克思恩格斯全集:第 30 卷. 北京:人民出版社,1995:45.

是以具体劳动组成的十分发达的总体为前提，任何一种劳动都不再是支配一切的劳动，同时又体现出劳动一般这个抽象，是各种具体劳动组成的具体总体的精神结果。"所以，在这里，'劳动'、'劳动一般'、直截了当的劳动这个范畴的抽象，这个现代经济学的起点，才成为实际上真实的东西。所以，这个被现代经济学提到首位的、表现出一种古老而适用于一切社会形式的关系的最简单的抽象，只有作为最现代的社会的范畴，才在这种抽象中表现为实际上真实的东西。"① 劳动这个例子确切地表明，任何比较简单的范畴，在一个比较不发达的社会中可以有过比较充分的发展，它的抽象可以适用于一切时代，但是就这个抽象的规定性本身来说，同样是历史关系的产物，而且只有对于这些关系并在这些关系之内才具有充分的意义。

马克思对概念的这种时空定位，对它的这种历史性、现实性特征的阐述，在这里进一步打破了古典哲学、古典经济学的非历史性思维方式，在它们那里，概念的超历史特性，使它们对资本主义的考察，或者只是将之永恒化，或者是从伦理、道德视角来进行批判，进行道德的修正，说到底只是完成对资本主义社会的另一种解释。马克思通过对概念的历史性、现实性特征的定位，表明资本主义社会本身是历史性产物，对资本主义社会的分析，就是要以历史的方式对之加以提问，从而保持一种历史的、开放的、批判的理论视野。同时，概念本身的历史性特性，使马克思在分析资本主义时，能看到资产阶级理论家所看不到的东西，因为从概念的永恒性出发，便只能看到概念所统摄的现实，把现实置于概念的普照之光中，处于概念之光外的东西就被舍弃了。而从概念的时空性出发，把概念置于历史之中，则把概念产生的基地展现出来，读出了抽象概念中所不能直接绽现的内容②。这样马克思才真正彻底地打破了思想中心论，概念的运作成为现实的、历史的、逻辑的绽现，这是马克思社会批判理论所具有的深刻内容。

3. 社会关系的矛盾分析

概念的历史性、现实性定位表明，真正的批判只能源于现实的社会

---

① 马克思，恩格斯. 马克思恩格斯全集：第30卷. 北京：人民出版社，1995：46.
② 阿尔都塞曾称之为"症候阅读法"，要读出文本中的空白。参阅：阿尔都塞. 读《资本论》. 李其庆，译. 北京：中央编译出版社，2001.

生活中，在资本主义社会，由于其总体性社会关系的内在矛盾，其本身便包含自我批判的张力。马克思主义哲学的重要功绩在于，他把资本主义社会的总体性矛盾真正地描述出来了，这是马克思超越旧哲学的地方，也是他同早期人本主义哲学的彻底决裂。

"我思故我在"，近代哲学自笛卡尔以降，个体理性成为哲学思考的出发点，其论证的核心问题是：如何在理性之光中，实现个体的自主自由。在这一起点上，不论是欧洲大陆的唯理主义，还是英伦三岛的经验主义，其哲学思路是殊途同归的。

近代哲学的这一研究思路，直接影响到古典经济学的研究。从个体理性出发的"经济人"设定，是经济学研究的理论前提。斯密、李嘉图等当时的经济学家，主要是研究：如何从个人出发，实现国家财富的增长。由于以"经济人"的设定为起点，社会关系总体是处于经济学研究之外的，他们把这种看不见的而又制约经济生活的社会关系理解为"看不见的手"。处于资本主义上升时期的经济学家们深信：只要遵循自由竞争原则，经济发展中的负面效应，就会被"看不见的手"有效地控制。

随着资本主义的发展，"看不见的手"越来越失灵，如果把"看不见的手"当作"物自体"而置于一边，并不能真正地解决问题。黑格尔颠倒了古典经济学的研究，他认识到"经济人"只有在社会关系的关联互动中，才能实现自己的自由意志，离开了社会关系，"经济人"便只能成为孤岛上漂泊的鲁滨孙。"看不见的手"实质上是社会关系的功能表现，它是"理性"自我认识、自我发展的一个环节，可以通过理性在现实中的最高表现——国家理性的指导下得到有效的控制，使经济生活合乎理性，实现对个人主义的修正。

从这个意义上可以说，黑格尔哲学是近代哲学的转折点。在以前的哲学思考中，如笛卡尔、莱布尼茨、康德等都是从个人理性出发的，而黑格尔则将总体性的社会关系作为哲学思考的理论主题，并着重分析总体性社会关系的内在矛盾。但在德国，由于资本主义的发展还受到封建主义的束缚，黑格尔又是通过对古典经济学、法国大革命的研究看出了资本主义社会的矛盾，他对资本主义社会的矛盾的解决，只是寄托于德国的封建君主制，在哲学中便寻求一个最终的理论根据。在他向前跨出一步的地方，却又向后退了两步。

马克思通过对资本主义社会的哲学、经济学、历史学等多视角的研究，把黑格尔哲学中对社会关系的矛盾分析理论从哲学的思辨构架中解放出来，以一定历史境域中社会关系的矛盾分析为理论入口，实现了哲学视域的格式塔转换。马克思的这一哲学变革，不仅实现了对传统哲学的批判，而且也开启了现代哲学的先河。胡塞尔的"交互主体性"、海德格尔的"此在"、阿多诺的"力场"与"星丛"、哈贝马斯的"交往理论"以及布尔迪厄的"场"理论，都是从不同的视角对社会关系的分析。

在传统哲学的研究思路中，马克思主义哲学中的这一重要内容仅仅被归结为生产关系，从而大大弱化了马克思社会关系理论的哲学、经济学的重大意义，再加上所有概念的非历史性运用，马克思主义哲学变成了具有经济决定论性质的机械性理论。在国内的实践唯物主义的讨论中，对实践范畴的理解，也缺乏对实践范畴的社会关系的历史性定位，虽然相对于传统教科书体系来说，实践唯物主义是理论上的重大发展，但在哲学的深层解读上，与传统教科书体系并无二致。首先，两者都是"独白式"研究，都把问题简单化、抽象化，并不具有"历史"唯物主义的视野。其次，如果把实践理解为社会生活的总体性规定，实际上对社会生活的理解还停留在古典经济学的水平上。在古典经济学中就已有了"劳动一般"的理论规定，古典经济学就是建立在这一理论基础上的，斯密、李嘉图都以此为依据，把资本主义社会推广到人类历史的所有时期。这个经济学上的"劳动一般"如果从哲学上加以解读，实际上就是"实践"，马克思的超越在于，把实践置于一定的社会关系中，实现了从实践到物质生产的逻辑过渡。在《1857—1858年经济学手稿》中，马克思把社会生活本质规定理解为历史性的劳动，对劳动的具体理解，便是以一定的社会关系为理论地平的。只有这样，马克思才能真正地超越古典哲学、古典经济学。只有从社会关系的历史性规定中，马克思才能得出抽象的"劳动"概念，理解劳动的质的规定性，从而抽象出"价值"范畴。古典经济学由于把资本主义社会关系一般化，它们对劳动的理解就只能停留在数量的分析上，无法达到科学的劳动价值论，同时这种计算化思维，便只能导致对社会生活的"物化"理解[①]。空想社

[①] 这是卢卡奇意义上的"物化"概念，与海德格尔从审美角度来谈的"物化"不同。参阅本书第三章第三节、第六章第一节。

会主义者从李嘉图的劳动价值论出发来批判资本主义社会，也就只能达到对资本主义社会的另一种解释。

从社会关系的历史性规定中，马克思批判了把资本主义社会关系永恒化的思想，在此基础上，马克思进一步分析了资本主义社会关系的矛盾规定性。马克思认为资本主义社会关系具有双重矛盾，正是在对双重矛盾的分析中，马克思实现了对资本主义社会的描述性批判。

首先，马克思分析了资本主义社会生产力与生产关系的内在矛盾。随着生产力的发展，生产的社会关系也就越来越复杂，同时生产力发展的内在过程要求生产关系的发展具有同步性，否则就会发生生产关系的内在矛盾，在资本主义社会就以生产力的社会化大生产与生产关系的私人占有制的矛盾表现出来。在《资本论》中，马克思对这一理论主题进行了充分的理论描述，指出了资本主义社会生产、交换、分配、流通中的二律背反难题：要提高资本的剩余价值，就必须提高社会生产力，促进社会生产力的发展；但反过来，生产力的发展又会导致资本主义私有制的崩溃与瓦解，也就失去了获取剩余价值的意义。打破这一二律背反，只有彻底地推翻私有制，其途径便是无产阶级的革命实践。这一分析成为马克思经济学、哲学批判的主导线索。

其次，马克思分析了资本主义社会关系内在环节的相互矛盾。如果说人在自然界面前还可以保持人类平等的外观与整体形象，并在其他动物面前感到骄傲和自豪的话，那么在现实的社会生活中就大不相同了。在这里出现了人和人之间的矛盾与冲突，以及由分工和财产造成的界限与鸿沟。可以说是社会关系造成了人和人之间的差别，造成了等级、阶级。在资本主义社会，由于生产过程中的自由竞争，生产的赢利目的，在大工业的推动下，人和人之间的这种差别更加明显，更加尖锐化。一方面是阶级的两极分化，另一方面是阶级内部个体的尖锐冲突以及阶级之间作为个体关系的冲突。正是在这种冲突的事实中，才有西方社会学中的冲突理论以及如何控制这一冲突的控制论，在意识形态与政治生活中，就有强调理性的哲学思考与民主政治的企求。"正是由于特殊利益和共同利益之间的这种矛盾，共同利益才采取**国家**这种与实际的单个利益和全体利益相脱离的独立形式，同时采取虚幻的共同体的形式"[①]。

---

① 马克思，恩格斯. 马克思恩格斯选集：第1卷. 北京：人民出版社，2012：164.

正是在这一考察中，马克思才彻底扬弃了资产阶级民主思想。"从这里可以看出，国家内部的一切斗争——民主政体、贵族政体和君主政体相互之间的斗争，争取选举权的斗争等等，不过是一些虚幻的形式"①。在思想观念领域，占统治地位的将是体现国家这种抽象形式的越来越抽象的思想，也即越来越具有普遍性形式的思想，意识形态在一种虚幻的普遍性中成为资本主义社会发展中的胶合剂，为人们提供理性的价值追求。马克思在这里揭示出了资本主义社会个体与普遍性整体相冲突的文化矛盾。以此来看后现代思想家的一些思考，当他们打破占统治地位的理性，强调破碎的个人、文明的碎片时，实质上只是揭开了蒙在利己主义身上的意识形态轻纱，把资本主义社会个人的无奈与孤独直截了当地表现出来了。

通过从总体性社会关系的矛盾分析中，马克思引发出批判资本主义社会的批判力，但这时的批判，已不是早期人本主义的权力话语从事物外部的抽象批判，而是对包含在事物内部的自我批判的发现，是社会发展过程中内在矛盾所导致的自我批判，这是马克思科学批判力的重要生长点。

第三节　合理性、颠倒与意识形态批判理论

通过对唯心主义思想中心论的否定，实现了对早期人本主义价值批判的现实还原，深入到对社会生活本身的科学分析与批判中，这是马克思社会批判理论的基础。但是作为完整的社会批判理论，它必须通过对社会生活的分析与批判，来透视反映社会生活的意识形态，使社会批判理论走到理论运作的前台，从而同各种各样的意识形态区分开来。因此，意识形态批判理论，是马克思社会批判理论的重要内容，发掘这一内容，也是我们科学理解马克思社会批判理论的重要环节。

1. 经济生活与拜物教

在《形态》中，马克思为自己的意识形态批判理论奠定了立足点：

---

① 马克思，恩格斯. 马克思恩格斯选集：第1卷. 北京：人民出版社，2012：164.

第五章 社会批判理论

"如果在全部意识形态中,人们和他们的关系就像在照相机中一样是倒立成像的,那么这种现象也是从人们生活的历史过程中产生的,正如物体在视网膜上的倒影是直接从人们生活的生理过程中产生的一样。"① 在过去的理解中,人们一般都是从这里引申出资本主义意识形态的虚伪性,这当然是马克思意识形态批判理论的基本内容,但如果仅停留在这一层面上,也就将马克思主义哲学肤浅化了。实际上,马克思的意识形态批判理论所要完成的是,揭示出资本主义意识形态"颠倒"的现实原因及其形成过程,只有这样,马克思才能自觉地将自己的理论同各种资产阶级意识对置起来。马克思是通过对资产阶级意识形态三重"颠倒"的分析来完成批判的,即社会生活中的颠倒、日常观念的颠倒与思想体系的颠倒,只有从对社会生活本身"颠倒"性的批判出发,才能认清资本主义意识形态的现实定位。

对社会生活本身"颠倒"性的批判,在马克思意识形态批判理论的科学视域中,主要是通过两个步骤实现的。首先是分析经济生产过程的"颠倒"性。在资本主义社会,从经济生产过程来看,随着工业革命的实现,机器大工业的发展,生产的社会化程度越来越高。但是,由于生产资料的私人占有,这种社会化的大生产却被个人所占有,造成生产过程本身无法解决的内在矛盾。本来,社会关系必须适应社会生产力的发展,这是社会发展过程的正常状况,但在资本主义社会,这种正常的状况却被"颠倒"了,这种私人占有关系,却成为支配、抑制生产力的主导力量。这是社会发展过程中,促进社会发展内在力量关系的颠倒。这种颠倒在资本主义社会又是通过无产阶级与资产阶级的对立而表现出来的,资产阶级成为主人,无产阶级成为被支配的奴隶,而资产阶级用来支配无产阶级的生产资料与生产工具,又是无产阶级过去劳动的结果,因此在资本主义社会物质生产过程中,生产力与生产关系的内在矛盾,实际上也是资本对劳动的奴役,是"死劳动"支配了"活劳动",这是劳动过程本身的颠倒。这种劳动过程本身的颠倒,既是现实生活中无产阶级的自我颠倒,也是资产阶级与无产阶级关系的颠倒。用黑格尔的话说,这种"主人"与"奴隶"关系的颠倒性存在,必将由于奴隶的觉醒而再次被颠倒过来。

---

① 马克思,恩格斯. 马克思恩格斯选集:第1卷. 北京:人民出版社,2012:152.

其次是分析商品交换的"颠倒"性特征。从商品交换的内在逻辑来看，商品作为人类劳动的产品，本是以其使用价值满足人们的需求，交换只是满足需求的手段。但在资本主义社会，由于生产资料私人占有，生产成为赢利的手段，交换成为目的本身，因此资本家真正关心的并不是使用价值，而是交换价值，使用价值只是作为交换价值的实现载体进入资本家的视野的。交换价值由价值决定，但价值又是什么呢？价值是由抽象劳动决定的，这种抽象劳动是被抽出了一切具体性规定的无差别劳动，实际上这是一种形式化的劳动。古典经济学家的劳动价值论便是建立在这种形式化劳动的基础上的。这种形式化的劳动，只能通过劳动时间来计量。而这种劳动时间又是被抽出了具体规定的劳动时间，成为无差别的社会必要劳动时间，或者说是一种机械化的时间。在这种社会必要劳动时间的衡量下，工人便成为被数字所量化了的、本质上无差别的人，这种无差别的人是同商品交换的本质相一致的。在这一交换过程中，我们可以发现：首先是体现物品特性的使用价值抽象化，然后是这一抽象过程的形式化，最后是生产物品的人的抽象化，人和人之间的关系可以通过量的关系加以比较与计量，而且可以通过抽象物以量化的形式表现出来，这种抽象物便是货币。人被货币所决定，这正是由商品交换过程的"颠倒"性所决定的。

这种社会生活过程中的"颠倒"，带来了日常生活中观念的颠倒性反映，这就是拜物教意识。这种拜物教意识的产生，正是现实经济生活过程的真实反映。马克思具体分析了资本主义社会中商品拜物教、货币拜物教和资本拜物教。从商品拜物教来看，在资本主义社会中，个人规定性是同商品联系在一起的，工人如果不能把自己的劳动力作为商品交换出去，工人就无法生存，更重要的是，工人就不是人，他就只能游离于社会经济生活之外。在商品生产普遍化的社会中，个人要想满足自己的需求，实现自己的尊严，就只能以商品为载体，因此，商品成为物质生产的直接目的。在生产的过程中，只有将产品以商品的观念化形态在大脑中显现出来，才能实现生产的目的，而产生这一过程的动因又处于个人的控制之外，这就使商品生产过程蒙上了一层神秘的面纱。"人们在自己的社会生产过程中的单纯原子般的关系，从而，人们自己的生产关系的不受他们控制和不以他们有意识的个人活动为转移的物的形式，首先就是通过他们的劳动产品普

第五章 社会批判理论

遍采取商品形式这一点而表现出来。"① 商品生产成为现实生活中一个合理的、先在的前提。本来，在现实的生产过程中，商品生产本身就是人与人关系的一种颠倒，而商品拜物教的同体而生，则把这种颠倒的生产当作一种合理的现实，实际上这是对现实生产过程的又一次颠倒性反映，是颠倒的次方。这使资本主义现实在日常生活的观念中成为支配性力量，而其真实的过程，则被人们遗忘了。

从商品拜物教到货币拜物教的逻辑递升是一个自然过程。在资本主义社会，商品生产只是第一步，生产的目的是进行交换，获取更多的交换价值，商品只有交换出去了，才算完成了惊险的一跳。而要实现这一点，在生产过程中商品便必须摆脱其具体的规定性，成为劳动一般，并且在观念中可以转化为可计量的价格，这种观念形态的价格，实质上就是货币的观念形态。也就是说，商品的生产是以货币的观念形态为先导的，商品的拜物教意识如果不以货币的观念形态为前提便没有了意义。但观念形态的货币还不是真正的货币，从个人交换来说，只有实现了商品的流通，才算是占有了货币。而货币又是财富的一般形式，"交换价值构成货币实体，交换价值就是财富。因此，另一方面，货币又是与构成财富的所有特殊实体相对立的财富的物体化形式"②。"财富（既作为总体又作为抽象的交换价值）只是由于其他一切商品被排斥，才作为个体化在金银上的财富而存在，作为个别的可以捉摸的对象而存在。因此，货币是商品中的上帝。"③ 如果从流通的总体来看，"货币虽然存在于流通的一个环节中，却消失在流通环节的总体中；货币对一切商品来说仅仅是价格的**代表**，仅仅充当商品按照相等的价格进行交换的手段"④。作为手段，货币又只需观念地表现出来，同它的材料是无关的。流通的过程不见了，只有作为结果的货币，货币本身的特性不再重要了，重要的是货币的观念形态，货币的魔术就是由此而来。

货币虽然体现了财富的一般形式，但货币如果不进入流通，货币作为财富只能是一种财富的可能性形式，并不是财富的现实实体，要真正占有作为财富的特殊实体，货币必须进入流通。"货币加入流通这一行

---

① 马克思，恩格斯. 马克思恩格斯文集：第5卷. 北京：人民出版社，2009：113.
② 马克思，恩格斯. 马克思恩格斯全集：第30卷. 北京：人民出版社，1995：173.
③ 同②.
④ 同②164.

为本身必须是保持自己的一个要素，而它要保持自己必须加入流通。也就是说，货币作为已经实现的交换价值，必须同时表现为交换价值借以实现的过程。货币同时就是作为纯粹物的形式的自身的否定，是作为对个人来说是外在的和偶然的财富形式的自身的否定。不如说，货币必须表现为财富的生产，而财富必须表现为个人在生产中的相互关系的结果。"① 这就决定了货币必须成为资本，才能保证成为财富的真实存在，因为只有资本才能完成价值增殖过程。在资产阶级经济学家的视野中，资本的增殖被看成资本本身的结果，是资本的自行增殖，他们抽掉资本的特定形式，只强调内容，而资本作为这种内容是一切劳动的一种必要要素，这样资本就被理解为物，抽掉了资本的现实的社会关系，造成了资本的拜物教。资本拜物教成为拜物教意识的核心，它完成了对资本主义社会合理性的日常观念层面的论证。

马克思对资本主义社会生产过程的分析，是对资产阶级意识形态批判的理论前提，是意识形态批判中第一重"颠倒"的揭示。对拜物教意识的批判，是意识形态批判的第二层内容，即是从日常生活的层面批判意识的颠倒性。由于资本的惯性运转，这种拜物教意识无时无刻不在生产出来，并深深制约了资本主义社会观念体系形成的意识形态的生产。

2. 理性意识形态中的颠倒问题

在资本主义社会中，社会物质生活过程是一个自然的颠倒过程，它发生于人们的日常物质生活过程中，日常意识层面的拜物教意识，则是这种颠倒过程的自发反映，正是这一自发反映，才从潜意识层面论证了资本主义社会的合理性。这种合理性的拜物教意识，在思想体系层面，主要是通过两种方式表现出来：一是直接论证资本主义社会的合理性，二是看起来是对资本主义社会进行批判，实际上只是以颠倒的方式重新论证了自己所要反对的对象存在的合法性。这后一种思想体系更具有诱惑力，马克思的意识形态批判理论，落脚点就是对后一种思想体系进行批判。如果说，马克思在经济学研究中集中批判了资产阶级意识形态的前两重"颠倒"反映，对第三重"颠倒"的揭示，则主要体现在哲学与科学社会主义的理论中。

---

① 马克思，恩格斯. 马克思恩格斯全集：第 30 卷. 北京：人民出版社，1995：189.

从直接哲学意义上对资产阶级意识形态体系进行批判,主要是集中于《提纲》和《形态》,在这两个哲学文本中,马克思主要批判了对他的思想形成起了重要作用的两个哲学家——黑格尔与费尔巴哈,揭示出在他们力图超出现实社会的理论旨趣中,恰恰是论证了现实的合理性存在。

在黑格尔哲学思想的形成中,主要有四个方面的思想来源:德国古典哲学、古典经济学、古希腊的城邦制和法国大革命。黑格尔认为,在古希腊的城邦中,既体现出个性的完整,又能促进社会的和谐发展,体现了社会发展的理想状态。现代社会的任务,在一定的意义上,就是要在更高的层面上恢复这种民主的城邦制。怎样才能在当代的社会发展中实现这样的理想呢?与当时的一些浪漫派不同,在黑格尔看来,这必须要对现实的经济生活过程(市民社会)进行细致的分析,要研究英国的古典经济学。但黑格尔对古典经济学仅从个人出发的论证是持批判态度的。在《法哲学原理》中,黑格尔从方法论视角对古典经济学的前提进行了反思。黑格尔认为,政治经济学是从个人的主观需要与个人主观劳动出发的,个人是古典经济学的起点。但在黑格尔看来,仅从个人自由出发、以"看不见的手"来规划现实生活是不可能的,个人只有在社会整体的关联互动中才能实现自己的需求。他从德国古典哲学出发,并接受了斯图亚特的国家学说,认为只有通过国家理性的调控才能实现社会与个人的共同发展。国家对社会生活的调控不仅表现在经济生活中,只有通过国家理性,才能避免法国大革命时期的恐怖统治。实际上,黑格尔是想通过国家理性来完成对资本主义社会的批判改造,体现的是对现实社会的批判性,也正是在这一点上,恩格斯在《费尔巴哈论》中说黑格尔的辩证法具有革命的内涵。

但是黑格尔哲学的这一批判性的思考,又恰恰系统地论证了资本主义社会的现实合理性,这种论证是通过颠倒的形式折射出来的。按照黑格尔的观点,国家决定市民社会,而在现实的社会生活中,国家的本质却是以财产所有制为前提,国家决定市民社会,实质上就成为财产所有者维护利益的工具,马克思在《莱茵报》时期遇到的正是这个问题。也正是由于这个原因马克思才转向了历史学研究,接受了费尔巴哈哲学,并且意识到对市民社会的科学分析只有在经济学研究中才能真正完成。黑格尔哲学的这一特质,决定了青年黑格尔派从黑格尔哲学出发时,并不能逃脱现实意识形态的隐性制约。对于这一点，马克思在《形态》中进行了详细的分析。马克思将这本著作取名为《德意志意识形态》，一个重要的意图就在于此。

黑格尔哲学是如此，费尔巴哈哲学也是如此。费尔巴哈自以为超越了黑格尔哲学的立场，但实际上，他只是颠倒地折射出资本主义意识形态的理论本质。费尔巴哈通过对象化理论，对黑格尔哲学进行了自然唯物主义的颠倒，把哲学的本质规定为人本学，并提倡从人的类本质出发，建构一种未来哲学。费尔巴哈的这一哲学构想，对早期马克思的影响很大，特别是在《手稿》中，马克思以费尔巴哈的人本异化史观为母体，并吸取了黑格尔劳动学说、赫斯经济异化史观和共产主义的理论内容，建构出较为系统的异化劳动理论。此时的马克思还没有意识到费尔巴哈哲学的资产阶级意识形态本质。费尔巴哈的类本质虽然强调人与人之间的现实关系，但实际上这种类本质只是人与人之间的外在联结关系，也就是说，费尔巴哈讲人的时候，实际上讲的是资本主义市民社会中原子式的个人。费尔巴哈的立足点只能是市民社会，这决定了费尔巴哈哲学并不能超越资本主义意识形态的立场。显然，费尔巴哈以追求幸福为底色的爱的宗教，最终只是完成了对资本主义社会的辩护。意识到费尔巴哈哲学的意识形态特征，这是马克思走出费尔巴哈哲学、创立科学的历史唯物主义的理论生长点。

通过对黑格尔与费尔巴哈哲学的批判，马克思获得了对一般哲学进行意识形态批判的理论洞察力，这种敏锐的理论透视力为马克思从科学社会主义视角批判形形色色的社会主义者，提供了理论前提。对形形色色的社会主义者与共产主义者的批判，构成了马克思一生理论探索中的重要内容。在《手稿》中，马克思从费尔巴哈人本学出发，对当时流行理论界的共产主义思潮进行了批判，指出这些共产主义者在理论上堕入了私有制的论证中。虽然马克思此时在理论深层上不自觉地受到资本主义意识形态的制约，但对各种社会主义思潮持一种批判的态度，是马克思意识形态批判理论中一个重要的组成部分。

经过哲学变革后，马克思从科学社会主义出发，对各种非无产阶级的而又自称是社会主义的思想进行了彻底的批判，这不仅体现在《共产党宣言》中，更体现在《资本论》《哥达纲领批判》中。在这些文章里，马克思就是要揭示出这些看似是无产阶级的思想，在理论深层的逻辑上恰恰是资本主义社会意识形态的折射，这种折射以一种合理性的论证表现出来，因而对人更具有诱惑力，也更易使无产阶级的斗争陷入资产阶级所规定的路径中。无产阶级的解放如果不能清除这些深层的资本主义意识形态的影响，就不可能真正地实现。正是这种深刻的意识形态批判，成为马克思主义哲学革命性的理论源泉。

3. 意识形态批判的方法论原则

在马克思的意识形态批判理论中，对日常经济生活的"颠倒"性批判是整个意识形态批判理论的基础。马克思不只是一般地指出资本主义社会意识形态的错误与虚假性的方面，他要揭示的更是整个资本主义社会意识形态的生产过程，从而将意识形态批判理论建基于对资本主义社会的总体批判之中，并且指出无产阶级对资本主义意识形态的批判，只有在对现实生活进行批判的基础上，才有可能实现。从这一总体视域出发，在马克思的意识形态批判理论中，体现出科学的历史辩证法的方法论原则：

（1）现实性原则。在马克思的早期思想中，他对资本主义意识形态的批判，实际上是从一个抽象的原则出发的，尽管马克思在思考中，力求使自己的哲学与实际相结合，但由于哲学方法论上的唯心史观影响，他是从"应有"出发来规范现实的，认为只要从思想上解决了人的理性问题，社会问题就会迎刃而解。经过经济学的研究与对黑格尔历史辩证法的理解，马克思才真正意识到，对资本主义意识形态的批判，如果仅从哲学层面上进行，是不可能彻底的。科学的意识形态批判必须从现实出发，将之理解为现实生活的有机组成部分。只有从现实出发，才能认清哲学的现实立足点，打破对理性形而上学的幻想。而要真正完成这一点，没有经济学的现实的科学分析与批判，是不可能的。

（2）历史性原则。从现实出发，马克思坚持了社会历史领域的唯物主义思想，这是对过去的唯物主义与唯心主义的重要变革。但如果仅停留于现实的原则上，马克思的哲学就会陷入一种自然主义的哲学态度之中。更为关键的是，马克思能够看清意识形态的现实定位，是同他的历史的方法论视角不可分割的。意识形态批判的前提是对现实进行批判分析，而对资本主义现实进行批判分析，就必须将资本主义社会置入历史之中，进行历史的透视，具体地分析特定历史阶段的社会生活过程。这种历史的原则，使马克思在分析现实时，既承认现实是一个客观的历史过程，同时又认为现实本身是一个矛盾统一体，具有它的历史局限性。这样的历史辩证法，本身就蕴含了批判的原则，从而使马克思的意识形态批判理论具有了深沉的透视力。

（3）总体性原则。从现实的、历史的原则出发，马克思认为意识形态的产生，本身是一个自然的社会历史过程。意识形态的形成，从深层上说，并不能完全地理解为是某个思想家的有意识欺骗（尽管这种现象是存在的），而必须理解为是在社会生产的产品，它的虚假性主要是指它对社会的一种颠倒性反映，而这种颠倒性反映有时恰恰看似以合理性的方式表现出来。而且，只要这种社会基础存在，这种合理性就会无时无刻都在生产出来。因此，对意识形态的批判，必须是从社会整体出发，把每一种意见观念的产生都理解为是在社会生活的关联互动中形成的，只有这样，我们才能辨识出不同观念与思想体系间的内在关系，透析出它们共同的理论本质。真正把意识形态批判落实到社会生活的科学批判的基础上，这也是马克思的意识形态批判理论与当代西方文化批判理论的最根本的区别。

第四节　批判理论：从马克思到法兰克福学派

社会批判理论是法兰克福学派的理论核心，也是自马克思，经卢卡奇、柯尔施等人的中介，再到法兰克福学派思想发展的一条核心纽带。虽然在这一思想的发展过程中，很多学者都没有专门去讨论马克思，也没有对自己的思想与马克思思想之间的关系做出清晰的说明，有的学者甚至对马克思的某些结论进行了批评，但如果从马克思哲学的根本精神，即对资本主义社会的批判这一视角来看，自卢卡奇、柯尔施、葛兰西开始的西方马克思主义，到20世纪70年代以《否定的辩证法》为标志的理论逻辑终结这一期间，西方马克思主义创始人与法兰克福学派继承的正是马克思哲学的这一批判精神，并根据西方资本主义社会的历史变化和社会思潮的最新发展，对马克思的社会批判理论进行了合乎时代情境的发挥。本节所讨论的，正是社会批判理论从马克思到法兰克福学派的逻辑转变过程，以便从根本主题上把握这一思潮的内在逻辑，揭示马克思哲学的当代效应。

按照我的理解，从马克思到法兰克福学派的社会批判理论，可以划分为三个历史逻辑阶段：第一阶段，即马克思的资本逻辑批判理论。阅读马克思的著作，我们可以看出，在其正式出版的著作中，"……批判"往往成为其著作的副标题，从早年的《神圣家庭》《形态》到后来的《政治经济学批判》《资本论》，无不如此。但在讨论马克思的社会批判理论时，我们需要注意的是：在马克思时代，有很多对资本主义社会进行批判的学者，如青年黑格尔派的思想家、空想社会主义者、李嘉图社会主义者等，马克思如何将自己的批判理论与这些学者的思想区别开来？如果马克思不能将自己的理论与这些理论区分开来，马克思的思想就会被淹没在其中。就马克思与青年黑格尔派的关系而言，按照我的理解，重要的分野在于：通过对政治经济学与资本主义历史的研究，马克思意识到任何哲学都是特定社会历史中的哲学。进入资本主义社会，对哲学自身存在方式的讨论必须结合资本主义市民社会的进程，以揭示哲学的存在之谜。当德国还没有现代意义上的市民社会和资本主义的历史时，德国的哲学当然不能真正将自己的思想与历史的进程结合起来，真正实现对社会历史的批判，只能以思想的进程替代历史的进程，这正是青年黑格尔派"跪着的造反"的原因。

正是在研究政治经济学的过程中，马克思发现：资本是一个不断自我建构和扩张的结构，在这一不断自我结构化的过程中，资本家只是资本的人格化，工人只是资本自我增殖的工具。对资本逻辑的洞察，使马克思认识到，对资本家或资本主义社会进行一种道德评判意义上的批判并从中寻求一种解放的途径，都是不可能的。这正是他批判一些空想社会主义者的理论基础。这也让我想起当下一些学者的批评，即马克思的哲学中缺少对正义理论与道德的讨论。按照我的看法，这一问题需要做出有层次区分的回答。按照马克思的思路，如果不能从根本上改变资本主义社会的结构，那么在这个结构之内谈正义就是没有意义的，因为这最多只能得出黑格尔式的改良结论，而不能从根本上实现正义。而在社会主义社会的新结构中，新的制度建构会在更高层面解决这一问题。当然，如果无法从根本上打破资本的逻辑，那么就需要在资本逻辑的框架内讨论正义问题。在这一维度上，马克思的确没有讨论，因为这不是他所要解决的根本问题。

在过去的研究中，学界一般认为，在《形态》中马克思实现了哲学革命，以后的工作只是将这种新哲学运用到对政治经济学批判中。按照我现在的认识，在《形态》中，马克思建构的只是历史唯物主义的一般生产逻辑，但这一逻辑并不能用来批判地面对资本主义社会，因为从这一逻辑出发，马克思无法超越李嘉图社会主义者。只有进入资本逻辑，马克思才能与李嘉图社会主义者区别开来。因此，资本逻辑与生产逻辑构成了历史唯物主义的双重逻辑，马克思的社会批判理论是以资本逻辑批判为核心的①。按照这一思路，只有到了《1857—1858 年经济学手稿》和《资本论》中，马克思的思想才真正地达到理论上的高峰。正是基于这一思考，我认为，资本逻辑批判构成了马克思社会批判理论的核心。

第二阶段，即卢卡奇、柯尔施等对马克思批判精神的重申，并将这种批判指向组织化资本主义，这是从马克思向法兰克福学派过渡的中介。柯尔施认为："马克思思想的发展可以被总结如下：首先，他通过哲学批判了宗教；然后，他通过政治批判了宗教和哲学；最后，他通过经济学批判了宗教、哲学、政治和所有其他意识形态。"② 卢卡奇同样认为，马克思哲学体现了一种批判的精神。在他看来，我们可以拒绝马克思的所有结论，但不妨碍我们成为马克思主义者，因为真正的马克思主义者继承的是马克思的方法。什么是马克思的方法呢？这就是历史辩证法。我们知道历史辩证法从根本上来说就是一种批判的方法。葛兰西的思想虽然直到 1960 年代后期才开始影响西方世界，但在葛兰西的思想发展中，对经济决定论式的传统思路的批判，强调从主体能动性出发来批判地面对资本主义，这构成了其理论的一个核心主题。

虽然西方马克思主义的创始人继承了马克思的批判精神，但我们需要注意的是，新的批判理论无论在历史指向上还是在内在逻辑建构上，与马克思的社会批判理论都有一定的差异。按照我的理解，马克思批判的是自由资本主义社会，这是从工场手工业向机器大工业过渡的时代。虽然机器生产已经显示出越来越广阔的前景，但手工劳动以及传统的一

---

① 关于这一问题的论述，请参阅：仰海峰. 《资本论》的哲学. 北京：北京师范大学出版社, 2017：第二、三章.
② 卡尔·柯尔施. 马克思主义和哲学. 王南湜, 荣新海, 译. 重庆：重庆出版社, 1989: 44 注释 6.

些职业分工,并没有完全消失。同时,这个阶段也正如恩格斯在《英国工人阶级状况》以及马克思在《资本论》中所描述的,是一个阶级分化明显、剥削非常残酷的时代。以剩余价值理论为核心的资本逻辑批判揭示的正是这一阶段的问题。但需要我们注意的是,自19世纪后期开始,发达资本主义国家正在经历着重要的转型,这就是从自由资本主义向组织化资本主义社会的转变,大工业及机械化生产日益成为资本主义生产的主要模式,资本也日益从过去的分散竞争状态转向集中与垄断,阶级关系也发生了变化。正是看到了这些变化,很多学者一方面在继承马克思资本批判理论的精华和方法,另一方面力图从变化了的现实出发实现新的理论建构。列宁的帝国主义理论、希法亭的金融资本理论、卢森堡关于资本积累的论述,无不体现了这一意图。卢卡奇以物化概念为核心的批判理念,正是在这样的情境中产生的。

在《历史与阶级意识》中,卢卡奇以马克思的政治经济学批判整合韦伯、席美尔的理论,结合新出现的泰勒制以及流水生产线,提出了物化理论。卢卡奇的批判不仅关注到生产过程中的物化,而且揭示出资本主义社会政治体制结构、人们的心理结构及思想观念结构中的物化和二律背反。虽然卢卡奇是从马克思的《政治经济学批判》和《资本论》出发的,但其物化理论与马克思的政治经济学批判还是有着重要的差异。在马克思那里,技术是中性的,是推动生产力发展的重要力量;在卢卡奇这里,对泰勒制与流水生产线的批判,开启了技术批判的先河。产生这一差异的重要原因在于:在马克思时代,虽然机器生产已经出现,但还只是体现为一种发展的前景;而在卢卡奇时代,机械化生产已经成为生产的主导模式,这一生产模式对人的心理与思想的影响也就提到了一个新的高度。虽然葛兰西在《狱中札记》中对福特主义持一种总体上的肯定态度,但他同样意识到这新的生产方式对社会结构的巨大影响,特别是会影响到资本主义意识形态运行方式的变化。这在他关于市民社会与霸权关系的讨论中得到了充分的体现。卢卡奇与葛兰西不同,他关注的就是这一生产方式对人的全面的物化。他的物化理论,既继承了马克思的政治经济学批判的根本精神,同时又超越了马克思的问题域,为法兰克福学派的工具理性批判提供了思想资源。

第三阶段,即法兰克福学派的工具理性批判理论。这是对西方文化的全面批判。按照我的理解,法兰克福学派的批判理论可以区分为两个阶段：早期由霍克海默规划的批判理论以及1940年代以后的工具理性批判理论。

1930年霍克海默接任法兰克福社会研究所所长时，提出了"批判理论"的研究纲领。霍克海默当时对批判理论的界划是针对实证主义与形而上学的。霍克海默认为，实证主义是资本主义自然科学发展的产物，同时也是将资本主义社会看作永恒不变的理论产物，与这种思潮相对应的，就是追求超验的形而上学。批判理论对此的批判，就是想继承马克思的历史唯物主义，并以改变世界为己任。在这一纲领下，霍克海默强调一种跨学科的研究，以形成从多学科出发来批判当下的社会，发展马克思的政治经济学批判理论。这一思路与卢卡奇、柯尔施开创的思路是接近的。这种跨学科式的研究思路，并形成一种新的批判理论，实际上也是卢卡奇、柯尔施所追求的。在"批判理论"的指导下，当时的法兰克福学派对资本主义社会的结构转型、法西斯主义的心理动机以及相应的思想观念，展开了多学科的批判分析，产生了一批丰硕的成果。

由于纳粹的上台，1934年法兰克福社会研究所迁到纽约的哥伦比亚大学。虽然"批判理论"依然是这些成员的研究纲领，但研究的主题有了一些改变，或者说更为深入了。当时美国的发展水平已经超过了欧洲国家，尤其是技术在社会生活的作用日益突出。这不仅体现在生产领域，而且体现在人们的日常生活及文化中。在技术的作用下，人们似乎越来越成为被支配的对象，而文化工业使人们越来越愿意享受这种被操控和支配的过程，资本主义社会也似乎是一个越来越难以被打破的牢笼。针对这一新的现状，霍克海默与阿多诺开始将批判的锋芒指向启蒙，并由此上溯到西方文化的根基处。在他们看来，启蒙理性已经逆转为支配人的工具理性，造成了一种同质性的社会，人已经完全成为资本的附庸。启蒙本身已经成为新的神话，科学与技术已经成为资本主义的意识形态。理性的这种自反性甚至在古希腊的神话中就已有萌芽，在《启蒙辩证法》中，霍克海默与阿多诺对奥德修斯与朱莉埃特的讨论，意图就在于此。相比于早期的批判而言，工具理性批判是对西方文明根基的拷问。这种批判在逻辑思路上无疑是非常深刻的，但它也存在着内在的难题：如果人已经完全被技术理性所支配，那么何以可能打破这种工具理性的牢笼呢？韦伯的那种悲观主义感叹在这里同样有了回声。如果说马克思的政治经济学批判为未来提供了一条现实的、可能的解放之路的话，那么经卢卡奇等人的中介，到法兰克福学派的工具理性批判时，这种解放的可能性已经渐行渐远了。

大约正是看到了这种理论结局，哈贝马斯开始有意识地返回霍克海默。哈贝马斯重新强调对社会历史生活做一种多学科的研究，相比于前辈忽视实证主义研究的倾向而言，哈贝马斯充分吸收了实证主义与语言哲学的研究成果，并在后形而上学的语境中重新建构一种规范性的理论，即交往行动理论。当然，这种返回是有限的。相比于前辈强调的社会批判，哈贝马斯的思想中更关注对社会历史的重新阐释。社会批判理论以隐蔽自己的锋芒的方式重新回到了西方主流思想中。

从批判理论的这一逻辑发展过程中可以看出：一方面，马克思的批判理论在当代产生了深远的效应，它成为很多思想家批判当代西方社会的理论基础；另一方面，随着西方社会的发展和稳固，在马克思那里可以看到的超越资本主义社会的希望，在组织化资本主义社会之后显得越来越遥远。特别是到了20世纪70年代之后，随着西方社会从组织化资本主义进入后组织化资本主义（有学者称之为"后福特主义""全球资本主义"等），如何面对新的历史情境建构一种新的批判理论，这成为后来者必须加以探讨的问题。虽然一些后现代思想家对此进行了一些探索，比如拉克劳-墨菲在传统理性与主体消解的情境下提倡一种话语链接的实践批判以便整合各种反抗力量，德里达想通过重申一种面向未来的解放承诺来重构一种非主体的批判精神，还有一些学者想通过一种生态学的批判来探索未来的出路等，这些研究虽然在哲学的沉思层面很有启发，但这种新的批判在多大程度上切中西方的社会现实，还需要进一步分析与讨论。

第六章　形而上学与工具理性

马克思对形而上学的批判，意在揭示形而上学的意识形态特征，并将形而上学的批判推进到对社会生活本身的批判，通过改变现实世界来彻底地颠倒传统的形而上学。马克思的这一思想，经过卢卡奇的物化理论这一中介，对形而上学的批判与工具理性的批判结合在一起，这是西方马克思主义哲学中富有深度的思考。当形而上学与工具理性合为一体时，这不仅造成了形而上学与权力支配关系的同一化，而且造成了人的单向度化，资本及其逻辑变成了绝对的铁笼，我们无法摆脱其无处不在的操控。在西方马克思主义的理论逻辑中，这种批判无疑是深刻的，但同时也表现出批判理论的绝望与无奈。

第一节　物化理论与形而上学批判的理论转向

物化理论是早年卢卡奇思想建构中的一个核心概念。正是通过这个概念，卢卡奇不仅发挥了马克思的社会批判理论，而且实现了马克思主义哲学研究中的逻辑转折，即从马克思对生产关系的批判，进入了对生产力的批判[①]。这个转折从思辨上来看是一种推进，即促进了后来者对形而上学批判与工具理性批判的研究，但也开启了卢卡奇及法兰克福学

---

① 关于卢卡奇物化理论中的生产力批判维度，这是张一兵教授在讨论卢卡奇物化理论时提出来的（参阅：张一兵.文本的深度耕犁——西方马克思主义经典文本解读.北京：中国人民大学出版社，2004：第一章）。笔者认可这一理论描述。

第六章　形而上学与工具理性

派的理论困境，即当生产力本身不再具有解放的意义，或者说当科学技术变成了一种意识形态时①，这个世界还有解放的可能性吗？这个问题在卢卡奇那里虽然没有直接提出来，但它深深地制约着卢卡奇思想的深层结构。

1. 马克思对生产关系的批判

马克思对形而上学的批判，在其现实性上，主要体现为对资本主义社会的批判，这是产生近代以来的形而上学的真实物质基础。在对资本主义社会的批判中，在其理论层次上，可以划分为两个层面：第一是作为显性层面的商品批判，从中看出商品体现的是物化了的人与人之间的关系；第二是从直接的商品交换批判进入生产方式的批判，并将生产方式的批判定位为对生产关系的批判，这是马克思区别于当时一些共产主义思想的理论基础。

马克思对资本主义社会的批判是从日常生活中能直接感知的商品及其交换开始的，这是因为"资本主义生产方式占统治地位的社会的财富，表现为'庞大的商品堆积'，单个的商品表现为这种财富的元素形式"②。商品及其交换过程直接体现着资本主义社会存在的奥秘。商品的交换过程是一个不断地将人的关系物化的过程。商品在其直接存在方式上，体现为使用价值，但这种使用价值并不具有自足性，它能否实现使用价值，首先在于它能否具有交换价值，因为在商品的结构中，使用价值是交换价值的载体。在这里，存在着一个双重的抽象化过程。第一重抽象是决定交换价值的人的劳动的抽象，即不同人的劳动抽象为在同一数量标准下的劳动，人的独特性不再存在；第二重抽象是对劳动时间的抽象，"作为交换价值，一切商品都只是一定量的**凝固的劳动时**

---

① 这是哈贝马斯在《作为"意识形态"的技术与科学》一文中提出来的核心问题。哈贝马斯提出："资本主义是由一种生产方式决定的，这种生产方式不仅提出了统治的合法性问题，而且也解决统治的合法性问题。资本主义提供的统治的合法性，不再是得自于文化传统的天国，而是从社会劳动的根基上获得的。"（哈贝马斯. 作为"意识形态"的技术与科学. 李黎，郭官义，译. 上海：学林出版社，1999：54）这时，"生产力所发挥的作用从政治方面来说现在已经不再是对有效的合法性进行批判的基础，它本身变成了合法性的基础"（41）。"科学和技术具有替代被废除了的资产阶级意识形态的意识形态意义。"（73）

② 马克思，恩格斯. 马克思恩格斯全集：第 44 卷. 北京：人民出版社，2001：47.

间"①。这是双重同质化的过程,这也是将具有质性的使用价值、人的劳动物化的过程,因为只有作为能被量化的物,这些不同质性的存在物才能比较。

在资本主义社会,商品交换渗透到了社会生活的所有角落,但在交换的顺利进行中,特别是在交换全面化时代,货币起着至关重要的作用。货币本身也是一种商品,但随着交换普遍化,作为交换媒介的货币成为抽象人类劳动的直接的社会实现形式。当货币作为人类劳动的价值符号时,货币就具有了约定性的特征,以一种约定的物来表现自己。由于在资本主义社会中,商品交换的目的并不是满足人或生产的需要,而是使产品增殖,是为"卖"而"买",这时货币就构成了商品交换的目的,也构成了价值增殖的重要中介,这种物如纸币就成为商品交换的决定性力量。交换的关系在其直接形态上,体现为货币对货币的关系。

从上面的分析中可以看出,在资本主义市场交换体制中,劳动的同质化,使得人与人之间的社会关系颠倒地表现出来,即体现为物与物之间的社会关系,并最终体现为一种物,即货币。在商品交换过程中,使用价值的物只有在作为交换价值的载体时才能与他物进行交换,在表面的物与物交换中,真实发生的是看不见的人与人的关系,而这种关系当然是以抹杀人的差异为基础的,只有抹杀了这种差异,才能使人的关系在商品社会以物的方式体现出来。"一种社会生产关系采取了一种物的形式,以致人和人在他们的劳动中的关系倒表现为物与物彼此之间的和物与人的关系,这种现象只是由于在日常生活中看惯了,才认为是平凡的、不言自明的事情。在商品上这种神秘化还是很简单的。"② 这是一种深层的缠绕,在这种缠绕中,如果只将物的关系归结为人与人的关系,或者只是看作一种自然性的物与物的关系,那都是一种幻觉,面对商品交换中的这一现象,我们总是在一种空间中分离它们,然后又归拢它们。这是人与人关系的物化存在方式,对这种物化关系的批判必须导致人与人关系的重新实现,这构成了马克思面向未来的理论指向。因此,对商品交换的批判,对于马克思来说,是对人与人关系的批判,是透过物相达到对人与人关系的重建。

---

① 马克思,恩格斯. 马克思恩格斯全集:第 31 卷. 北京:人民出版社,1998:422.
② 同①427.

第六章 形而上学与工具理性

但这种人与人关系的重新建构,并不是通过废除货币就可以实现的。对于当时的一些共产主义者来说,他们对商品交换所引起的社会不公等问题有着深刻的认识,甚至想通过废除交换制度来实现社会关系的重构,如蒲鲁东主义者的"国家银行"就是这种计划的体现。但马克思认为,这种解决问题的方式只是表面的,说到底是在不废除资本主义的基础上来改造资本主义。这里的问题在于,我们必须区分两个公式:W—G—W 与 G—W—G′(W 为商品,G 为货币)。前者体现的是商品的直接流通,资本主义社会的商品流通在表面上也体现为这个公式,但在深层上,资本主义社会的商品交换并不是为买而卖,而是为卖而买,是为了实现货币的增殖,没有这个增殖的过程,就没有剩余价值,也就不可能实现资本的积累与扩张,因此,第二个公式才能真正表达出资本主义商品交换的内容。但 G′并不是在交换中实现的,G′的增殖部分来自生产过程,是通过绝对剩余价值生产与相对剩余价值生产这两种方式实现的,剩余价值的生产过程体现的是资本对劳动的奴役,在其人格化的形式上,也就是资本家对工人的奴役,因此,资本主义社会的秘密在于其生产过程中资本家对工人的剥削,这是以资本家占有生产资料而工人一无所有、只能靠自由出卖自己的劳动力为前提的。因此,剩余价值的获得与资本家对工人的剥削发生于生产过程中,对资本主义社会的批判,在马克思那里,核心就在于对资本主义生产方式的批判。

但在马克思这里,对资本主义生产方式的批判是有着内在区分的批判,即马克思对生产力与生产关系做了区分。在马克思看来,资本主义社会的问题主要发生于生产关系层面,对资本主义社会的批判主要体现为对生产关系的批判,生产力本身不存在资本主义的性质规定,生产力的发展是未来社会即共产主义社会存在的物质前提条件。马克思在考察从工场手工业到机器大工业的过渡时认为,就机器生产对以农业为基础的传统社会来说,

> 在农业领域内,就消灭旧社会的堡垒——"农民",并代之以雇佣工人来说,大工业起了最革命的作用。……最墨守成规和最不合理的经营,被科学在工艺上的自觉应用代替了。农业和工场手工业的原始的家庭纽带,也就是把二者的幼年未发展的形态联结在一起的那种纽带,被资本主义生产方式撕断了。但资本主义生产方式同时为一种新的更高级的综合,即农业和工业在它们对立发展的形

态的基础上的联合，创造了物质前提。①

这是马克思自《形态》之后一以贯之的思想。因为在马克思看来，没有生产力的巨大发展，人们就会再次陷入贫困之中，对生活必需品的争夺，就会使各种陈腐的东西死灰复燃；没有生产力的巨大发展，人们就会再次陷入区域性束缚之中，无法建立起普遍交往，推动历史向世界历史转变；只有生产力的发展，才能消灭地域性的共产主义。生产力本身的发展是"无罪的"，问题在于生产关系，生产关系的变革也就构成了马克思批判资本主义社会的直接目的。可以说，这也是马克思思想的重要界限。

2. 物化与生产力批判

在《历史与阶级意识》一文中，卢卡奇对马克思批判资本主义社会的物化思想有着深刻的认识，并结合当时的社会发展与学术进展，对资本主义社会的物化问题做了更进一步的探索。但与马克思不同的是，卢卡奇将对资本主义社会的批判，从生产关系批判推进到了生产力批判，这构成了卢卡奇物化理论的基本内容，也是后来西方马克思主义理论转向的重要开端。

卢卡奇的物化理论是以马克思关于商品拜物教的分析为前提的。在他看来，"商品拜物教问题是我们这个时代、即现代资本主义的一个特有的问题"②。但卢卡奇对物化的批判，已经融合了韦伯关于科层制的分析以及泰勒制所带来的人类活动方式的变化，这使得他的物化理论已经进入对现代管理活动特别是人的活动的技术结构的分析与批判，这是研究思路的推进。

在卢卡奇看来，物化的第一个表现在于，"人自己的活动，人自己的劳动，作为某种客观的东西，某种不依赖于人的东西，某种通过异于人的自律性来控制人的东西，同人相对立"③。一句话，人的活动与人相对立。现代资本主义社会的生产方式起源于对自然的支配，但这种支配是以数学理性和现代技术为媒介的，这是对人类视野中的自然的支配，这是人对自然的立法，但又正如康德所说的，物自体本身是我们无

---

① 马克思，恩格斯. 马克思恩格斯文集：第5卷. 北京：人民出版社，2009：578-579.
② 卢卡奇. 历史与阶级意识. 杜章智，任立，燕宏远，译. 北京：商务印书馆，1992：144.
③ 同②147.

第六章　形而上学与工具理性

从知道的,这构成了现代社会中人与自然关系的悖论。现代技术发展所造就的工业体系,使作为中介的工业体系变成了一个自律性的联动过程,特别是在泰勒制被推广之后,劳动过程的分割化与重新连接,机器活动越来越与人类的具体劳动活动相对立,并构成了与人对立的自律性体系,这在1920年代已经较为普遍了。从劳动过程来看,这种合理性既使整个劳动过程分解为一些抽象合理的局部操作,将工作机械化、碎片化,同时也使之更合乎合理的计算过程,这是劳动过程本身的合理化原则的确立,也是其自身存在合法化的证明。当劳动过程外在于人的主体活动时,参与劳动过程的人的活动,与劳动活动的人相对立。卢卡奇这个分析,与马克思在《手稿》中关于异化劳动与人的活动的对立的分析是一致的。

　　物化的第二个层面在于,人的意识的物化。劳动活动的自律性与人的异化,既发生在客观过程中,也发生在人的主观意识中。这种客观的过程反映到人的意识结构中,使人们越来越意识到自己的活动必须适应自律性的技术结构,当时的各种职业教育使人的主观意识越来越符合这个过程①。卢卡奇认为,这是商品普遍化之后的必然结果。"商品形式的普遍性在主观方面和客观方面都制约着在商品中对象化的人类劳动的抽象。"② 这种抽象化导致了物化活动合理性原则的确立。在卢卡奇看来,人自己的活动的自律性,是根据计算即可计算性来加以调节的合理化的原则来调整的,劳动过程的这种合理化是与主体的碎片化及人的心理分析的合理化相一致的。"随着对劳动过程的现代'心理'分析(泰罗制),这种合理的机械化一直推行到工人的'灵魂'里;甚至他的心理特性也同他的整个人格相分离,同这种人格相对立地被客体化,以便能够被结合到合理的专门系统里去,并在这里归入计算的概念。"③ 这使得人只能采取与合理化过程相一致的直观的态度来面对劳动过程,"因为合理计算的本质最终是——不依赖于个人的'任性'——以认识

---

①　葛兰西在《狱中札记》中以福特主义为背景,分析了现代职业教育的兴起与现代技术发展之间的内在关联,这实际上构成了当时的马克思主义者不得不面对的历史语境。See Antonio Gramsci. Selections from the Prison Notebooks. Ed. and trans. by Quintin Hoare and Geoffrey Nowell Smith, 1971.
②　卢卡奇. 历史与阶级意识. 杜章智,任立,燕宏远,译. 北京:商务印书馆,1992:148.
③　同②149.

到和计算出一定事情的必然的有规律的过程为基础的"①。这形成了劳动力与人的人格的对立,劳动过程的机械化分割使人变成了机器运转中的原子附件,人与人之间的联系也是靠机器的联结完成的,"他们不再直接——有机地通过他们的劳动成果属于一个整体,相反,他们的联系越来越仅仅由他们所结合进去的机械过程的抽象规律来中介"②。面对这样的过程,人们只能以直观态度面对机器体系,并将这种态度物化到自己的心理结构中去。这种心理结构的物化也是一种合理化的过程,只有当劳动过程的合理化深入人的意识结构中时,这种合理化才能真正地得到人们的认可。卢卡奇的这个分析是早年马克思的异化劳动理论所没有的维度。理论上的这种差别来自工厂内部的技术结构以及商品交换普遍化程度的差别,这是历史的差别。

物化的第三个表现在于,人与物以及人与人之间的关系的物化。在卢卡奇看来,商品交换的普遍化,首先导致了物性的物化。

> 这种合理的客体化首先掩盖了一切物的——质的和物质的——直接物性。当各种使用价值都毫无例外地表现为商品时,它们就获得了一种新的客观性,即一种新的物性——它仅仅在它们偶然进行交换的时代才不具有,它消灭了它们原来的、真正的物性。③

真正的物性被合理化计算的商品特性所取代,这造成了人与物的关系的物化存在方式,当真正的物性被消灭时,人与物的真实关系也就被消灭了,存在的只能是物化关系。在物化了的意识看来,"这种可计算形式必须成为这种商品性质真正直接性的表现形式,这种商品性——作为物化的意识——也根本不力求超出这种形式之外;相反,它力求通过'科学地加强'这里可理解的规律性来坚持这种表现形式,并使之永久化"④。由于人与物的关系是通过人与人的关系表现出来的,社会关系最终也就通过一种物表现出来,结合前面的关于马克思的讨论,这种物就是货币。

---

① 卢卡奇. 历史与阶级意识. 杜章智,任立,燕宏远,译. 北京:商务印书馆,1992:161.
② 同①152.
③ 同①154.
④ 同①156.

物化的第四个方面在于，整体性图景的消失。商品生产与交换的普遍化和社会分工的细化，使得社会结构本身被划分为不同的领域，人的活动也被划分为不同过程的连接过程，这使得"社会的真正结构表现为各种独立的、合理化的、形式上的局部规律，它们之间的联系仅仅在形式上是必然的（也就是说，它们在形式上的联系能在形式上被系统化），但是，从实际情况出发和具体地说，它们相互之间只有偶然的联系"①。现代科学越发展，局部领域的规律也就越来越封闭化，这个领域的现实基础也就越来越无法把握。这种物化不仅表现在各门学科中，也表现在社会结构的不同层面，即从经济结构到政治法律结构和思想观念领域，都受到了物化意识的影响，造成了整体性图景的消失，而且无法真正地提出为什么整体性图景消失了的问题。同样，企图从"主观"行为出发来理解与把握这个世界，也只是把问题降到了物化意识的水平上。在卢卡奇看来，这构成了近代哲学发展中的核心难题。回到资本主义生产结构，一方面，一切个别现象中存在着严格合乎规律的必然性；另一方面，总过程却具有相对的不合理性，类似于自然性的规定，因为当整个社会的确切的、合理的、合乎规律起作用的形态也同个别现象的合理性相符合时，不同商品所有者的竞争也就可能了。只有获得了对整体的完全认识，将使认识主体获得这样一种垄断地位，而这种垄断地位就意味着扬弃资本主义的经济，而要做到这一点，"只有当哲学通过对问题的完全另外一种提法，通过专注于可认识事物、被认识事物的具体的、物质的总体来突破这种陷入支离破碎的形式主义限制时，才是可能的"②。这就使我们能够理解卢卡奇后来借助于主客体辩证法，提出了整体性阶级意识作为超越物化意识的途径。

3. 理论转向与内在困境

从卢卡奇的物化理论可以看出，他对物化的批判，是以现代组织化资本主义为对象的，在这个批判中，卢卡奇更为关注的是现代生产的技术结构以及这种结构所带来的人的心理结构的变化，从而将自己的物化批判理论推进到了对现代生产力结构的批判中。这是卢卡奇重新阅读马

---

① 卢卡奇. 历史与阶级意识. 杜章智，任立，燕宏远，译. 北京：商务印书馆，1992：165.
② 同①175.

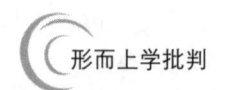

克思时的理论推进。

在马克思那里,他对资本主义社会的批判焦点在于资本主义的生产关系及社会关系,正是这种社会关系才导致了技术的资本主义运用,比如马克思在讨论机器时认为:

> 同机器的资本主义应用不可分离的矛盾和对抗是不存在的,因为这些矛盾和对抗不是从机器本身产生的,而是从机器的资本主义应用产生的!因为机器就其本身来说缩短劳动时间,而它的资本主义应用延长工作日;因为机器本身减轻劳动,而它的资本主义应用提高劳动强度;因为机器本身是人对自然力的胜利,而它的资本主义应用使人受自然力奴役;因为机器本身增加生产者的财富,而它的资本主义应用使生产者变成需要救济的贫民……①

马克思社会批判理论的这一限定,从理论上来说是非常必要的。生产力的中性存在,特别是生产力本身所具有的推动力,这是保证社会前进的基础,但如果生产力本身已经变成了物化结构,并使人们服从于这个物化结构,那么整个社会结构就全面物化了,所有的人都被置于这个物化结构之中,他就不可能真正地跳出这个物化结构,特别是当人们的心理结构与技术结构合为一体时,人们也就不可能真正地打碎物化的整体存在状态,这时社会变革也就不可能了。实际上这构成了卢卡奇物化理论的内在难题。

对于卢卡奇来说,物化不仅体现了现实生活中人的碎片化,而且体现了一种二律背反,即主体与客体、必然性与偶然性、内容与形式、历史与理性、体系与方法、自由与必然、个体与社会等的二律背反,这种二律背反不仅是资本主义市场结构的特征,也是资本主义社会意识结构的特征。但如果无产阶级的意识结构都已经被物化了,而且这种物化与技术结构合为一体,那么无产阶级何以能打碎这种物化结构呢?无产阶级何以能真正地获得对物化意识的自觉?这是卢卡奇必须解决的问题。卢卡奇求助的是主体—客体的辩证法。在卢卡奇看来,资产阶级由于利益的驱动,只能生活在对当下世界的直接性经验中,这种直接性的经验使之无法透视当下社会的总体存在特征。而无产阶级由于其社会地位,他能够超越这种直接性,走向对世界的总体性与中介性的把握。在前者

---

① 马克思,恩格斯. 马克思恩格斯文集:第5卷. 北京:人民出版社,2009:508.

第六章 形而上学与工具理性

那里，由于直接性与非总体性，在资产阶级的意识中存在的是一种双重结构，即单个人的"主体性"和客体的"客观必然性"。而对于无产阶级来说，其存在是单纯的，即他只是作为社会事件的纯粹客体而出现的，当他想将自己确立为主体时，其真实的社会地位将打碎这一幻想。当工人意识到自己是一件商品时，他才能打破这种物化体系及其意识结构，形成"商品的自我意识"，也就是"建立在商品生产、商品交换基础上的资本主义的自我认识、自我揭露"①。但仅停留在这一步还是不够的，还必须走出商品意识的抽象化的倾向，走向对社会历史的总体性认识，并认识到资本主义的物化融化于它的生产与再生产过程中，看出资本主义存在的内在矛盾时，才可能真正地产生变革现实的阶级意识。"如果对于每一个生活在资本主义社会中的人来说，物化是必然的直接的现实的话，那末它的克服也只能采用这样的形式：不断地、一再地努力通过与具体表现出的全部发展的矛盾具体联系起来，通过认识到这些矛盾对于全部发展所具有的固有意义，从实践上打破存在的物化结构。"② 卢卡奇的这一论述是对黑格尔主客体辩证法的再现，但在理论上存在的是一个悖论：如果现实存在对于无产阶级与资产阶级来说都是一样的，而且社会的整体结构和人的心理结构已经完全物化了，那么无产阶级对自己的社会地位也就不可能产生自己的阶级意识，因为不存在产生意识的基础。按照这个思路，卢卡奇只能是以一种悲观的论调作为自己的理论结论。马尔库塞在《单向度的人》一书中体现了这样的逻辑。

这里还存在着另一个问题。我们且不论无产阶级在物化结构下能否真正地获得合乎本阶级的阶级意识，即使是无产阶级获得了阶级意识，并以此来改变这个世界，但深层的问题在于：改变世界的物质基础何在？在马克思那里，生产力的中性存在，使资本主义社会造就了未来社会的物质基础，生产力的发展使历史向世界历史转变，这是未来社会可能存在的前提。但回到卢卡奇的语境中，问题在于：由于生产力的技术结构已经处于物化状态，而且将人的心理意识结构也整合到这个物化结构之中，即使无产阶级获得了革命的阶级意识，也无法真正地将这种阶级意识落实到实践之中，或者只能是完全否定现有的生产力及其社会结

---

① 卢卡奇. 历史与阶级意识. 杜章智，任立，燕宏远，译. 北京：商务印书馆，1992：252.
② 同①290.

构，而这种观点说到底是一种幼稚的左派观念，这时阶级意识也就变成了一种乌托邦式的哲学思辨。

从形而上学批判的视角来看，马克思的努力使形而上学的批判与社会生活批判结合起来，并将社会生活批判主要限定为对资本主义社会关系的批判。卢卡奇的物化批判理论，通过对生产力结构的物化批判，将现实的物质生产过程抽象为形而上学的内在结构，沿着这条思路进一步向前走，就会是形而上学批判与现代社会的理性支配的批判的结合，这构成了法兰克福学派的根本主题。从理论逻辑来说，这是思想的深入，但从马克思所制定的无产阶级革命策略的视角来说，这是一种理论的退却。当一切都被形而上学的理性所支配时，一种无意识的激发、一种新感性的解放，一句话，一种新美学就会作为所有现实的救赎品，这也是物化理论及其后续思路的必然。

第二节　形而上学与权力支配

卢卡奇的物化理论，使技术的支配维度呈现出来。技术的支配从根本上说是一种技术思想对现实与人的支配，这种思想无疑是随着资本主义的发展而获得其支配地位的。如是问题产生了：技术的理性支配地位是如何获得的？其思想的基础是什么？这构成了后来者深化批判理论的重要方向。在这一理论路向中，霍克海默与阿多诺的《启蒙辩证法》无疑是至关重要的一部著作[1]。在这本著作中，他们不仅对法兰克福学派的问题域进行了较为系统的论述，而且将法兰克福学派的批判理论发展为对启蒙以来的现代理性与形而上学的批判，并将这种批判延伸到西方文化的根源处，揭示了现代理性形而上学与权力支配的内在同构关系，将形而上学的建构与社会结构的内在关系再一次呈现在人们的面前。在我看

---

[1] 这本书是两个人合作的成果，在具体写作分工上："前言 1944/1947"主要由霍克海默写作，阿多诺参与修改；"启蒙的概念"主要由霍克海默写作，阿多诺参与修改；"附论1：奥德修斯或神话与启蒙"主要由阿多诺完成；"附论2：朱莉埃特或启蒙与道德"由霍克海默完成；"文化工业"这一部分由两人合作；"反犹主义要素"由阿多诺主笔，霍克海默修改，1947年霍克海默加上了"第七节"；"笔记与札记"由霍克海默完成。See Editor's Afterword// Dialetic of Enlightenment. Ed. by Gunzelin Schmid Noerr, trans. by Edmund Jephcott. Stanford: Stanford University Press, 2002.

来，这是对马克思批判形而上学思想的当代发挥。

1. 启蒙与神话

19世纪后期，学者们对启蒙展开了较为激烈的批判。启蒙不再体现着进步的原则，启蒙不再引导着人们走向理性、自由与和谐的境界，启蒙只是更深层的压抑。尼采从权力意志的角度认为："思想启蒙运动，是一种必要的手，使人变得更无主见，更无意志，更需要成帮结伙。简言之，在人们中间促进群畜的发展。……在'进步'的幌子下，会使人变得更卑贱，使人变得更顺从统治！"① 启蒙是对生命原则的压抑、是对自然的剥夺、是弱者对强者的统治、是虚无主义的最高表现。尼采的这一批判影响了《启蒙辩证法》的写作，但结合法西斯主义的兴起，霍克海默与阿多诺将对启蒙的批判与对资本主义社会的批判结合起来，揭示出启蒙的内在矛盾：启蒙在本意上是要超越神话，但启蒙恰恰倒退为了神话。在这里，启蒙这个概念已不再仅仅局限于近代发生的启蒙运动的意义上，他指的是人们从蒙昧与神话中解放出来的每一次"进步"的表征，"人类每前进一步，都是启蒙的一个阶段"②。这种进步的观念在现代资本主义社会达到了神话般的自明性，对这种自明性的批判，是他们写作《启蒙辩证法》的基本意图。

启蒙倒退为神话，在直接意义上体现在法西斯主义的民族主义神话中，但这种民族主义神话是与现代理性和技术的发展结合在一起的，甚至可以说，法西斯主义的种族主义神话只有通过现代理性、经过现代启蒙之后才能真正地完成③。但这并不意味着启蒙倒退为神话，就是种族主义的结果。在霍克海默与阿多诺看来："其原因不能到本身已成为目的的民族主义、异教主义以及其他现代神话中去寻找，似乎这些导致了启蒙的倒退，而只能到畏惧真理的启蒙自身中去寻找。我们必须从思想

---

① 尼采. 权力意志——重估一切价值的尝试. 张念东，凌素心，等译. 北京：商务印书馆，1996：151.

② Max Horkheimer, Theodor W. Adorno. Dialectic of Enlightenment. Stanford: Stanford University Press, 2002：73.

③ 鲍曼在《现代性与大屠杀》（鲍曼. 现代性与大屠杀. 杨渝东，史建华，译. 南京：译林出版社，2002）一书中，对法西斯主义的反犹运动与启蒙之后的理性主义之间的关系做了较为深入的分析，实际上没有现代理性的发展，特别是现代科技的发展，奥斯威辛集中营也就不可能完成自己的职能。

史和当下现实的历史去理解启蒙和真理这两个概念。"① 启蒙倒退为神话，根基在于启蒙从根本上就恐惧真理。这里，他们呈现了自己的研究方法，即从思想与现实的内在关系中来考察自己所要处理的问题。在我看来，这是马克思主义哲学中一个重要的方法论原则。在这个视野里，资本主义社会的现实运动抽象为观念，而这种观念又体现在人和制度的身上，并从这一过程中揭示启蒙与神话的内在关系。

启蒙倒退为神话，首先是由其知识与工具理性所决定的。在霍克海默与阿多诺看来，近代以来，启蒙有两个重要的命题非常重要：第一，即培根所说的，知识就是力量，要用知识替代幻想，使理智战胜迷信。第二，"技术是知识的本质，它的目的不再是生产概念和意象，也不是理解后的愉悦，而是方法，即剥削他人劳动的方法，资本的方法"②。启蒙的这两个纲领，使得知识一开始就具有了操作性的特征。通过知识来唤醒世界，就是对世界的祛魅。在知识的技术化过程中，人们放弃了任何对意义的探求，他们用公式替代概念，用规则和概率替代原因和动机。在对启蒙运动的这一分析中，霍克海默与阿多诺像海德格尔一样，将启蒙的纲领溯回到古希腊时代。海德格尔在批判传统形而上学时，将形而上学的起源界定为古希腊从柏拉图时代关于存在与存在者的区分，这个区分使存在者占据着首要的地位，而在对存在者的分析中，出现了后来形而上学的问题，规定存在者在场的存在被遮蔽了。对于霍克海默与阿多诺来说，古希腊时代将潮湿物、不可分物、空气和火等看作自然始基，这是从神话观念中促生的早期理性化过程，柏拉图的理念，最终甚至使奥林匹斯山上的神灵家族都被哲学意义上的逻各斯所渗透。启蒙反对的是神话，是想使世界理性化，成为可计算的对象，使之合乎规则，这是自古希腊以来一直在发生的过程。

但被摧毁的神话，正是启蒙自身的产物。神话建立的是一个等级的、以强制性命令为中介的体系，在神话发展中，众神与元素分离开来，在霍克海默与阿多诺看来，自此时起，存在就分解为逻各斯（这种逻各斯随着哲学的发展而被归结为单子，归结为单一指谓项）和外

---

① Max Horkheimer, Theodor W. Adorno. Dialectic of Enlightenment. Stanford: Stanford University Press, 2002: xvi.

② 同①2.

部的万事万物。这种对自身存在与实在的区分压倒了其他一切区分。以神人同性论为基础的神话体现着主体的觉醒,这种觉醒以权力关系为一切关系的原则,这是一种新的同一性。在神话转向启蒙的过程中,自然变成了客观对象。但这并不能掩盖启蒙与神话的相似性:第一,神话中命定的必然性成为启蒙的内在性原则,启蒙把每一事件都解释为必然性的再现。在经验唯物主义那里,认识是对外部事物的再现,而在黑格尔那里,一切事物都只不过是绝对观念的外化与再现,这都受到一种必然性的支配。第二,万物同一,摈除一切不可度量之物,这是现代市场商品交换的根本原则。按照马克思的分析,商品的交换过程,就是对任何商品的特殊本质加以抽象的过程,使之成为可以用货币加以度量的物,这是对商品的特殊质性的否定,使任何商品都可以通过一定的量化关系相互通约。正如马克思说的:"这种简化表现为一种抽象,然而这是社会生产过程中每天都在进行的抽象。把一切商品化为劳动时间同把一切有机体化为气体相比,并不是更大的抽象,同时也不是更不现实的抽象。"① 第三,这是抽象同一性,抽象同一性的前提是主体与客体的分离,而这一分离在神话中以占有者与其通过占有物而获得的事物之间的距离为基础,在生活层面,这以统治与劳动的分离为基础,其典型的表现就在于奥德修斯对水手的支配与控制中。

> 通过推理逻辑发展而来的一般思想及其在概念领域内的权力,建立在现实的权力的基础上。概念统一性摈弃了巫术传统基础上的旧的松散观念,它表现了一种由自由民所确立以及按照命令来加以说明的生活条件。在征服世界的进程中,自我学会了顺从秩序并接受从属地位,并很快把真理与区分的思想等同起来。②

第四,神话来自恐惧,把令人恐惧的事物化为神圣的,这是最初的分离,因恐惧导致的解释形成了对事物的命名,但由于对事物的命名所指称的对象既是事物,又是神圣栖居的场所,这就是观念与事物相分离的原初形式。人类认为只有在其无所不知之时,才能最终摆脱恐惧,获得

---

① 马克思,恩格斯. 马克思恩格斯全集:第 31 卷. 北京:人民出版社,1998:423.
② Max Horkheimer, Theodor W. Adorno. Dialectic of Enlightenment. Stanford: Stanford University Press, 2002:10.

自由,"这决定着人类祛除神话的方式,神话把非生命与生命结合起来,启蒙则把生命与非生命结合起来。启蒙就是害怕被彻底化的神话。"①启蒙作为彻底的神话,是通过现代理性工具主义的方式完成的,这也是现代技术主义占据统治地位的结果。

启蒙的这种技术主义,在数学理性中得到了最为根本的表现。启蒙以数学理性来取代神话,在这个设定中,启蒙的非真实性在于,任何事物在未知之前就已经被设定为数学等式的未知数,数学等式会通过其等式将未知数推论出来。结合前面关于近代人学思想的分析②,我们知道,自布鲁诺之后,数学构成了人们面对未知世界的重要方法,而在数学方法中,"思维把自身具体化为一种不由自主的自我推动过程,客观化成一种机器的化身,以致最后思维被机器所替代"。这使数学步骤变成了思维仪式,"尽管其公理是自我限定的,但它自身看作是必然的和客观的:它把思想变成了物,变成了工具"③,将思维还原为数学公式,这使思维本身成为抽象的自我同一性,与这种抽象的自我同一性相对应的对象,就是抽象的材料,即物质。因此,抽象的自我同一性与抽象的物质性有着同质性,所有具体的丰富性被删除了,这时,主体理性的胜利都归属于逻辑形式主义的实在,理性在根本上只能直观地反映现实存在物,或者将现实存在物当作理性的脚本,这导致的结果是一种深层的悖论:一方面,现实存在物真的得胜归来,变成了一种自然性规定的存在,具有天然的合法性;另一方面,认识却被限定在其重复性之中,思想则成了同义反复。形式逻辑的循环构成了启蒙与神话中的事物的存在方式,这种循环使新事物变成了预先决定了的旧事物,这种循环构成了被统治者自我持存的基础。在启蒙变成了神话之后,人们对现实持一种科学般的尊重态度,并将之变成一个确凿的事实,一座坚实的城堡,面对这样的事实和城堡,任何革命的想象都会自惭形秽,认定自己不过是一种乌托邦,由是,人们屈从于现实和所谓的客观历史趋势。思想机器越是拘泥于存在物,便越是盲目地满足于再现这些存在物。这样启蒙便返回到了神话学中,因为神话过程的独特性就在于将事实合法化。在这

---

① Max Horkheimer, Theodor W. Adorno. Dialectic of Enlightenment. Stanford: Stanford University Press, 2002: 11.
② 参阅本书第二章第一节。
③ 同①19.

种情况下，事物的真实存在不再具有意义，有意义的存在就是被数学理性所规制的实在。

其次，从近代以来的思想启蒙来看，虽然启蒙是想以理性取代神话，反对封建迷信，但启蒙本身恰恰以信仰为基础才是可能的，这是启蒙的内在悖论。从思想史的角度来看，康德对纯粹理性的批判，意识到了实践理性作为道德律的命令作用，这不能不说是一种"信仰"；而当黑格尔以绝对观念作为自己哲学的核心时，正如费尔巴哈所批判的，这正是神正论。这是理性与信仰的深层关联。同样，如果理性以数学为自己的原则，那么理性就变成了没有任何价值性的形式理性，这种没有任何实质性目标的理性，正是非理性。因此，在启蒙中，理性与信仰、理性与非理性并不具有截然的对立，"由于任何事物都像被彻底揭穿了的迷信一样变得非常透明，启蒙本身，实际上包括任何形式的真理，也都变成了一种偶像"①。没有对启蒙理性及其原则的信仰，当代资本主义社会也就失去了其存在的基础与合法性，但这同时也构成了现代资本主义社会的内在矛盾。对此，霍克海默与阿多诺认为："资产阶级获取权力的工具，如能力的解放、普遍的自由、自决的权利，简言之，启蒙一旦作为一种用于压迫的统治体系，就会反对资产阶级本身。启蒙根据自己的原则并不抵制最低限度的信仰，因为没有它，资产阶级世界也无法存在下去。"② 启蒙与神话，在理性工具主义的支配下，本就是同一个东西，启蒙造就的是新一轮的神话，这种神话在根本上是以占有为自己的本质规定的。

2. 形而上学与权力支配的关系

启蒙堕落为神话，这是新的社会等级化形成的思想表现，社会的等级化导致了权力与遵从关系，并通过概念的建构体现出来。在早期，人们所使用的语言符号，主要指称的是自然周期的变化，但随着启蒙的作用，符号所呈现出来的持久不断的社会强制作用，使人们对固定形象产生了敬畏感，并将之看作已经得到确立的特权统治的标志。这是概念权力化的起源，正是在这个过程中，形而上学与权力支配有着共生的

---

① Max Horkheimer, Theodor W. Adorno. Dialectic of Enlightenment. Stanford: Stanford University Press, 2002: 90.

② 同①73.

关系。

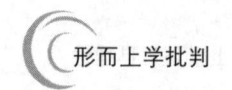

在《形态》中，马克思指出：占统治地位的思想总是统治阶级的思想，思想成为统治是由社会分工造成的。霍克海默与阿多诺继承了这一思路，他们认为：社会的分工使概念成为有组织部落及其支配个体的权力，整个概念的逻辑秩序，概念的相互依赖、相互联系、相互发展、相互统一都表现为社会现实的相互关系，权力为自成一体的社会提供了连续性和支配力，而分工则使被统治者得以自我保存。在分工发达的情况下，人与人之间的联系越来越超越于个体之外，这时

> 对个体而言，权力表现为普遍性，表现为现实中的理性。通过强加在人们身上的劳动分工，社会所有成员的权力——他们除此之外无路可循——一次又一次带来了整体的实现，整体的合理性也以此方式成倍地增长。少数人对所有人的所作所为，总是呈现为多数人对个体的支配：社会压迫总是表现出集体压迫的特征。这便是集体和权力的统一，而不是思想形式直接表现出来的社会普遍性和一致性。①

随着市场经济的发展，超越于个体之外的力量越来越具有抽象性，当抽象成为统治时，形而上学才真正地获得了存在的社会性前提，成为现实的支配力量，并与权力合为一体。而权力的支配和统治也只能在形而上学和科学所确定的拙劣的语言内容之普遍性中展现出来，只有在这样的语言中，支配与统治才摆脱了意识形态说教的特征，变成了普遍理性的代言人。其实，社会越发展，特别是随着媒介信息在社会中起的作用越大，支配与统治也就越来越具有"零度"化的特征，越来越使自己变成一个中空的容器，使各种意义都可以被吸收进来，并使之具有意识形态的规定。在这种情况下，不带有任何立场与倾向的研究，就像韦伯所说的那样的研究是否就能摆脱形而上学的困境呢？霍克海默与阿多诺认为，这是不可能的，"公正的科学语言被剥夺了，它毫无表达的能力，剩下的只是一些中性符号。这些符号的中性特征比形而上学还要形而上学"②。这正如巴特在分析大众文化时所揭示的，越是"零度"化的写

---

① Max Horkheimer, Theodor W. Adorno. Dialectic of Enlightenment. Stanford：Stanford University Press，2002：16.

② 同①17.

第六章　形而上学与工具理性

作,越能具有意识形态的吸引力,而且还以非意识形态的方式展现出来①。无立场的哲学在任何时代都是完美的谎言。

但这种形而上学是与人的自我持存相一致的。自我持存是尼采批判西方文化时的一个重要概念。尼采认为,西方文化的虚无主义源自理智对生命的压抑,而这种压抑本身却是以生命的自我持存为目标的。人们想通过理性来寻求一个确定的世界,摆脱信仰,"人寻求'真理':(真理)乃是一个不自相矛盾的世界,不欺人的世界,不变化的世界,真实的世界——一个没有苦难的世界。因为,矛盾、迷惑、变幻乃是痛苦的原因! 他不怀疑应该有一个存在的世界;他想寻找通向这个世界的途径"②。而概念正是达到这个确定性世界的工具。人们运用概念,是想为自己准备一个使我们的生存成为可能的世界,并创造一个对我们说来是可测度的、可简化的、可理解的世界。因此,像目的与手段、因与果、主体与客体、行动与受动、自在之物与现象等,都是人们认识世界的概念工具,但这些概念都是生命的权力意志受到压抑的结果,概念并不是真实世界的反映,而是生命持存的必需品。因此,自我持存的生命恰恰是拘泥于非真实的生命存在之中。可以说,形而上学作为自我持存的重要表现,构成人们存在的境域,这才是形而上学与权力支配的深层关联。在霍克海默与阿多诺这里,对自我持存的批判同样构成了对启蒙辩证法批判的重要内容。

在他们看来,斯宾诺莎的"自我持存的努力乃是德性的首要基础"这句话是西方文明的原则。自我持存的努力,从根本上说就是自我同一性的坚守,这造成了自我的抽象呈现,并将自我提升为先验主体和逻辑主体,构成了理性的参照点和行动的决定因素。自我持存的理性化,在资本主义经济中,使个体性的自我成为社会劳动的中介,这个过程受到资本主义劳动分工的影响后,就迫使人们按照技术装置来塑造自己的肉体和灵魂,从而产生自我异化。这是自我持存这一原则的内在倒转,即

---

① 巴特在《神话——大众文化诠释》(罗兰·巴特. 神话——大众文化诠释. 许蔷蔷,许绮玲,译. 上海:上海人民出版社,1999)和《流行体系——符号学与服饰符码》(罗兰·巴特. 流行体系——符号学与服饰符码. 敖军,译. 上海:上海人民出版社,2000)中对此进行了较有说服力的分析。参阅:仰海峰. 符号之镜:早期鲍德里亚思想的文本学解读. 北京:北京师范大学出版社,2018:导论第二节.

② 尼采. 权力意志——重估一切价值的尝试. 张念东,凌素心,等译. 北京:商务印书馆,1996:269.

自我持存不再体现为主体的自我持存，而是主体被装置到技术结构中，主体被

> 自动控制的秩序机器那种更加平稳的运转所废除和代替。主体性把自己转变为与自身对立的游戏规则的逻辑，并达到更为绝对的控制。实证主义最终没有给任何东西留有余地，思想自身消除了个体行为与社会规范之间最后的壁垒。主体在消除意识之后将自我客体化的技术过程，从模糊的神话思想以及一切意义中解放出来，因为理性自身已经成为万能经济机器的辅助工具。理性作为用于制造一切其他工具的一般工具，它有着直接的目的，与可精确计算的物质生产活动一样后果严重。①

自我持存导致了理性的工具化，这种工具化以形式逻辑的同一性为基础，也就更深地认同了人的物化状态。或者说，人要想自我持存，就必须以物化的方式存在，在这个物化过程中，自我持存将一切都界定为自我所能控制的对象，凡是纯粹的自然存在，都变成了对自我持存的威胁，同样人的自然存在也是自我持存需要克服的东西，因此，对内部自然与外部自然的征服构成了人类生活的绝对目的。这种征服是以进步的幌子出现的，工具的发展构成了进步的重要标志。

自我持存与工具理性主义，完成了对文艺复兴时代以来的两个重要原则的支配。在文艺复兴运动的发端，按照艾克哈特的说法，即是为了发现自然和发现人，使之摆脱封建神学的统治。但随着启蒙以来形而上学与权力支配的同一化，自然与人都变成了工具理性主义支配的对象。在启蒙中，存在着两个自然概念：一是被支配的自然，使自然变成了人的理性工具所支配的对象；二是本真性的自然，这种自然的重新被尊重，构成了启蒙解放力量的前提。但本真的自然刚被揭示出来时，对人来说是非常难以接受的，正如蒙田所揭示的，人被置于一个无边无际的黑漆漆的宇宙中，没有了中世纪神学提供给人的确定性。正是对此的应对，才有了数学理性作为揭示自然的根本方法。在这里，对本真自然的尊重转变为通过数学理性对本真自然的内在力量的揭示，这是理性对自然的模仿，而模仿的目的在于对自然的支配。

---

① Max Horkheimer, Theodor W. Adorno. Dialectic of Enlightenment. Stanford：Stanford University Press, 2002：23.

第六章　形而上学与工具理性

只有有意识地适应自然,体能虚弱者才能控制自然。理性控制了模仿,但它并不只是模仿的对立面。理性本身就是模仿:对死亡的模仿。只有通过模仿僵化的自然,主体的精神才能瓦解自然的精神,支配无精神的自然,并瓦解自身。模仿变成了权力的工具,人变成了拟人化的人。①

也就是说,在启蒙的两个自然概念中,本真性的自然是从属于被支配的自然的,自然在其根本上来说是理性支配的对象,这种支配原则与启蒙和神话的关系是一致的。按照启蒙与神话的关系,理性最初源自对自然的支配,正是为了逃避对自然的迷信和恐惧,理性才将客观有效的同一性和形式统统转变成一种混沌物质的迷雾,把它对人性产生的影响咒骂为一种奴役,直到主体在观念中完全变成独一无二、无拘无束却又空洞乏味的权威。在这种理性看来,一切自然力都变成了对主体抽象权力的不加区别的单纯抵制。理性的胜利就是对这种抵制的再支配,因此,支配自然是启蒙的命运。

对自然的支配也就是对人的支配。在启蒙的辩证法中,本真性的自然是被支配的自然,这种对自然的遮蔽,也是对人本身的自然本性的遮蔽,人被变成了社会等级结构体系中的个体,社会的分化也就导致了社会等级结构中人的社会存在的等级化,形成了一部分人对另一部分人的统治。正是自我持存,才有计算思维把世界当作自我持存的目的,并且为了征服世界,它从单纯的感性材料中确认了客体的筹划功能,这时人的存在也就能按照制造和管理的角度去理解,所以霍克海默与阿多诺认为,在奴隶主、自由企业家和管理人员中出现的成功的资产者形象,才是启蒙的逻辑主体,人的存在本身已经没有了任何意义,"当人们不再认为他自身就是自然时,他用来维持自身生命的所有目的——社会进步,一切物质力量和精神力量的增强,自我意识本身——都变得毫无意义了,手段变成了目的,并达到了登峰造极的地步"②。这种对人的支配借助于工具理性,在促进社会发展的同时、在提高人的技术能力的同时,造就的是人的自我退化。

---

① Max Horkheimer, Theodor W. Adorno. Dialectic of Enlightenment. Stanford: Stanford University Press, 2002: 44-45.

② 同①43.

> 在机器发展已经转变为控制机器发展的地方,技术和社会的发展趋势总是相互交织在一起,形成对人的总体规划,那些被这种规划所围住的人并非是不真实的。对进步权力的适应推动了权力的进步,却又每每带来新的退化,这种退化并不表明进步的失败,而恰恰表明了进步的成功。势不可挡的进步的灾难也就是势不可挡的退步。①

这是对卢梭主题的当代回应,也是对弗洛伊德文明理论的回应。在文明的历史中,任何自我持存都是对生命的放弃,因为自我持存所支配、压迫和破坏的实体,正是生命。越是想自我持存,人们失去的也就越多,而在现代社会中,人们又无法逃脱这一困境。

可见,在自我持存中,理性变成了计算与筹划的工具,人与自然都变成了单纯的物质对象,理性就是在人与人、人与自然的关系中起着协调作用的东西,启蒙的过程就是将和谐完满的观念从宗教世界的彼岸中分离出来,并在统治化的形式中,将这些观念变成人类渴望建立的范畴。这里提出了一个重要的问题,即随着启蒙的普遍化,曾经作为人类乌托邦追求的目标,也被理性所规制,我们所能拥有的一切乌托邦理想,都寄生于理性规划的基础上,这使理性变成了一种无目的的合目的性,正因如此,理性可以统率一切目的。在这个意义上,理性被看成筹划的筹划,黑格尔的绝对精神是这种理性的最好体现,在其现实性上,也就是极权国家对国民的操纵。资本主义社会越是总体化,这种支配与控制也就越是深入人们的心灵深处,形而上学的权力关系也就越来越不为人所觉察。

3. 文化工业与操控

在启蒙之后,形而上学的权力支配关系不再具有"强制力"的特征,它让人们主动地进入支配的程序之中,并让我们感到自己正在成为主体、成为自由的人。霍克海默与阿多诺认为,这正是文化工业时代启蒙对人的欺骗,这也是更深层的操控。

文化工业对个体的操控,首先体现为使个体意识变成了文化工业的

---

① Max Horkheimer, Theodor W. Adorno. Dialectic of Enlightenment. Stanford: Stanford University Press, 2002: 28.

第六章 形而上学与工具理性

衍生物。为了更好地讨论这个问题,我们需要先交代一下理论语境。20世纪20年代福特主义生产方式被西方发达国家普遍采用,构成了主要的生产模式。福特主义的生产与过去相比,更加强调生产的批量性特征,这造成了产品更加丰富;另外,福特主义更加社会化,使生产的各部门连为整体,同时生产部门与金融部门也连为一体,可以说这是资本的全面社会化和组织化的过程。但我们需要注意的是,福特主义不仅仅是生产体系,或者说是自由资本主义时代与消费相区分的生产体系,福特主义的重要特征在于,它预先将人们的消费纳入生产的总体规划之中,并通过拉动人们的消费来刺激生产,在1929年的经济危机之后,这点更加自觉地体现出来。但这个时代的消费已不再仅仅意味着是欲望的满足,随着电子成像技术的产生与应用,特别是随着电影、摄像与电视机技术的普及,一方面,产生了能够引导消费的影视明星,他们的广告效应推动着人们的消费,或者说建构着人们的消费欲望,并使消费本身成为一件具有文化意味的事情;另一方面,正如本雅明在论述摄影技术时注意到的,电子媒介的普及化使艺术方式发生了变化,艺术的本真性不再存在,存在的只是艺术的复制品,这种复制品与日常消费是相得益彰的,这使日常生活本身变得艺术化了。艺术与人们的日常生活的安排日益结合在一起,这使得生产、城市设计、家庭装饰等日益成为大众文化的组成部分。在这个大众文化的盛行时代,每个消费的人都是以自由的主体身份出现的,但实际上这种主体性受到批量生产的制约。批量生产的产品不仅具有不同的质量,而且也有一定的等级次序,这样,完整的量化原则也就变得更完备了。每个人都似乎自发地按照事先被确定和规定好的层级来行动,选择适合于他这种类型人的批量产品的类型。批量生产与个体的自主体结合起来,消费似乎成为个性的展示。这种以日常消费为主题的大众文化,并不是游离于工业生产体系之外的艺术设计,它与工业的生产联系为一体,形成了将不同行业聚合在一起的工业集团,以致人们有时很难看到不同企业和技术分支部门之间的界限。可以说,这是资本逻辑的全面化。

在大众文化的引领下,每个人的自我意识与主体性,都是按照特定的框架预先制作出来的,都受到掌管强大工业部门的公司经理们的主观决定的影响,而符合消费者主观需求的决定又都遵循着经济选择机制的要求。因此,霍克海默与阿多诺认为:"资本获得了绝对的胜利,被深深地印在了在生产线上劳作的被剥夺者的心灵之中。"① 这造就了文化工业对个体全面的操控。因此，对于大众文化的消费者来说，个体的想象力和自发性不再产生于个体的心理机制，而是来自对大众文化的复制与延伸，大众意识变成了制造商们的意识的再现，整个文化工业把人类塑造成能够在每个产品中都可以进行不断再生产的类型。大众文化把人当成了类成员，当成了一种可任意替代的实在。今天，正因为每个人都可以代替其他人，所以他才具有人的特性：他是可以相互转变的，是一个复制品。个性变成了可以互换的，变成了个性系列中的一个环节，至于这种个性是否真的是某一个体的个性已经不再重要。正是在这个意义上，后来者鲍德里亚认为，随着电子符号时代的来临，传统意义上的真假二重区分已经没有意义，存在的只是模拟品，我们都是在被模拟的同时，认同着这个体制。

当个体意识变成了文化工业的建构物时，个体意识所具有的否定性能力被剥夺了，我们不能对文化工业说"不"，我们只能说"是"并融入文化工业之流中。在霍克海默与阿多诺看来，传统的资产阶级艺术是追求一种自律性的艺术，保持着对市场的拒绝能力，使自己成为高雅的艺术。这种艺术对于大众来说，特别是对于下层人来说，是无法享受的。大众文化是对这种艺术的排斥，而这种排斥合乎当下社会的需要。对于许多人来说，大众文化提供了一种娱乐，这种娱乐与他们暂时摆脱繁重的生活压力相协调。在这种情况下，文化工业的制造商们日益将过去的高雅艺术排斥于日常生活的要求之外，或者使之完全商品化，变成了与其他商品排列在一起的另一类商品，并在市场的范围内建构起关于艺术自身的真理性标准。当人们进入文化工业的场域中，人们寻求的是一时的快乐，在面对所有光彩照人的名字和形象所吊起来的胃口时，我们能做的不过是对这个充满压抑的日常世界大唱赞歌，而这个被赞颂的世界才是人们想要竭力摆脱的世界。大众文化使人们的认知能力发生了倒转，我们颠倒着生活在这个世界之中。在这个过程中，文化工业将人们的快乐与幸福所应具有的内涵全部破坏了，快乐与幸福变成了人们对已经被设计了的程序的顺从。因此，在文化工业的作用下，人们在享受自由的同时逃避着真正的自由，这正是对人的否定性能力的消解。一旦

---

① Max Horkheimer, Theodor W. Adorno. Dialectic of Enlightenment. Stanford: Stanford University Press, 2002: 98.

人们的否定性能力被消解了,人们也就丧失了另一种生活的可能性空间,人们也就越来越屈服于这个文化工业的世界,并通过文化工业寻求着自己生活的意义。所以在这个意义上,"思想只有在失去意义之后才能被看作有意义的"①。

文化工业的胜利,是资本逻辑的胜利,这个胜利也使人们越来越远离现实,变成现实的遵从者。在文化工业的过程中,任何个性都变成了商品同一化的表现形式,是顺从普遍性的个性,是合乎文化工业要求的个性。因此,在个体的心理建构上,这是同一性形式的最终胜利。黑格尔所说的抽象统治一切,或许只是在文化工业时代才真的变成了现实,但这种抽象统治一切,已并不具有黑格尔式的信心,即体现着自由与伦理现实,而是形而上学的最为彻底的支配,这是资本支配在意识形态中的根本表现。

第三节 工具理性与人的单向度化

在卢卡奇的《历史与阶级意识》中,存在着一个隐性的矛盾:一方面,他对近代特别是以德国古典哲学为代表的形而上学进行了深入的批评,并将马克思从生产关系出发的社会批判理论发展为生产力批判理论,将传统形而上学的二律背反与近代社会发展的困境联系起来;另一方面,在卢卡奇所论证的总体性与阶级意识中,又存在着将形而上学复活的倾向,他的历史辩证法以黑格尔式的主体—客体辩证法为基础,是一种意识辩证法,阶级意识的最后获得依靠的是一种哲学的反思,这本身也存在着理论悖论。这在本章的第一节中,已经做了分析。卢卡奇的这一隐性矛盾在后来者那里可以发展为两条思路:一是将形而上学与社会历史生活中的权力支配联系起来考察,这在《启蒙辩证法》中得到了深入的讨论,按照这样的思路,任何与传统形而上学相关的逻辑结构如主体—客体辩证法、总体性等,都是传统形而上学的残余,需要进行彻底的批判,这构成了《否定的辩证法》的核心主题之一。二是黑格尔的理性辩证法再次构成了人们批判当下社会的逻辑框架,但在这个论述

---

① Max Horkheimer, Theodor W. Adorno. Dialectic of Enlightenment. Stanford: Stanford University Press, 2002: 73.

中，《启蒙辩证法》对工具理性的批判所导致的人的片面化构成了重要的理论中介，这时超越片面社会以重新燃起变革的希望，在思想上以形而上学式的乌托邦超越片面化社会的实证理性，就构成了一些学者的理论追求。马尔库塞的《单向度的人》较为集中地表现了这一主题。在这本书中，马尔库塞承继了法兰克福学派的批判理论，面对技术所导致的人与社会的单向度化，马尔库塞重申价值判断的意义，在技术发展的基础上，重思历史替代性方案，正是在这样的语境中，马克思的思考体现出一种重新恢复形而上学的倾向。从形而上学的批判到形而上学的恢复，理论的发展似乎完成了一个圆圈。

1. 技术理性替代形而上学

关于现代技术，海德格尔在1930年代就做出了很多创造性的分析。在他的讨论中，世界的技术化是近代以来，如果再往前追溯的话，是自柏拉图以来西方哲学内在逻辑的必然，特别是在伽利略之后，技术思维越来越使世界被"座架"，这成了存在的遗忘的另一面。海德格尔的弟子和法兰克福学派的主要理论家马尔库塞在1940年代就密切关注着技术与社会发展之间的关系，他认为："技术作为一种生产方式，作为工具、装置和器械的总体性，标示着机器时代，它同时也是组织和维持（或改变）社会关系的一种方式，它体现了主导性的思考和行为模式，是控制和支配的工具。"[1] 将技术作为控制与支配的工具，这既是对海德格尔"座架"思想的发展，更是对法兰克福"社会研究所"研究主题的深入。在其研究纲领中，按照霍克海默的早期设想，社会批判理论的研究要融会贯通哲学、经济与政治等各学科，达到对社会历史的多层面批判分析。但随着"社会研究所"迁到美国之后，霍克海默与阿多诺的研究方向出现了一些变化，即将主要精力集中在对发达工业社会的文化研究上，《启蒙辩证法》是他们的代表作。马尔库塞在一定意义上承继了"社会研究所"的早期计划，从实践政治的角度来发展社会批判理论，并实现多学科的沟通。在这样的研究方案下，技术与社会变化的关系当然会成为他讨论的重要主题。与海德格尔相似的是，马尔库塞将对技术的分析提升到了"本体论"的层面。在1959—1961年，马尔库塞

---

[1] Herbert Marcuse. Some Social Implications of Modern Technology//Technology, War and Fascism. Ed. by Douglas Kellner. London and New York: Routledge, 1998: 41.

第六章 形而上学与工具理性

曾与法国的"争论"团体有着较为密切的接触，并在其杂志《争论》（Arguments）上发表了《技术本体论》一文。在这篇文本中，马尔库塞认为，在现代社会技术替代了本体论，传统形而上学的主体、客体概念已经被技术理性所代替①。在这种替代中，传统的理性和个性的标准都因技术时代的到来而发生了很大的变化。

传统的理性和个性都是以本体论的二分为基础的，主体与客体、现象与本质、现实与潜能、是与应该等的二元区分，是传统形而上学逻辑建构中的理论前提，有了这些区分，才能保证人类的理想与现实之间存在着批判的张力，因此，这种区分是一种"本体论"的区分，它构成了传统批判理论的基础。在马尔库塞的早期思想发展中，从海德格尔的超越传统形而上学，回归到黑格尔的"精神现象学"，并由此进入马克思主义，在他看来，这是一种历史具体性的深入。而在黑格尔哲学中，现象与本质等的区分，构成了理性自我超越的内在基础。他认为，这也是马克思思想的重要规定性："马克思认为社会是非理性的和罪恶的，它长期被无法改变的客观规律统治着。对他来说，进步就是要打破这些规律，人能够在其自由发展中完善自己。"②理性的二元区分也适用于个性的发展。个性的真正理性标准并不是既定的事实，而是个体潜能与自由的实现，是对既定事实的超越。在这样的语境中，个性是自足的，它通过中介而发展自己，它不可能直接地得到实现，因为后者的基础是占优势地位的社会秩序的标准和要求。只有在个性的自足性中，良心才能真正地发挥作用。传统理性和个性的这些规定性，使人们对外在的标准和压抑保持着距离，"人们不得不打破外部强加于他们身上的理念和价值，并发展和实现与其理性的旨趣相协调的理念和价值"③。

马尔库塞认为这样的理性和个性概念，与传统工业社会的自由竞争相一致，在自由竞争过程中，个体是作为自足的主体出现的，而社会的理性也支撑着个体的自由和潜能的实现。当然，这个过程也是对人的压抑的过程，青年马克思的异化理论触及了这个问题，在马克思的后来分

---

① Douglas Kellner. Herbert Marcuse and The Crisis of Marxism. London: Macmillan Education, 1984: 234, 442 note 7.
② Herbert Marcuse. Reason and Revolution. Boston: Beacon Press Paperback, 1960: 332.
③ Herbert Marcuse. Some Social Implications of Modern Technology//Technology, War and Fascism. Ed. by Douglas Kellner. London and New York: Routledge, 1998: 43.

析中，他对商品拜物教、货币拜物教与资本拜物教的批判分析也揭示了传统理性的非理性一面和个性的物化特征。但在这种物化的过程中，人与机器之间保持着一种批判的张力，这也使工人能够与生产体系之间保持着一种批判的张力，没有这种张力，马克思的批判理论也就没有真实的历史基础。随着技术的发展和机械化的产生，人与机器的关系发生了变化。正如凡勃伦所说的："在机器工业中合作的劳作中的工人，是机器工业的典型的附属物、助手，他的责任是与机器过程保持着和平关系，以有利于在某些点上的熟练操作，这些点是机器过程无法完成的。他的工作是对机器的补充而不是对机器的利用，反而是机器在利用工人。在机器体系中，最理想的新装置是自动化的机器。"① 当人与机器之间的关系变成了以机器为主体的协调关系时，人的自主性也就转化为机器自主性，也就是洛维·蒙福特所谓的"客观的个性"，也就是个体将其所有的主体自发性转变为机器所需要的特性，使自己的生活服从于事实性的物质世界，而在这个世界中机器是主体。所以马尔库塞说："个体主义的理性已经被转变为技术理性。"② 当技术理性取得自己的主导性地位时，支撑着人们行为的理性基础不再是那个要被征服的人和要被改变的社会，而是已经建立起来的机器化过程；人们的理想也不再是充分地实现理性和真理，充分地发挥个体的潜能，实现真正的自由，而是如何与这个机器化过程实现协调一致。世界不再被追问"是什么？"，人们关注的是世界的"如何？"。传统形而上学的历史基础与理论内容都已被置换，技术的世界取代了形而上学的世界。

技术理性的胜利使传统形而上学的二元区分不再具有现实的意义。技术世界是一个理性的世界，但这种理性的世界是以技术的单向度为原则的，它服从于已经建立的社会秩序，在这个意义上，传统的理性已经丧失了其内在的批判能力，它变成了论证技术世界合理性的技术理性，马尔库塞认为，这是理性的倒转，即理性变成了非理性。这样一来，弗洛伊德所谓的无意识领域，是否还能与这种片面理性保持着距离？或者说，弗洛伊德所谓的"力比多"是否还能保持着自足性？马尔库塞认为，当技术理性取代形而上学时，一切传统意义上的二分都被消解了。

---

① Thorstein Veblen. The Instinct of Workmanship. New York, 1922: 306f.
② Herbert Marcuse. Some Social Implications of Modern Technology//Technology, War and Fascism. Ed. by Douglas Kellner. London and New York: Routledge, 1998: 44.

对本能、欲望领域的支配是通过技术的"投射"(introjection)来完成的。在精神分析那里,"投射"是自我将外部世界植入到内部的过程,在这个过程中,还有个"自我"在发生作用,内部与外部相区别并与外部相对立,这时还可以追求"内部自由"。但在高度发达社会中,这种"内部自由"是不可能的,个人的空间已经完全被技术现实侵占了,"内部"维度的消失,使人类所具有的否定性能力不再存在,理性的进步完全屈从于现实生活,在这个意义上,"投射"这个概念并不能真正地揭示这种新的控制形式。

当形而上学被技术理性所取代、当传统工业社会被发达工业社会所取代时,技术理性也就获得了自己的支配性地位,它在消解传统社会的二元区分及其思想上的形而上学之后,建立起来的是一个以实证理性为主导的单向度社会。与传统的理性、个性相比,在单向度社会,理性是以肯定技术世界为取向的实证理性,它消除了一切与当下社会不协调的超越意识与批判精神。表现在个性规定性上,传统社会追求的是自治性的个体,而单向度社会追求的是单向度的人。凯尔纳曾对这两种社会中个体的规定做了如下比较①:

真实的个体性	单向度的人
(1) 自治的/有思考、选择与行动的个人能力	他治的/由社会决定的思想和行为
(a) 从支配中获得自由	服从于社会控制
(b) 自由地自我决定、选择、不赞成和拒绝	遵从、错误的需要和意识
(2) 创造的自我能动性:增长和发展	模仿:服从行为的机械再生产
(3) 对需要、假设和唯一的自我进行反思和批判	不反思、非批判地接受流行的需要、观念和感情;对自己个人的需要和潜能没有意识
(4) 权力和意志:有创造性的能力	无权力/制约性的行为

与传统资本主义社会相比,发达工业社会使人们从传统的必然性状态解放出来,如随着工业进步和技术发展,人们不再像过去那样被迫工作,人们可以从传统意义上所谓的强加的工作中解放出来,这样与传统社会相联系的自由、安全等在今天也就没有了意义。"机械化和标准化

---

① Douglas Kellner. Herbert Marcuse and The Crisis of Marxism. London: Macmillan Education, 1984: 237.

的技术过程,将使个人能力解放出来并进入超越必然性的尚未规划的自由领域。人类的存在方式将发生变化,个人将从强加于他身上的异化的需要和异化的可能性中解放出来。"① 这为个人走向更高的自由、自治提供了基础。如果能走向这个层面,这将是技术统治的终结。但实际上,事情的发展总是走向反面,技术工具将自己的经济和政治要求强加到劳动时间和自由时间中,强加到物质的和精神的文化中,使这个社会日益趋向于成为没有恐怖的极权主义,它控制着所有的需要和兴趣。正是这种总体性的极权化,使社会成为一个自动的整体,超越于特殊的个人和团体兴趣之上。这也就意味着,在发达工业社会,"自由社会"已不可能再按照传统的定义来分析,同样人的需要也不可能按照过去的方式来理解,除了基本的自然需要之外,人的需要在当下社会都是按照广告等来组织的,这是从外部强加于人身上的需要,是一种"错误的"需要,正是这种需要及其满足,维持着劳累、压抑,这些需要都有其社会的内容,都是由外部力量所决定的。马尔库塞称这种需要为"压抑的需要"。这种压抑的需要消除了人们的奴役感,而正是这种奴役感才能产生解放的需要和意识,因此,发达工业社会所做的就是窒息这些要求解放的意识,从而维持着这个社会本身所具有的破坏性的和压抑性的力量。当真正的自由意识与需要被压抑时,自由就会变成压抑的权力工具,所有被打开的空间,对个人来说就不是增进人类自由的决定性要素,这种被外部强加的自由也无法增进人类的自治,而只是加强压抑的程度。因此,技术世界替代形而上学世界,所导致的结果就是技术变成了支配与压抑的工具,技术理性变成了工具理性,当传统形而上学所蕴含的二元对立被单向度化时,技术带来的社会极权总体性,伴随的是否定性辩证法的消解,这才是发达工业社会的内在特征。

2. 社会的单向度化与否定性辩证法的消解

技术的发展使社会发生了很大的变化,马尔库塞以"发达工业社会"或"组织化资本主义社会"等概念来加以描述。马尔库塞认为,这些变化体现为以下几个方面:

第一,劳动中所运用的体力的量和力度因为机械化而大大减少。这

---

① Herbert Marcuse. One-Dimensional Man, Studies in the Ideology of Advanced Industrial Society. Boston: Beacon Press, 1991: 4-5.

第六章　形而上学与工具理性

正如沃尔克所说的:"脑的技能超过了手的技能,逻辑的技能超过了手工的技能;神经的技能超过了肌肉的技能……"① 在马克思的时代,工人阶级的确受着异化的痛苦,但在劳动过程中,个人的技艺还占有一定的比重;而在组织化资本主义社会中,工人已经被整合到自动化过程中,在自动化的节奏中,正如萨特所说的,女工可以一方面照看着机器,另一方面进行着幻想,从而将无意识与劳动整合在一起。当人完全与机械化过程合并时,与传统的技艺相联系的超越性维度也就消解了。

第二,工人的职业分层发生变化,蓝领工人日益减少,白领工人增多。在早期,工人具有自己的技艺,这种技艺是保持自身独特性的地方,但这些在今天都不再存在,这改变了剩余价值的生产方式。在马克思那里,剩余价值是通过剥削活劳动的方式完成的,机器只是转移剩余价值,而现在似乎是机器而不是个人生产出了剩余价值,而且现在对个人生产的东西进行估量似乎变得不可能了。随着白领工人的增加和劳动力剥削的减弱,敌对的政治意识也将削弱,以白领为基础的政治意识与福利国家为基础的政治意识趋向一致。

第三,这些变化导致的结果是,工人被整合到已经建立起来的社会中,而且工人也乐于参与到技术结构的变革中,并通过技术变革提高生活水平,实现与老板平等的幻想。"如果工人和他的老板观赏着同样的电视节目,来到同样的度假胜地……如果他们阅读同样的报纸,这种同化表明不仅阶级消失了,而且支持着启蒙的需要和满足也被下层人民分有了。"② 这就正如马尔库塞在《单向度的人》"导言"中所说的:"我们的社会通过技术而不是恐怖来征服社会离心力,从而将自身区别开来,并建立在压倒一切的效率和日益增长的生活标准的基础上。"③ 生活的同质化,在表现层面实现了工人与资本家的平等,消除了工人的批判精神。

第四,新的技术世界进一步削弱了工人阶级的否定性能力,因为他们无法意识到自己与已经建立起来的社会之间的矛盾。这一点被生产的

---

① Charles R. Walker. Toward the Automatic Factory. New Haver: Yale University Press, 1957: XIX.

② Herbert Marcuse. One-Dimensional Man, Studies in the Ideology of Advanced Industrial Society. Boston: Beacon Press, 1991: 10.

③ 同②xl.

技术组织进一步强化，"支配变成了管理"①，技术的生产与再生产已经掩盖了奴隶与不平等。"在这种非理性的企业中，新的特征是压抑一切的合理性，这些构成了掩盖个人的本能动力和欲望的深层条件，混淆着错误意识与正确意识之间的区别。"② 这使得个人不再能够控制与个人相关的一切。马尔库塞认为，工人在现代社会已经是升华了的奴隶，因为真正的奴隶既不在于服从也不在于繁重的劳动，而是因为它成为工具。不光是工人，一切人都变成了技术的奴隶。但在这种结构中，黑格尔式的主奴辩证法已不再存在，因为支撑着这种辩证法的本体论区分不再存在。

技术与社会的变迁，使传统马克思主义理论中无产阶级革命与解放理论不再具有当下的历史意义。在传统马克思主义革命理论中，工人贫困化、剩余价值被剥夺、工人与资本家的对立等，在发达工业社会似乎都不再存在，这时传统马克思主义所讲的无产阶级作为革命主体的思想，也就没有现实的基础。正是依据这一点，凯尔纳认为马尔库塞《单向度的人》一书，体现了"马克思主义的危机"③。如果说在社会活动中，无产阶级丧失了革命的主体地位，那么在思想领域中，无产阶级是否还具有否定的、批判的能力呢？这也是卢卡奇在《历史与阶级意识》中没有真正解决的问题。马尔库塞对此持一种否定的回答。在他看来，随着技术理性支配地位的确立，实证性的肯定思维已经替代了否定的、批判性的辩证思维，否定性思想消失了，思想已经单向度化，变成了支配的工具。

马尔库塞具体分析了理性逻辑如何成为支配的逻辑、单向度的现实如何超越了矛盾的现实的过程。马尔库塞认为，从柏拉图的辩证逻辑向亚里士多德的形式逻辑的过渡就已经体现了这一思想转变。在古希腊哲学中，理性是一种认识能力，它区别什么是真实性的，什么是错误的，将真从显示为真中区别开来。真理与存在是同一的，存在比非存在优越，非存在就是破坏，就是否定，因此为真理而战就是反对破坏，将存

---

① Herbert Marcuse. One-Dimensional Man, Studies in the Ideology of Advanced Industrial Society. Boston: Beacon Press, 1991: 35.
② 同①.
③ Douglas Kellner. Herbert Marcuse and The Crisis of Marxism. London: Macmillan Education, 1984: 367.

第六章　形而上学与工具理性

在维持下来。在这个意义上,认识论就是伦理学,伦理学就是认识论。在古希腊的观念中,世界是双向度的,即现象与现实,不真与真,这是事物存在的本体论条件。克服否定的条件,就是存在和思想过程,因此哲学产生于辩证法。

从这里也可以看出,哲学从其产生时起就是否定的,它指向的是一种尚未存在的本质,是对现存社会的否定。只停留于这样的二元划分还是不够的,问题在于这种"尚未"存在何以能够为"真"? 运动的思想产生了,将这一过程看作从潜能走向实现的过程。"有限的存在是没有充分实现的存在,它服从于变化。"① 因此,有限的存在被否定所浸淫,它必然走向全面的实现与自由。这一发现就是逻各斯(Logos)与厄洛斯(Eros)的工作。"这两个关键词意味着两种不同的否定方式。厄洛斯与逻各斯一样,打断了已经建立的、连续的现实,并追求与现实不相容的真理。"② 正是这两种力量推动着事物从低级向高级转变,因此它们是否定与肯定、创造与破坏的统一。但在传统社会中,谁能理解真与非真的本体论条件呢?这既是对纯粹思考的把握,也是对由理论引导的实践的把握,最能理解这一点的人,当然是哲学王。在对古希腊哲学的这一反思中,马尔库塞抓住的是辩证思维的双向性。"思想的这种矛盾的、双向的风格,不仅是辩证逻辑的内在形式,而且也是所有哲学的内在形式,正是通过这种形式哲学才能抓住现实。"③ 所以,"辩证思想理解着'是'与'应该'之间的批判张力这一首要的本体论条件。然而,这种存在状态的认识——理论——是从具体的实践开始的"④。

从亚里士多德开始,辩证逻辑下降为形式逻辑。这种形式逻辑不再关心思想的对象,一切都被置于特定的组织规则、计算和结论规则之中。这是概念与控制的开始,"第一因的知识,作为普遍的知识,是最有效和最确切的知识"⑤。在这种情况下,内容被中立化了,本质与现象之间的区别也不再有意义,概念变成了预告和控制的工具。"因此,

---

① Herbert Marcuse. One-Dimensional Man, Studies in the Ideology of Advanced Industrial Society. Boston: Beacon Press, 1991: 131.
② 同①.
③ 同①136.
④ 同①137.
⑤ 同①141.

形式逻辑是通向科学思想的漫长道路中的第一步——也仅是第一步,更高层次的抽象和数学化仍然要求使思想方式适应于技术合理性。"① 马尔库塞认为,任何形式逻辑、任何普遍性的概念,从来就不仅是一种形式,它构成了主体及其世界之间的关系,逻辑抽象也是社会抽象。但在形式逻辑中,一旦本质与现象之间的矛盾被消解,"否定的"思想也被清除了,使完全实证的、科学的真理变成了主流的思想。而辩证逻辑是不能被形式化的,但也不能对对象产生恐惧,辩证法的对象

> 既不是对象性的抽象的、普遍的形式,也不是思想的抽象的、普遍的形式,更不是直接的经验资料。辩证逻辑消解了形式逻辑和超验哲学的抽象性,但它也同样否定直接经验的具体性。……如果辩证逻辑将自己从欺骗的客体性中解放出来——正是这种客体性在事实背后隐藏着要素——如果他将自己的世界理解为历史的普遍性,辩证逻辑将达到自己的真理。其中已经建立的事实是人的历史性实践的结果。这种实践(智性的和物质的)在其经验层面是现实的,它同样也是能被辩证逻辑理解的现实。②

当历史的内容进入逻辑的真理并决定其发展时,逻辑的真理才能变成历史的真理。"本质与存在之间的本体论张力,'是'与'应该'之间的历史性张力,对象世界的'内在的否定性'才能当作历史主体的产物来理解,即人与自然和社会斗争的产物来理解。理性成为历史理性。"③本体论转变为历史辩证法,从而保持哲学思想作为批判的、否定的思想的双重维度。而这些都是这种单向度社会所要抛弃的。

思想总是通过语言来表达自己,或者进一步说,思想就是语言本身,否定性思维有其特有的语言表达,而这种语言随着技术的发展和语言分析的内在要求,已经转换为功能性的、意义单一化的实证语言,因此思想的单向度化与语言的单向度化是一致的。在过去的哲学语言中,语言有其特定的内容,名词有着其本体论的基础。在这种语言中存在着本质与现象之间的张力,存在着"是"(is)与"应该"(ought)之间的张力。这种语言是双向度的语言,有着批判的、抽象的特征,这种双

---

① Herbert Marcuse. One-Dimensional Man, Studies in the Ideology of Advanced Industrial Society. Boston: Beacon Press, 1991: 141.
② 同①145.
③ 同①145.

第六章 形而上学与工具理性

向度是相互对立的。这是一种辩证的语言，辩证的思想在这种张力中理解着历史的维度，一种历史可能性、历史潜力得以实现的维度。随着技术社会的兴起，现象与现实、事实与要素、本质与表象之间的区别开始消失，语言作为中介，作为表述事实但又超越事实的功能被解构了，语言直接认同于理性或事实，走向了一种功能化的语言，这是技术理性化的内在要求，它趋向于将事物与其功能相同一。在语言走向功能化的时代，"事物的名字不再是'它们功能的表现'，而是它们的实际功能方式限定和'关闭'了事物的意义，排除了功能的其他意义"①。当概念与功能直接同一化时，论证的过程不再有意义，否定也就不存在了。在这种情况下，公众话语必然产生，这种话语不再包含着另一种质的差异的意义，这是一种单向度化的话语体系，也是最为普遍的话语体系，对立面的合并使之成为商业和政治风格的特征，并免受反对和拒绝的影响。语言总体上被管制了。"功能化、省略和统一化的语言是单向度思维的语言。"② 这种语言反对批判的和辩证的语言，操作和行为的合理性吸收了理性所具有的超越的、否定的、对立的因素。当功能化语言对另一种维度加以压抑时，这也是对历史的压抑。"功能化的语言是一种彻底的反历史的语言：操作的合理性没有给历史理性留下任何空间。"③ 在发达工业社会，语言不仅不再反映这种控制，而且变成了这种控制的工具。当语言被彻底功能化时，否定性思维也就不可能产生了。

否定性思维的消失，也就意味着实证性思维的胜利，这种实证性思维与技术社会的全面发展是一致的。马尔库塞认为，当下的技术支配是前技术社会人对人的支配的历史延续，只是今天支配的基础是"事物的客观秩序"，事物的这种秩序只能通过实证的思维方式才能加以分析。在实证的思维中，反对对事物的价值性判断，主张将"形而上学"的"如此存在"让位于"工具性存在"④。这样，哲学的思考变成了证实性的思考，哲学的批判变成了一种梦想。在这个意义上，单向度的社会才彻底地建立起来了。

---

① Herbert Marcuse. One-Dimensional Man, Studies in the Ideology of Advanced Industrial Society. Boston: Beacon Press, 1991: 91.
② 同①98.
③ 同①101.
④ 同①155.

3. 大拒绝：重申价值判断与思维的否定性

面对社会的单向度化、思想的单向度化和人的单向度化，任何"历史的超越似乎总是一种形而上学的超越，不再被科学和科学思想所接受"①。这个已经建立起来的社会，其组织方式反对任何其他可能的道路，虽然这些道路能提供更好的机会来减轻人类生存斗争的痛苦，能实现对当下社会的历史性替代。面对这样的历史情境，马尔库塞认为，必须重新确立价值判断的标准：

> 1) 人类生活是有意义的生活，或者说是应该而且也能够变得是有意义的生活。这个判断支撑着所有智性的努力；这是社会理论的前提，对此的拒绝就是拒绝理论本身。2) 在既定的社会中，存在着特殊的可能性以改善人类生活，并存在着实现这些可能性的道路和方法。批判分析必须证明这些判断的客观有效性，而且必须将这些证明置于经验的基础上。②

在马尔库塞这里，来自价值前提的反思并不是以纯粹伦理的方式来完成的，深受黑格尔、马克思历史辩证法的影响，马尔库塞非常强调要将形而上学的批判转变为来自历史内部的实践。但在马尔库塞的思考中，一方面，他认为这个社会已经完成了单向度化的过程，这在前面的论述中已经充分地表现出来；另一方面，他又认为"存在着这种力量与趋向，它们将与上述的能力断裂并炸毁这个社会"③。现代社会的技术结构虽然导致了社会与人的单向度化，但技术社会本身存在着变革这个社会的可能性并为变革这个社会创造了基础。这个基础一方面在于，随着工业的高度发展，依靠剥削工人劳动力的方式为基础的传统资本主义不可能继续存在，技术的发展和科学的进步，将推动社会化的个人的发展，这使得建立在交换价值基础上的生产方式瓦解了。另一方面，技术的自动化为个体的发展创造了自由时间。"个人的存在结构将被改变，个人将从劳动世界强加于他身上的被异化了的需要和

---

① Herbert Marcuse. One-Dimensional Man, Studies in the Ideology of Advanced Industrial Society. Boston: Beacon Press, 1991: 17.
② 同①xl.
③ 同①xlv.

第六章 形而上学与工具理性

可能性中解放出来，个人将获得对生活和自身的自治。"① 这将是一种社会的质变。这两种观点在马尔库塞的论述中都得到了体现，也使得他对当下社会的批判有着矛盾的特性，这种矛盾性直接影响到批判理论的建构。

面对单向度的社会和单向度的思维，我们何以能够找到替代性的方案？在这里，马尔库塞有着想重新回到形而上学的倾向，他对哲学的历史承诺的讨论、他关于普遍与整体性的重新分析、他对否定性思维的强调都体现了这种理论意向。哲学总是通过概念进行思考的，面对实证思维强调概念与事物的功能化同一的思想，马尔库塞认为，概念是对直接经验事物的认识结果，概念中的对象是认识中的对象，但概念中的对象与直接经验的对象不同，概念中的对象是从事物之间的关系来把握的，这是中介化的产物。就概念与对象的关系而言，第一，任何概念都是对象的概念，都是从对象的特性与功能方面抽象出来的；第二，特定的社会结构是概念得以发生的基础，这种结构在其特定的普遍性方面对所有的主体都是一样的。同样，对象这个概念也具有双重内容：第一，对象指的是物质的自然结构；第二，但任何对象都是在历史实践中获得自己的地位并成为主体的对象。"客观性的这两个层面（物理的和历史的）以这种方式交织在一起，并且不能相互分离。"② 但随着现代技术的发展，对象世界首先是作为工具世界来经历的。"技术语境预先决定了对象显现的形式。""对象世界因此是一个独特的历史规划的世界，没有组织物质的历史规划，这个世界无法接近，组织物质同时也是理论的和实践的规划。"③ 概念从不反映具体的、孤立的存在物，而是抽象的和普遍的，当概念达到具体事物时，是对具体事物的建构，在这个意义上，概念也超越了具体事物功能化语境。因此，在概念与具体的事物之间存在着矛盾，而分析语言学所提倡的概念的功能化，使概念的批判维度消失殆尽。当概念的批判维度消失时，对事物的认识替代了对事物的描述，因为认识事实也就是批判事实。从概念的这一特性可以看出，任何概念都与普遍性无法分离。

---

① Herbert Marcuse. One-Dimensional Man, Studies in the Ideology of Advanced Industrial Society. Boston: Beacon Press, 1991: 2.
② 同①222-223.
③ 同①223.

马尔库塞认为,应该区分几种不同的普遍性。一是逻辑的—数学的普遍性,这是精确的,也是语言分析学想要达到的。二是超越于个体具体存在的政治普遍性,如国家、民族等概念。这种普遍性往往与个体的具体存在相对立,仍然具有形式普遍性的特征。在马尔库塞看来,真正的普遍性与个体性是无法分离的,是具有质性规定的普遍性,有着分析哲学无法消解的形而上学的规定。在实证思维中,我们总是想将一切表达确定下来,而在实际中,我们的表达总是与没有表达的东西相关联,它构成了概念的"否定性"的维度。"因此,'特定的'环境是'否定性地表现'的,它们预先规定了个体心灵自发地排斥某些材料、条件、关系。它们是缺席的,但却是一种现实,是解释人们实际的精神活动、他的言语和行为意义的实证因素。"① 人们的日常经验总是与这些抽象的普遍性联系着,它似乎总是倾向于嵌入形而上学世界中,所以"普遍性是经验的基本要素,普遍性不仅是哲学概念,而且是我们每天面对的世界的质性规定"②。正如海德格尔在讨论人的存在时所说的,人总是处于"在……中",同样,任何具体的事物总是处于特定的环境中,这构成了事物存在的背景。在这里,普遍性不能被理解为孤立的整体,"整体"这个概念在某种程度上表达了潜能与现实之间的区别,这时具体质料既是对普遍性的否定,也是对普遍性的实现。

应该说,普遍性是具体事物存在的条件,而且照亮了具体事物的内在潜能。"普遍性是理解特定条件下的事物的概念工具,使事物处于潜能之光中。"③ 所以,普遍性既是历史的,又是超历史的;既理解现实事物,又超越当下事物;既认识当下事物的局限,又揭示历史发展的可能性。批判的哲学就是要揭示出历史发展的另一种替代性空间问题,这就不只是一个哲学本身的规划问题,而且是要从历史发展的关联中来考虑哲学的规划问题。所以马尔库塞说:"在不同的哲学规划间寻求判断的标准,会导致在不同的历史规划和替代方案间寻求判断的标准,也就是在理解、改变人与自然的现实、可能之间寻求判断的标准。"④

---

① Herbert Marcuse. One-Dimensional Man, Studies in the Ideology of Advanced Industrial Society. Boston: Beacon Press, 1991: 213.
② 同①215.
③ 同①219.
④ 同①222.

第六章　形而上学与工具理性

那么，何种历史规划具有真理性呢？马尔库塞认为，历史规划（project）的合法性取决于对人的存在形式中所包含的可能性的实现，实现对既定社会的超越①。这些标准在于：

> 第一，超越的规划必须同真正的可能性相一致，这种可能性面向物质与精神文化的实现层面。第二，超越的规划为了改造已经建立的社会，必须在以下三个方面论证自己的更高的合理性。首先，它提供保持和提高文化生产成效的远景；其次，它从结构、基本倾向和关系中来界定已经建立的总体性；最后，它的实现在制度框架内为存在的和平提供了更多的机会，这种制度为人的需要和能力的自由发展提供了更多的机会。②

对于这些讨论，马尔库塞与前言部分关于理性与价值判断的关系的分析是一致的。他认为，真正的理性只能来自价值判断，真理概念不可能与理性价值分离开来。但这种超越是历史的超越，是来自历史内部的否定，因此这是一种"决定性的选择"（determinate choice）。对于"决定性"这个概念，马尔库塞进行了三个方面的说明："第一，决定体现为历史体系内的一些特殊的矛盾，并显示为潜能与现实之间的冲突；第二，物质与精神的资源适用于各自的体系；第三，理论自由与实践自由的伸展与体系相适应。"③ 正是这些条件，打开了实现可能性的替代方案。历史辩证法包含着对历史过程的自觉意识，认识和抓住自由潜能并使之解放出来，但这必须在对现存社会的斗争中才能获得。

历史的合理性是一种否定意义上的合理性，它渗透到哲学的概念之中并使之发挥作用。否定的要素包含批判、矛盾和超越，这些要素是与实证主义不相容的。批判的思想界定着已经建立的合理性的非理性特征，使合理性产生出自己的转变。这是一种历史性的转变，历史总体性已经发展了力量和能力去超越已经建立了的总体性。今天的哲学必须是一种历史性的形而上学，"形而上学，尤其是形而上学观念的意义和真理，是一个历史性的事件。也就是说，历史的而不是纯粹的认识论条件

---

① Herbert Marcuse. One-Dimensional Man, Studies in the Ideology of Advanced Industrial Society. Boston: Beacon Press, 1991: 224.
② 同①224—225.
③ 同①226.

决定着真理，即这种观念的认识价值"①。在这样的理解中，形而上学的超越必须能够转变为物质性的超越，也就是说不是将价值等东西外在地嫁接在当下的技术社会中，而是必须将超越性的否定内化为历史过程的物质转变，也就是对技术本身进行重构和改变。这种将价值改变为需要是一个双重的过程："第一，物质满足（自由的物质化）；第二，在满足（非压抑的反升华）的基础上需要自由发展。"② 在这里，马尔库塞坚持着马克思的历史辩证法思想，认为从丰裕社会中解放出来，并不意味着回到过去那个道德纯洁但生活贫困的时代，而是要消除利润追求所造成的浪费。同样，这样的解放也是一种"存在的和平"（pacification of existence）。

马尔库塞的这些论述体现了变革社会的信心。但由于单向度社会的全面支配地位的确立，马尔库塞也认识到，这些论述实际上还是一种空想，或者说当所有的社会领域和思想领域都被单向度化时，何以能够保证否定性思维发挥作用。在这一问题上，马尔库塞持一种悲观的论调。他认识到，高度发达的单向度社会改变了理性与非理性的关系，想象也被整合到了技术结构之中，社会强迫想象必须在新的基础上证明自己存在的现实性，在这个基础上，想象被翻译为历史的能力和规划。但这种规划是在技术基础上完成的，使想象具有了科学的、理性的特征，变成了现实社会中的治疗力量。因此，将想象解放出来，这不是精神分析或伦理的事务，而是政治的事务。但现在的问题在于，"面对既定生活体系的普遍存在的效果，其替代方案似乎是一种乌托邦"③。现有的"社会批判理论没有概念能够连接现在与未来之桥，也不能提供承诺，显示出自己的胜利，它只保持着否定性。因此它对那些人保持着忠诚，他们毫无希望地以自己的生命实现着大拒绝"④。因此，在单向度社会中，现有批判理论只保持一种"绝对拒绝"的姿态⑤。对于马尔库塞来说，这种大拒绝是为了更好地走向未来。在《感性之维》中，马尔库塞提出了新感性这一概念，认为只有通过重塑未受现代理性影响的新感性，才

---

① Herbert Marcuse. One-Dimensional Man, Studies in the Ideology of Advanced Industrial Society. Boston: Beacon Press, 1991: 234.
② 同①239.
③ 同①258.
④ 同①261.
⑤ 同①259.

第六章　形而上学与工具理性

能真正地重构面向未来的文化之维。当然，在一切都被单向度化的时代，这种纯洁的新感性何以可能，马尔库塞并没有给出一条合适的通道。

4. 简要的评论：通往后马克思主义之途

马尔库塞的分析是以形而上学为基础的，其理论的批判张力来自现象与本质、现实与可能等形而上学式的二元区分，正是坚持这种区分，马尔库塞才能坚守否定性的辩证法，但也由于这种区分，马尔库塞在单向度社会中无法找到真实的实现途径，从而强调激进的"大拒绝"意识。这是一种内在困境，这个难题是马尔库塞难以解决的。通过重申"否定性"和"大拒绝"，马尔库塞的批判理论体现出一种无奈和悲观的论调。这种悲观的论断在后来的思想发展中有所缓解，他想通过对技术的重新规划和新感性的重新培育，来造就新的革命主体，实现被阻塞的"乌托邦"。比如在《论解放》中，马尔库塞认为，"新感性"是"表达了超过压抑和罪责的生活本能的提升"①，它是对支持着当下的支配体系的需要及当下社会的价值观念的否定，是对当下社会的全面否定，是对"听、说、情感、理性等日常模式的断裂，其内在的机理尊重非压抑的、非剥削的世界的潜能"②。它提供的是与现实原则完全不同的新原则，它将颠倒当下的现实原则，使新的需要、有差异的质性呈现出来，实现"文化革命"，创造一种新经验和表达的方式，以此推动社会的整体变革。但这种变革的主体是谁？从《单向度的人》发表之后对学生运动的关注，以及1970年代以后对左派联盟的论述，马尔库塞并没有真正地解决这个问题。

从现实的发展过程来看，马尔库塞非常深入地分析了技术变革所造成的社会极权化的趋势，但在1970年代之后，福特主义的体制遇到了自身发展的极限，被一种弹性生产所取代。按照当代学者的分析，1973年有两个重要情况影响着福特主义的发展：第一，通货膨胀暴露出西方经济中过量的生产力，引发了世界范围的资产市场的崩溃；第二，石油输出国组织提高油价，以及1973年阿以战争中阿拉伯国家决定禁止向西方出口石油。这导致了所有经济部门必须通过技术和体制变革来寻找

---

① Herbert Marcuse. A Essay in Liberation. Boston：Beacon Press Paperback，1969：23.
② 同①6.

节约能源的出路，这就导致了资本空间布局的改变，即由福特主义的大规模集中生产向世界各地的分布。由于剩余石油美元的再循环问题与世界金融市场的不稳定，这导致了资本投资的空间布局的转变和世界金融市场自主化的加强，而福特主义的"刻板"特征，无法实现这一转变。在这些动荡和非确定性所建构的社会空间中，工业结构领域和政治及社会生活领域产生了一系列新奇的实验，形成了一种全然不同的政治和社会调节系统，这是与福特主义完全不同的阶段，"它依靠同劳动过程、劳动力市场、产品和消费模式有关的灵活性"[①]。这就是学者们所谓的"弹性生产"时代，"灵活积累"构成了跨国资本主义时代的资本积累机制。这种生产模式，是《单向度的人》一书的逻辑所无法面对的，同时，批判的理论也就必须以新的方式来实现自己的逻辑转换。"大拒绝"是无法解决问题的，需要做的是寻找一种新的批判逻辑。在马尔库塞的理论极限处，后马克思主义登上了理论舞台。

---

① 戴维·哈维. 后现代的状况. 阎嘉, 译. 北京：商务印书馆, 2003：167.

第七章　形而上学批判与后马克思主义

后马克思主义是1970年代中期之后兴起的思潮，在1980年代之后形成了强大的理论影响力，特别是墨菲与拉克劳在《领导权与社会主义的策略》中将自己的研究思路定位为后马克思主义之后[①]，这种研究倾向在西方左派中得到了强烈的回应。从理论思路上来看，后马克思主义是以后现代思潮重新阅读马克思主义哲学及正统马克思主义哲学的理论成果，因此文本中所讨论的后马克思主义者，实际上也是后现代主义的理论大家。按照西蒙的区分，后马克思主义由于思想倾向的理论逻辑的不同，可以区分为**后**马克思主义（*post*-Marxism）与后**马克思主义**（post-*Marxism*）[②]，前者不再信仰马克思主义的有效性，认为马克思主义哲学还是传统形而上学的表现，已不再能够分析当代资本主义社会，鲍德里亚是这一思想的重要代表；后者认为马克思主义的传统可以进行后现代的转换，作为建构当代社会理论的重要基础，德里达、墨菲、拉克劳等，就是通过对传统马克思主义进行解构，但又将马克思主义哲学的批判精神进行重新阐发的主将。在这些思考中，他们也有一些共同的特征，如对本质主义的批判、对目的论的拒斥、对封闭总体性的解

[①] Ernesto Laclau, Chantal Mouffe. Hegemony and Socialist Strategy: Towards a Radical Democratic. London: Verso, 1985: 4.

[②] Stuart Sim ed. Post-Marxism: A Reader. Cambridge: Edinburgh University Press, 1998: "introduction".

构等，重新激活了马克思精神的批判维度①。本章主要分析鲍德里亚对马克思的批评以及德里达将解构与马克思主义的批判精神的连接，在此基础上以总体性概念为入口，讨论马克思主义哲学在后现代语境中的建构问题。

第一节　形而上学的解构与面向未来的承诺：德里达解读马克思

德里达的《马克思的幽灵》一书的出版，对于马克思主义哲学的当代研究来说，可以算是一个事件。一是因为正如德里达自己所说的，在苏联、东欧等社会主义国家纷纷解体、在西方学者高呼自由资本主义的胜利带来"历史的终结"时，他挑了一个很好的时间向马克思致敬，这种致敬是对一种学说的信心；但这并不意味着德里达完全认同了马克思的思想，他以自己的解构精神，对马克思主义哲学进行了解构，并以被解构了的马克思主义哲学中所蕴含的批判精神，同他对形而上学批判所要表达的面向未来的承诺，进行了理论上的对接，以此作为批判全球资本的理论基础。这种解释虽然具有强烈的个性特征，但确实张扬了马克思主义哲学中所具有的批判精神，彰显的是马克思主义哲学在后现代语境中的意义。

1. 形而上学的界限与解构

德里达早年在讨论《巴门尼德篇》时认为，柏拉图在此篇中讨论的是文字问题，关注的是文字既作为良药又作为毒药的对立二重性，这种二重性是西方哲学形而上学的最初起源，"所谓形而上学，在这个意义上就是诸概念的阶层秩序的二元对立系统"②。以二元对立为基础的形而上学，根据德里达的理解体现为五个方面：第一，逻各斯中心主义。

---

① 后马克思主义这个概念具有歧义性，有的学者认为马克思之后的马克思主义，就可以算后马克思主义，但在本书的思考中，这个概念主要指的是后现代语境中对马克思的思考，或者是否定马克思，或者是将后现代的解构精神与马克思的批判精神相连接。另外，后马克思主义的问题域非常广阔，比如女性主义、生态主义等，其许多问题与后马克思主义相关。对后马克思主义的全面考察，需要以一本书来完成。

② 高桥哲哉. 德里达：解构. 王欣，译. 石家庄：河北教育出版社，2001：65.

第七章　形而上学批判与后马克思主义

逻各斯中心主义并非狭义的逻辑、概念性、合理性等,在希腊文的原意中,它指被述说的语言、书面语言、口头语言,逻各斯是语言的本质,它是所有表达意义的媒介中的核心的东西。第二,声音中心主义,这在《声音与现象》一书中得到了清晰的讨论,即认为直接的言说具有自明性的特征。第三,在场的形而上学,即这样的逻各斯价值、声音价值是与"显现"的特权性分不开的,这与他对海德格尔的理解有关。第四,形而上学具有存在——神——目的论的结构。在场的形而上学总是朝向更高的、更纯粹的显现的实现目标发展着,以达到十全十美的程度,这种最高实现目标或者是神,或者是主体、先验自我,或者是国家等。但形而上学作为纯粹显现,却又是超媒介的,这也是一种沉默状态。这一层面的分析是对海德格尔关于形而上学内在结构的移用,并以阿尔都塞关于马克思主义哲学非目的论解读为中介。第五,形而上学具有男性中心主义的性格。从形而上学的这五个层面来看,形而上学构建的是一个封闭的场域,这是一种意义的自明性状态,二元对立在这个场域中以未来完成式的方式,在在场中达到了终结状态,这是一种形而上学暴力的展现。德里达的解构针对的就是这种形而上学,他要揭示的是传统哲学形而上学的界限,并使形而上学成为可能的先在场域。为了更好地说明这个问题,我们从德里达对巴塔耶的解读开始。

巴塔耶是现代法国思想史上一位重要的思想家。现代法国思想的发端离不开科耶夫对黑格尔哲学的复兴,而巴塔耶则从尼采的立场出发,对黑格尔哲学进行了批判,这是法国当代哲学的一个重要中介。巴塔耶的批判是通过重新解读《精神现象学》中的主奴辩证法开始的。主奴辩证法是法国学者科耶夫解读黑格尔《精神现象学》的一个重要成果,也是他理解黑格尔哲学的核心纽带。按照科耶夫的理解,黑格尔哲学是一种自我意识的哲学,正是这种自我意识的哲学才能保证绝对知识的实现。自我意识并不像笛卡尔所说的,通过"我思"就能获得,因为在这个"我思"中,关注的焦点在于"思"而不是"我","我"只有通过"我欲望"时才能呈现出来。但作为人的欲望并不是对欲望对象的直接否定,这是一种动物式的欲望,构成自我意识基础的欲望,它指向非自然的对象,即超越了给予的现实性,指向**非存在**(*non* being)。欲望着存在就只能使自身被给予的存在所填补,使自己服从于存在,服从于给予了的现实,而欲望着非存在就是将自身从存在中解放出来,实现自己的自治性。因此，欲望指向非存在，这只能是指向另一个人的欲望，指向的是另一个"我"。科耶夫称这种欲望是大写的"欲望"(Desire)。这种欲望不是动物式的对存在物的否定，而是对他人欲望的占有，并使他人承认自己对事物具有占有权，使他人承认自己，服从于自己，在此基础上才能产生自我意识。主奴辩证法就是在此过程中产生的，这构成了黑格尔《精神现象学》第四章的切入点。在对主奴辩证法的解读中，科耶夫强调的核心是，在多个欲望的相遇中，主人之所以成为主人，是因为他为了声望而敢于冒生命之危险去战斗，由此成为主人，这是对自然生命的束缚的解放；而奴隶因为害怕死亡，害怕因死亡而带来的"空无"(Nothingness)，屈从于自然意义的自我保存而成为奴隶，从而压抑了自己的自然欲望，奴隶因恐惧死亡、害怕主人而劳动，从而创造了历史①。在这个分析中，死亡构成了历史建构的界限，也构成了真理与意义建构的界限。

在巴塔耶看来，科耶夫的解读非常具有创造性，但科耶夫本人赞同黑格尔的逻辑，并将这种逻辑发挥到了极端，得出了"历史的终结"这样的结论。受尼采影响的巴塔耶认为，必须对黑格尔的思考进行另一种颠覆式的解读。从上面的描述中可以看出，黑格尔哲学是在特定界限内建构起来的，这个界限就是对死亡的否定。主人虽然面对死亡而冒险，但主人只是将这种冒险作为自我保存的手段，主人只有保存了自己，才能享受着奴隶的认同和劳动这一胜利果实，这是理性的狡计的体现。只有在主人与奴隶的关系形成之后，创造历史的劳动才真正地产生，这也是创造真理、创造意义的劳动，黑格尔的绝对观念所表现出来的总体性，黑格尔哲学的终极自明性，说到底是建立在对死亡（空无）的否定基础上的，而死亡（空无）对于以黑格尔为代表的传统形而上学来说，恰恰是没有得到深思的场域，黑格尔快速地绕过了这个场域，使之留存于暧昧之中，也就是说，传统形而上学的自明性是建立在暧昧性的基础上的，这是传统形而上学的界限，传统的哲学话语都是在这个界限之内建构的。这个界限开启了传统形而上学所无法理解的空间，也是传统哲学话语保持沉默的领域，而正是这个领域才是颠覆传统形而上学的根

---

① 关于这个主题，科耶夫在《黑格尔解读导论》的导言与第一章中，做了充分的描述。See Alexandre Kojève. Introduction to the Reading of Hegel. New York: Cornell University Press, 1967: part. 1, part. 2.

基。所以巴塔耶说：

> 通过暴力（也通过准确的劳动活动）来思考的大写历史的所有事情都是封闭性的，如果我们根据黑格尔的观点，想像这种封闭发生在这样一个地方——在这样一个地方，自然存在变成了人，并且当它知道死亡为何物时，它也了解了人——那么，所有留给我们的东西就是保持沉默。①

传统形而上学意义上的二分法，没有能力进入这个领域之中。巴塔耶通过对黑格尔哲学的再解读，指出了传统形而上学建构中的内在不可能性，并以此为基础实现对传统形而上学的解构，这是巴塔耶提出异质性、绝对主权等概念的重要原因。在这个解读中，我们能看到尼采的身影。

在德里达看来，巴塔耶对黑格尔哲学的嘲笑与批判，是对传统形而上学根基的发问，是对在场形而上学的解构。巴塔耶力求达到的是那个超越了意义建构的点，这是与形而上学二分法有别的绝对差异的点，巴塔耶对死亡（空无）的探讨，力求达到否定性和消耗的那种无基底处的体验，也就是对绝对差异的体验，而这种差异不再是黑格尔比别人更深入地思考过的那种差异，即所谓为在场服务、为（意义的）历史劳动服务的那种差异。对于巴塔耶来说，需要思考的是那个沉默的领域，这是以死亡为界限、耗费为特征的领域，它不再遵循形而上学的理性原则，需要用另一种方式来表达，甚至可以说，这是无法用当下的语言来表达的，但当我们又不得不用这样的语言来表达时，就必须要做一个补充，即对写下的东西说"不"！

> 巴塔耶所思考的那种**不可能**将永远会有这样一个形式：在耗尽了哲学话语之后，怎样在语言，即曾经也是哲学的语言的那个我们语言的词汇和句法中，记录那些无论如何超出了受这种共同逻辑所主宰的概念对立之外的东西？这既是必要的又是不可能的，这种超余物必须将话语弯曲成一种奇怪的扭曲物。②

---

① 乔治·巴塔耶. 色情、耗费与普遍经济——乔治·巴塔耶文选. 汪民安，编. 长春：吉林人民出版社，2003：299.

② 雅克·德里达. 书写与差异. 张宁，译. 上海：生活·读书·新知三联书店，2001：453.

理解了这一点,我们就能理解尼采的箴言式写作和巴塔耶的怪异写作风格,也就能理解海德格尔在"存在"上打"×"。德里达对此深有感触,他将自己的哲学思考理解为双重行动:一方面,试图把他自己保持在哲学话题的"界限"之中,这是使哲学成为可能的界限,也是使书写与言说保持可能的界限;另一方面,又必须在某些关键位置上用一种涂写方式让人们对他所涂去的东西进行解读。这是一种双重游戏。

> 借助这一双重游戏,我试图让哲学型或知识型滑向——没有错待它们——与它们不相干的、对它们的详尽论述以及它们的封闭体的那一点,尽可能严格地尊重它们内在的和规划严整的游戏。因此,"解构"哲学,就要通过最忠实和最内在的方式思考哲学概念的结构谱系学,同时又要从哲学不能规定或者不能命名的某个外部来规定这一历史可能掩饰或禁止的东西,因为这一历史是通过这个在某处利害攸关的压抑而成为历史的。①

从既成事实的文本来看,黑格尔与巴塔耶之间的区别就是这两种差异间的区别。如果将这种差异作为对立来理解,这就是柏拉图的阶层秩序性二元对立。这种差异当然是已经完成的过程,而问题在于产生差异的运动,即延异,"不断把外部(他者)带进能够看见的纯粹内部(自我)的内部,在'不可能决定'的原状态中不断产生出内部(自我)和外部(他者)的差异,这种差异化(différenciation)运动就是'延异'(différance)"②。正是在"延异"中,在场与不在场发生着争执,反对着传统形而上学的封闭性。在讨论福柯的《疯癫与文明》时,德里达将福柯的讨论与笛卡尔的"我思"置于一种争执之中,正是在与"我思"的争执中,

> 疯狂,精神失常,精神错乱,丧失理智看起来,我强调看起来这个词,被从哲学之尊的圈子中攫出,排除,放逐,被剥夺了哲学生存权,被剥夺了成为哲学思考对象的权利,早在笛卡尔召集的那个判定我思本质上**不可能**是疯子的最后法庭上,它就被逐出了哲学的席位。③

---

① 雅克·德里达. 多重立场. 佘碧平,译. 上海:生活·读书·新知三联书店,2004:7.
② 高桥哲哉. 德里达:解构. 王欣,译. 石家庄:河北教育出版社,2001:88-89.
③ 雅克·德里达. 书写与差异. 张宁,译. 上海:生活·读书·新知三联书店,2001:53.

第七章 形而上学批判与后马克思主义

德里达认为,这里的先决问题在于:一方面,是笛卡尔所说的那种自明性的确定性;而另一方面,这种确定性恰恰意味着某种历史结构的轮廓尚未清晰,也就是说理性与疯癫之分离的场域需要重新揭示出来,从而揭示出在这个场域中,理性与疯癫的争执何以使理性的自明性获得了支配的地位,完成了一种在场形而上学建构。因为正如福柯所描述的,在古典时代来临之前,疯人与理性人是混杂相处的,要揭示这一点,就既不能在疯狂的无法切入的野性无序的沉默中进行,也不能只在狱卒语言,即一种古典理性语言中进行,而是在一个古典时代对立的理性与疯狂之间的对话、误解、对峙或双重独白中,在他看来是在有意义的人的语言中获得。

> 因此这也意味着接近理性与疯狂间对话的那个断裂点,那个使两种自言自语分裂的原点,即福柯重词称呼的那个大写的决断。这种大写的决断一箭双雕地联系与间离了理性与疯狂;在此它应当被理解为某种命令,某种决心,某种意旨的原初动作,它也应当被理解成一种断裂,一种顿挫,一种分离,一种二分。为了强调它是一种自我分裂,一种一般意义和一般逻各斯内部的割裂和剧痛,一种同感行为的分裂,我宁可把它叫做意见不和。①

因此,想要去书写那种决断、分歧、差异的历史,就意味着冒险去建构突然出现在原初在场之统一体上以事件和结构出现的那种分化;因此也就意味着要冒确认形而上学的那种根本性运作的危险,这正是延异发生作用之际,"延异使在场和缺席的对立成为可能。没有延异的可能性,在场的愿望就会窒息。这同样意味着,这种愿望本身隐含着它无法得到满足的命运。延异产生它禁止的东西,使它导致其不可能的东西成为可能"②。对于德里达来说,这种决定并不是像福柯所说源自古典理性时代,在福柯的讨论中,疯癫这个概念并没有经过审视,实际上在柏拉图时代,这种二分法的形而上学就已经形成,而福柯对这个问题并没有深究,因此福柯的古典时代的分离,也就是衍生的和次要的。在这个根本性的原初场域中,福柯是缺席的。正是这原初性的决定,构成了解构要理解的东西。因此,解构是对暧昧不明的形而上学"自明性"前提的解

---

① 雅克·德里达. 书写与差异. 张宁, 译. 上海:生活·读书·新知三联书店, 2001:64.
② 雅克·德里达. 论文字学. 汪堂家, 译. 上海:上海译文出版社, 1999:207.

构，是对那个决断场域的询问，是一种不同于传统形而上学的另一种决断，但这种决断不再是康德意义上的伦理学决断。与其说是决断，不如说是另一种可能性空间的开启，而这另一种可能性空间，是不能通过在场的形而上学来填补的，对于在场的形而上学来说，这另一种可能性空间恰恰是一种不可能的空间，或者说德里达思考的是"决定不可能之物的决定"，以及实践这种决定的"责任"。解构在这个意义上是一种肯定，并不是无止境地否定一切，从传统形而上学的界限这个角度来理解的话，"解构，从某种角度说正是哲学的某种非哲学思想"①。这是德里达赋予"解构"一词的基本含义。解构是要开启形而上学无法明了的原初场域，这也是延异开启的场域。这是原初裂缝的开启，但这个裂缝并不能通过在场的形而上学来缝合，使之成为一个封闭的领域。

如果解构是从外部来思考哲学，那就具有了一定的系谱学特征，即探寻在哲学的历史中被遮蔽了的东西。对于德里达来说，解构并不是从某一终极目的出发来实施的，而是置于具体的上下文语境中，置于具体的历史情境中的行为，不存在一般的解构行为，"只存在既定文化、历史、政治情境下的一些解构姿态"②。在此情境中，解构的是占主导地位思想的领导权系谱。当解构与这种系谱学研究结合起来时，它就具有了理论场域的转换特征，即一种介入伦理与政治转型的姿态，去转移领导权。所以解构并不是一种简单的否定，而是一种肯定，一种投入，这种投入是一种承诺。这是对缝隙缝合的承诺，但这种缝合并不是要实现一种在场性的降临，这种在场性的降临正是海德格尔的问题，也是马克思主义哲学中需要解构的东西。

2. "脱节的时代"与在场的形而上学

德里达重新谈论马克思，有着其特定的时代内涵。《马克思的幽灵》出版的时代，是苏联、东欧等社会主义国家纷纷解体、自由资本主义走向全球化的时代，正是对这个时代的诊断，福山认为，这是"历史的终结"，是自由资本主义的全面胜利，后历史时代的来临，将是自由民主、议会、自由市场经济的全面在场。面对这样的时代，德里达认为需要解释在苏联解体后，如何继承马克思主义的问题，从而反思"自由资本主

---

① 雅克·德里达. 书写与差异. 张宁, 译. 上海: 生活·读书·新知三联书店, 2001: 12.
② 同①14.

第七章　形而上学批判与后马克思主义

义、市场社会宣告马克思主义、甚至马克思主义话语终结的模糊、教条的意识"①。正如哈姆雷特在埋葬父亲的鬼魂时总被鬼魂所纠缠一样，在自由资本主义学者认为给马克思主义送葬时，马克思的鬼魂仍然构成了我们的遗产，构成了我们面对全球化时代十大问题时的重要批判武器。在这样的语境中，德里达在一开始就提出了问题发生的场域，即"这是一个脱节的时代"（the time is out of joint），对时代的这个判定构成了全书讨论的基础，今天讨论马克思的幽灵问题，实际上也就是如何面对这个脱节的时代问题。

在我看来，对"这是一个脱节的时代"的判定，是德里达解构方法的移用。解构是对封闭总体性的解构，是要直达打破封闭总体性的原初缝隙，也就是延异开启出来的原初场域，在这个场域中，任何形而上学的、本体论意义上的封闭性都是需要质疑的。以这种方法面对历史时代，特别是苏联等社会主义国家纷纷解体的时代，德里达当然要打破"历史的终结"所导致的封闭线，也就是福山所谓的自由资本主义的在场所构成的后历史时代。在这一语境中，德里达以海德格尔为对象，从方法论上说明了面对"脱节的时代"所应具有的态度，对海德格尔的在场形而上学的批判，是他解构马克思主义哲学的本体论基础，是将解构与马克思的批判精神合为一体的理论铺垫。

"这是一个脱节的时代"，这个时代就是一种"空"的形势，它为人们走出或拯救这个时代提供了一种结合条件。"脱节的时代"具有双重的意义：一方面，它指的是不合时代的错误，"一切变得糟糕透顶""一切都在日趋恶化"，我们就处于这个断裂的时代中；但从另一个方面来说，这种断裂，这种"日趋恶化"的失调为宣告良善，或者至少为宣告公正提供了必需的空间，在这种空间里，并没有任何可以先验决定的东西，也没有任何形而上学的必然性意义上的东西的来临，但它为未来的承诺创造了可能性，而裂缝本身则有着歧义的多样性。正是在对这种断裂时代的思考中，德里达的解构指向了海德格尔的形而上学。

在讨论《阿那克西曼德之箴言》时，海德格尔认为，在场者之在场，是一种逗留，也就是"在之间"的逗留，这种逗留源自裂缝："在场者作为它所是的在场出于裂隙。在场本身必然包含着裂隙连同出于裂

---

① 杜小真，张宁. 德里达中国讲演录. 北京：中央编译出版社，2003：77.

隙的可能性。"在场是一种过渡，是一种当下性，关乎已经到达者的到达和离去，正是这种过渡，使在场既处于无遮蔽状态，又将非当前的在场者聚集于无蔽中。

> 逗留在到来和离去之间成其本质。在这一双重的不在场之间，一切始终逗留者的在场成其本质。始终逗留者被嵌入这一"之间"中。这一"之间"乃是裂隙，而逗留者一向循此裂隙从来源而来向离开而去被嵌入其中了。……逗留在裂隙中成其本质。①

按照德里达的理解，这种逗留就是对裂隙的连接，在海德格尔那里，这种连接，是通过一种非计算的给予实现的，即通过给予他人所没有的实现对裂缝的嵌合。如果说脱节的时代是一个罪恶的时代，需要靠一种复仇的正义来实现的话，对海德格尔来说，这并不是嵌合裂缝的方式，而是应该以一种赠予的方式来实现接缝。

德里达的讨论针对的就是海德格尔上述的分析。对于德里达来说，海德格尔以赠予来连接裂缝的思路，正是一种在场的形而上学。赠予的逻辑使裂缝连接起来，使被赠予者到场，同时赠予者出场，通过这种方式恢复了非法律、非道德意义上的正义，这正是将正义总体化、同一化的过程，海德格尔已经打破了脱节时代的不对称性，他使一切都进入在场状态，这是一种建构性的在场状态。而对于德里达来说，需要

> 展示出解构活动与正义之可能性的关系，展示出解构活动与那必须交付与他人的独特性，交付与他或她的绝对先行性或一种在先的异质性的东西的关系，诚然，这种在先的异质性不仅意味着先于我，先于任何在场者，因此也先于任何过去的在场者到来的东西，而且也意味着——恰恰是基于那一原因——来自将来或来自与那一正在来临的事件一样属于将来的东西。必要的裂缝或者说正义的祛总体化的条件在此实际上就是在场者的条件——同时也是在场者和在场者在场的真正条件。②

把裂缝接缝起来，这仰赖于某人对其职责的良知，而在裂缝消失之后，

---

① 马丁·海德格尔. 林中路. 孙周兴, 译. 上海: 上海人民出版社, 1997: 364.
② 雅克·德里达. 马克思的幽灵. 何一, 译. 北京: 中国人民大学出版社, 1999: 40-41.

第七章　形而上学批判与后马克思主义

人们就会失去未来的机会，失去承诺或求助的机会。也就是说在海德格尔的思路中，境界是完满的，而对于德里达来说，只有裂缝的存在，才可能保持着一种救世主义，而"这个救世主的号召仍然是马克思的遗产的一种不可磨灭的印迹——一种既无法抹除也不应当抹除的印迹，并且它无疑也是一般的遗产继承经验和继承行为的印迹。否则，人们就会简约事件的事件性和其他人的独特性与相异性"①。当海德格尔消除了裂缝时，正义就再次被简化为一种法律——道德原则、规范和表征，一种总体化的境域，在海德格尔对裂缝的接缝中，他总是赋予同类东西以优先性，认为这个东西高于断裂。而在德里达看来，正是在断裂中，分离之物纠集在一起，但又保持着各自的独特性。

> 这不是要坚持让分离之物合在一起，而是要我们自己进到分离之物本身"结合为一"的地方，不要损害裂隙、分散或差异，不要抹除他者的异质性。这要求（也许是命令）我们得让自己朝向未来，使自己加入到这个我们之中，在那里，分离之物也会投身于这一独特的加入行为，且不需任何概念或确然的决定性因素，不需任何知识，也不需连接和断裂的综合接头或在这之前。这是一个重新组合的联盟，它无配偶、无组织、无政党、无民族、无国家、无所有权（它就是我们后面戏称为新国际的"共产主义"）。②

"今世的、时代的、时间的关节脱落 out of joint 或 Un-fuge 对海德格尔来说是非法的极限。与此相对，对德里达来说则是正义的要求和正义的可能性"③。海德格尔要表达的是，脱节的时代指的是当下运转不良之事、未按其应当的样子发展之事。在海德格尔的解释中，更为强调瞬间的含义，强调当下的在场，而对于德里达来说，更为强调的是"将来"。脱节的时代在于，"它有它的起源，这起源实际上就在那还没有源生，还不大可能发生，因而仍然会来临的东西中。在场的这个时代的过渡期来自于朝向过去、朝向正逝去的过去的将来"④。

在批评了海德格尔这种填充空白与裂缝的做法之后，德里达要批评

---

① 雅克·德里达. 马克思的幽灵. 何一, 译. 北京：中国人民大学出版社, 1999：41.
② 同①42-43.
③ 高桥哲哉. 德里达：解构. 王欣, 译. 石家庄：河北教育出版社, 2001：226.
④ 同①36.

的是过去和现在的马克思主义者的一些解释,这些解释也像海德格尔一样,总想填补马克思的幽灵性存在的"空白"处。对于马克思来说,他对未定的或不确定的问题存而未答,这是马克思留下的空白,但后世的子孙们,却急于用一些人道主义、历史主义的东西填补马克思的空白。正是这样的东西,使哲学的应答总体化,填补着那问题的空间或否定其可能性。而对于德里达来说,对于这样的空白,恰恰是马克思的指令发生作用的地方,正是在这个空白空间中的指令,产生一种前法律和前意义的法律暴力,使时代脱节,使时代移位于其天然住所之外,因此,对于今天的马克思主义研究来说,处于一个脱节的时代,并不是要以一个东西使之充满,如人道主义的东西,而是在这个空白处发出指令,使这个裂缝更加裂缝化,正是在这里,

> 异延——如果它仍然是不可简约的,仍然是任何承诺的间隔和前来向其敞开的即将到来的将来所不可简约地要求的——并不仅仅意味着延宕、延期、延搁、推迟。……这是一种绝对的独特性的猛然涌现,其之所以独特,是因为差异,确切地说或者换句话说,是因为它必然急切地和迫切地想把自己和瞬间的形式结合起来:即使它会奔向就要到来的东西,那也要有保证……①

只有在这个意义中,我们才能谈论马克思的幽灵问题。

3. 幽灵的多义性与面向未来的承诺

从上面的讨论可以看出来,德里达的解构实践指向的是形而上学的界限及其前提的暧昧性,但这种解构并不是要简单地摧毁这个传统,而是要进入这个传统之中,在传统的解构中重新获得面向未来的另一种可能性空间,或者如前面讨论中所说的,即"不可能性"的可能性,所以"解构总是和'自己固有'相联系。我坚持用一个观念,那就是'ex-appropriation',意为以社会的方式在剥夺占有的同时进行占有的运动"②。这种解构,在其政治实践的意义上,指向的是全球化时代资本主义的"在场性",是抵抗领导权,是抵抗经济领导权和货币领导权,意在揭示"在世界化和全球化名目之下,究竟隐藏着什么在与现实的或

---

① 雅克·德里达. 马克思的幽灵. 何一,译. 北京:中国人民大学出版社,1999:44-45.
② 杜小真,张宁. 德里达中国讲演录. 北京:中央编译出版社,2003:84.

第七章　形而上学批判与后马克思主义

潜在的领导权主义相呼应"①。正是在这个维度中,马克思的意义呈现出来,针对苏联及东欧马克思主义国家的解体以及福山的宣言"历史的终结",德里达指出:

> 不去阅读且反复阅读和讨论马克思——可以说也包括其他一些人——而且是超越学者式的"阅读"和"讨论",将永远都是一个错误,而且越来越成为一个错误,一个理论的、哲学的和政治的责任方面的错误。当教条的机器和"马克思主义"的意识形态机构(国家、政党、党支部、工会和作为理论产物的其他方面)全都处在消失的过程中时,我们便不再有任何理由,其实只是借口,可以为逃脱这种责任辩解。没有这种责任感,也就不会有将来。不能没有马克思,没有马克思,没有对马克思的记忆,没有马克思的遗产,也就没有将来:无论如何得有某个马克思,得有他的才华,至少有他的某种精神。因为这将是我们的假设或更确切地说是我们的偏见:有诸多个马克思的精神,也必须有诸多个马克思的精神。②

但这种阅读,必须打破单一的本体论承诺,打破马克思遗产继承中出现的各种缺陷,但什么是马克思主义遗产中出现的缺陷?什么是马克思的遗产中需要进一步加以发挥的东西?什么是德里达想要说的"继承"?正是在这里,"幽灵"的多义性发生着作用,对"幽灵"的多义性的分析,也就构成了我们讨论德里达解构思想与马克思批判理论之间的深层关系的基础。

在马克思的思想语境中,幽灵可以区分为三种含义:第一种含义指的是已经死去的东西的幽灵,求助于这种幽灵,使之成为当下活动的面具,在马克思看来是过去一切资产阶级"革命"的特征。在《路易·波拿巴的雾月十八日》这篇文献中,马克思指出,近代以来的资本主义革命,可以说都是求助于已死的"幽灵"实现的,

> 当人们好像刚好在忙于改造自己和周围的事物并创造前所未闻的事物时,恰好在这种革命危机时代,他们战战兢兢地请出亡灵来为他们效劳,借用它们的名字、战斗口号和衣服,以便穿着这种久

---

① 杜小真,张宁. 德里达中国讲演录. 北京:中央编译出版社,2003:100.
② 雅克·德里达. 马克思的幽灵. 何一,译. 北京:中国人民大学出版社,1999:21.

受崇敬的服装,用这种借来的语言,演出世界历史的新的一幕。①

路德的改革是如此,1789年的革命是如此,这种求助于亡灵的行为,在路易·波拿巴的政变中,达到了顶峰。波拿巴政变的成功,在面具的意义上,求助的是拿破仑的"幽灵",而这种幽灵合乎法国保守农民的理想,"**一切'拿破仑观念'都是不发达的、青春年少的小块土地所抱的观念**;对于已经衰老的小块土地说来,这些观念是荒谬的,它们只是它临死挣扎时的幻觉,只是变成了空话的词句,只是变成了幽灵的魂魄"②。波拿巴所代表的也就不再是革命的农民,即竭力摆脱由小块土地所束缚的农民,而是想巩固这种条件的农民,他们"不是力求联合城市并以自己的力量去推翻旧制度的农村居民,而相反,是愚蠢地拘守这个旧制度,期待帝国的幽灵来拯救自己和自己的小块土地并赐给自己以特权地位的农村居民"③。这样一种幽灵,当然是马克思要驱逐的,这决定了在马克思的哲学视域中,无产阶级的革命并不能通过复活已死的幽灵来取得自己的合法性,无产阶级革命的直接基础是当下的资本主义社会,而其革命是指向未来的。

在马克思的思想语境中,幽灵的第二种含义指的是资本的幽灵,这也是马克思要驱逐的幽灵。幽灵的基本特征是既在场又不在场,其在场恰恰是通过不在场实现的,具有一种面甲效果,我们看不见它,但它却在我们不知道的方向上凝视着我们,使我们无法摆脱它的视线。在马克思看来,这正是资本幽灵般的存在方式,他以商品拜物教为例具体分析了这一问题。

在商品的存在方式中,存在着一种双重逻辑:一是可见的,二是不可见的。从可见的一面来说,商品在日常生活中呈现为可感觉的对象,并以自己的使用价值满足着人们的需要,在这个层面上,商品似乎没有任何神秘性可言。但如果进一步分析,商品存在的逻辑却充满着形而上学的微妙和怪诞。在直接性上,商品似乎是为了人们的需要而生产的,但这种满足的过程却不是直接完成的,人们满足自己的需要必须以交换为中介,这就使直接的物质满足进入看不见的但又决定着交换的逻辑中。在这一交换过程中,存在着多重抽象的过程:首先,是创造使用价

---

① 马克思,恩格斯. 马克思恩格斯全集:第11卷. 北京:人民出版社,1995:132.
② 同①235.
③ 同①230.

值的独特的劳动被抽象化为同质性的劳动，个体劳动的独特性、商品使用价值中体现出来的自然独特性，都不再具有其自身的价值，如果说有价值，那它们也必须被交换过程所中介；其次，这种同质性的劳动以抽象化的时间体现出来，即社会必要劳动时间，只有这种时间，才能对不同质的商品给以相同的尺度；最后，通过抽象得出的商品的价值，在商品的现实交换中又必须表现可见的中介物，使抽象的价值本身现形，货币就是其载体，这又是将特定的商品从商品系统中抽象出来，使之成为更为一般的商品，这种商品的存在又是以看不见的规定为基础的。经过这多重抽象的过程，人与人的社会关系以物的方式表现出来，物获得了最后的统治地位，但这种物何以取得这种统治地位，在日常生活中恰恰是无法感觉、无法触摸的，这才是资本幽灵般的存在方式。所以马克思分析道，物品作为单纯作用价值，本来是没有什么神秘的，而一旦作为商品就完全大变。

> 用木头做桌子，木头的形状就改变了。可是桌子还是木头，还是一个普通的可以感觉的物。但是桌子一旦作为商品出现，就转化为一个可感觉而又超感觉的物。它不仅用它的脚站在地上，而且在对其他一切商品的关系上用头倒立着，从它的木脑袋里生出比它自动跳舞还奇怪得多的狂想。①

商品获得了一种幽灵般的存在方式，而当我们对这种幽灵般的存在方式视而不见时，我们也就无法走出商品拜物教的幻觉，人们也就只能自觉或不自觉地按照商品幽灵的指令进行着交换、过着自己的日常生活，使自身成为商品幽灵的影子。在这里，幽灵的生产、幽灵的作用并不简单地体现为一种精神化的结果，这是青年黑格尔派没有揭示出来的问题，幽灵在根本上是资本的存在方式。

马克思的《资本论》就是要分析这种看不见的逻辑，使这个既可感觉又不可感觉、既在场又不在场的幽灵现身，使它在光天化日之下摘去自己的面甲。但这种使幽灵现身的过程，并不是简单地对资本主义社会进行否定，而是要进入资本主义社会之中，意识到这个社会存在的历史性界限，并从内部解构这个社会的存在方式，这正是马克思的批判理论所要表达的核心内容。德里达非常重视这第二种含义上的幽灵，在他看

---

① 马克思，恩格斯. 马克思恩格斯文集：第5卷. 北京：人民出版社，2009：88.

来，马克思对资本的幽灵的驱逐，是马克思思想中最有活力的部分，也是面对全球化时代的重要批判武器。

但这并不是说，德里达对马克思的哲学包括马克思主义的传统，可以无条件地接受。德里达认为，面对马克思的遗产，必须使马克思的批判激进化，在这个激进化的过程中必须对马克思的思想进行解构，即解构马克思思想包括马克思主义传统中的本体论在场性，实现马克思思想的自我批判。在1993年的一次采访中，德里达说："按我的读解，我认为马克思的著作也同样是形而上学的。"① 而"要想继续从马克思主义的精神中汲取灵感，就必须忠实于总是在原则上构成马克思主义而且首要地是构成马克思主义的一种激进的批判的东西，那就是一种随时准备进行自我批判的步骤。这种批判在原则上显然是自愿接受它自身的变革、价值重估和自我再阐释的"②。这样一种重新解释，在根本上是解构马克思主义批判精神中的本体论倾向，这是马克思的批判理论与德里达的解构理论的重要区分。也就是说，要继承马克思的遗产，首先必须对马克思主义哲学及其遗产进行解构，消除马克思主义哲学及其遗产中的形而上学倾向，使马克思的批判理论激进化，正是对马克思主义哲学的这一姿态，使德里达对马克思第三种含义上的"幽灵"进行了改造，使之合乎自己的理论指向，因为正是在这个层面上，德里达从根本上拒绝一种形而上学式的批判精神，而他认为这也是马克思在驱逐资本的幽灵时的理论要旨。

第三种含义上的幽灵是在《共产党宣言》中表述出来的。《共产党宣言》的第一句话就是："一个幽灵，共产主义的幽灵，在欧洲游荡。"③ 对于这个含义上的幽灵，按照德里达的意思，马克思也是要驱逐的，马克思要做的是使这种共产主义的幽灵变成现实，也就是使之"在场""降临"，而不是停留在神话的状态。德里达反对马克思的这一理解，在他看来："从根本上说，那徘徊并没有出现，它没有发生，并没有在某一天降临欧洲，仿佛后者在其历史的某个时刻已经开始遭受某个魔鬼的折磨，任其**寄居**在它的内部，也就是说，仿佛有一个异乡的客

---

① 高桥哲哉. 德里达：解构. 王欣，译. 石家庄：河北教育出版社，2001：229.
② 雅克·德里达. 马克思的幽灵. 何一，译. 北京：中国人民大学出版社，1999：124.
③ 马克思，恩格斯. 马克思恩格斯文集：第2卷. 北京：人民出版社，2009：30.

第七章　形而上学批判与后马克思主义

人在它那里徘徊。"① 在这里，德里达从对传统形而上学的批判出发，做了一个重要的区分：他所强调的幽灵，并不是像基督降临一样，在某个时刻会降临到世间，这是一种末世论的解释，这是一种弥赛亚主义，是一种在场论形而上学的思维方式；德里达认为，幽灵是不会现身的，它不会降临到场，它总是在某个地方观看着我们，它永远不会站在我们面前。因此，"救世主降临"与"降临性"是不同的，它们的差别在于："'救世主降临'在所有宗教中，都有一个特定的'弥赛亚'的形象，通过文本出现，他的到来是提前的。而'救世主降临'的'降临性'，是为了让这种对来者的期待脱离周边所谓的伦理的建构。"② 对于德里达来说，幽灵是某种在地平线上出现的不确定的承诺，是他者到来的事件。在这里，德里达的幽灵概念，指的是一种敞开状态，面向一切存在的未来，这种"面向"反对着"历史的终结"，也反对着一切在场形而上学的封闭状态，一切在场都是对未来承诺的取消。这种对未来的承诺，对于德里达来说，是批判全球资本主义的重要武器，马克思所说的共产主义的幽灵，必须在这个意义上被解构，并被重新解读，因此，共产主义不会随着苏联的失败而终结。

> 共产主义一直是而且将仍然是幽灵的：它总是处于来临的状况；而且像民主本身一样，它区别于被理解为一种自身在场的丰富性，理解为一种实际与自身同一的在场的总体性的所有活着的在场者。资本主义社会总是能够长嘘一口气对自己说：共产主义将由于极权主义在20世纪的崩溃而被终结，不仅终结，而且它根本未曾发生，它仅仅只是一个鬼魂。资本主义所能做的只能是否认这一不可否认的东西本身：一个永远也不会死亡的鬼魂，一个总是要到来或复活的鬼魂。③

也正是在这个维度上，德里达的解构精神既解构了马克思主义哲学中的传统形而上学，又将马克思的批判精神激进化了，实现了解构与批判精神的整合。只有在这个意义上，才能把继承遗产看作一项使命，才能接受马克思的指令。应该说，这一面向未来的承诺，构成了德里达解构马

---

① 雅克·德里达. 马克思的幽灵. 何一，译. 北京：中国人民大学出版社，1999：9.
② 杜小真，张宁. 德里达中国讲演录. 北京：中央编译出版社，2003：79.
③ 同①141.

克思主义哲学，并在此基础上重新解读马克思主义哲学的理论取向。

4. 简要的评论

在面对马克思时，德里达关注的主要是以下三个问题：第一，充分肯定马克思对资本的幽灵逻辑的批判，德里达把这看作马克思主义哲学中最有生命力的部分。第二，在肯定马克思的这一部分解释的同时，德里达也对马克思主义哲学中的本体论形而上学进行了解构。在他看来，这种从生产劳动而来的本体论哲学，不仅是马克思本人思想中存在的问题，也是第二国际及正统马克思主义研究中的缺陷，它使我们无法从在场的形而上学框架中解放出来。第三，在此基础上，将马克思主义哲学的共产主义改造为一种面向未来的承诺与责任，这是一种永远地面向未来的希望，它不会被终结，也不能被终结，否则我们就再次陷入逻各斯中心主义中。通过将自己的解构理论与马克思主义哲学批判精神相结合，德里达想要达到的目的是，面对全球资本主义，揭示蕴藏于其中的领导权，但在反对这个领导权的过程中，又反对任何一种反世界化的意识形态言论，使世界走向一种合乎正义化的过程，这种正义，不是指法律条文意义上的，而是指他人的相异性能够变得相容，这是他所谓的未来承诺的主题内容。

但这里的问题在于，德里达对马克思主义哲学的解构式改造，虽然再次呈现了马克思主义哲学在全球化时代的意义，但当马克思主义哲学改造为一种"乌托邦"式的承诺时，实现这种承诺的可能性何在？谁能承担实现这个承诺的责任？如果多元性构成了未来建构的重要维度，那么在多元性之间何以勾连出较为明确的目标？如果"幽灵"的策略是为了批判全球资本，那么全球化时代的资本布展，是否只靠一种幽灵式的解构就能改变？这些问题在德里达那里是无法回答的，实际上这也是马克思主义哲学面对当代时所面临的问题。面对这些复杂的问题，《马克思的幽灵》给出的，或许是一个较为苍白的答案。

第二节 马克思的生产之镜与鲍德里亚的批评

与德里达这种解构式地重构马克思精神相比，鲍德里亚的思想无疑更为激进。在他看来，随着生产时代的结束和影像时代的来临，马克思的生产理论已经不再能够说明当代社会及其思想观念，而且可以说，马克思的生产理论只是现代资本主义意识形态的表现形式之一。影像时代的来临，使一切本真的东西都失去了价值，这样追求本真的东西也不再具有解放的意义，德里达式的希望被消解了，激进批判理论变成了非常消极而悲观的预言，这构成了鲍德里亚思想的最终走向。鉴于本书的主题，我们主要关心的是他在面对马克思主义哲学时的态度及其转变，看看他在面对马克思的思想时，如何建构出后马克思主义的理论策略。

1. 从西方马克思主义到后马克思主义

鲍德里亚与马克思思想的关系可以分为两个不同阶段：第一阶段处于西方马克思主义批判理论的影响之下，结合符号学与精神分析理论展开对消费社会的批判分析。在他看来，这是对马克思主义批判理论的继承与发挥。第二阶段从西方马克思主义转向后马克思思潮，对历史唯物主义特别是生产逻辑展开了较为尖锐的批评，认为马克思的政治经济学批判只是资本主义生产意识形态的表现形式。正是通过这种批评，鲍德里亚告别了马克思，走向了后马克思主义的极端形式。

与传统的西方马克思主义相比，早期鲍德里亚的批判理论具有一些不同的特点。传统的西方马克思主义，从卢卡奇到阿多诺，其直接的论述对象实际上是自动化生产的社会，卢卡奇的物化理论，霍克海默与阿多诺在《启蒙辩证法》中关于大众文化的批判，都建立在这一现实基础上。当早期鲍德里亚走上理论舞台时，西方发达国家已经初步完成了新的社会转型，即从过去的生产型社会转向了消费社会，理斯曼在《孤独的人群》中将其称为资本主义社会的第二次革命①。如何批判分析消费社会构成了当时思想界的重要主题，从理斯曼的《孤独的人群》、加尔布雷斯的《丰裕社会》、巴特的《神话——大众文化诠释》到列斐伏尔在《现代世界的日常生活》中关于"被控消费的官僚社会"的分析，都是围绕着这一主题展开的。这也是鲍德里亚批判理论的现实对象。

在对消费社会的批判分析中，阿多诺借用的仍然是德国的思辨哲学，而鲍德里亚除了这种思辨哲学的渊源之外，更重要的是借用了列斐

---

① 大卫·理斯曼. 孤独的人群. 王崑，朱虹，译. 南京：南京大学出版社，2002：6.

伏尔关于日常生活的批判、德波的景观社会批判、巴特关于大众文化的符号学分析以及拉康的精神分析理论。因此,早期的鲍德里亚更关注的是消费社会中物体系的结构以及这种结构在精神深处所产生的消费的需求意象,其直接的关注点是,如何通过符号学与精神分析学的结合,将西方马克思主义的批判精神在日常生活中重新揭示出来。这是鲍德里亚《物体系》《消费社会》的主要内容。

虽然在直接的理论层面上,鲍德里亚运用的是符号学与精神分析理论,但早期的鲍德里亚力图将这一分析建立于马克思生产理论的基础上。在《1857—1858年经济学手稿》的导言中,马克思在谈到生产与消费的关系时认为:

> 无论我们把生产和消费看作一个主体的活动或者许多个人的活动,它们总是表现为一个过程的两个要素,在这个过程中,生产是实际的起点,因而也是起支配作用的要素。消费,作为必需,作为需要,本身就是生产活动的一个内在要素。但是生产活动是实现的起点,因而也是实现的起支配作用的要素,是整个过程借以重新进行的行为。①

生产的逻辑构成了马克思分析资本主义社会的基本逻辑。早期的鲍德里亚也同样认为:"如果人们同意需求和消费实际上是生产力的一种有组织的延伸,那么,一切都可得到解释,即它们与作为工业年代主要道德的生产本位主义和酷似清教徒的伦理有关。"② 鲍德里亚认为,只有从生产出发,才能更好地理解消费社会:

> 在这里,我们汇合了马克思所分析的商品形式逻辑:正如需要、感情、文化、知识、人自身所有的力量,都在生产体制中被整合为商品、被物化为生产力,以便出售一样,今天所有的欲望、计划、要求、所有的激情和所有的关系,都被抽象化(或物化)为符号与商品,以便购买和消费。③

按照我的理解,在《物体系》与《消费社会》中,鲍德里亚实际上持

---

① 马克思,恩格斯. 马克思恩格斯全集:第30卷. 北京:人民出版社,1995:35.
② Jean Baudrillard. The Consumer Society. London:Sage Publications Ltd.,1998:76.
③ Jean Baudrillard. The System of Objects. Trans. James Benedict. London:Verso,1996:201.

第七章　形而上学批判与后马克思主义

两重分析逻辑：一是符号学与精神分析逻辑。在这一逻辑中，鲍德里亚重在分析消费社会的意象结构，将马克思的社会批判理论引向了意象批判理论，这在《物体系》中更为明显。二是生产的逻辑。这种逻辑强调这种意象的社会生产前提，这在《消费社会》中得到了更多的重视。但这两条思路交织在一起，形成了一定意义上的"互文"关系，此时的鲍德里亚也可以说处于这两重逻辑的摆动中。但不管怎样，鲍德里亚认为自己是在发展马克思的批判理论。

但在《符号政治经济学批判》中，鲍德里亚开始从这种摇摆性态度中脱身出来，有了一些明确的理论倾向，虽然这种倾向并没有直接颠覆马克思的生产逻辑。在我看来，《符号政治经济学批判》是早期鲍德里亚思想发展中最重要的著作。正是在这本书中，一方面，鲍德里亚对早期的理论主题进行了系统化提升，力图为早期的批判分析提供一种系统的符号学理论方法，并将这种方法同政治经济学批判结合起来，提出了符号政治经济学批判的理论框架，作为批判现代资本主义社会的理论基础。在鲍德里亚的这一理论层面，生产的逻辑削弱了，符号的逻辑凸现出来，虽然他自己认为是在发展马克思的政治经济学批判。另一方面，鲍德里亚在符号政治学批判的基础上，对马克思政治经济学批判的两个核心概念"使用价值"与"物质生产"进行了反思。鲍德里亚认为，在马克思的政治经济学批判中，使用价值是一个既定的事实和前提，使用价值的解放是政治经济学批判的理论指向。鲍德里亚认为，在资本主义市场体制中，使用价值恰恰是由交换价值中介的，"使用价值是政治经济学的王冠和权杖"①。如果将使用价值当作一个既定的事实，这正好合乎资本主义市场体制的意识幻象。在资本主义社会中存在的只是交换价值，使用价值只是交换价值的借口，就像在符号学理论中，认为所指是能指的实在层面也同样只是一种幻象一样。鲍德里亚的这个批判，当然是一种误解。在马克思的政治经济学批判中，使用价值也是同交换价值成对出现的，马克思并没有将使用价值独立出来。但这还不是鲍德里亚最后要达到的目的。在鲍德里亚看来，将使用价值作为最后的承诺独立出来，源自物质生产的思维方式，而物质生产在消费社会中，已经被媒介生产所取代。如果说在物质生产中，实体性的东西是基础，而在媒

---

① Jean Baudrillard. For a Critique of the Political Economy of the Sign. Trans. by Charles Levin. Telos Press, 1981: 138.

介生产中，符号的差异关系以及被符号的差异关系所生产出来的意象，构成了主导的内容，这时物质生产的逻辑已不再能作为分析的基础了。如果说在《消费社会》中，鲍德里亚还是从双重逻辑出发的话，那么在《符号政治经济学批判》中，鲍德里亚的倾向性意见很明显，那就是要走出马克思的生产逻辑。一旦这一步跨出去了，鲍德里亚就从西方马克思主义走向了后马克思主义。

这个关键性的一步是在《生产之镜》中完成的。"镜像"是拉康精神分析理论中的一个核心概念。拉康认为，在儿童的心理发展过程中，存在一个镜像阶段，儿童在镜子里看到了自己的幻象，就把这个幻象作为真实的自我，完成了对自我的认同。这是从理想状态出发对还不完满状态的认同。鲍德里亚以这个概念来讨论马克思的生产逻辑，总体上是想说明马克思以生产作为批判分析资本主义社会的基础，也是一种幻象，因为马克思并没有跳出生产逻辑，而只是在生产逻辑的完美状态——共产主义社会出发来批判还完美的资本主义，这恰恰认可了资本主义生产逻辑的合理性，在这个意义上，鲍德里亚认为马克思的批判是对现实社会的意识形态证明。全书由五个批判构成：劳动概念批判、马克思历史唯物主义人类学的自然观念批判、马克思历史唯物主义原始社会分析批判、奴隶社会与封建社会分析批判以及马克思主义与政治经济学体系内在关联的批判。在这五个分析批判中，鲍德里亚主要是说明，马克思的历史唯物主义及其社会批判理论，实际上站在资本主义政治经济学的立场上，马克思的政治经济学批判并没有走出政治经济学的框架，反而论证了资本主义社会的合法性，因此，劳动的意识形态是政治经济学所需要的意识形态，在其理论背后仍然是启蒙理性的欧洲人类中心主义。他认为，真正能够取代政治经济学体系的，应该是以"浪费"模式为中心的象征交换体系，这是一种新的符号媒介体系。鲍德里亚对生产之镜的批评，构成了后现代思潮的重要理论母体。

在鲍德里亚看来，马克思在政治经济学批判中所依赖的使用价值，以及索绪尔作为语言结构意义的现实指涉，都是资本古典时代的产物。他认为，索绪尔的符号学与马克思的政治经济学具有理论的同构性，这种同构性不仅在于索绪尔的语言学是按照政治经济学的价值理论建构的，而且在哲学形而上学层面上，马克思的政治经济学批判以使用价值的解放为旨归，索绪尔的结构语言学以符号的现实指涉为旨归，两者在这一点上是一致的。但"革命已经结束了有价值的'古典'经济学,价值本身的革命已使价值超越了它的商品形式,转为激进的形式"。即交换价值独立了,使用价值的意义已经消解。与这种价值的终结相一致,在符号的结构与符号的指涉之间,"指涉价值被消灭了,结构性的价值游戏占了上风。结构的维度成为自治的,它消除了指涉的维度,构成了指涉的死亡"①。符号已从指涉的实用性中解放出来,符号的结构独立于指涉之外。联系到《符号政治经济学批判》的讨论,指涉的死亡也就意味着所指的消亡,那么,在符号结构之内,完成的是能指与能指之间的循环,在经济的意义上就是交换价值与交换价值之间的循环。在这个意义上,这是对生产真实性和意指真实性的消灭,也是能指/所指、交换价值/使用价值辩证法的终结,同时也是对建立于这种真实性基础上的确定性、同一性的消灭。这是从商品的价值规律转向价值的结构规律。这是资本的必然。生产终结了,我们进入了符码支配一切的时代。当真实随风而逝时,以真实为蓝本的复制也消失了,剩下的只是从符码而来的模拟(simulation),在模拟的时代,替代性(commutability)构成了基本规定②。符码的模拟已不局限于上层建筑领域,而且渗透于下层建筑中,传统意义上的两分法以及经济决定论,在今天都不再具有任何意义。这就是我们今天要面对的时代,这是一个后生产的时代,需要对生产及生产理论进行新的反思。

2. 生产逻辑的终结

按照鲍德里亚的理解,马克思的政治经济学以生产为基础,而在生产中,劳动力又是其核心概念。正是对劳动力的剥削才能产生剩余价值。以生产为核心的政治经济学批判构成了革命理论的基础。因此,

---

① Jean Baudrillard. Symbolic Exchange and Death. Trans. by Lain Hamilton Grant. London: Sage, 1993: 6.

② 对于这种替代性,鲍德里亚进行了描述性的批判:"通过这种方式,这个模拟的时代到处被形式上是矛盾的或辩证的对立术语的替代性表达出来。我们到处都能看到同样的'影像的起源':时尚中美与丑的替代性、政治中左与右的替代性、每种媒介中真与假的替代性、在物体层面上有用与无用的替代性、在每个意指层面上自然与文化的替代性。所有伟大的人文主义价值标准、所有的道德文明、审美的和实践的判断都从我们的形象和符号体系擦掉了。一切都变得不可决定,符号支配的明显效果,到处都依赖于中立化的原则、冷漠的原则。"(Jean Baudrillard. Symbolic Exchange and Death. Trans. by Lain Hamilton Grant. London: Sage, 1993: 8—9) 鲍德里亚认为这是资本的妓院。

形而上学批判

"革命"与政治经济学批判相一致,革命就是从过时的生产关系中解放受到束缚的生产力,使生产得到充分的发展。应该说,这是马克思主义哲学产生之时,对革命的经济学—哲学解读。经过一百多年的发展,鲍德里亚认为,这个历史时段已经过去了:"如果资本的生命与死亡以商品的价值规律为支柱,如果革命以生产方式为支柱,那么我们既不处于资本中也不处于革命中。"① 但这并不是说鲍德里亚要否定现代社会还是资本主义社会,当他这样说时,已经经过了一个语境上的转换。我们知道,从韦伯、福柯之后,在一般讨论的语境中,资本主义已不仅仅是阶级对立意义上剥削的代名词,而在社会机理层面,资本主义还意味着一种社会内部的支配方式,以及由这种支配方式所产生的现存社会的合法性。这也是法兰克福学派社会批判理论所面临的核心问题。在这个意义上,鲍德里亚认为,如果资本指的是支配方式,才能说我们今天仍然处于资本中,因为价值的结构规律是社会支配最难以认清的形式。

按照我的理解,价值的结构规律指的是,随着消费社会的兴起和电子媒介先导作用的介入,传统实体意义上的价值规律转变为以符号结构为基础的价值指涉关系,这种指涉关系不仅仅局限于传统经济学领域,更指由符号结构而来的文化领域。结合《符号政治经济学批判》中的讨论,今天的价值首先体现为由符号差异原则所产生的身份与地位价值,这种身份与地位价值既隐藏了剥削,又构成了社会合法性的基础。在价值的结构规律中,真实的实体层面消失了,人们找不到受奴役的实体根源,奴役无处不在,但又是大众自发或自觉认同的过程。也正是在这个意义上,价值的结构革命消除了"革命"的基础。

为什么这么说呢?传统意义上的革命,在话语的层面都有其指涉的对象,总是意味着"什么人革什么人的命"。在这个句式中,总是存在着革命所指涉的主体,以及革命所指涉的对象,这种主体与对象都是真实存在的,否则就是阿Q式的精神造反,但即使是阿Q式的精神造反,也都还有意象中的指涉对象,就像景观社会理论从现实意象层面来寻求革命的方案一样。在这种革命话语中,索绪尔的语言学模型总有着实际的意义。当指涉消失时,指涉对象意义上的革命也就不再存在。沿着这条思路,弗洛伊德意义上的无意识革命也失去了意义,因为即使是无意

---

① Jean Baudrillard. Symbolic Exchange and Death. Trans. by Lain Hamilton Grant. London: Sage, 1993: 10.

第七章　形而上学批判与后马克思主义

识，都有其指涉的对象，只是这种指涉处于无意识状态罢了。

鲍德里亚关于生产的终结的分析，建立在他对劳动过程分析的基础上。在他看来，今天讨论生产、劳动以及建立在生产、劳动基础上的革命，必须进行必要的历史区分：今天的劳动与马克思时代的劳动已经有着根本的差别。在马克思时代，劳动的机械化程度不高，劳动的过程主要取决于劳动者的体力，剩余价值是通过剥削劳动力获得的。随着机械化的发展，生产劳动过程已被机械化和劳动的科学组织所替代，福特生产线不仅体现了机械化程度的增强，而且体现了与机械化程度相一致的劳动管理组织的增强，这时，劳动者的体力让位于劳动者的知识与劳动管理。在马克思时代，死劳动剥削活劳动，只是表明原始积累使死劳动达到了这样一点，即能够吸收活劳动以创造剩余价值；而在机械化、集体劳动与劳动的科学组织化中，死劳动的优势是绝对的，具体的社会关系都被具体化到死劳动中，或者说组织化的机械劳动已经变成新的生产关系了，并从生产的组织化层面延伸到社会生活的科层制管理。只有到这时，规训社会才能真正地进入理论视域，意识形态的国家机器才能充分地展示出来。鲍德里亚的这个说明，实际上是想说，在马克思那里机器是中立的，问题在于机器的运用，只要打破了机器的资本主义组织方式，就可以为无产阶级服务，在这个意义上，生产总是永恒的，改变的只是生产的组织形式。而在有着麦克卢汉理论背景的鲍德里亚看来，生产本身就决定了人们的社会关系与心理结构，福特生产线与资本主义生产方式是分不开的，马克思所设想的通过革命对两者加以分离，去除资本主义生产关系，保留生产的结构，这正是生产的幻觉。当死劳动对活劳动取得了领导权地位时，生产的辩证法也就终结了，建立于生产辩证法基础上的革命也就终结了。

其实生产的终结、革命的终结，也就意味着传统形而上学的终结。革命意味着一种总体性的胜利，而这种总体性的胜利，建立在传统主客二分的辩证法基础上，这种二分的辩证法不仅体现为生产力/生产关系、使用价值/交换价值、能指/所指的辩证法，也体现为理性/感性、现象/本质等的辩证法，而辩证的发展过程就是超越这种二分性，以总体性达到一切的和谐。与此相一致，生产的辩证法有其中心空间，那就是组织化的工厂。"现今阶段……同时就是工厂消失的阶段：整个社会变成了

341

工厂。"① 也就是说生产在社会的各个空间存在着。当生产无处不在时，马克思原来区分的生产性消费与非生产性消费就不再有意义了，在今天非生产性的消费也是生产性的，它构成了生产的内在形式。当作为中心的生产消失时，生产理论也就处于被审问的地位。

3. 生产理论与意识形态幻象

如果生产的时代已经结束了，那么建立在生产劳动基础上的马克思的生产理论，还具有现时代的意义吗？按照鲍德里亚的看法，马克思的生产理论中所强调的批判资本主义、解放生产力，实际上只是一种革命理论的幻觉，是生产的幻象。"它到处支持着没有约束的生产浪漫主义。生产**方式**的批判理论没有触及生产**原则**，生产方式所描述的所有概念，也只是说明了生产**内容**的辩证的、历史的系谱，并未触及生产的**形式**。这个形式以理想化的方式重新出现，隐藏在资本主义生产方式批判的背后。"② 也就是说，马克思的生产理论，看起来是要批判现代资本主义，但实际上并没有达到这一理论目的，生产主义是现代资本主义的意识形态，当马克思以一种高生产率超越资本主义时，只是完成了生产主义的另一种解释，并没有跳出资本主义的意识形态。而且更为重要的是，这种批判在当代资本主义社会只是建构了一种生产主义的批判话语，并渗透到了对文本、意识、权力的分析中。"从'泰凯尔'（*Tel Quel*）无限制的'文本生产率'中生产力的解放，到德鲁兹的无意识（包括无意识的'劳动'）工厂机器的生产率，没有任何革命能够在其他符号中替代生产率的革命话语。生产的**爱欲**成为普遍的公式。"③ 因此，马克思并没有实现与资本主义社会的彻底决裂，只是用另一种生产合理性取代了当下资本主义的生产合理性，而生产合理性正是资本主义的本质规定。他通过借用拉康的"镜像"理论，认为马克思是在生产的幻象中看待资本主义社会的，只要不打破生产之镜，我们就不能真正地跳出资本主义的意识形态，找到解决当下问题的替代性方案。

---

① Jean Baudrillard. Symbolic Exchange and Death. Trans. by Lain Hamilton Grant. London: Sage, 1993: 18.

② Jean Baudrillard. The Mirror of Production. Trans. by Mark Poster. Telos Press, 1975: 17.

③ 同②.

第七章 形而上学批判与后马克思主义

在我看来,鲍德里亚对马克思生产理论的批评主要涉及以下内在相关的问题,这也是后来批判马克思生产理论的学者所持的基本立场:第一,生产理论的人类学基础是一种理论的幻象。在鲍德里亚看来,在马克思的生产理论中,劳动是马克思主义哲学的人类学基础,与此对应的有用性、需要、使用价值等概念构成了政治经济学批判的重要假设。人需要物质生活资料,在资本主义社会,这些生活资料就体现为商品的使用价值,使用价值是无法比较的,但在资本主义社会,以资本生产为基础的交换体系,却使交换价值统治着使用价值,使用价值本身倒不再重要了。与这一逻辑相对应的,就是劳动力的使用价值被其交换价值所统治,这就导致了劳动的物化,因此使物化的劳动解放出来,这是马克思主义哲学的理论指向。只有劳动解放了,才能真正实现需要的满足,才能让使用价值的生产成为目的。也只有在这时,劳动作为人的潜能才能真正地发挥出来。鲍德里亚认为,实际上这是一种理论幻象。比如使用价值,一旦我们进入这个概念时,我们就处于政治经济学的理论语境中,"使用价值,实际上有用性本身,正是物化的社会关系。就像商品的抽象平等一样,使用价值是一个抽象,它是需要体系的抽象……就像社会劳动的抽象一样,使用价值构成了平等逻辑(交换价值)的基础,它隐藏于商品的'天生的'价值之下"[①]。经济交换正是以使用价值为基础的,正是根据有用性,物体与产品才必须加以思考与理性化,否则它们就不具有交换价值,因此,将商品等同于有用性,正是理性交换的前提。

从劳动的人类学规定来看,将劳动作为需要的满足,作为人的本质规定,在其深层意义上,正是一种基督教式的劳动伦理观念,而这正是现代资本主义所必需的意识形态。在这个分析中,已经有了韦伯关于新教伦理与资本主义精神之间关系的分析。按照韦伯的看法,正是将劳动作为一种天职、作为一种需要,才有了资本主义精神,有了这种精神,才有资本主义社会。在这个意义上,当马克思将劳动提升为人类学意义上人的本质规定时,鲍德里亚认为,马克思完成了与政治经济学的共谋,这是对启蒙思想的一种转换。对生产理论的人类学基础的反驳,会导致对人的解构,这构成了后现代思潮中解构大写"人"的基础。

[①] Jean Baudrillard. For a Critique of the Political Economy of the Sign. Trans. by Charles Levin. Telos Press, 1981: 131.

第二，涉及马克思主义哲学中的种族中心主义。鲍德里亚认为，马克思在批判政治经济学的过程中，虽然他力图将自己与启蒙理性拉开距离，如对资本主义做历史性理解，反对古典政治经济学的资本自然说，但他并没有对启蒙理性的人类学基础进行追问，这使得他在面对自然时，同样将自然理解为支配的对象。他引用了马克思的这样一段话：

> 像野蛮人为了满足自己的需要，为了维持和再生产自己的生命，必须与自然搏斗一样，文明人也必须这样做；而且在一切社会形式中，在一切可能的生产方式中，他都必须这样做。这个自然必然性的王国会随着人的发展而扩大，因为需要会扩大；但是，满足这种需要的生产力同时也会扩大。①

这种自然必然性的思想，与启蒙理性将自然作为支配的对象的思想没有区别，这是种族中心主义的一种表现形式。马克思种族中心主义还体现在，他将自己对资本主义分析的生产理论，运用于非欧洲社会和前资本主义社会分析中，导致了原始社会分析中"生存经济的幻觉"②。在分析古代社会与封建社会时，从现代劳动结构来分析主奴关系，这些分析都是建立在以资本主义生产为基础的想象上，在理论深层上体现了政治经济学的领导权。鲍德里亚的这一批评，成为生态主义、女性主义、后殖民批评的重要理论来源。

第三，马克思的生产理论无法建构现代资本主义社会的替代方案。在鲍德里亚看来，随着1968年"红色风暴"的失败，任何革命的诉求已经变成了对革命的消费，马克思的生产理论已不再能够为资本主义社会的替代方案奠定理论基础了。消费社会的产生和电子媒介的决定性作用，使人们的一切活动都变成了符号作用的产物，符号在将人当作主体建构起来的同时，在深层上恰恰控制了人，不仅控制了人的活动，而且控制了人的理性、肉体甚至人的想象力。在这种情况下，控制已不再是马克思所说的生产过程中的控制，而是在主体自觉认同的情况下实现的符号控制。因此，替代性的方案就不再是建立在生产理论基础上的革命，而是要寻求一种新的符号体系模式。结合巴塔耶与莫斯等人的思

---

① 马克思，恩格斯. 马克思恩格斯全集：第46卷. 北京：人民出版社，2003：928.
② Jean Baudrillard. The Mirror of Production. Trans. by Mark Poster. Telos Press, 1975：75.

考,一开始他将象征交换体系作为政治经济学体系的替代物,但在后来的思考中,他意识到这仍然是一条行不通的道路,从而走向了更为激进的思考,即只有当人们创造出来的物体统治了一切时,才能走出当代资本主义的控制。但这个时候,人的存在也就不再重要了。在鲍德里亚的思考中,或者说在极端激进理论的思路中,存在着一个很大的问题是将哲学甚至政治审美化了,这是一种停留于哲学家的主体意象中的思路。虽然在理论姿态上,这种美学化的思路不断地建构批判当代资本主义社会的激进理论,但由于不能真实地深入当代资本主义社会的经济、政治生活中,在激进批判的背后,实质上并没有真实地触动现实。

4. 走向悲观主义的冷漠

在走出马克思之后,鲍德里亚的思想一步步地陷入了悲观的论调之中。在深受西方马克思主义影响时,鲍德里亚虽然对马克思主义也提出了批评,但这种批评并没有丧失乌托邦的希望维度,例如在关于象征交换的分析中,鲍德里亚虽然认为马克思主义已经无法面对符号占主导的单向交流社会,但他认为一种以交互性、互逆性和可回应性的象征交换模式,必能使我们走出这种单向交流的社会历史处境。

但如果从理论逻辑上来看,象征交换是以现实生活的非象征交换为对应物的,这也就是说象征交换是一种二元区分基础上的理论建构,这种二元区分依然是一种形而上学的现代翻版。本该是批评传统形而上学的鲍德里亚,却不得不以形而上学作为自己的理论前提,这不能不说是一种理论逻辑的内在悖论。正是因为这个原因,更为激进的利奥塔认为,鲍德里亚虽然在反对马克思,但仍然担当着马克思主义哲学所具有的批判的重负,仍然想追求一个世外桃源。

在后来的思想发展中,鲍德里亚越来越打破这种二元镜像式的分析。随着媒介即信息时代的来临,传统社会中真实与假象的区分被"超真实"打破了,主体在面对客体时,已越来越不能运用主体的理性对之加以辨别,主体失去了辨别能力也就是主体失去了控制能力之时,现代社会中客体正在摆脱主体的控制,并成为控制主体的力量。现代媒介使各种不好的信息到处传播,病毒在电子网络中到处渗透,癌细胞以我们无法控制的方式生长,最后,地球上只有我们制造出来的客体留下来的踪迹,这是鲍德里亚给我们描绘的图景。在这样的图景中,历史终结了，我们不再存在，悲观主义者鲍德里亚当然也就消失了踪影。生存于沙漠中的我们，其实不需要任何希望的冲动，冷漠也许更能合乎这个世界。在这样的语境中，马克思已经没有了任何意义，任何人也都失去了存在的意义，这样一种后马克思主义（实际上后期鲍德里亚的思想已经不能用这个概念来描述了），构成了后现代主义的一种极端表现。

第三节　领导权与后马克思主义的理论选择

自 20 世纪 60 年代后期以来，葛兰西思想的复兴使领导权概念成为当代马克思主义政治哲学的重要概念。虽然葛兰西自认为这个概念来自列宁，但波比奥在其开创性的论文《葛兰西与市民社会概念》中，还是认为领导权概念是葛兰西的独创，它不仅指一种政治领导权，而且还指道德—文化领导权，体现了在市民社会领域中客观条件与主客因素的重要接合，从而开创了历史转变的新条件。从此，领导权作为一种开创社会转变条件的概念，出现于马克思主义政治哲学论域中。但这个概念的当代世界性影响，主要还是通过拉克劳与墨菲合著的《领导权与社会主义的策略》一书实现的。在这部后马克思主义的代表性文献中，拉克劳与墨菲借用后现代主义反主体、反总体性、反本质主义的方法，重新构造作为实践链接与多元互动意义上的领导权概念，并以此作为后马克思主义激进民主规划的理论基础。自 1985 年出版以来，本书成为后马克思主义和当代左派政治理论研究中的经典文献，拉克劳与墨菲的思想也直接影响到后马克思主义的理论规划和政治策略。

1. 马克思主义理论危机与领导权理论的浮现

在拉克劳与墨菲的理论系谱中，领导权概念产生于 20 世纪初期。20 世纪初期，随着资本主义社会经济的稳定发展，作为革命主体的无产阶级越来越有被资本主义社会整合的危险，革命的可能性也越来越小。特别是随着工人贵族的形成，工人之间的联合开始被分裂，而工资水平的不同使工人之间又进一步产生了对立。历史情境的变迁，使得传统马克思主义面临着新的理论危机，正是在面对危机的过程中，产生了各种不同的理论策略。

第七章　形而上学批判与后马克思主义

第一种策略是考茨基从经济决定论出发的正统马克思主义解释。从领导权视角出发，拉克劳与墨菲把考茨基的经济决定论理解为以下几个方面：第一，经济规律的必然性，使得以此确保的、作为未来统一体的阶级这个概念，在更多的层面上发挥作用。第二，根据还原论，即根据现象的推理和根据偶然性的推理，去对付不能被吸收进自己范畴中的差异部分。第三，从理论认识策略来说，一切经验的事实都已被先验地确定了。在这种思路中，革命的必然性使任何政治主动性都失去了意义。但这种决定论的思路却表达出宿命下的希望：尽管现代资本主义社会越来越发展，但无产阶级的革命仍然是其历史的必然。关于这一点，葛兰西在评论传统马克思主义解释中的机械论倾向时说的话，同样适用于考茨基：“在斗争中，当你不具有主动权，而斗争本身最终等同于一系列失败的时候，机械决定论就变成道德抵抗、团结一致、坚忍不拔和不屈不挠的一种巨大力量。”① 这是普通人的素朴哲学，对于大众而言，这种机械性的决定是合乎上帝意志的替代品。在这个意义上，考茨基的经济决定论是一种无奈的解放策略。但在考茨基的理论与实践之间，存在着一个巨大的裂缝：一方面，由于阶级的当前意识与历史现实之间的差距正在扩大，只能通过政治介入来解决；另一方面，由于理论的机械论，使得历史力量的构成更加依赖于理论媒介，任何实际的政治干预都失去了意义。正是对此的反思，产生了伯恩施坦的修正主义。

第二种策略的主要代表者是伯恩施坦。在伯恩施坦看来，当下的资本主义已经不同于马克思在写作《共产党宣言》时的资本主义。第一，在经济生活中，资本日益集中在卡特尔、托拉斯等垄断组织中，现代信用制度日益灵活，交通和情报信息日益完善，这些都使市场的组织化程度越来越高，这与马克思所论述的资本主义自由竞争时代有着很大的差异。第二，国家在经济生活中的作用越来越明显，科学、艺术等上层建筑的因素越来越少地依赖于经济的决定作用，特别是随着中间阶层的日益扩大，政治自主与伦理因素变得越来越重要。

> 科学、艺术和相当大的一批社会关系，今天同从前的任何时期比起来，对于经济的依赖程度要小得多。或者，为了不致留下误解

---

① Antonio Gramsci. Selections from the Prison Notebooks. Ed. and trans. by Quintin Hoare and Geoffrey Nowell Smith，1971：336.

的余地,可以说,经济发展今天已经达到的水平容许意识形态因素特别是伦理因素有比从前更为广阔的独立活动的余地。因此,技术和经济的发展同其他社会制度的发展之间的因素联系变得愈来愈间接了,从而前者的自然必然性对于后来的形态的决定性影响也愈来愈小了。①

但伯恩施坦并没有批评正统所提出的典型历史因果关系,而是企图去创造一个主体在历史中可能自由行动的空间,以便在议会政治中实现无产阶级的社会主义使命。因此,伯恩施坦所做的,只是在接受正统原则的基础上,对作为封闭体系的马克思主义理论进行了限制,伦理主体的自发性构成了伯恩施坦理论的决定性基础。但拉克劳与墨菲认为,伯恩施坦的理论打开了理解工人阶级的空间。"假如工人不再只是无产者,而且还是公民、消费者、国家文化和制度机构内部多元立场的分享者,再假如,所有这些立场不再被任何进步的规律(当然也不被正统的'必然规律')统一起来,那么,他们之间的关系就变成了开放的链接关系,而这种链接并不先验地保证要合乎某种既定的形式。"② 这个解释当然是为了引出他们的领导权理论。

第三种策略主要强调自发性、自由意志与斗争的多元性。拉克劳与墨菲主要讨论的是索雷尔与卢森堡。在索雷尔看来,马克思主义理论中最令人感兴趣的还是无产阶级革命理论,他通过暴力、总罢工与神话等概念,强调无产阶级的革命意志和革命激情。索雷尔在讨论总罢工的意义时指出:

> 它涵盖了全部的社会主义神话,也就是说,它是一些想像——能激起符合社会主义反对现代社会的各种战争形式的情感——的整体。各种罢工已经激发出了无产阶级身上最高贵、最深刻和最动人的情感;总罢工以一幅浑然一体的画面把它们糅合在一起,并且通过汇聚它们,使得每个人都体验到最大的紧张;通过唤起他们对独特冲突的痛苦回忆,总罢工给呈现意识面前的细节打上了紧张生活的色彩。这样,我们就能获得语言无法以极端清晰的方式赋予我们

---

① 爱德华·伯恩施坦. 社会主义的前提和社会民主党的任务. 殷叙彝,译. 上海:生活·读书·新知三联书店,1965:57.

② Ernesto Laclau, Chantal Mouffe. Hegemony and Socialist Strategy: Towards a Radical Democratic. London: Verso, 1985:36.

第七章　形而上学批判与后马克思主义

的那种社会主义直觉——我们能在短暂的瞬间，从整体上把握到它。①

对工人阶级意志与热情的强调，使索雷尔反对精英与先锋队理论，主张从偶然性和自由出发，通过总罢工来建构同一性的阶级意志理论，将分散的主体凝聚起来，形成新的革命主体。这是拉克劳与墨菲关注的内容。他们所理解的卢森堡，也主要是强调卢森堡对工人阶级自发斗争的重视，强调偶然性与斗争的多元象征意义。

上面的讨论引出了如下问题。第一，在马克思主义理论逻辑中，一种二元论的理论断裂开始呈现出来。这种二元论的断裂体现为：经济基础与上层建筑之间的断裂、必然性与偶然性的断裂、同一性的阶级主体与分散主体之间的断裂等，如何解决这一问题，这是当时各种应对策略中都没有深入的。第二，资本主义社会的经济结构并不能为发动斗争、反对分裂提供政治逻辑基础。第三，从阶级主体的建构来看，经济的分裂无法建构阶级统一性并引向政治重组，阶级特征开始丧失。这三种困境，使得越来越需要一种新的理论策略，这是领导权理论产生的历史与理论的第一个维度。在这个维度中，涉及的是如何缝合二元论，如何通过链接建构一种同一性，如何使社会阶级代表获得合法性的基础。但这还不是领导权概念的最根本内容。

领导权理论的另一个维度，是由俄国社会民主党描绘出来的，其核心是一种错位置换关系。从历史情境来说，由于资产阶级与城市文明较为落后，而军事官僚机构的不合比例的发展，使俄国资产阶级的历史任务与其能力之间存在着错位关系，即俄国的资产阶级想完成自己的使命时，发现无产阶级已经站在自己的身后。这种尴尬处境使俄国的资产阶级无法完成其历史使命，而无产阶级则置换了资产阶级的领导地位，这是由一种不同关系之间的张力所造就的领导权空间。"实际上，'领导权'不只是关系，而更意味着由两种非常不同的关系之间的张力所决定的空间：(1) 领导权化的任务与它的'自然的'阶级代表之间的关系；(2) 领导权化的任务和实施领导权的阶级之间的关系。"②

阶级联盟构成了俄国社会民主党领导权理论的第二个核心内容。阶

---

① 乔治·索雷尔. 论暴力. 乐启良，译. 上海：上海世纪出版集团，2005：100.
② Ernesto Laclau, Chantal Mouffe. Hegemony and Socialist Strategy: Towards a Radical Democratic. London: Verso, 1985: 50.

级联盟理论是针对阶级代表问题提出的，构成了列宁主义的一个关键点。"对于列宁主义来说，领导权包括阶级联盟中的政治领导权。领导权联系的政治特征是基础原则，它意味着领导权联系本身建立起来的领域不同于社会代表构成的领域。由于生产关系领域是阶级构造的特殊领域，政治领域中阶级的在场只能被理解为利益的表达。"① 拉克劳与墨菲认为，列宁一方面提出了无产阶级的先锋队问题，另一方面又提出了阶级联盟问题，虽然这体现了多样化不平衡发展的现实要求，但又存在着民主与权力之间的矛盾关系，这体现了俄国社会民主党在领导权问题上的矛盾。在后面的论述中可以看出，他们所理想的领导权，实际上是没有绝对权力的关系结构，而在这一点上，列宁的民主集中制当然不合乎他们的理念。

结合上述两个维度的论述，葛兰西的领导权理论呈现出来。在拉克劳与墨菲看来，葛兰西理论的一个重要基础是列宁主义，但葛兰西对传统马克思主义理论进行了新的置换。第一是意识形态物质性问题。葛兰西超越了传统马克思主义关于经济基础与上层建筑的二元区分，意识形态不只是社会代表的观念体系或错误意识，它是有机的、关系的整体，具体化于制度和机构之中，围绕着许多基本的链接原则把历史集团焊接在一起。第二是历史集团概念。这就打破了具有固定立场的阶级概念，历史集团通过意识形态话语链接在一起，不只是简单的经济利益的客观代表。第三是结合历史集团的分析，表明历史主体也就不是简单的阶级，而是最终形成的"集体意志"，这样通过领导权所链接的意识形态也就没有必然的阶级属性。对葛兰西领导权概念的这一理解，已经具有了拉克劳与墨菲特色，实际上在葛兰西那里，领导权概念具有经济、政治、文化的内涵，其主导的力量还是共产党以及与无产阶级结合在一起的有机知识分子。葛兰西关于领导权的讨论，强调的是意大利政治斗争的复杂情境。在拉克劳与墨菲看来，葛兰西的领导权理论是对当时理论的一个重要发展，他比列宁更注重政治斗争条件的复杂性，更关注与多样性社会民主相适应的民主政治实践，这是正统理论无法提供的。而相对于伯恩施坦来说，葛兰西分享了他对政治首要性的肯定，接受了不可还原到阶级属性的多样化斗争和民主需要的观点。葛兰西同时吸收了索

---

① Ernesto Laclau, Chantal Mouffe. Hegemony and Socialist Strategy：Towards a Radical Democratic. London：Verso，1985：55.

雷尔与卢森堡的理论，保留了他们理论中的民主多元性这个遗产。但这并不是说，葛兰西的领导权理论就可以为当下的民主政治实践提供一个完备的理论基础。在拉克劳与墨菲看来，葛兰西的领导权理论还存在着经济主义这一本质还原的倾向：第一，葛兰西坚持领导权主体必须在阶级斗争的平台上来建构；第二，葛兰西假定，除了由组织危机构造的特定时段外，每个社会形态都围绕着单一的领导权中心建构它自己[①]。这种本质主义，使葛兰西的领导权概念还需要进行新的理论置换与重建。这种重建正是拉克劳与墨菲的理论指向。

2. 领导权：多元决定与实践链接

正如前面所讨论的，在拉克劳与墨菲看来，社会结构发生了变化，理论也必须发生变化。传统马克思主义理论想象了一个封闭的、具有总体化的社会形态，这是传统辩证法理论的特征。虽然辩证法也强调矛盾、中介等，但这种矛盾是一种阿尔都塞意义上的矛盾，矛盾的发展最后导致的是一种总体化的封闭领域。在这种总体化的社会形态理论中，经济构成了最终的、具有自足性的作用，并构成了政治实践和阶级主体的合法性的基础。他们认为，这种认识已经无法面对更为复杂和更为碎片化的发达工业社会，在这个社会中，它们是根据不对称性的原则被构造的，社会没有被缝合的特别空间，也没有本质结构，这就决定了对领导权概念需要进行新的理论建构，在这个建构中，多元决定下的实践链接构成了非常重要的逻辑环节。

多元决定这个概念来自精神分析学。弗洛伊德以这个概念描述梦境中主要意象是由众多的元素构成的，要理解梦境，就需要将这些元素从其浓缩状态重新解析出来，从而揭示梦的真实意义。阿尔都塞借用这个概念描述每一实践中各种矛盾的影响关系以及由这些复杂关系结构构成的作为整体的社会形态，以说明特定历史时刻主导结构中各种矛盾的支配与从属、对抗与非对抗关系，揭示社会结构中矛盾的不平衡发展。但在阿尔都塞的多元决定概念中，经济构成了最后的决定因素，正是这个

[①] 拉克劳与墨菲关于葛兰西领导权的这一看法，并不十分准确。葛兰西的领导权概念是一个包含政治、经济与文化的总体性概念，无产阶级的革命并不是要围绕着单一的领导权来规划。参阅：仰海峰. 实践哲学与霸权：当代语境中的葛兰西哲学. 北京：北京大学出版社，2009；第七章。

最后的决定因素，在拉克劳与墨菲看来，使社会变成了一个封闭整体，在这一封闭整体中，本质性的要素构成了所有其他要素的合法性保障，这种理论已不再能够楔入当下的非封闭社会，更无法建构实践链接意义上的领导权理论。

> 为了使我们坚定地被置于链接领域中，我们必须放弃由各部分建构起来的总体性的"社会"概念，因此我们必须把社会的开放性看作构造的基础或存在的"否定性本质"，把各种不同的"社会秩序"看作不稳定的或根本上不可驯化的差异领域。从而，不可能通过中介系统来理解社会的多样性，"社会秩序"也不能被看作根本原则。社会没有被缝合的特别空间，因为社会本身没有本质。①

如果社会本身没有保障一个代表与集体意志的合法性要素，那么作为开放社会中起实践链接作用的领导权，就只能通过话语实践来实现。多元决定概念打开了链接概念的可能性，但阿尔都塞最后的决定因素又拒绝了这种可能性，这就需要对阿尔都塞的多元决定概念进行解构式的重写，这个重写在拉克劳与墨菲那里，就是要证明经济的最后决定作用是不可能的，从而肯定每一个关系的不稳定特征。但在这样的解构中，也存在着另一个极端的倾向，那就是通过揭示社会总体要素之中必然性联系的逻辑矛盾，证明总体的客观的社会的不可能性，这是一种极端的后现代主义思考。在这种极端的倾向中，领导权的实践链接已经没有了意义，这正是拉克劳与墨菲所要避免的。在对解构的理解上，他们吸取了德里达的理论核心。在德里达那里，解构针对的是传统形而上学，解构是为了更好地建构一种不可能的可能性，这种不可能的可能性既保证了对封闭社会的批判，同时又保留了对未来的"乌托邦"式的憧憬②。对于拉克劳与墨菲来说，既要对本质主义的总体进行解构，但又不能陷入支离破碎状态，陷入与概念本质主义相对立的经验主义中，这决定了他们在面对阿尔都塞的多元决定理论时，既要解构阿尔都塞的多元决定的最后决定环节，又要保证社会"总体化"的可能性，但这种可能性并不是通过一种本质主义的方式来保证的，而是通过领导权实践来完成的，

---

① Ernesto Laclau, Chantal Mouffe. Hegemony and Socialist Strategy: Towards a Radical Democratic. London: Verso, 1985: 95-96.

② 参阅本章第一节。

第七章　形而上学批判与后马克思主义

这就得出了与阿尔都塞的多元决定逻辑完全不同的结果：

> 同正统的本质主义的决裂并不是通过范畴的逻辑崩溃而实现的，这种做法会将分离的要素固定为同一性，而是通过对任何固定类型的批评，通过对每个同一性的不完整性、开放性和政治协商特征的肯定来实现的。这就是多元决定的逻辑。根据这一逻辑，每一个同一性的意义都是多元决定的，因为所有的直接意义都被颠覆和超越了，根本不存在一个本质主义的**总体化**，在客体之间也没有本质主义的**分离**，在其他客体中存在的一些客体防止了将它们的任何同一性固定起来，客体是被链接的，而不像钟表机械中的零件那样，因为在其他客体之中的客体阻止了它们的同一性的缝合。①

在这个论述中，链接的概念呈现出来。

什么是链接（articulation）？"我们把任何建立要素之间关系的实践称为**链接**，那些要素的同一性被规定为链接实践的结果。""来自链接实践的结构化总体，我们称为**话语**（discourse）。""不同的立场只要在话语之中被链接起来，我们称之为**因素**（moments）。相应地，我们称任何没有被话语链接的有差别的立场为**要素**（element）。"②因素与要素不同，作为因素，具有时刻的意思，也就是说要素被实践链接起来的时刻才是因素，当这种链接消失时，因素也就变成了要素，在这里，实践链接的情境性呈现出来，这种情境性特征使一种偶然性维度也呈现出来。这是一种散漫的结构，而不是一种本质主义的总体化结构。从对实践链接的这种偶然性与散漫性的讨论中，可以看出索雷尔与卢森堡对他们的影响。

话语的散漫结构的第一个特征是：这种结构既没有被统一在要素的逻辑连贯性中，也没有被统一在先验主体之中，它体现的是一种分散中的规则性。这是他们对福柯《知识考古学》中话语理论的移用。福柯反对统一话语形态中的同一个对象、叙事生产中的共同风格、概念的持久性和共同的主题，反对一种神秘起源论。福柯强调话语的分散性，这种分散性是通过时间链接起来的，"我们应该时刻准备在话语介入事件中

---

① Ernesto Laclau，Chantal Mouffe. Hegemony and Socialist Strategy：Towards a Radical Democratic. London：Verso，1985：104.

② 同①105.

接收话语的每一时刻；在它出现的准时性中，在这种时间的散失中，它使话语被重复，知晓，遗忘及至它的微小痕迹也被消除干净，被淹没在书本的尘土之中，得不到人们的重视。不应该把话语推回到起源的遥远出场，而是应该在审定它的游戏中探讨它"①。那么，话语是如何形成一种总体化的情境呢？在福柯的讨论中，我们已经看到了时间的重要性，这个时间不再是一种空洞化的同质性时间，而是与当下的实践过程相关联的时间，具有时刻性与此在性，分散的话语正是在这样的时刻中被总体化的，但这个总体化的过程并不是先验完成的，而是在特定历史活动情境中被构造的，这构成了话语的第二个特征。在这个特征中，话语和非话语实践之间的区分没有了意义，这也就打破了传统解释中基础与上层建筑的二元区分，这也是维特根斯坦语言游戏理论对拉克劳与墨菲的意义，在这里也能看出阿尔都塞意识形态物质化理解的特征。在语言游戏中，主体也是分散存在于特定的时间—空间场景中，这是一个开放的场景结构。第三个特征是，正是这种状态，使话语具有了生产力和意义生产的作用。正是话语的分散链接使话语对象产生。因此，对象并不是已经先在于某处等待解放，或者说对象体现一个可见的和可言说的客观中的秩序，对象并不先于自己而存在，它是由话语实践构造的，正是在这个意义上，领导权实践才能构造出对象性的存在，使要素转变为因素。

从福柯的话语理论出发，被话语实践链接的对象当然不是封闭的总体，或者说话语链接的对象是非本体论的，因为确定这些对象并不参照事物的基质，而是关注对象同规律的整体联系，正是规律的整体性使人们把这些对象形成为某一话语的对象，从而构建出它们的历史出现条件。"持久不变的既不是对象，也不是对象形成的范围，甚至也不是对象的出现点，或者它们特征化的方式，而是对象可能出现的、自我界限的、自我分析和自我说明的表层的相互关系。"② 这也表明，一种完全的总体化是不可能的。在福柯的讨论中我们可以看出，他不再从事物的本质层面来理解事物，而是将事物置于当下性的话语中来理解，这本身就具有了后现代主义的意蕴。受此影响，拉克劳与墨菲认为，从要素到

---

① 米歇尔·福柯. 知识考古学. 谢强，马月，译. 上海：生活·读书·新知三联书店，1998：29-30.

② 同①58.

第七章 形而上学批判与后马克思主义

因素的转换永远不能完全实现,在这个转换中,总体不可能将自己建构为一个封闭的总体,而且总体都是由话语建构的,这也表明,正是话语的力量防止社会变形,使之成为封闭的总体,以实现封闭的社会认同。传统哲学所讲的建立在本质基础上的同一性和关系,都失去了它们的必然性特征。作为系统的结构整体,这种关系不能实现同一性,但同一性是纯粹的关系,这表明同样不存在封闭的同一性。在拉克劳与墨菲的这种观念中,不仅是福柯发生着作用,而且德里达的解构理论也发生着作用。对于德里达来说,反对被缝合的总体,构成了其思想中的一个核心理念。

> 每个总体的不完整特征必然导致我们在分析中放弃把"社会"看作被缝合的和自我规定的总体这一前提。"社会"不是话语的有效对象。不存在单一的、固定的根本原则,并根据这一原则将不同领域建构为一个整体。无法解决的内在性/外在性之间的张力是任何社会实践的条件:必然性只是偶然性领域的局部限制。正是在社会领域中,总体的内在性和总体的外在性都是不可能的,社会是被构成的。出于同样的原因,社会不能被还原为被固定的差异体系的内在性,也不能被还原为纯粹的外在性。为了**总体上**是相互外在的,全体的各部分必须是完全相互内在的,即要有一个不被任何外在性破坏的被充分构造的同一性。**但是这正是我们刚刚拒绝的,这个从来没有被充分固定的同一性领域,就是多元决定领域。**①

中心是不存在的,意义的最终存在也是不可能的,存在的是一些作为局部固定性话语的关节点,链接实践就是通过部分上有固定意义的关节点构造出来的,而且这一固定的部分特征来自社会的开放性,这种话语的领域保证所有话语不断地溢出,防止形成封闭的系统。阿尔都塞的多元决定理论被建构为一个话语的要素链接域。

作为开放性的社会总体,其内在要素之间的关系是对抗性的关系。对抗(antagonism)不同于对立(opposition)与矛盾(logical contradiction)。矛盾(A—非A)是一个逻辑概念。对立(A—B)是一个物理事实的概念,比如两辆车的相撞是对立而非对抗。对抗的含义是:

---

① Ernesto Laclau, Chantal Mouffe. Hegemony and Socialist Strategy: Towards a Radical Democratic. London: Verso, 1985: 111.

形而上学批判

"他者"（Other）的存在阻止我成为总体的自我，关系并不产生于各种完全的总体之间，而是来自这些总体在构成上的不可能性。**他者**的存在是逻辑上的可能性：它存在着，所以不是矛盾。……只要存在对抗，我就不能成为一个自身完整的存在。不过与我对立的力量也同样如此：它的客观存在是我的非存在的一个象征，在此方式中，它有着多种含义，这些溢出的含义防止它完全固定自身。现实的对立是可确定的、可定义的事物中的客观关系，矛盾同样是概念之中可定义的关系，而对抗构成了客观性的限制，它被展现为局部的、不稳定的**客观化**。①

上面的论述主要论证这样一个问题，即社会本身不再是一个封闭的总体，而是开放性的、非中心的构造对象，在开放的社会结构中，传统意义上的主体的三种内涵受到质疑，即具有理性并能以语言直接表达事物本意的主体、具有统一性并在所有立场上具有同质性的主体、作为社会关系本源和基础理论的主体概念。这种先验统一的主体受到了批判。按照上面的话语理论，主体说到底是话语结构中的主体，不存在一个中心位置的主体，存在的是处于话语实践中不同位置的主体。每一个主体的位置都是由话语中的位置所决定的，话语的开放性使主体同样具有开放性的特征，这意味着在封闭的差异体系中不同的位置不可能完全被固定下来。因此，人并没有先验的本质，在福柯的意义上，作为主体的"人"是被生产出来的，处于一种多元决定的游戏之中，而且这种游戏是没有最终决定因素的。

结合话语链接的方式、对抗和主体瓦解的讨论，那么任何固定的位置也都瓦解了。当每个固定的位置被瓦解之后，存在的就是因素的同等关系，在同等关系之中，差异被相互抵消，造成的结果就是形式同一性，形式同一性就是否定性，就是自身存在的不可能性。因此，"我们所肯定的是一些不同的东西：**某些话语的形式，这些形式相互平等，废除了所有客体的实证性并赋予真实的存在以否定性**。这个真实的不可能性——否定性——已经获得了在场的形式。由于社会被否定性所渗透——被对抗性所渗透——它没有获得透明性，达到完满在场，而且它

---

① Ernesto Laclau, Chantal Mouffe. Hegemony and Socialist Strategy: Towards a Radical Democratic. London: Verso, 1985: 125.

的同一性的客观性不断地被颠覆"①。正是这种不可能性,构成了社会总体性的界限,而且颠覆了封闭的总体性。在这种非封闭的总体中,差异转变为对抗的场所,形成了复杂性情境,过去的大众主体(popular subject)被民主主体(democratic subject)所取代。正是因为这一内在运动,使现代社会的对抗运动体现在不同的层面,造成了新的政治空间,这是激进民主得以实现的可能空间,领导权就是要在这一可能空间中,实现激进民主策略。

3. 领导权与激进民主政治的理论规划

拉克劳与墨菲对领导权思想的改造,是为了服务于后现代社会的激进民主政治的规划。在资本主义社会的发展过程中,马克思讨论的是自由竞争的资本主义时代,这也是阶级分化较为明显的时期,《资本论》揭示的就是资本主义社会在这一时期的内在矛盾及阶级构成。由于阶级对立与资本生产过程的内在悖论相一致,因此,阶级斗争就成了社会解放的战略选择。这种阶级斗争的哲学基础,就是历史过程中主客体的辩证法。随着自由资本主义向组织化资本主义社会的转变,福特制资本主义的发展使阶级关系也发生了变化,这就正如马尔库塞所说的,当资本家与工人都在同一片沙滩度假时,你还能指望工人会反对资本主义吗?特别是科学技术的发展与应用,构成了资本主义合法性的基础,人也就越来越被技术社会所整合,以致哈贝马斯提出科学技术已经成为意识形态。在这种历史情境中,西方马克思主义者力图寻找另一种解放的策略,这也是法兰克福学派所要解答的问题。但在法兰克福学派的思路中,阶级的含义发生了变化,阶级由资本对劳动的压迫与剥削关系变成了一种工具理性的支配关系,这种支配关系不仅针对工人,也指向了资本家。这种思路的转变也就决定了其解放策略的转变,即不再是简单的阶级斗争,而是反对整个社会工具理性物化的斗争,斗争的主体——无产阶级已经转化为所有被技术统治的"人",实际上就是海德格尔意义上的"常人"。传统主体的消解,使得传统理论遇到了内在的理论危机,而技术理性批判似乎又不能真正地找到理论出路,最终转向了一种美学政治。这是法兰克福学派的结局。

---

① Ernesto Laclau, Chantal Mouffe. Hegemony and Socialist Strategy: Towards a Radical Democratic. London: Verso, 1985: 128-129.

20世纪70年代之后,随着资本主义从福特制向后福特制的转变,各种层面的"社会"斗争开始呈现出来,这些斗争之间似乎没有直接的关系,参与斗争的人群也很难归属于一个具有根本同质性的整体。这就给西方左派提出了新的问题:如何在新的历史时代建构社会主义的战略?这种新战略的理论基础是什么?拉克劳与墨菲关于领导权的重新理解针对的正是这样的问题。"我们为之辩护的中心观念是,各种新的斗争——以及女权主义或少数种族之类的过去斗争的激进化——应当从战后新领导权形态的社会关系特征的变化,并且从置换对平等想象的新社会生活领域的影响这一双重视角来理解,这种想象是围绕着自由—民主话语来建构的。"① 自由与民主仍然是社会主义的价值取向,但这种自由民主不再建立在抽象的主体基础上,这个社会也不再是同一性的、封闭的社会,这决定了不可能以一种纲领直接整合各种斗争。领导权的实践链接就是在各种不同的斗争中,通过话语实践建构一种关联,而在这种关联中,各种斗争又能保持着自身的特性,从而构成相互有影响的斗争链,实现社会主义的自由与民主。要实现这一点,左派需要回答如下问题:"(1)如何确定激进民主规划所包含的对抗的危机外表及其链接形式?(2)激进民主的多元性在何种程度上与作为领导权链接特征的平等效果相一致?(3)民主想象的置换中的内在逻辑在何种程度上足以界定领导权计划?"②

对于拉克劳与墨菲来说,这三个问题的核心就在于,首先,放弃过去理论中存在的先验主义与本质主义,放弃一个统一的和被统一的"主体"范畴,放弃传统所谓的处于中心位置的代表,正视社会的多元性特征,从多元性主体出发来建构领导权的实践链接关系,促使各种要素领导权化。其次,正视自主性逻辑。在第一个层面,民主平等原则是非常重要的,正是在这个基础上,每个团体的要求才能与其他团体的要求链接为一个整体,但在这个同一性整体中,平等的原则需要用自由的要求来平衡,因此,自主性逻辑构成了同一性平等中保持多元民主激进策略的构造性能量。多元自主性的原则,反对一种占有性的个人主义,"这里包含的是**另一种**个体的产生,他不再从占有性的个人主义中产生出

---

① Ernesto Laclau, Chantal Mouffe. Hegemony and Socialist Strategy: Towards a Radical Democratic. London: Verso, 1985: 165.

② 同①179.

第七章　形而上学批判与后马克思主义

来。应该抛弃'自然'权利优先于社会权利的观念以及个人/社会这种错误的区分，代之以提出权利问题的另一种方式。我们从来不可能孤立地去定义个人权利，只能在社会关系的范围内去确定主体的位置"①。但民主的逻辑并不能充分地形成领导权，它只是消除了不平等，还不能成为在实践中建构领导权关系的节点。而要促生节点，就需要将对抗激进化，使内在于社会中的否定性导致每一稳定的差异体系的瓦解，可见，领导权建立在不稳定平衡的基础上，任何领导权的构建都是从否定性开始的，只有当各种因素被链结为一个开放的社会构建中的要素时，这种领导权才能得到巩固，也就是说要实现民主想象与具体斗争实践的结合，正是在这种实践中，使得各种要素链接在一起，形成一种非"总体性"的"总体性"。

但在多元民主的激进计划中，存在着两种威胁：一种是极权主义的；一种是实证主义的。前者会导致多元性的否定，后者会导致激进民主想象能力的消失。针对后一种情况，一种乌托邦还是必要的，当然这不是意义封闭的乌托邦，这种乌托邦意指的是根据与当下社会制度不同的功能来想象未来社会主义，这种想象保持着一种开放性的特征。这种开放性也正是拉克劳与墨菲在解读领导权概念时所强调的内涵。

> 激进民主的每一规划，正如我们所说的，必然包含了社会主义的维度，即废除资本主义的生产关系。但是它拒绝这样的观念，即随着资本主义关系的废除而必然消除所有的不平等。因此，各种不同的话语与斗争的去中心和自主性，对抗的增殖，可以在其中确定和发展自身的空间多样性的建构，都是可能性的必要条件，这种可能性不同于经典社会主义的理念，毫无疑问，这种可能性需要被拓展和再形式化，但它能够达到。正如我们已经充分讨论过的，这种空间的多样性并不否认，而是需要一定程度的多元决定作用，以及随之而来的在空间多样性中的领导权链接。②

只有在这种领导权实践中，才能实现社会主义自由民主的战略主张。

拉克劳与墨菲的领导权思想，是在后现代语境中力求发展马克思主

---

① Ernesto Laclau, Chantal Mouffe. Hegemony and Socialist Strategy: Towards a Radical Democratic. London: Verso, 1985: 184.

② 同①192.

义的尝试。这种发展具有两面性：一方面，他们认为自己还是从马克思主义出发的；另一方面，他们又强调自己是后马克思主义者，是对传统马克思主义理论中本质主义的批判改造，以便建构后现代时代的社会主义战略。由于深受后现代主义的影响，他们的领导权概念关注的是社会生活的形式层面，充分发挥了后现代的话语实践理论，并将之运用于政治实践的战略建构之中。这一转用，虽然揭示了传统政治实践中被忽视的问题，将传统的意识形态理论发展为话语实践理论，但同时又进一步体现了西方马克思主义者的理论困境：在法兰克福学派时代，这种困境体现为美学政治策略；在后现代时代，这种困境体现为话语政治。虽然话语政治在一定程度上合乎现代媒介的发展，但同时这种话语政治又容易转变为一种政治景观，会越来越远离社会的生活结构。如果说他们理论的真正意义，在我看来，在于在解构本质主义的同时，又力图建构一种不可能性的可能性空间，从而保留了一种"乌托邦"的理想之维。这就正如拉克劳后来与齐泽克、巴特勒等人辩论时所说的："我认为政治理论的主要任务是发展这些语言游戏并因此促使政治想象扩大化。"①在拉克劳看来，这是摆脱当前政治困境的一种努力。将行政的政治化为话语的政治，这当然是一种无奈中的选择。

第四节　总体性与马克思主义哲学的当代建构

后马克思主义体现了从后现代社会语境中对马克思主义哲学的重新思考，虽然这些思考在不同的学者那里体现为不同的理论思路，但这些思考都体现出对马克思主义哲学中以生产方式为核心的总体性哲学观念的批判，在这一点上，后马克思主义是后现代主义思潮的构成部分②。正如伊格尔顿在描述后现代主义时说的：

---

① 朱迪斯·巴特勒，欧内斯特·拉克劳，斯拉沃热·齐泽克. 偶然性、霸权和普遍性——关于左派的当代对话. 胡大平，高信奇，蒋桂琴，等译. 南京：江苏人民出版社，2004：224.

② 后现代能否冠以"主义"，这是学界中有争议的问题。如果从现代性的意义上来理解主义，后现代当然是反主义的。在本书中，主要是从后现代也具有一个话语体系来使用主义这个概念的。后现代虽然反对总体性的主义概念，但后现代也有一个以差异、反本质主义为中心的话语体系建构。

第七章 形而上学批判与后马克思主义

后现代主义标志着这样的"元叙事"的死亡,元叙事隐秘的恐怖主义的功能是要为一种"普遍的"人类历史的幻觉奠定基础并提供合法性。我们现在正处于从现代性的噩梦以及它的操控理性和对总体性的崇拜中苏醒过来、进入后现代松散的多元论的过程之中,一系列异质的生活方式和语言游戏已经抛弃了把自身总体化与合法化的怀旧冲动……科学和哲学必须抛弃自己宏大的形而上学的主张,更加谦恭地把自身看成只不过是另一套叙事。①

作为现代性思想系谱的构成部分,马克思主义哲学的总体性观念也遭到了尖锐的批判。但这里的深层问题在于:当一种无总体的多元性在社会生活中延伸开来的时候,是否真的构成了一种解放?抑或在深层上构成了一种更加隐蔽的奴役?如果将问题再往下延伸,马克思的总体性观念究竟如何理解?如果没有了马克思那种从资本出发的总体性观念,是否能真实地透视这个"后现代社会"?如果像伯曼所说的,马克思是批判现代性的理论家,那么这种批判对于我们面对后马克思主义又意味着什么②?在我看来,这是我们面对后马克思主义时,需要从深层上反思的问题,也是从马克思主义哲学出发透视后马克思主义与后现代主义的新的理论建构。

1. 从现代到后现代:总体性观念的建构与解构

在1863年的《现代生活的画家》一文中,波德莱尔赋予现代性颇具影响的定义,即"现代性就是过渡、短暂、偶然,就是艺术的一半,另一半是永恒和不变"③。波德莱尔是从美学体验的层面论及现代性的。以一种感性的、审美的情绪来指称现代性,这构成了后来讨论现代性的重要维度,即批判的维度。但从现代性这个概念的基本内涵来看,它还指称着另一个维度,即资本主义生产组织、制度以及文化合理性层面,这是对资本主义社会的肯定性表述。如吉登斯认为,现代性具有三个层

---

① 戴维·哈维. 后现代的状况. 阎嘉, 译. 北京:商务印书馆, 2003:15.
② 马歇尔·伯曼. 一切坚固的东西都烟消云散了——现代性体验. 徐大建, 张辑, 译. 北京:商务印书馆, 2003.
③ 波德莱尔. 波德莱尔美学论文选. 郭宏安, 译. 北京:人民文学出版社, 1987:485. 关于"现代性"这个概念,卡林内斯库的考察值得参考。参阅:卡林内斯库. 现代性的五副面孔. 顾爱彬, 李瑞华, 译. 北京:商务印书馆, 2002.

面：工业主义，这是指蕴含于生产过程中物质力和机械的广泛应用所体现出来的社会；资本主义，这指包含竞争性的产品市场和劳动力的商品化过程中的商品生产体系；监控制度①。从上面的简单考察就可以看出，现代性这个概念标志着一种内在的分裂：作为资本主义社会制度的建构性意味的现代性和作为破坏性的、对资本主义社会持批判旨趣的审美现代性，前者是理性的，后者更具感性与体验的特征。这两种现代性在资本主义社会发展过程中呈现为一种内在的张力，一种二律背反，一种脱节。因此，如何解决这种二律背反，本身构成了现代性的内在问题，总体性观念就是针对现代性的内在矛盾提出来的。

在我看来，虽然席勒曾想在《审美书简》中从美学层面造就总体性的人，以扬弃现代性中的二元悖论，但哲学意义上的总体性观念是由黑格尔提出并论证的。尽管在黑格尔时代，现代性这个概念还没有真正地在学术界中流行起来，但如果从现代性所指称的内容来看，黑格尔哲学中的总体性观念，面对的正是现代性发展中所遇到的脱节问题。在作为社会纽带的共同体解体之后，黑格尔想以一种总体性的观念对破裂的社会加以整合，实现现代性的协调发展。因此，总体性观念体现了现代性的自我反思。

在黑格尔之前，现代性的两个层面都已经表现得较为充分。从理性的建构层面来看，培根对假相的批判、笛卡尔对自我意识的奠基、牛顿力学的建立，确立了理性的中心地位。经过工业革命、启蒙运动和法国大革命的洗礼，正如恩格斯所说的，理性成为评断一切的标准。正是这种理性，促进了现代工业与资本主义社会的发展，使制度层面的现代性充分地拓展开来，并通过理性的论证取得了合法性地位。但对于浪漫派来说，以数学理性为基础的扩张，使森林中的小精灵被杀死了，造成的是一个"祛魅"的世界，对此的反动，一种情感至上、信仰至上的思想，作为理性主义的对立面传播开来，《少年维特之烦恼》和荷尔德林的诗歌、谢林的直觉审美境界，构成了理性的反动。最后浮士德这个形象，作为现代性内在的二律背反的写意画、作为精神分裂的现代人，体

---

① 参阅：安东尼·吉登斯. 现代性与自我认同：现代晚期的自我与社会. 赵旭东，方文，译. 北京：生活·读书·新知三联书店，1998：16。衣俊卿先生在《现代性维度及其当代命运》（载《中国社会科学》2004年第4期）中，也是从肯定性意义上对现代性做了精神与制度层面的分析。

第七章 形而上学批判与后马克思主义

现了现代性在发展中的碎片状态①。

黑格尔在其思想建构中,看到了现代性建构中的内在缺陷。在《精神现象学》中,黑格尔对"感性确定性"的批判,实际上也就批判了情感至上主义的浪漫派,从而将思想之矢指向了理性。在这个意义上,黑格尔实际上看到,英法式的个人理性,更具历史合理性,感性与理性的二元对立,在黑格尔这里,成了假相。但这个理性并不是黑格尔所要寻求的东西,因为康德在《纯粹理性批判》中对理性二律背反的分析,已经揭示出英法式的理性并不是完善的,存在着内在的精神分裂。超越这种二元论,建构一种总体性的观念,缝织现代性两个层面之间的裂缝,构成了《精神现象学》的理论主题。从感性、知性、自我意识到绝对观念的游历,就是总体性观念的建构。

理论观念的总体性,需要在现实层面体现出来,这是黑格尔在《法哲学原理》一书中的主题。早年黑格尔的理想是古希腊的政治体制,在他看来,这种体制既体现了个人的自由发展,同时也体现了共同体的自由发展。他最初将这种理想的复活寄托在宗教的改革上,反对资本主义市场体制②。但经过研究古典经济学,特别是斯密、李嘉图、萨伊、斯图亚特等人的著作后,黑格尔意识到,简单地否定资本主义市场体制,直接回归到古希腊的民主制度,恰恰是一种浪漫的想法,以需要与劳动分工体系为基础的市民社会,处于家庭的直接伦理与作为伦理实现的国家之间,这是比古希腊城邦更合乎理性的制度③。当黑格尔意识到这一点时,他已经深入到了现代性的肯定性维度之中,将审美的现代性置于理性的控制之下。但在这里需要进一步认识到,即使在现代性的肯定维度中,黑格尔再次看到了其中蕴含的分裂,即以个体理性为基础的市民社会本身的内在分裂,以及以特殊的利益原则为指向的市民社会与国家之间的分裂。"市民社会是个人私利的战场,是一切人反对一切人的战场,同样,市民社会也是私人利益跟特殊公共事务冲突的舞台,并且是

---

① 伯曼关于《浮士德》的分析,是对现代性二律背反的有力说明。参阅:马歇尔·伯曼.一切坚固的东西都烟消云散了——现代性体验.徐大建,张辑,译.北京:商务印书馆,2003.

② 关于黑格尔早期思想的这一层面,卢卡奇在《青年黑格尔》一书中做了分析。参阅:卢卡奇.青年黑格尔(选译).王玖兴,译.北京:商务印书馆,1963.

③ 参阅:黑格尔.法哲学原理.范扬,张企泰,译.北京:商务印书馆,1961:279,附释.

它们二者共同跟国家的最高观点和制度冲突的舞台。"① 为了解决现代性在制度层面的内在分裂，黑格尔从"调解"的总体性绝对观念出发，设计的是一个有机的、以君主为最高权力象征的官僚体系。总体性的哲学观念不仅在哲学理念领域，而且在现实的制度与伦理建构层面实现自己的总体化。在这个意义上，我认为黑格尔超越了当时的自由资本主义竞争状态，他的思想指向的是一种组织化的资本主义工业与市场体系，这个体系受国家的总体调控的制约。这种总体性的观念，既是对现代性的自我批判，也是现代性的完成。这种组织化的资本主义制度体系，后来成为韦伯的一个重要研究问题。

这样一种总体性的哲学观念受到了后现代主义的重炮攻击。"后现代"这个概念，根据凯尔纳与贝斯特的考察，虽然在1870年代就已经产生，并在汤因比的《历史研究》中发展为与现代相决裂的概念，但作为今天流行的"后现代"概念，其意义的实质性转变发生于20世纪60和70年代，一种与现代性相对立的文化意象从建筑领域延伸到哲学、文学、历史、社会理论等领域中，构成了新的思维框架与价值取向②。通过对比现代性与后现代性之间的关系，哈桑认为后现代主义是对现代主义的决裂，是一种新的价值观念，即以一种异质的、去中心的思维方式反对总体化的、本质主义的思维方式③。

在利奥塔看来，这种总体性的"元叙事"，是现代科学知识与政治制度合法化的基础，打碎"元叙事"，正是后现代的主题。利奥塔区分了三种知识：前现代的叙事知识、现代的科学知识和后现代以信息化为基础的知识。在前现代的叙事中，通过自身的叙事结构能够使自身合法化；而现代科学知识的产生，一方面使传统的具有合法性基础的叙事知识受到了批判，另一方面科学知识本身的合法性成为难题，于是被批判的叙事知识，通过英雄主体的回归重新构成了论证合法性知识的基础，形成一种总体性的元叙事。"德国唯心主义依靠的是一种元原则，这种元原则把知识、社会和国家的发展建立在实现'主体的生命'（费希特

---

① 黑格尔. 法哲学原理. 范扬, 张企泰, 译. 北京：商务印书馆, 1961：303.
② 道格拉斯·凯尔纳, 斯蒂文·贝斯特. 后现代理论：批判性的质疑. 张志斌, 译. 北京：中央编译出版社, 2001.
③ 关于哈桑对现代与后现代思维方式之间的对比, 参阅：戴维·哈维. 后现代的状况. 阎嘉, 译. 北京：商务印书馆, 2003：61-62。

称之为'神圣的生命',黑格尔称之为'精神的生命')这一基础上。"这就是德国思辨哲学为知识合法性以及社会历史合法性奠定基础的东西。

> 思辨机制带来了一个值得注意的结果:在这种机制中,关于所有可能存在的指谓的所有知识话语都没有直接的真理价值,它们的价值取决于它们在"精神"或"生命"的进程中占据的位置,或者说取决于它们在思辨话语所讲述的哲学全书中占据的位置。思辨话语在引述这些知识话语时,也在为自己阐述自己知道的东西,就是说也在自我阐述。从这个角度看,真实的知识永远是一种由转引的陈述构成的间接知识,这些转引的陈述被并入某个主体的元叙事,这个元叙事保证了知识的合法性。①

但这种合法性随着后工业社会的来临,特别是现代信息技术的推广,失去了原有的合法性地位,不管是为知识奠基的思辨总体性叙事,还是从实践出发的解放的叙事,都失去了可信性。与现代社会的总体性相对立,在后现代社会,一种局部的性能取得了支配性的地位,这是总体性解体之后知识的存在状态。对于后现代知识的这种存在状态,利奥塔最后给出的解救方式是通过误构来达到后现代知识的合法性证明。误构是对异质性状态的一种联结,以临时契约状态取代总体性的永恒构建,正是凭借这一点,利奥塔成了后马克思主义中的一位重要思想家。

对黑格尔总体性哲学观念的解构,同样引起了对马克思主义哲学的批判,将马克思主义哲学非总体化,构成了后马克思主义"幽灵们"的主要问题。解构主义大师德里达认为,今天我们仍处于马克思思想的馈赠中,汲取马克思主义哲学的精神仍然是我们批判地面对资本主义的理论来源,但"要想继续从马克思主义的精神中汲取灵感,就必须忠实于总是在原则上构成马克思主义而且首要地是构成马克思主义的一种激进的批判的东西,那就是一种随时准备进行自我批判的步骤"②。要做到这一点,就必须进行解构,进行去总体化。

我们应当把这种精神和其他的马克思主义精神区别开来,那些

---

① 让·弗朗索瓦·利奥塔尔. 后现代状态. 车槿山,译. 北京:生活·读书·新知三联书店,1997:72-73.

② 雅克·德里达. 马克思的幽灵. 何一,译. 北京:中国人民大学出版社,1999:124.

精神把自己固定在马克思主义学说的躯干上，固定在它假定的系统的、形而上学的和本体论的总体性中（尤其固定在它的"辩证方法"或者说"辩证唯物主义"中），固定在它的有关劳动、生产方式、社会阶级等基本概念中，并因此固定在它的国家机器（谋划的或实际的：工人运动国际、无产阶级专政、一党制、国家以及最终的极权主义的残酷性）的整个历史中。①

作为现代性系谱中的一个节点，马克思主义哲学的总体性概念，在后现代的视域中，受到了彻底的否定，在他们看来，只有去总体化，才能真正地使马克思的思想发挥效用。

2. 概念总体性与具体总体性：黑格尔与马克思的界划

从上面的分析中可以看出，对于后现代主义来说，马克思与黑格尔都是总体性理论系谱中的节点，但在这种思考中，绕不过的一个问题是：对于总体性这一哲学观念，马克思与黑格尔的思考是否存在着根本性的区别？什么是马克思主义哲学的总体性观念？这个问题需要进一步加以分析。实际上，只有清楚地理清了这一问题，我们才能对后现代主义的异质性特征进行深层的透视。

结合上面的讨论，黑格尔的总体性概念具有双重理论语境：一是哲学本身的二律背反的解决；二是哲学与历史实践的二律背反的解决。在黑格尔看来，哲学意味着一种自由，但如果理性只停留在二律背反的阶段，那么理性本身就是一种有限制的规定，理性也就只能停留在必然的层面，无法超越自身，达到一种无限的自由境界。但这种无限的自由境界并不是外在于理性的超理性存在，而是从理性本身生长出来的，或者说是从现实生活本身中生长出来的。如何超越二律背反，这是黑格尔哲学的理论起点，《精神现象学》的游历过程就是从理性的内在规定中达到一种"自由"境界的游历，辩证法是实现这种统一的方法，通过将一切置于流动性之中，解决了理性自身内的僵硬对立，这是康德的"反思"所无法解决的。"反思首先超出孤立的规定性，把它关联起来，使其与别的规定性处于关系之中，但仍然保持那个规定性的孤立有效性。反之，辩证法却是一种内在的超越，由于这种内在的超越过程，知性概

---

① 雅克·德里达. 马克思的幽灵. 何一, 译. 北京：中国人民大学出版社, 1999: 125.

念的片面性和局限性的本来面目,即知性概念的自身否定性就表述出来了。"① 在辩证法的作用下,一切孤立的东西,表面上看起来是对立的东西,构成了统一的整体,当然这并不是抽象同一性的整体,而是有着差别的统一体。只有这时,才能给知识以合法性的基础。

但康德的思考还揭示了另一个问题,即知识合法性与实践意志合法性的关系问题,也就是说知识层面上的合法性并不一定意味着实践意义上也具有合法性,这也是康德哲学中的一个二律背反难题,求助于一种判断力的审美是不能真实地解决这个难题的。黑格尔的解决方法是将历史纳入理性的辩证建构过程,将知识的形态与历史的形态联系起来(当然这并不是机械的一一对应关系,前一阶段的意识形态在后一阶段照样可以重演),因此,"精神现象学"也可以称为"历史精神现象学"。当黑格尔实现了这两个层面的统一建构时,总体性的哲学观念第一次以其穿透性的眼光呈现在地平线上,形成了总体性的哲学体系。

虽然黑格尔将历史纳入了哲学的思考视域中,但其总体性的观念实际上是概念总体性。最高的总体是绝对观念经过精神的自我展现、外化为自然界,最后在历史中获得自我意识、返回到自身封闭总体。从精神的发展过程来看,从感性到知性到理性,完成了总体的建构,而感性、知性与理性本身又构成了各自的总体性。在每个具体总体的构成中,都是从直接同一性,经区别,再到辩证的统一这三个环节。在论述知性到概念的转换关系时,黑格尔这样总结了自己的论述:

> 绝对的实体,作为绝对形式自己对自己相区别……**一方面**是这样的总体,——即以前的被动实体——,它是原始的东西,作为从规定性出来的自身反思,作为单纯的整体,在自身中包含它的**建立起来之有**,并且**在其中被建立为与自身同一**,即**普遍的东西**,——**另一方面**又是这样的总体,——即以前的原因的实体——,同样作为从规定性出来到否定规定性的自身反思,这样,它作为与自身**同一的规定性**,也同样是整体,但被建立为**与自身同一的否定性**:即**个别的东西**。但因为**普遍的**东西,当它把**规定性**作为**扬弃了**的而包含在自身中时,即作为否定物那样的否定物之时,它只是与自身同一,所以它就直接和那**个别性**是同样的否定性。这是三个不同环

---

① 黑格尔. 小逻辑. 贺麟,译. 北京:商务印书馆,1980:176.

节，每个环节是一个总体，但这三个总体是一个、并且是同一个反思，这反思作为**否定的自身关系**，把自身区别为前两个总体，但这是作为一个**完全透明的区别**，即**规定的单纯性**或**单纯的规定性**，这是它们的**一个**并且是同一个同一。①

正是在这样的总体性中，才能谈得上理性的自由与自觉。但在这种概念的总体性中，它画出的是一条封闭的界线，总体性构成了一个自足的整体，当这个整体通过黑格尔之口宣称已经完成时，回到黑格尔的特定历史语境中，那么自由资本主义经过国家调控之后，构成了历史的最终形态，倒真的已经终结了，哲学也终结了。黑格尔的总体性观念，实际上是一种概念的想象，也是理性的领导权。

与这种概念总体性不同，马克思提出的是一种具体总体性。在《1857—1858年经济学手稿》导言中，马克思对自己的总体性哲学观念进行了概要式的描述，这是通过与古典经济学的理论加以比较而展现出来的：

> 从实在和具体开始，从现实的前提开始，因而，例如在经济学上从作为全部社会生产行为的基础和主体的人口开始，似乎是正确的。但是，更仔细地考察起来，这是错误的。如果我，例如，抛开构成人口的阶级，人口就是一个抽象。如果我不知道这些阶级所依据的因素，如雇佣劳动、资本等等，阶级又是一句空话。而这些因素是以交换、分工、价格等等为前提的。比如资本，如果没有雇佣劳动、价值、货币、价格等等，它就什么也不是。因此，如果我从人口着手，那么，这就是关于整体的一个混沌的表象，并且通过更切近的规定我就会在分析中达到越来越简单的概念；从表象中的具体达到越来越稀薄的抽象，直到我达到一些最简单的规定。于是行程又得从那里回过头来，直到我最后又回到人口，但是这回人口已不是关于整体的一个混沌的表象，而是一个具有许多规定和关系的丰富的总体了。②

理解马克思关于总体性的规定，先需要进行双重的边界区分。第一个边界是对经验总体性的批判。经验总体性，在哲学层面就是从经验出

---

① 黑格尔.逻辑学：下卷.杨一之，译.北京：商务印书馆，1976：232-233.
② 马克思，恩格斯.马克思恩格斯全集：第30卷.北京：人民出版社，1995：41.

发，通过抽象上升到一种规律性的知识。这种哲学知识进入经济学，就是古典经济学所寻找的经济规律。在《神圣家族》、《提纲》以及《形态》中，马克思批判了经验唯物主义的错误，在这里他直接批判的对象是古典经济学中的总体性思想。古典经济学从经验事实出发，想从中找到一些决定意义的抽象关系或经济规律，这构成了理论的主题。但正如马克思所表述的，经济学总是从直接的个别要素出发，这不仅是一种自然主义实证论的观点，而且要素与要素之间的关系是外在的，这既不能反思自己的理论前提，也不能透视自己所思考的要素在社会关系总体中的理论定位，这种"生动的总体性"最终达到的只是一种混沌的总体性。

实际上，这种经验总体性已经受到了黑格尔的批判。回到《精神现象学》第二章与第三章，我们可以看出，黑格尔已经看到了经验哲学的底牌，认为这是一个力的相互作用世界，寻求的是一种规律，但由于这种规律存在于要素间的外在相互作用，因此它们之间的差别只是一般的、不确定的差别。

> 但是只要它不是一般的规律，而是一个特定的规律，则它必定包含有规定性在内；这样就会出现诸多不确定的规律。然而这种复多性本身就是一个缺陷；因为它违反了知性的原则，对于作为认识那单纯内在世界的知性来说，只有那自在的普遍的统一性才是真理。①

这决定了经济学的规律是一个抽象的规律，经验总体性虽然生动，只能完成对经验的抽象，无法达到真实的具体。黑格尔的总体性实际上已经是超越了经济学的经验总体性，在哲学层面上，这才是马克思所要面对的总体性观念，因为只有真实地批判了黑格尔的总体性观念，才能真正地批判古典经济学经验的生动总体性思想，而不是像蒲鲁东那样，将黑格尔的总体性对接在经济学之上。在这个意义上，黑格尔的总体性观念构成了马克思总体性思想的第二个重要边界。

在马克思看来，"黑格尔陷入幻觉，把实在理解为自我综合、自我深化和自我运动的思维的结果"②，他把历史过程变成了思维过程的例

---

① 黑格尔. 精神现象学：上卷. 贺麟，王玖兴，译. 北京：商务印书馆，1979：101.
② 马克思恩格斯选集：第2卷. 北京：人民出版社，2012：701.

证，从抽象上升到具体的过程，在黑格尔那里变成了从概念到外化再回到概念的过程。而对马克思来说，从抽象上升到具体，只是思维用来把握具体、把它当作一个精神上的具体再现出来的方式，而不是具体本身的产生过程。正是在批判黑格尔的过程中，马克思才能提出自己的总体性思想。

第一，总体性的概念在马克思那里，从根本上来说区分为两个层面：一是作为哲学方法论的总体性，这是从抽象到具体的方法；二是作为"原本"的社会总体化进程。作为方法的总体性观念虽然与社会的总体化进程之间具有统一的关系，但这并不意味着可以将方法论意义上的总体性观念上升为统摄一切的概念总体性，这正是黑格尔超越经验总体性之后陷入的困境，这也是马克思在《形态》中所要解决的主要问题。在这个维度上，卢卡奇在《历史与阶级意识》中强调的总体性，虽然也强调社会历史，但这种历史是一种主客体相互关系中的历史，这使得他并没有摆脱黑格尔的幽灵，而一旦将总体性重新置于主体的意识层面，总体性最后只能是走向审美的总体性意象，这是文化乌托邦的归宿，可以说这是西方马克思主义在总体性概念上的逻辑。通过将总体性观念置于社会总体化进程这一基础上，马克思就打破了黑格尔概念总体性的封闭线，使总体性具有了开放的视域。

第二，总体性的概念内含着历史与观念之间的互文关系。在对总体性进行双重区分的基础上，马克思意识到，要真正地获得总体性观念，必须意识到概念与历史之间的互文关系，概念是特定历史语境中的概念，只有当概念本身深入到历史之中时，概念才能获得自己的生命力。在《形态》中，马克思在批判青年黑格尔派时指出，这些人的批判都是在纯粹思辨领域中发生的，"这些哲学家没有一个想到要提出关于德国哲学和德国现实之间的联系问题，关于他们所作的批判和他们自身的物质环境之间的联系问题"[1]。当进入这个联系之后，只有进入这个联系之后，才能意识到哲学观念总是在特定的历史语境中发生的，黑格尔的总体性哲学观念也是在特定的历史语境中才能产生出来，当他将这个历史基础作为概念的外化，并以概念代替这个基础时，这就是思辨哲学的秘密所在。但这个秘密只有在观念与历史的联系中才能得到透视，这就

---

[1] 马克思，恩格斯. 马克思恩格斯选集：第1卷. 北京：人民出版社，2012：145-146.

第七章　形而上学批判与后马克思主义

是青年黑格尔派为什么无法解构黑格尔的重要原因①。

第三，只有在资本的逻辑中，我们才能理解总体性观念。严格说来，作为哲学意义上的总体性观念只是在资本主义发展之后才能产生，其产生的现实条件在于资本主义社会的总体化进程。在前资本主义社会，按照黑格尔在《法哲学原理》中的说法，这是家庭与国家直接同一的社会，没有市民社会的中介，这是一种抽象的同一。市民社会的产生，打破了国家与家庭的直接同一状态，造成了社会的内在分裂，特别是市民社会本身造成了传统社会关系的分裂，在这种情况下，黑格尔认为需要一种总体性哲学观念对社会加以调控。但实际上，市民社会虽然引起了人们之间的利益冲突，但劳动分工体系却在日益总体化，而这个过程是由从工场手工业到机器大工业的发展所带来的。在打破了传统的社会关系之后，通过机器与工场以及城市的作用，在一种新的时空构架中，形成了新的社会关系，一种从人身依赖下解放出来，并在劳动过程中形成的一种总体化关系，这是由资本的逻辑，即对利润的追求所决定的。马克思从商品、交换到生产的分析理路，揭示的正是资本逻辑所导致的社会总体化过程，只有在这个过程中，才能形成劳动一般的概念，这是一种总体性观念。所以当黑格尔以劳动作为重要的节点来建构理性逻辑时②，马克思认为他抓住了古典经济学的本质，抓住了历史的本质。当黑格尔在《法哲学原理》中以市民社会作为家庭与国家之间的中介时，作为现实总体性表现的国家，正是以市民社会为其基础的。当然黑格尔是倒过来看这个问题的，他是想把市民社会本身提升到具有自控性的理性水平。只有当马克思进入资本的逻辑时，黑格尔的"招数"才能被揭示出来。资本逻辑的总体化，才能为观念总体性提供历史的基础。可以说，马克思的总体性观念与资本的逻辑是无法分割的。

第四，但这并不意味着马克思的总体性观念将资本体系理解为一块无法撼动的铁板，资本的总体性逻辑内部存在着致命的裂隙，即在资本总体化的过程中存在生产方式内部的脱节，以及体现这种脱节的阶级分化与阶级对抗，这种裂隙既来自经济生活本身，也来自人的实践作用，

---

① 马克思批判分析了思辨哲学是如何从现实中抽离出来的，关于这一问题，参阅本书第一章第三节。
② 这是《精神现象学》第四章的内容，只有这时，才能谈得上自我意识，历史与理性的内在关系呈现于绝对观念的内在逻辑中。

这就为砸碎资本逻辑提供了可能性与现实性。吉布森-格雷汉姆从女性主义视角提出，当前激进话语的重要障碍在于，将资本主义设想为一整块无法打碎的钢，这种论述延伸到了全球化领域中，这使任何冲破资本主义罗网的道路都不可能存在，而这种观念是马克思主义的重要观念，他们以此反对马克思的总体性观念①。在我看来，这个论述没有进一步细致地区分：马克思认为资本主义的总体性是有裂缝的总体性，但这种总体性可以通过无产阶级革命的替代作用，达到一种和谐的总体性。吉布森-格雷汉姆将马克思论述未来社会的总体性挪用为马克思对资本主义社会总体性的论述，按照这种理解，马克思就无法论述替代资本主义社会的可能性。因此，资本的总体性是存有裂隙的总体性，这是从马克思主义哲学立场把握资本逻辑时需要注意的一点，这也是马克思社会批判理论的生长点。

通过对马克思的具体总体性与黑格尔的概念总体性之间的简要分析，我们可以看出，后现代主义实际上是以黑格尔的总体性概念来取代马克思的总体性观念，而忽视了两者之间的根本区别。在马克思那里，总体性并不是固定的概念结构，而是特定历史形态的运动方式及其文化理念的表现形式，具有历史性的规定，这就要求对总体性及其表现方式进行历史的考察。对于马克思来说，这种历史性考察才能使我们对资本主义社会持一种批判的精神，透视出资本主义社会的政治、经济、文化等的内在互动与建构关系，这也是超越各种想象的批判的理论前提。

3. 资本逻辑与后现代主义：总体性与马克思主义哲学的当代思考

有了上述的分析，面对后现代主义和后马克思主义的去中心、反总体性、寻求差异与多样性的理论指向，我们关注的就不只是后现代主义对现代性如何解构，以及如何具有解放作用等问题，虽然后现代主义的这些理论意向，对于我们反思现代性的局限无疑具有重要的借鉴意义。深层的问题是：后现代主义赖以产生的历史基础，是否还是资本逻辑？后现代社会是对资本逻辑的根本颠覆，还是以另一种方式即不同于现代性的方式表现了资本的逻辑？如果后现代主义的异质性、多样性、去中心化本身体现了资本的内在要求，那么是否需要重新思考总体性观念，

---

① J.K. 吉布森-格雷汉姆. 资本主义的终结——关于政治经济学的女性主义批判. 陈冬生，译. 北京：社会科学文献出版社，2002.

第七章　形而上学批判与后马克思主义

以获得从资本逻辑出发透视后现代主义的洞察力？正是基于对这些问题的反思，我认为，后现代主义实际上体现了全球资本的文化逻辑，而要透视这一问题，就需要从资本逻辑出发重新建构总体性观念，并在此基础上建构当代社会批判理论，这是目前马克思主义哲学研究中的重要课题。

在我看来，文化意义上的现代主义向后现代主义的转换，实际上与资本主义社会的形态转换是一致的。从资本逻辑的总体进程来看，现代资本主义社会经历了三个发展阶段：首先是自由竞争的资本主义时期，这是马克思所面对的历史阶段。从马克思的论述中可以看出，在生产层面，这是从工场手工业到机器大工业的过渡，也是将摆脱共同体束缚的人编织进市场体系的过程。资本主义的生产体系将一切时空领域中的东西都连为一体，形成了总体化的社会进程，这是资本总体逻辑的建构。同时，社会认同方式发生了根本性的转变，基于传统习俗与地域局限的共同体认同方式转向以市场为基础的认同方式，最终这种认同造成了商品拜物教、货币拜物教与资本拜物教。正是在这个过程中出现了浪漫的怀旧主义与肯定市场合法性之间的对立。但对于马克思来说，这个总体化进程虽然要扩张到整个世界，并且其本身是内在分裂的，但马克思的《资本论》揭示的正是资本的内在矛盾以及这种内在矛盾导致了资本总体性的破裂，从而在资本的裂隙中生长出替代资本主义的社会机制。在我看来，这是资本总体化的第一阶段，这个阶段中，一方面是资本的世界历史进程，另一方面也是资本结构的内在鸿沟逐渐加大的过程。

如果说在马克思的时代，生产过程中的内在矛盾具有尖锐的对抗性，那么19世纪末20世纪初期开始，资本主义开始从自由资本主义向组织化资本主义转变，自由竞争时期的对抗性矛盾得到了较好的调控，黑格尔所设想的国家调控的资本主义开始取代以市场为中心的自由竞争的资本主义。在生产层面，1914年亨利·福特引进了一天5美元、工作8小时、操作自动化汽车装配线的劳动体系，使得机械化分工、大企业生产成为主要生产组织形式。在理论层面上，1911年泰勒的《科学管理原理》出版，它描述了如何按照严格的时间标准和动机研究，将劳动过程拆散为各个组成部分，使之达到最高生产率。这种管理原则从生产组织体系扩散到整个社会层面，形成了较为高效的科层制。电子媒介的产生，生产率的高速增长，特别是1929年经济危机的作用，使资本主义一直贬抑的消费领域呈现出来，福特主义从生产领域转向了消费领域，达到了列斐伏尔所说的"受控消费的官僚社会"①。正如哈维所说的："福特的独特之处就是他的眼光，是他对此的明确认识：大规模生产意味着大众消费、劳动力再生产的新体制、劳动控制和管理的新策略、新的美学和心理学，简言之，意味着一种新的理性化的、现代主义的和平民主义的民主社会。"② 这也是民族国家发生作用的重要阶段，国家对经济与社会生活的控制发挥着重要的作用。应该说，这是资本总体性最为显著的时期，自由竞争时期的矛盾得以缓解，劳资关系得到调解，人们日益认同于资本主义生产与消费体系，并通过消费，真正地创造出了"自由主体"的幻象。后现代主义反对的现代性，在其主要形态上，指的就是这个阶段，用鲍曼的话说，即一种凝固的现代性③。我更倾向于以组织化资本主义社会来指称资本逻辑的这个历史阶段。

从20世纪70年代开始，福特主义遇到了社会和技术的限制，转向了资本主义的新形态，贝尔称之为后工业社会（有的学者称之为后现代社会、消费社会等），我比较倾向于用后组织化资本主义社会这个概念。这个转变在生产及其组织层面，从过去的大企业生产转向小企业转包形式，比较传统的手工业、家庭制的劳动体系重新发挥作用；劳动力市场从传统的有组织的定时劳动转向了弹性工作制；而在消费方面，小批量的生产满足了消费的快速变化与个性化需求，而消费文化与大众媒介的作用，也使后现代主义美学中的骚动与"即死性"（这是由时尚体现出来的，时尚的产生时刻也就是其死亡的时刻）特征呈现出来。而在政治制度层面，组织化时代的民族国家让位于跨国公司的全球运作。支撑这些改变的技术，就是电子网络的兴起（卡勒特在其"信息社会三部曲"中，对这种新型的资本运行方式做了较为广泛的探讨）。电子网络的作用，不仅使生产全球化了，而且资本流通方式也全球化了，按照哈维的说法，这导致了资本空间的重组，使资本的流动超越了一切地域的界限，使一切地域都卷入到资本空间的建构中。弹性生产与资本的全球体

---

① Henry Lefebvre. Everyday Life in Modern World. Trans. by Philip Wander. London, 1984.
② 戴维·哈维. 后现代的状况. 阎嘉，译. 北京：商务印书馆，2003：167.
③ 齐格蒙特·鲍曼. 流动的现代性. 欧阳景根，译. 上海：生活·读书·新知三联书店，2002.

第七章　形而上学批判与后马克思主义

系的建构，产生了资本运转方式的一些新特征：

第一，通过电子网络，资本在全球的流动更为加强了现代生活的新颖、变动不居与偶然性特征，而电子网络的节点与流向方式，打破了福特生产时期以特定地域为中心的状态，在观念形态上，这体现了去中心、反本质主义、流动化的特征。资本运行方式的变化，导致了体验资本运行方式的转折，这是后现代主义得以产生的总体历史语境。

第二，弹性生产与资本的全球布展，使差异的重要性展现出来。与福特生产的标准化不同，弹性生产的全球布展要求地域的各自特征整合进资本的运行方式中，这导致了全球的地域化，同时也使地域的独特性全球化。在这个过程中，地域的原初特色已不再有意义，有意义的是能够进入资本流通体系的特色，或者创造出以一定地域为基础的、与其他地域的特色有差异的地域特色，这使得资本在全球体系中是以系列化的地域差异为建构元素的。后现代主义强调的异质性，虽然对于打破资本的钢化思想有重要的策略意义，但如果不考虑异质性思想的历史前提，就易陷入全球资本所需要的差异性观念中，资本在全球的运转，正是通过各地的差异的强调才能完成的。关于这一点，德里克对后殖民批评的一个定位具有参考意义："不考虑后殖民的结构（或上面提到的历史）定位，或不考虑后殖民知识分子与其经济、社会、政治和文化权力的关系，实际上就是与那些结构共谋或对之进行挪用。"①

第三，这时，资本的总体性不再是同一性的科层体系，而是将各种差异的生产单位与价值观念联结在一起的总体性，表现为一种矛盾的联合体，表现为一种多价性。资本主义不再具有传统那样的同一性的支配形象，而是呈现为含有内在差异的、体现为多元决定的形象，重要的不再是那个固定的本质，而是资本主义活动的条件及其构成关系，阿尔都塞就是在这个意义上理解马克思主义哲学的总体性概念的："黑格尔主义的总体性认为有一个原始的、主要的本质存在于复杂的外表背后，这些外表因历史的外部化而产生；因此，这是一个有中心的结构。然而，马克思主义的总体性在这方面从不与构成它的因素相分离，因为每一个

---

① 阿里夫·德里克. 跨国资本时代的后殖民批评. 王宁，等译. 北京：北京大学出版社，2004：22.

因素都是其他因素存在的条件；因此它没有中心……它是一个无中心结构。"①"即一个资本主义场所或一种资本主义活动是'多元决定的'：完全地（而不是有保留地）由所有其他活动、过程和事件构成。"这使我们看到，"一个资本主义的场所就是一种不可还原的特异性"②。与自由竞争的资本主义与组织化的资本主义相比，这是一种新的总体性，它强调的是非中心的联结，一种互为条件的建构，这是资本逻辑总体性在后组织化时代体现出来的特征。拉克劳与墨菲正是在这种后阿尔都塞意义上揭示领导权概念并力图建构一种激进民主政治理论的③。

通过这些分析可以看出，正是资本在全球的布展，才能产生后现代主义所表达的那些观念，而资本的全球布展本身，也要求走出现代性的制约。要理解后现代主义，就必须将后现代主义与产生它的历史语境联系起来进行互文性的阅读，通过分析资本逻辑的当代构成方式，才能真正地理解后现代是资本的另一种总体性逻辑的观念表达。对于后组织化社会与组织化社会之间的变迁，有的学者更加强调其连续性，这时后现代主义就是现代性的另一种表现方式，比如吉登斯、鲍曼、詹姆逊，包括哈贝马斯，就持这样一种理论立场。如果我们更加强调后组织化社会与组织化社会的差异，甚至是根本性的断裂，就会将后现代主义作为另一种表现方式提炼出来，这也是许多后马克思主义学者所做的事情④。我虽然强调后现代主义仍然是资本逻辑总体性的另一种表现方式，但我认为，强调后组织化资本主义社会与组织化资本主义社会之间的区别，更能为我们面对当代社会提供清晰的问题意识和理论范式的创新意识。文本强调总体性概念的意义，就是想通过历史的变迁，以及历史与理论

---

① L. Althusser. For Marx. London and New York：Harmondsworth, Penguin, 1969：253-254.

② J. K. 吉布森-格雷汉姆. 资本主义的终结——关于政治经济学的女性主义批判. 陈冬生，译. 北京：社会科学文献出版社，2002：20.

③ Ernesto Laclau, Chantal Mouffe. Hegemony and Socialist Strategy：Towards a Radical Democratic. London：Verso, 1985. 中译本参阅：恩斯特·拉克劳，查特尔·墨菲. 领导权与社会主义的策略——走向激进民主政治. 尹树广，鉴传今，译. 哈尔滨：黑龙江人民出版社，2003。

④ 在这个问题上，鲍德里亚对生产之镜的批判，对后现代主义起着开创性作用。他强调消费社会是一个完全不同于现代性的社会，这需要新的理论逻辑才能透视。关于鲍德里亚的这一思想，参阅：仰海峰. 符号之镜：早期鲍德里亚思想的文本学解读. 北京：北京师范大学出版社，2018。

的内在互文关系来揭示后现代主义的意旨,为我们批判地分析当代资本主义及其文化——后现代主义提供一种基本的理论方法,因此,重思马克思主义哲学的总体性概念,揭示资本及其文化逻辑在不同历史语境中的不同表现方式,实现对资本主义社会的总体批判,这是我们面对当代资本主义的理论任务。

结束语　走向《资本论》

本书的主题集中在马克思哲学变革的内容及其意义上,主要依托的文本是《资本论》之前的哲学著作,这些讨论力求将马克思置于哲学史、社会史及当代思想和文化这一总体图景中,一方面揭示马克思哲学变革的思想历程及其哲学变革的理论内容,另一方面揭示马克思哲学变革的哲学史和当代意义,展现马克思哲学在当代的效应。但正如本书"导论"中关于马克思哲学主题所概括的那样,形而上学批判只是马克思哲学思想中的部分内容,虽然没有形而上学批判,马克思就不可能打破哲学自律的神话,走向对社会历史生活的科学分析与批判,但从马克思哲学的总体构架来说,以《资本论》为代表的对资本主义社会的哲学批判才是更为核心的内容。通过形而上学批判,马克思回到了"社会存在"本身,但他所面对的"社会存在"是资本主义社会存在,对这一社会存在的批判,需要哲学—政治经济学—社会主义思潮的整合,在资本主义社会存在的科学分析中展现哲学的批判力,可以说,形而上学批判是走向《资本论》哲学思想的前提,而《资本论》的哲学才能真正实现形而上学批判的旨趣。这表明,进一步推动马克思哲学思想研究,必须走向《资本论》。这也是本书完成后需要展开的新一轮思考。鉴于本书再版时,我的《〈资本论〉的哲学》已经出版,借此机会,我简要地概括《资本论》哲学研究中的主要问题,以便对两本书做一个重要的连接。

结束语 走向《资本论》

1. 从生产逻辑到资本逻辑

如果从马克思思想变革过程与学科整合间的关系视角出发，我认为，马克思的历史唯物主义具有双重逻辑：传统历史唯物主义所强调的生产逻辑与面对资本主义社会的资本逻辑。按照传统研究，马克思的政治经济学批判是将历史唯物主义推广应用到历史领域的结果，在这个意义上，资本逻辑只是历史唯物主义在社会历史领域的特定逻辑，不具有哲学的高度与意义。这正是将马克思思想分解为不同学科的理论结果。如果我们将马克思思想当作一个整体，那么资本逻辑正是历史唯物主义的应有内容，而且只有从生产逻辑进入资本逻辑，历史唯物主义才能得到完整的理解。在这个意义上，《资本论》及其哲学手稿才真正体现了马克思思想的高度。

生产逻辑是马克思建构历史唯物主义的理论起点。在《形态》中，马克思在批判青年黑格尔派时指出：他们只是以意识的变革来代替现实的革命，而没有想到要提出关于德国哲学与德国现实之间的关系问题。而要理解现实，首先就要认识到人类历史的第一前提就是有生命的个人的存在。人类要生存，就需要吃、住、穿、行以及其他一些东西。"因此第一个历史活动就是生产满足这些需要的资料，即生产物质生活本身，而且，这是人们从几千年前直到今天单是为了维持生活就必须每日每时从事的历史活动，是一切历史的基本条件。即使感性在圣布鲁诺那里被归结为像一根棍子那样微不足道的东西，它仍然必须以生产这根棍子的活动为前提。因此任何历史观的第一件事情就是必须注意上述基本事实的全部意义和全部范围，并给予应有的重视。"[①] 从这一表述中可以看出，物质生活资料的生产与再生产是人类社会存在的永恒基础，生产逻辑随之构成了历史唯物主义的理论起点。马克思进一步认为，只有在生产逻辑的基础上，我们才能真正理解市民社会、国家与哲学及意识形态问题。"以一定的方式进行生产活动的一定的个人，发生一定的社会关系和政治关系。经验的观察在任何情况下都应当根据经验来揭示社会结构和政治结构同生产的联系，而不应当带有任何神秘和思辨的色彩。社会结构和国家总是从一定的个人的生活过程中产生的。"[②] 这是

---

① 马克思，恩格斯. 马克思恩格斯选集：第1卷. 北京：人民出版社，2012：158-159.
② 同①151.

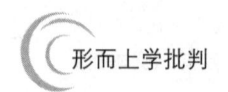

一个比较完整的理论构架，这一构架正是马克思哲学变革的重要成果。

在马克思的论述中，物质生活资料的生产与再生产具有人类学的意义，它是一切社会存在的基础，资本主义社会也不例外。在《1857—1858年经济学手稿》中，马克思在讨论资本的前提时指出，其第一个前提就是生产过程一般。这种"生产过程一般，它是一切社会状态所共有的，也就是没有历史性，也可以说是**人类的**"①。物质生活资料的生产与再生产，不仅是人类存在的物质前提，而且是人类自由而全面发展的物质前提。在这一维度上，任何能够促进物质生活资料生产的社会结构与社会关系形式，都有其存在的合理性与历史意义。这也是他评价资本主义社会的历史性标准。理解了这一点，我们就能理解在《资本论》及其手稿中，在讨论资本主义生产方式时，马克思常常先讨论物质生产的一般模式，并由此肯定资本主义生产方式的历史意义。这正是生产逻辑在马克思理论中的具体表现。

但需要引起我们注意的是，人类学意义上的物质生产逻辑并不足以说明资本主义生产的特性。如果说物质生产逻辑具有人类学的意义，那么这是就生产的一般抽象意义来说的，在这种抽象中，物质生产的具体社会形态并不重要，重要的是构成物质生产的一般要素和条件，物质生产的结果体现为以有用性为取向的产品。物质生产的这些要素与条件是一切社会物质生产都具有的特征，资本主义社会也不例外。马克思在《资本论》中讨论绝对剩余价值的生产时，一开始就讨论了一般劳动过程，这正是人类学意义上的物质生产过程。但如果拘泥于这一层面，我们就无法认识资本主义社会剩余价值的生产过程，也就是价值增殖过程，这一新的过程，正是在资本取得统治地位之后才开始呈现出来的，体现了资本逻辑的内在目的。如果按照物质生产逻辑来理解价值增殖过程，就无法揭示剩余价值是如何生产出来的，更无法理解资本逻辑支配下的生产过程。正如马克思所分析的，如果按照一般物质生产逻辑来理解资本逻辑，那么资本就会还原为具体的劳动资料和劳动对象，这时，劳动资料和劳动对象就成为剩余价值的来源，工人的劳动反而与剩余价值的生产没有关系。更为重要的是，当资本被还原为物质生产要素时，物质生产过程就离不开资本，如果没有作为资本具体化形态的劳动资料

---

① 马克思，恩格斯. 马克思恩格斯全集：第30卷. 北京：人民出版社，1995：280.

和劳动对象，生产还如何进行呢？这样，资本就具有了历史永恒性的意义。这正是当时从李嘉图出发的社会主义者的主要思路，也是他们无法真正面对资本主义社会的根本原因。这也就意味着，面对资本主义社会，并不能简单地将历史唯物主义推广运用，而是在此基础上，需要重新提炼出新的理论逻辑结构，这正是资本逻辑批判的意义。

虽然生产逻辑具有人类学的意义，资本逻辑只是针对特定社会而提出的，但在资本主义社会，它们之间的关系发生了颠倒，即不是生产逻辑统摄资本逻辑，而是资本逻辑在统摄生产逻辑。"在一切社会形式中都有一种一定的生产决定其他一切生产的地位和影响，因而它的关系也决定其他一切关系的地位和影响。这是一种普照的光，它掩盖了一切其他色彩，改变着它们的特点。这是一种特殊的以太，它决定着它里面显露出来的一切存在的比重。"[①] 进入资本主义社会，"资本是资产阶级社会的支配一切的经济权力"[②]。只有从资本主义生产出发才能理解一般物质生产过程，这正是马克思所说的"人体解剖对于猴体解剖是一把钥匙"[③] 的含义。可以说，如果不理解资本逻辑支配下的生产过程，也就不能理解人类学意义上的物质生产过程。因此，从生产逻辑到资本逻辑并不是历史唯物主义在资本主义社会的应用与推广，而是历史唯物主义新的理论发展。

根据上述考察，我们需要重新理解马克思思想发展的过程。在传统研究中，代表性的观点有两种：一种认为马克思自《黑格尔法哲学批判》之后，就实现了哲学的变革。这种观点没有真正地看到马克思思想进程中的内在逻辑关系，也不是本书关注的主要观点。一种认为1845年马克思实现了哲学变革，后来的问题只是如何丰富其哲学理念并加以应用与推广。按照我的理解，1845年哲学变革只是发现了历史唯物主义的第一重逻辑，即人类学意义上的物质生产逻辑及其哲学意义。这一变革的确是非常重要的，这是哲学视野的根本转变，没有这一转变，马克思就不可能真正地将视野投向社会历史领域。但对于马克思来说，其理论的根本主题是要批判分析资本主义社会，而一般生产逻辑并不能达及这一目标。从生产逻辑到资本逻辑的思想进展，不是一种理论的应用

---

① 马克思，恩格斯. 马克思恩格斯全集：第30卷. 北京：人民出版社，1995：48.
② 同①49.
③ 马克思恩格斯选集：第2卷. 北京：人民出版社，2012：705.

与推广，而是马克思理论发展过程中的新的质变。历史唯物主义的研究不仅要关注生产逻辑及其相应的理论构架，更要关注资本逻辑以其对生产逻辑的统摄作用。这是我们今天重新探讨历史唯物主义时需要着力的问题。

2. 跨学科研究与认知型

学术界当前对《资本论》哲学的重新探讨，一开始就秉持着一种高度的方法论自觉，也就是说，研究者不再像过去所做的那样，简单地从哲学来讨论哲学，从而将《资本论》的思想分解为不同学科所对应的议题，就像过去所做的那样，而是强调从哲学、经济学与社会学的融合处去理解《资本论》，进行一种跨学科研究。相比于过去的单一视角，这种跨学科的方式更能展现马克思思想的总体构架。

实际上，不只是对于《资本论》，对马克思思想的总体性思考，也不可能离开跨学科整合这一方法。在青年马克思的思想发展中，特别是在《黑格尔法哲学批判》之后，马克思的思想就处于与不同学科的思想进行对话与整合中。比如在《〈黑格尔法哲学批判〉导言》中，马克思开始将哲学研究与当时德国的共产主义思潮联系起来，针对当时德国的共产主义思潮，进行哲学层面的反思。在当时的德国，共产主义者对于德国哲学与共产主义的关系有着不同的理解，如魏特林认为，德国的哲学除了制造概念式的混乱之外，没有产生任何东西，以此反对将共产主义看作德国哲学造就的说法[①]。与之不同的是，赫斯则强调需要将法国的社会主义置于德国哲学的基础上，他认为康德的实践哲学可以起到这一奠基作用。"为了实现社会主义，在德国对于旧的社会组织还理应有一个康德，正如在思想方面它曾经有一个康德那样。"[②]

虽然马克思一开始并不太关注德国的共产主义思潮，但在《〈黑格尔法哲学批判〉导言》中，我们已经能看到马克思将哲学与共产主义结合起来的思路。这种结合体现在：第一，把共产主义的解放置于人的类本质的基础上，这是对共产主义的哲学基础的强调，当然这是以费尔巴哈、赫斯为中介的。第二，把共产主义者所强调的自由与和谐，上升为

[①] 威廉·魏特林. 现实的人类和理想的人类 一个贫苦罪人的福音. 胡文建，顾家庆，译. 北京：商务印书馆，1984：216.

[②] 莫泽斯·赫斯. 赫斯精粹. 邓习议，编译. 南京：南京大学出版社，2010：99.

结束语 走向《资本论》

哲学意义上的人的解放与人的本质的实现。也正是在这样的意义上,马克思说:"德国惟一**实际**可能的解放是以宣布人是人的最高本质**这个理论**为立足点的解放。""**德国人的解放**就是**人的解放**。这个解放的**头脑**是**哲学**,它的**心脏**是**无产阶级**。"① 虽然在马克思思想中,这还只是哲学与共产主义思潮的初次结合,但这一结合实际上已经改变了哲学本身的方向,即哲学不再只是一种理性的沉思,哲学本身存在着实现自己的问题,这个主题后来在《提纲》的最后一条中得到了更为明晰的强调。哲学的实现,要有实现者,这个实现者是谁?马克思虽然此时提出了"无产阶级"这个概念,但这个概念还是非常抽象的,何谓无产阶级?他为何会成为解放者?这还需要进一步研究。

如果无产阶级是现实中的阶级,那么这就是市民社会中的阶级,要理解这一阶级的现实存在状态,就需要研究市民社会,正如马克思所说的,要分析市民社会,就需要深入到政治经济学的研究与批判中。这个过程最初是在《巴黎手稿》中实现的,集中体现在《手稿》中。

虽然《手稿》有着非常丰富的哲学内容及其哲学意义,但我认为,这一文本最为根本的意义在于第一次实现了对哲学、政治经济学与共产主义思潮的跨学科整合。我们这里需要进一步提出的问题是:这种跨学科是何以可能的?跨学科何以避免成为几种学科的外在相加?按照我的看法,跨学科研究如要想避免这一困境,就要看到在这些学科背后存在的认知型,学科整合只有在认知型层面才是可能的。

"认知型"借用于福柯。在《词与物》中,福柯曾用认知型的变化来讨论文艺复兴以来西方思想的变迁。"我设法阐明的是认识论领域,是认知型(l'épistémè),在其中,撇开所有参照了其理性价值或客观形式的标准而被思考的知识,而是它的可能性状况的历史;照此叙述,应该显现的是知识空间的那些构型,它们产生了各种各样的经验知识。"② 也就是说,在特定的历史时期,虽然各种知识形态不一,但它们可能分享共同的母体,即认知型。因此,认知型构成了知识得以生产的思想基础。同样,也只有理解了各种知识背后的认知型,才可能从认知型出发来面对不同的知识。福柯认为,近代西方以来发生了两次重要的认知型间断,第一次发生于 17 世纪中叶,开创了古典时代,第二次发生于 19

---

① 马克思,恩格斯. 马克思恩格斯全集:第 3 卷. 北京:人民出版社,2002:214.
② 米歇尔·福柯. 词与物. 莫伟民,译. 上海:生活·读书·新知三联书店,2001:10.

世纪初，标志着现代性的开始。这里以第一次间断为例来做一简单的说明。

福柯认为，在第一次间断中，西方的认知型发生了从"相似性"向"表象"的转变。相似性并不意味着事物在外表上的相像和形似，而是一种对事物关系的归结方式，以一种方式来展现事物之间的联系和秩序。就"相似性"认知型来说，其内在的构成体现在适合、仿效、类推和交感这四个方面。适合是对在空间和场所中邻近的事物之间的关系的理解，这是事物之间的一种连接关系。仿效则"是一种不受位置律束缚的'契合'，并能够静止地在远处起作用"[①]。这有类于一种镜像关系，存在着某种映像和镜子，它使得散布在世界上的物借以能成为彼此应答的工具。类推所处理的相似性并不是事物之间那种可见的实体的相似性，而是将相似性变成世界的内在关系。交感则是一种运动性原则，通过外在的和可见的运动使事物间相互吸引，也可通过内在的隐蔽的运动从事物中得到性质的置换。"相似性"是16世纪占主导地位的认知型。

但这一认知型在17世纪中叶被"表象"的认识型所替代，从而进入以"理性主义"为主导的古典时代。在这一新的构型中：第一，分析取代了类推；第二，每个相似性都经受比较的证明，只有存在差异时，才能接受同一；第三，无限性被列举所替代，虽然相似性体系的可能性可受到证明，但从来都不是确实的；第四，精神的活动不再是使事物相互接近，而是在于识别，确立事物的本性，以及一个系列中所有连续程度的关联的必然性；第五，认识就是识别，导致历史与科学相分离。如果说在"相似性"认知型中，世界是平铺直叙中的世界，那么，在古典时代，世界则变成了有表象与本质区别的世界，这是一种深度模式的建构。这两种不同的认知型，造就了两个不同时代的知识体系和感知方式。

回到马克思思想的跨学科研究，如果我们不能在认知型的意义上看清各学科间的联系，这种跨学科就会变成不同学科的外在联系，或者变成简单的比较。以《手稿》为例，马克思这时是以人的"类本质"作为归结不同学科的核心概念的。比如在谈到财富时，从重农学派到斯密，实际上是将财富看作人的本质力量的对象化，这一对象化的活动就是劳

---

① 米歇尔·福柯. 词与物. 莫伟民, 译. 上海：生活·读书·新知三联书店, 2001：26.

动,因此,财富从根本上来说是人的内在性的外在表现。"十分明显,只有把**劳动**视为自己的原则——**亚当·斯密**——,也就是说,不再认为私有财产仅仅是人之外的一种**状态**的国民经济学,只有这种国民经济学才应该被看成私有财产的现实**能量**和现实**运动**的产物(这种国民经济学是私有财产的在意识中自为地形成的独立运动,是现代工业本身),现代**工业**的产物;而另一方面,正是这种国民经济学促进并赞美了这种**工业**的能量和发展,使之变成**意识**的力量。"① 这种对国民经济学的看法,这样一种认知模式,在其他知识中是否也会体现出来?恩格斯在其《国民经济学批判大纲》中,在谈到斯密时曾有个比喻,即把斯密看作经济学中的路德,马克思对此评论说:"那些认为私有财产对人来说**仅仅是对象性**的本质的货币主义体系和重商主义体系的拥护者,是**拜物教徒**、**天主教徒**。因此,**恩格斯**有理由把**亚当·斯密**称作**国民经济学的路德**。正像路德认为**宗教**、**信仰**是外部**世界**的本质,因而起来反对天主教异教一样,正像他把宗教笃诚变成人的**内在**本质,从而扬弃了**外在**的宗教笃诚一样,正像他把僧侣移入世俗人心中,因而否定了在世俗人之外存在的僧侣一样,由于私有财产体现在人本身中,人本身被认为是私有财产的本质,从而人本身被设定为私有财产的规定……人之外存在的并且不依赖于人的——也就是只应以外在方式来保存和维护的——财富被扬弃了,换言之,财富的这种**外在的**、**无思想的对象性**就被扬弃了。"② 这里,马克思和恩格斯都将路德与斯密置于同一个认知型层面,虽然这两者的知识领域相距甚远。这是一个以人的类本质为内核的认知型。

在论及共产主义时,马克思区分了粗陋的共产主义、现代政治意义上的共产主义以及他所主张的共产主义。其实,粗陋的共产主义是人的主体性尚未出现的共产主义,现代政治意义上的共产主义,虽然还处于人的异化状态中,但已经是人的本质力量为参照的共产主义,而马克思所拥护和主张的共产主义,则是人的类本质得到充分实现的共产主义。这一认知型与政治经济学、路德的宗教改革处于同一层面。从这一认知型出发,马克思对英、法、德三国的政治理论基础进行了讨论:"**平等**不过是德国人所说的自我=自我译成法国的形式即政治的形式。平等,作为共产主义的**基础**,是共产主义的**政治的**论据。这同德国人借助于把

---

① 马克思,恩格斯. 马克思恩格斯全集:第3卷. 北京:人民出版社,2002:289.
② 同①289-290.

人理解为**普遍的自我意识**来论证共产主义,是一回事。不言而喻,异化的扬弃总是从作为**统治力量**的异化形式出发:在德国是**自我意识**;在法国是**平等**,因为这是政治;在英国是现实的、物质的、仅仅以自身来衡量自身的**实际需要**。"① 只有到这个层面,马克思才能从根基处实现哲学、政治经济学、共产主义思潮的整合。

面对《资本论》,同样需要在这样的层面上去实现跨学科研究,展现马克思在这一文本中的认知型。与此相关的问题是:《资本论》的认知型与之前的文本中所呈现的认知型有没有变化?如果有,这两种认知型有什么样的区别与联系?这既需要对马克思的思想进程进行深层研究,也需要对他所考察的社会主义、政治经济学进行认知型的探讨,只有在这个层面,我们才能更好地把握《资本论》的思想及其哲学意义。

3. 从《1857—1858年经济学手稿》到《资本论》:认知型的转变

从马克思的思想发展来说,在《手稿》时期,在以人的类本质为构架的认知型中,主体性的劳动成为这一认知型的本体论。这一认知型在《提纲》和《形态》中发生了重要的变化。这一变化主要体现在两个层面:(1)先验的、具有类本质的人变成了历史中的人,人处于社会关系的构型中。(2)主体性的劳动在两个层面呈现出来:一是客观化的社会物质生产,从而建构出面对社会历史的唯物主义构架,这也是我们在传统研究中得到充分展现的部分;二是自主活动,这是一种自由自觉的劳动,这是实践唯物主义讨论之后得到张扬的部分。这一认知型可以概括为人类学意义上的生产逻辑。当马克思强调人的第一个历史活动就是生产物质生活资料,以维持自己的生存时,这种物质生产是人类学意义上的,适用于所有的社会。

在对马克思哲学的研究中,学者们可能会在青年马克思与晚年马克思的关系上意见不一,但从总体上来说,将《形态》之后的马克思看作思想一致的马克思,并没有太多的异议。在这个思路中,《形态》之后,马克思的工作主要在于以历史唯物主义方法研究资本主义社会,从而写出了《资本论》。《资本论》既是历史唯物主义的科学运用,也是历史唯物主义基本原理的证明。在这个过程中,《1857—1858年经济学手稿》

---

① 马克思,恩格斯. 马克思恩格斯全集:第3卷. 北京:人民出版社,2002:347.

结束语 走向《资本论》

与《资本论》成为非常重要的两个文本,它们之间的关系是一种连续的关系,虽然在理论的成熟程度上存在着差异,但在逻辑上两者是统一的。这也是过去研究中没有人去质疑的结论。

从认知型的角度来看,在《1857—1858年经济学手稿》中存在着双重不同的认知构架:一是建立在劳动本体论基础上的构架;二是建立在资本逻辑基础上的构架,前者构成了后者的哲学前提和预设。第一个构架是马克思过去主体性思路的继续,但相较于过去的文本,这一劳动本体论的构架主要表现在:

第一,劳动的对象化与异化是同一个过程。与《手稿》中将劳动的对象化与异化严格区分开来不同,在《1857—1858年经济学手稿》中,马克思把对象化与异化看作无法分开的过程,对象化就是异化。这种不区分恰恰是一种现实的、历史的态度,因为在日常生活中,劳动的过程同时也是资本增殖的过程,这两个过程不可能分开,更不可能像在《手稿》中所说的,以对象化的劳动取代异化的劳动。虽然对象化与异化不可分开,但在马克思的论述中可以看出,这种对象化劳动是一种创造性的活动,体现了人的主体性,可以说这是一种劳动本体论。

第二,与这种本体论相关的,是人的自由与解放。"劳动是**积极的、创造性的活动**"①,作为创造性的活动,劳动只有克服了外在性的束缚后才能表现自身,"克服这种障碍本身,就是自由的实现,而且进一步说,外在目的失掉了单纯外在自然必然性的外观,被看作个人自己提出的目的,因而被看作自我实现,主体的对象化,也就是实在的自由,——而这种自由见之于活动恰恰就是劳动"②。这里的自由,依赖于劳动的创造性这一本体论设定,在这种意义上,这种自由具有先验性。

第三,劳动本体论的时间与空间之维。马克思在两种意义上谈到劳动本体论意义上的创造性时间:一是在谈到商品交换时指出,劳动的一般性即社会性的对象化,使劳动产品成为具有交换价值的商品,但由于劳动时间总是存在于特殊商品之中,因此它不可能直接成为货币,只有一般对象的劳动时间,才是货币。因此,劳动时间本身只能存在于特殊

---

① 马克思,恩格斯. 马克思恩格斯全集:第30卷. 北京:人民出版社,1995:618.
② 同①615.

的商品之中，"本身只是作为主体存在着，只是以活动的形式存在着"①。二是从社会生产的层面来看，当共同生产成为前提时，花费在必要物质劳动时间上的时间就会缩短，这时一种创造性的劳动才是可能的。与这种时间相应的是生产的空间性重构，使之成为创造性时间的展开场所。

上述几个方面构成了以劳动本体论为基础的认知型。但在《1857—1858年经济学手稿》中，还存在着另一种认知型，即以客观存在的资本逻辑为基础的认知型。在这一文本中，马克思已经讨论了资本逻辑的构型问题，即从商品交换、资本生产、资本流通等层面展现了资本的存在与运行方式，并将以资本逻辑为主导的社会与前资本主义社会进行了比较。即使在讨论劳动的创造性时，马克思也意识到，劳动的这种创造性实际上已经成为资本奴役下的劳动，因此劳动与资本的交换，只是为资本家提供了更多的对劳动的支配权，在这个意义上，真正的主体并不是劳动中的人，而是资本，资本才是统摄一切的力量。"资本从作为能动的主体，作为过程的主体的自身出发，——而在周转中，直接生产过程实际上表现为不以资本同劳动的关系为转移而由资本作为资本的运动所决定的过程，——同作为自行增大的价值的自身发生关系，也就是说，资本同由它设定并以它为根据的剩余价值发生关系；作为生产的源泉同作为产品的自身发生关系；作为进行生产的价值同作为已经生产出来的价值的自身发生关系。"② 因此，资本凌驾于一切之上，自我外化并将一切吸纳于自身之中，成为一种螺旋形上升状态的主体。虽然从哲学逻辑上来说，劳动本体论有着《形态》中生产逻辑一样的人类学意蕴，但在特定的历史时段，资本逻辑却是绝对主导性的逻辑，它将一切都变成自身存在的条件。

在《资本论》中，马克思思想中的主导性认知型发生了变化：在《1857—1858年经济学手稿》中，以劳动本体论为基础、强调人的主体性与创造性的认知型占主导地位，而在《资本论》中，以资本逻辑为基础的认知型占主导地位，劳动本体论在一定意义上还原为一般意义上的物质生产，并被资本逻辑所统摄。

第一，从总体上来说，资本逻辑体现为自我生产的扩张型逻辑，具

---

① 马克思，恩格斯. 马克思恩格斯全集：第30卷. 北京：人民出版社，1995：121.
② 马克思，恩格斯. 马克思恩格斯全集：第31卷. 北京：人民出版社，1998：145.

有总体化、结构化的特征。资本有其自身的欲望，那就是追求更多的剩余价值，为了达到这一点，需要从传统社会的简单再生产转变为扩大再生产为主导的生产方式。这种扩大再生产的循环与资本流通中的循环一起，使得资本逻辑成为一个复杂的螺旋，在经济活动的不同层面都形成一个吸纳一切的旋涡。在这里，资本有其自身的动力，有其自身的运动方式，从而将自身建构为一个自组织的系统。在资本主义社会，人类学意义上的物质生产过程，只是资本逻辑运行的载体，就像使用价值是交换价值的载体一样。相比于《1857—1858年经济学手稿》中的主导性认知型，这可算是一种颠倒。

第二，不论是工人还是资本家，都只是资本逻辑的构成要素，工人成为资本增殖的工具，资本只是资本的人格化。在《形态》中，马克思讨论了人类学意义上的物质生产过程，即满足人的需要的物质生产过程，这里的表述，如果用经济学的语言，实际上强调的是劳动产品的有用性，但在资本逻辑中，这种有用性只是一种表象，只是作为交换价值的载体才有意义，这意味着人类学意义上的生产逻辑受制于资本逻辑，整个物质生产过程只是资本逻辑的载体，因此，处于生产中的人，即工人也就顺理成章地成为资本增殖的工具。表面来看，资本家是按照自己的意愿进行生产的，但实际上，资本家成为资本的欲望载体，是资本满足剩余价值最大化的工具，所以马克思才说，"资本家只是人格化的资本，他在生产过程中只是作为资本的承担者执行职能"①。在这样的视野中，作为创造性的劳动，"并且作为生命的表现和证实，是尚属非社会的人和已经有某种社会规定的人所共同具有的"②。

第三，资本逻辑与时空构型。资本逻辑的结构化与总体化，与其对时间与空间的规划紧密相连。从时间规划来说，主要体现为如何处理必要劳动时间与剩余劳动时间的内在冲突，对这一冲突的解决最终要取决于劳动生产率的提高，而这就涉及空间的重组，因为技术的变革必然导致劳动组合方式的变革。对时空的规划，从根本上来说，是对人的存在方式、活动方式和发展前景的规划，当技术越发达时，这种规划也就越具体，同时也就越深入地从身体的监管转向心灵的支配。马克思通过绝对剩余价值的生产与相对剩余价值的生产，细致讨论了时空规划的问

---

① 马克思，恩格斯. 马克思恩格斯文集：第7卷. 北京：人民出版社，2009：927.
② 同①923.

题，从而展现出资本逻辑在生产层面的日常状态。

从上面的讨论可以看出，从《1857—1858年经济学手稿》到《资本论》，马克思的思想中存在着认知型的转换：从以劳动本体论为主导的认知型转向了以资本逻辑为主导的认知型，形成了以资本逻辑为内核的理论构架。在这一构架中，马克思从资本逻辑的现象界，即商品交换入手，经过劳动力成为商品这一重要中介，进入资本逻辑的本质界，即剩余价值的生产与实现过程，并在此基础上，批判分析生长于资本逻辑的意识形态。比如在资本的现象界，马克思分析了商品拜物教的产生原因与其实质，在剩余价值学说史的草稿中，马克思则从资本逻辑的本质出发，批判分析了当时的政治经济学理论，展现这些理论对资本逻辑的隐性认同。

在这个认知型的转折中，对劳动力成为商品的分析，构成了重要的环节。马克思通过区分劳动与劳动力，找到了剩余价值的来源。从商品交换，经劳动力成为商品这一中介，再到资本生产、流通与分配，形成了一个完整的、逻辑同一的社会结构理论。这样一种客观化的理论构架，更让人看到了资本的残暴与无节制，以及主体在这种结构化的总体性面前的无存在感。实际上，劳动本体论是深受黑格尔影响的认知型，也是人的类本质的本体论依据，转向资本逻辑的认知型，才使马克思真正超越黑格尔，形成了面对资本主义社会的科学历史理论。

只有理解了这一区分，我们才能看到卢卡奇在《关于社会存在的本体论》中的理论错位。在这本书中，卢卡奇的核心概念是劳动、本体论、合类性、对象化、异化、再生产、总体性等。劳动是社会实践的代表性模式，是社会存在的本体，正是劳动的历史性展开，才能实现主体与外部世界的统一。"劳动过程乃是在人与自然之间发生的过程，乃是人与自然进行物质交换的本体论原则。劳动的目的、对象及手段的这种性质也规定着劳动主体行为的本质，而且是朝着这样的方向进行这种规定的，也就是从主体的观点来看，只有在极具客观性的基础上进行的劳动才可能是成功的。"[①] 再生产的过程被看作社会存在的总体化过程，同样也是合类性的过程，资本主义社会被看作劳动的异化结构，对异化的扬弃才能实现人的合类性的自由发展。从前面关于马克思认知型的分

[①] 格奥尔格·卢卡奇. 关于社会存在的本体论：下卷. 白锡堃，张西平，译. 重庆：重庆出版社，1993：76.

析中可以看出，卢卡奇的这一构架，更多依赖于《1857—1858年经济学手稿》，是一种强调以劳动本体论为基础的主体性构架。可以说，卢卡奇的社会存在本体论，是以《1857—1858年经济学手稿》中的劳动本体论来解读《资本论》，在这里，马克思所讨论的资本逻辑实际上被隐形了。同样，受卢卡奇影响的古尔德，在《马克思的社会本体论》中，也以同样的方式对马克思进行了研究。

如果说卢卡奇是想从劳动本体论基础上张扬马克思哲学的魅力，那么有些学者对马克思的批评同样建立在劳动本体论的基础上，鲍德里亚在《生产之镜》中对马克思的批评就是这样展开的。鲍德里亚认为，马克思的劳动概念的问题在于：第一，对劳动总体上持一种人本主义的观点。马克思将生产力的解放等同于人的解放，将使用价值看作满足主体需要的有用性，这都是对劳动主体性的人类学设定。这种设定，基于近代以来的一种假设，即生产与需要的一般图式。第二，马克思假设了使用价值、具体劳动的优先性。实际上，在交换价值普遍化的时代，使用价值决定于交换价值，具体劳动决定于抽象劳动，更为重要的是，这种区分是一种人类学的幻觉。用符号学的话语来说，"这是能指的逻辑，它生产出所指与指涉的'现实'，并对这种'现实'加以证明。在任何一种方式中，交换价值以歪曲的、抽象的形式，制造出具体的产品、具体的消费以及具体的意指。但它把具体当作自己的意识形态外壳，当作自己的起源和超越的幻象。"① 第三，从上述的基本前提出发，马克思的政治经济学批判使自己的理论成为政治经济学的顶峰。就像费尔巴哈对宗教的内容进行激进批判之后，仍然处于宗教的形式之中一样，鲍德里亚认为马克思批判了政治经济学的内容，但仍处于政治经济学的形式之中。

鲍德里亚对马克思的批评，从根本上来说依赖的是人类学意义上的生产逻辑，劳动本体论只是这种逻辑的理性规定，这同样是以《1857—1858年经济学手稿》为依据来理解马克思哲学的构架。与卢卡奇和古尔德不同的是，鲍德里亚站在激进批评的立场上来看待这一逻辑，从而得出必须要超越马克思的结论。当他强调马克思并没有超越资本主义的意识形态时，这也就意味着需要对资本逻辑进行研究，必须将劳动本体

---

① 让·鲍德里亚. 生产之镜. 仰海峰，译. 北京：中央编译出版社，2005：10-11.

论置于资本逻辑之中来加以分析,从这个角度来说,鲍德里亚只是进入马克思的生产逻辑,而没有理解马克思的资本逻辑。产生这一问题的一个重要的原因在于,过去的研究就是从生产逻辑出发的,并没有认识到《资本论》中资本逻辑的统摄作用。

如果从资本逻辑的视角出发,劳动本体论更适合于资本主义早期阶段,即手工工场阶段以及从手工工场到机器生产过渡的古典时代。在那个自由竞争的时代,从传统社会中解放出来的个体,对应于劳动本体论所强调的自由自主,所以在古典时代,不管是经济学、政治学、哲学,还是宗教,这种自由自主的劳动都处于重要位置。但到19世纪中期,这一认知型面临着重要的变化,特别是到了19世纪中后期,随着机械化生产的确立,这种个体自主性意义上的劳动,实际上已被机器所整合,这种劳动本体论实际上已不合乎资本逻辑的新阶段,在我看来,马克思是意识到这种技术的变迁所带来的影响的。在《哲学的贫困》中,马克思就曾指出:"手工磨产生的是封建主为首的社会,蒸汽磨产生的是工业资本家为首的社会。"① 技术的发展带来的是社会的整体变革,当然包含了认知型的变革。在《资本论》中,马克思充分讨论了从工场手工业到机器大工业的过渡带来的变化,虽然他当时主要讨论的是生产与管理方式的变化,但这些变化同样会带来认知型的改变,这正是我们在阅读《资本论》时需要注意的。

如果上述的讨论能够成立,这就意味着,过去我们对马克思思想发展过程的所有分期理论都需要重新讨论,对马克思哲学思想的发展过程及重要文本同样需要重新理解,才能真正进入《资本论》的哲学空间,在当代语境中重新理解并发展马克思主义。

---

① 马克思,恩格斯. 马克思恩格斯全集:第4卷. 北京:人民出版社,1958:144.

主要参考文献

列宁全集:第18卷,第55卷. 北京:人民出版社,1988,1990.
马克思恩格斯全集. 北京:人民出版社,中文第1版、第2版相关卷次.
马克思恩格斯选集. 北京:人民出版社,2012.
马克思恩格斯文集. 北京:人民出版社,2009.
斯大林选集. 北京:人民出版社,1979.
阿尔都塞. 保卫马克思. 顾良,译. 北京:商务印书馆,1984.
阿尔都塞. 读《资本论》. 李其庆,译. 北京:中央编译出版社,2001.
阿格尔. 西方马克思主义概论. 慎之,等译. 北京:中国人民大学出版社,1991.
巴赫金. 巴赫金文论选. 佟景韩,译. 北京:中国社会科学出版社,1996.
巴塔耶. 色情、耗费与普遍经济——乔治·巴塔耶文选. 汪民安,编. 长春:吉林人民出版社,2003.
巴特. S/Z. 屠友祥,译. 上海:上海人民出版社,2000.
巴特. 流行体系——符号学与服饰符码. 敖军,译. 上海:上海人民出版社,2000.
巴特. 罗兰·巴特随笔选. 怀宇,译. 天津:百花文艺出版社,1995.
巴特. 神话——大众文化诠释. 许蔷薇,许绮玲,译. 上海:上海人民出版社,1999.

巴特. 一个解构主义的文本. 汪耀进, 武佩荣, 译. 上海：上海人民出版社, 1997.

鲍德里亚. 生产之镜. 仰海峰, 译. 北京：中央编译出版社, 2005.

鲍德里亚. 完美的罪行. 王为民, 译. 北京：商务印书馆, 2000.

鲍曼. 流动的现代性. 欧阳景根, 译. 上海：生活·读书·新知三联书店, 2002.

鲍曼. 全球化——人类的后果. 郭国良, 徐建华, 译. 北京：商务印书馆, 2001.

贝尔. 资本主义文化矛盾. 赵一凡, 蒲隆, 任晓晋, 译. 上海：生活·读书·新知三联书店, 1989.

本雅明. 机械复制时代的艺术作品. 王才勇, 译. 北京：中国城市出版社, 2002.

波德莱尔. 波德莱尔美学论文选. 郭宏安, 译. 北京：人民文学出版社, 1987.

波斯特. 第二媒介时代. 范静哗, 译. 南京：南京大学出版社, 2000.

伯曼. 一切坚固的东西都烟消云散了——现代性体验. 徐大建, 张辑, 译. 北京：商务印书馆, 2003.

布洛克. 西方人文主义传统. 董乐山, 译. 上海：生活·读书·新知三联书店, 1997.

丹纳. 艺术哲学. 傅雷, 译. 合肥：安徽文艺出版社, 1991, 163.

德里达. 多重立场. 佘碧平, 译. 上海：生活·读书·新知三联书店, 2004.

德里达. 论文字学. 汪堂家, 译. 上海：上海译文出版社, 1999.

德里达. 马克思的幽灵. 何一, 译. 北京：中国人民大学出版社, 1999.

德里达. 声音与现象. 杜小真, 译. 北京：商务印书馆, 1999.

德里达. 书写与差异. 张宁, 译. 上海：生活·读书·新知三联书店, 2001.

德里克. 跨国资本时代的后殖民批评. 王宁, 等译. 北京：北京大学出版社, 2004.

杜小真, 张宁. 德里达中国讲演录. 北京：中央编译出版社,

2003.

费尔巴哈. 费尔巴哈哲学著作选集. 上卷. 荣震华, 李金山, 等译. 下卷. 荣震华, 王太庆, 刘磊, 译. 北京: 商务印书馆, 1984.

费希特. 自然法权基础. 谢地坤, 程志民, 译. 北京: 商务印书馆, 2004.

丰子义, 杨学功. 马克思的"世界历史"理论与全球化. 北京: 人民出版社, 2002.

弗洛姆. 逃避自由. 陈学明, 译. 北京: 工人出版社, 1986.

弗洛伊德. 精神分析引论新编. 高觉敷, 译. 北京: 商务印书馆, 1987.

弗洛伊德. 梦的解析. 赖其万, 符传孝, 译. 北京: 作家出版社, 1989.

弗洛伊德. 文明及其缺憾. 傅雅芳, 郝冬瑾, 译. 合肥: 安徽文艺出版社, 1987.

福柯. 词与物. 莫伟民, 译. 上海: 生活·读书·新知三联书店, 2001.

福柯. 疯癫与文明. 刘北成, 杨远婴, 译. 上海: 生活·读书·新知三联书店, 1999.

福柯. 规训与惩罚. 刘北成, 杨远婴, 译. 上海: 生活·读书·新知三联书店, 1999.

福柯. 性经验史. 佘碧平, 译. 上海: 上海人民出版社, 2000.

港道隆. 列维纳斯——法外的思想. 张杰, 李勇华, 译. 石家庄: 河北教育出版社, 2002.

高桥哲哉. 德里达: 解构. 王欣, 译. 石家庄: 河北教育出版社, 2001.

戈德曼. 隐蔽的上帝. 蔡鸿滨, 译. 天津: 百花文艺出版社, 1998.

国外黑格尔哲学新论. 中国社会科学院哲学研究所西方哲学史研究室编. 北京: 中国社会科学出版社, 1982.

哈贝马斯. 公共领域的结构转型. 曹卫东, 等译. 上海: 学林出版社, 1999.

哈贝马斯. 后形而上学思想. 曹卫东, 付德根, 译. 南京: 译林出版社, 2001.

哈贝马斯. 认识与兴趣. 郭官义, 李黎, 译. 上海: 学林出版社, 1999.

哈贝马斯. 作为"意识形态"的技术与科学. 李黎, 郭官义, 译. 上海: 学林出版社, 1999.

哈维. 后现代的状况. 阎嘉, 译. 北京: 商务印书馆, 2003.

海德格尔. 存在与时间. 陈嘉映, 王庆节, 合译. 北京: 生活·读书·新知三联书店, 1987.

海德格尔. 海德格尔选集. 孙周兴, 选编. 上海: 生活·读书·新知三联书店, 1996.

海德格尔. 形而上学导论. 熊伟, 王庆节, 译. 北京: 商务印书馆, 1996.

黑格尔. 法哲学原理. 范扬, 张企泰, 译. 北京: 商务印书馆, 1961.

黑格尔. 精神现象学. 贺麟, 王玖兴, 译. 北京: 商务印书馆, 1979.

黑格尔. 历史哲学. 王造时, 译. 上海: 上海书店出版社, 1999.

黑格尔. 小逻辑. 贺麟, 译. 北京: 商务印书馆, 1980.

胡塞尔. 现象学的方法. 倪梁康, 译. 上海: 上海译文出版社, 1994.

胡塞尔. 现象学的观念. 倪梁康, 译. 上海: 上海译文出版社, 1986.

霍克海默, 阿道尔诺. 启蒙辩证法. 渠敬东, 曹卫东, 译. 上海: 上海人民出版社, 2003.

J. K. 吉布森-格雷汉姆. 资本主义的终结——关于政治经济学的女性主义批判. 陈冬生, 译. 北京: 社会科学文献出版社, 2002.

吉登斯. 社会的构成. 李康, 李猛, 译. 北京: 生活·读书·新知三联书店, 1998.

吉登斯. 现代性与自我认同: 现代晚期的自我与社会. 赵旭东, 方文, 译. 北京: 生活·读书·新知三联书店, 1998.

伽达默尔. 伽达默尔集. 邓安庆, 等译. 上海: 上海远东出版社, 1997.

加达默尔. 哲学解释学. 夏镇平, 宋建平, 译. 上海: 上海译文出版社, 1994.

加达默尔. 真理与方法. 洪汉鼎, 译. 上海: 上海译文出版社，1999.

卡斯特. 网络社会的崛起. 夏铸九, 王志弘, 等译. 北京：社会科学文献出版社, 2001.

卡西尔. 人论. 甘阳, 译. 上海：上海译文出版社, 1985.

凯尔纳, 贝斯特. 后现代理论：批判性的质疑. 张志斌, 译. 北京：中央编译出版社, 2001.

康德. 纯粹理性批判. 蓝公武, 译. 北京：商务印书馆, 1960.

康德. 实践理性批判. 韩水法, 译. 北京：商务印书馆, 1999.

康德. 任何一种能够作为科学出现的未来形而上学导论. 庞景仁, 译. 北京：商务印书馆, 1978.

柯尔施. 卡尔·马克思. 熊子云, 翁廷真, 译. 重庆：重庆出版社, 1993.

柯尔施. 马克思主义和哲学. 王南湜, 荣新海, 译. 重庆：重庆出版社, 1989.

科克尔曼斯. 海德格尔的《存在与时间》. 陈小文, 等译. 北京：商务印书馆, 1996.

拉康. 拉康选集. 褚孝泉, 译. 上海：生活·读书·新知三联书店, 2001.

莱斯. 自然的控制. 岳长龄, 李建华, 译. 重庆：重庆出版社, 1993.

莱文. 辩证法内部的对话. 张翼星, 等译. 昆明：云南人民出版社, 1997.

勒维纳斯. 上帝·死亡和时间. 余中先, 译. 北京：生活·读书·新知三联书店, 1997.

理斯曼. 孤独的人群. 王崑, 朱虹, 译. 南京：南京大学出版社, 2002.

利奥塔尔. 后现代状态. 车槿山, 译. 北京：生活·读书·新知三联书店, 1997.

铃村和成. 巴特：文本的愉悦. 戚印平, 黄卫东, 译. 石家庄：河北教育出版社, 2001.

刘北成. 福柯思想肖像. 北京：北京师范大学出版社, 1995.

卢卡奇. 历史与阶级意识. 杜章智, 任立, 燕宏远, 译. 北京：商务印书馆, 1992.

卢卡奇. 小说理论. 张亮, 译. 南京: 南京大学出版社, 2004.

马尔库塞. 爱欲与文明. 黄勇, 薛民, 译. 上海: 上海译文出版社, 1987.

马尔库塞. 单向度的人. 张峰, 吕世平, 译. 重庆: 重庆出版社, 1989.

马尔库塞. 理性和革命. 程志民, 译. 重庆: 重庆出版社, 1993.

马尔库塞. 现代文明与人的困境. 李小兵, 等译. 上海: 生活·读书·新知三联书店, 1989.

米德. 心灵、自我与社会. 霍桂桓, 译. 北京: 华夏出版社, 1999.

米利特. 性的政治. 钟良明, 译. 北京: 社会科学文献出版社, 1999.

尼采. 悲剧的诞生. 周国平, 译. 北京: 生活·读书·新知三联书店, 1986.

尼采. 论道德的谱系. 谢地坤, 译. 桂林: 漓江出版社, 1992.

尼采. 权力意志——重估一切价值的尝试. 张念东, 凌素心, 等译. 北京: 商务印书馆, 1996.

尼采. 苏鲁支语录. 徐梵澄, 译. 北京: 商务印书馆, 1992.

倪梁康. 现象学及其效应. 北京: 生活·读书·新知三联书店, 1998.

帕金森. 格奥尔格·卢卡奇. 翁绍军, 译. 上海: 上海人民出版社, 1999.

皮亚杰. 发生认识论原理. 王宪钿, 等译. 北京: 商务印书馆, 1995.

萨弗兰斯基. 海德格尔传. 靳希平, 译. 北京: 商务印书馆, 1999.

萨特. 辩证理性批判. 林骧华, 徐和瑾, 陈伟丰, 译. 合肥: 安徽文艺出版社, 1998.

萨特. 萨特文学论文集. 施康强, 等译. 合肥: 安徽文艺出版社, 1998.

萨特. 萨特哲学论文集. 潘培庆, 汤永宽, 魏金声, 等译. 合肥: 安徽文艺出版社, 1998.

桑巴特. 奢侈与资本主义. 王燕平, 侯小河, 译. 上海: 上海人民出版社, 2000.

舍勒. 价值的颠覆. 罗悌伦, 林克, 曹卫东, 译. 北京: 生活·读书·新知三联书店, 1997.

盛宁. 人文困惑与反思. 北京: 生活·读书·新知三联书店, 1997.

施密特. 历史和结构. 张伟, 译. 重庆: 重庆出版社, 1993.

施密特. 马克思的自然概念. 欧力同, 等译. 北京: 商务印书馆, 1988.

史蒂文森. 认识媒介文化. 王文斌, 译. 北京: 商务印书馆, 2001.

孙伯鍨, 张一兵. 走进马克思. 南京: 江苏人民出版社, 2001.

孙伯鍨. 卢卡奇与马克思. 南京: 南京大学出版社, 2000.

孙伯鍨. 探索者道路的探索. 合肥: 安徽人民出版社, 1985.

汤浅博雄. 巴塔耶: 消尽. 赵汉英, 译. 石家庄: 河北教育出版社, 2001.

王治河. 扑朔迷离的游戏. 北京: 社会科学文献出版社, 1993.

韦伯. 新教伦理与资本主义精神. 于晓, 陈维纲, 译. 北京: 生活·读书·新知三联书店, 1987.

西川直子. 克里斯托娃. 王青, 陈虎, 译. 石家庄: 河北教育出版社, 2002.

亚里士多德. 形而上学. 吴寿彭, 译. 北京: 商务印书馆, 1959.

殷鼎. 理解的命运. 北京: 生活·读书·新知三联书店, 1988.

詹明信. 晚期资本主义的文化逻辑. 陈清侨, 等译. 北京: 生活·读书·新知三联书店, 1997.

詹姆逊. 语言的牢笼 马克思主义与形式. 钱佼汝, 李自修, 译. 南昌: 百花洲文艺出版社, 1995.

张亮. "崩溃的逻辑"的历史建构. 北京: 中央编译出版社, 2003.

张祥龙. 海德格尔思想与中国天道. 北京: 生活·读书·新知三联书店, 1996.

张一兵. 回到马克思. 南京: 江苏人民出版社, 1999.

张一兵. 马克思历史辩证法的主体向度. 郑州: 河南人民出版社, 1995.

赵家祥, 丰子义. 马克思东方社会理论的历史考察和当代意义. 北京: 高等教育出版社, 2002.

Alexandre Kojève. Introduction to the Reading of Hegel. New York: Cornell University Press, 1967.

Antonio Gramsci. Selections from the Prison Notebooks. Ed. and trans. by Quintin Hoare and Geoffrey Nowell Smith, 1971.

Douglas Kellner. Herbert Marcuse and The Crisis of Marxism. London: Macmillan Education, 1984.

Ernesto Laclau, Chantal Mouffe. Hegemony and Socialist Strategy: Towards a Radical Democratic. London: Verso, 1985.

Henry Lefebvre. Everyday Life in Modern World. Trans. by Philip Wander. London, 1984.

Herbert Marcuse. A Essay in Liberation. Boston: Beacon Press Paperback, 1969.

Herbert Marcuse. One-Dimensional Man, Studies in the Ideology of Advanced Industrial Society. Boston: Beacon Press, 1991.

Herbert Marcuse. Reason and Revolution. Boston: Beacon Press Paperback, 1960.

Herbert Marcuse. Technology, War and Fascism. Ed. by Douglas Kellner. London and New York: Routledge, 1998.

Jacques Derrida. Specters of Marx. Trans. by Peggy Kamuf. New York and London, 1994.

Jean Baudrillard. For a Critique of the Political Economy of the Signs. Trans. by Charles Levin. Telos Press, 1981.

Jean Baudrillard. Symbolic Exchange and Death. Trans. by Lain Hamilton Grant. London: Sage, 1993.

Jean Baudrillard. The Consumer Society. London: Sage Publications Ltd., 1998.

Jean Baudrillard. The Mirror of Production. Trans. by Mark Poster. Telos Press, 1975.

Jean Baudrillard. The System of Objects. Trans. James Benedict. London: Verso, 1996.

L. Althusser. For Marx. London and New York: Harmondsworth, Penguin, 1969.

Max Horkheimer, Theodor W. Adorno. Dialectic of Enlightenment. Stanford: Stanford University Press, 2002.

Stuart Sim ed. Post-Marxism: A Reader. Cambridge: Edinburgh University Press, 1998.

索 引

A

阿多诺 11, 23, 46, 50, 51, 72, 73, 103, 178, 245, 260, 274, 286-288, 291-293, 295-298, 300, 335

阿尔都塞 76, 258, 319, 351-355, 375, 376

安年柯夫 44, 66, 82

B

巴赫金 39-42

巴塔耶 319-322, 344

巴特 51, 292, 293, 335, 336

巴特勒 360

柏拉图 18, 22, 23, 26, 97, 169, 195, 288, 300, 306, 318, 322, 323

拜物教 36, 37, 47, 68, 191, 212, 213, 241, 242, 262, 264-266, 385

鲍德里亚 38, 167, 178, 293, 298, 317, 318, 334-346, 376, 391, 392

本体论 1, 3-12, 19, 26, 29, 74, 137, 168, 171, 213, 221, 227, 228, 232, 300, 301, 306-308, 325, 329, 332, 334, 354, 366, 386, 387, 390, 391

本质 3-5, 7, 11, 14, 16-18, 20, 25-27, 32, 34, 35, 46, 47, 55, 62, 64-67, 71, 73, 75, 76, 82, 88, 92, 93, 96-118, 121-132, 136, 141, 142, 148-151, 153-158, 160-165, 167, 170, 172-174, 181, 183, 186, 189-191, 193-195, 197, 199, 200, 204, 206, 218, 219, 222, 226-228, 232-236, 241-243, 246, 260, 264, 267, 270, 281, 288, 289, 291, 301, 307-309, 315, 317, 319, 322, 326, 341-343, 346, 351-356, 358, 360, 364, 371, 375

必然 10, 13, 19, 21, 43-45, 58, 64, 66, 67, 78, 80, 90, 91, 108, 117, 119, 127, 135-138, 143,

145, 148, 169-172, 181, 186, 191, 194, 196, 199, 212, 221-223, 229, 247, 249, 251, 281-286, 289, 290, 300, 303, 304, 307, 309, 325, 328, 339, 344, 347-350, 352, 355, 359, 366, 384, 387, 389

辩证法　5, 11, 19, 26-29, 35, 43, 44, 46, 50, 51, 58, 67, 69, 71, 73, 74, 80-83, 121, 124, 135, 136, 138, 141, 152, 193, 215, 234, 237, 238, 245, 248, 255, 256, 267, 270, 283-285, 295, 299, 304, 306-308, 315, 319, 320, 339, 341, 351, 357, 366, 367

　辩证唯物主义　4, 5, 7, 8, 366
　波德莱尔　361
　伯恩施坦　36, 347, 348, 350
　伯曼　361, 363

C

　操控　274, 276, 296, 298, 361
　抽象　7-9, 21-24, 26, 29, 37, 39, 54, 55, 58, 59, 61-63, 65, 66, 69, 75-78, 81, 92, 93, 98, 104, 108, 118, 119, 122, 123, 125, 126, 129, 131-133, 135, 136, 141, 145-147, 151, 155, 160, 167, 170, 173, 184-189, 191, 192, 203-206, 209, 214, 230-232, 235, 241, 248, 251, 255-258, 260, 262, 264, 265, 269, 277, 278, 281, 282, 285, 286, 288-290, 292, 293, 295, 299, 308, 311, 312, 330, 331, 336, 343, 358, 367-371, 380, 383, 391

　抽象劳动　241, 264, 391
　此在　7, 12, 13, 15, 17, 26,

72, 79, 94-97, 99, 110-112, 116, 137, 148, 151, 153-158, 162, 164, 171, 176, 177, 189, 192, 209, 223, 227-229, 232, 260, 263, 354

存在　3-18, 20, 25-27, 29-36, 38, 41, 42, 47, 57, 61-63, 65, 67, 69, 71-73, 75, 76, 79, 81-87, 90-117, 119-121, 123-128, 130-132, 134, 135, 138, 139, 141-166, 168-178, 181-187, 189-196, 199, 201-207, 209, 210, 213, 215, 217-241, 248-252, 254, 255, 257, 263, 265-267, 270, 271, 274, 277-279, 281-285, 288-295, 297-301, 303-314, 319-322, 324, 327, 328, 330, 331, 333, 334, 337, 338, 340, 342, 345-347, 349-356, 358, 359, 363, 365, 366, 369, 371, 372, 375, 376, 379-381, 383-385, 387-390

　存在论　2, 3, 6-12, 19, 47, 117, 148, 150, 151, 155
　存在主义　7, 13, 14, 47, 94, 97, 100-102, 104, 105, 107-109, 113, 116, 138

D

　德波　336
　德国古典哲学　26, 45, 50, 54, 91-93, 97, 168, 182, 267, 299
　德里达　38, 47, 48, 254, 256, 275, 317-319, 321-329, 331-335, 352, 355, 365, 366
　德里克　375
　德鲁兹　342
　颠倒　16, 18, 22, 43, 65, 68, 99, 104, 112, 118-122, 128, 135,

166，168，210，211，227，240-242，247，259，262-270，276，278，298，315，381，389

独白　39-43，45，198，260，323

断裂　103，310，315，323，325，327，349，376

对象化　18，40，63，64，92，108，114，123-128，130，135，189，225，248，268，281，384，387，390

多元决定　351-353，355，356，359，375，376

E

恩格斯　3-6，21，22，24，30-33，36，37，42，44，54-71，75-78，80-82，88，89，118，121-128，131-137，162，173，174，185，187-190，206，210，211，238-241，254-258，261-263，265-267，273，277，278，280，284，289，330-332，336，344，362，368-370，379-381，383，385-389，392

F

发生认识论　79，192-195，197，203

法兰克福学派　38，46，49-51，73，77，103，167，246，270-275，286，300，340，357，360

法哲学　21，22，30，34，43，120，121，173，240，267，363，364，371，381，382

范式　1，2，4，5，7，8，26，74-76，176，204，205，219，376

方法论　6，25，30，35，37，39，41，70，74，79，81，91，94，119，

137，179，180，182，183，216，226，228，235，238，243，267，269，288，325，370，382

费尔巴哈　12，14，23，24，28，29，35，37，43，54-59，93，94，99，101，108，117-123，125，126，128-134，161，162，171，173，187，189，206，211，239，247，253，267，268，291，382，391

费希特　21，27，28，92，117，147，169，183，184，249，364

分工　30，32，34，70，92，93，188，239，240，254，257，261，273，283，286，292，293，363，368，371，373

福柯　172，174，177，254，322，323，340，353-356，383，384

复调　39-41，43-45

G

葛兰西　4，5，38，51，213，244，245，270，272，273，281，346，347，350，351

个人　5，17，31-33，35-37，40，55，60，69，75-77，79，83，86，92-94，101，102，115，116，130-138，142，172，184，189，190，193，197，202，205，206，208-210，213，218，222，224，227，229-231，237，239，240，249，252-254，259，262-268，281，285，286，297，298，303-306，310，311，320，336，348，358，359，363，379，387

个体　21，26，30，31，34，35，55，68，69，71，72，92，94，97，98，100，107，112，117，127，129，133，

137，138，143，144，147，155，173，175，181，183，184，192，193，197—210，213—215，218，224，230，249，251，259，261，262，265，284，292—299，301—303，310，312，331，358，363，364，392

工具理性　19，72，73，165，213，245，273—277，279，281，283，285，287—289，291，293—295，297，299—301，303—305，307，309，311，313，315，357

共产主义　17，32，43，44，56，60，126—128，131，246，268，277，279，280，327，332—334，338，382，383，385，386

共同体　23，32，175，199，208—210，213，238，251，254，261，362，363，373

共在　12，13，96，101，103，104，111

古尔德　391

雇佣劳动　252，257，368

H

哈贝马斯　28，72，130，137，169，170，173，178，198，209，213—215，260，275，277，357，376

海德格尔　3，7—20，30，45—47，51，72，73，79，94—99，101，103—117，137，138，140—142，148—169，171，175—179，184，188，189，191，192，194，201，208，216，222，227—230，232，252，254，256，260，288，300，301，312，319，322，324—328，357

合法性　3，8，11，24，85，89，90，94，100，141—144，160，168，170—172，177，194，211，216，217，228，229，231，232，237，242，266，277，290，291，313，330，338，340，349，351，352，357，361，362，364，365，367，373

赫斯　35，63，117，120，249，268，382

黑格尔　2，5，7—12，14—16，18，20—25，28，29，31，33—35，37，42—46，54，56，58，59，61—64，66—69，71，72，75，78，82，83，92—94，96，97，112—114，117—133，135—137，139，140，142—148，152，156，160，166—173，175—178，183—186，191，193，195，196，198，204，211，214，220—223，225，234—237，239，240，244，245，247，248，250，253—257，259，260，263，267—269，271，285，289，291，296，299，301，306，310，319—322，331，362—373，375，379，381，382，390

后现代　29，38，77，83，178，252，262，275，316—318，338，343，346，352，354，357，359—361，364—366，372—377

胡塞尔　14，30，72，73，76，80，103，113，176，192，200，224，226，227，260

货币拜物教　36，68，252，264，265，302，373

霍克海默　23，50，51，103，245，274，275，286—288，291—293，295—298，300，335

J

吉登斯　214，215，361，362，376

技术　11，15，17-19，47，72，91，93，98，103，105-107，109，114，159，164，166，167，176，252，273，274，277，280-288，290，293-297，300-306，308-311，314，315，348，357，365，374，389，392

伽达默尔　171，216，218-221，226-238，242

价值　6，16，31，35，36，40，45，51，61，63，64，67，70，73，77，80，82，89，94，99-101，103，105，113，117，128，129，131，145，157，178，191，201，210，220，222，224，241，243，246-253，255，260-262，264，266，278，287，291，293，300，301，309，310，313-315，319，331，332，335，338-340，343，358，364，365，368，375，380，383，388

交换价值　31-33，69，241，264-266，277，278，310，337，339，341，343，387，389，391

交往　30，41，59，65，72，136，137，172，174，185，188-190，198，209，213，214，237，240，254，255，260，275，280

结构　6，16，17，19，25-28，30，34，40，41，43，45，65，73，79-81，85，92，96，134，138，153，159-161，167，177，186，187，190，194-197，199，204，206-208，211-213，215，221，222，224，228，231，234，237，238，241，242，254，271，273，274，277，280-286，294，295，299，305，306，310，311，313，314，316，319，322，323，336-341，344，349-351，353-356，360，364，372，373，375，376，379-381，390

结构化　177，211，214，215，271，353，389，390

结构主义　79，177，178，214

解构　3，12，29，30，47，48，50，116，155-157，174，175，177，192，208，254，309，317-319，321-329，331-334，343，352，355，360，361，365，371，372

解释学　63，75，76，79，80，82，95，96，147，162，171，188，192，201，213，216-220，223，224，228-235，237-240，242

经济基础　67，78，349，350

经济决定论　36，78，134，244，260，272，339，347

经验论　26，80，93，142，143，172，181，182，185，223，235

镜像　28，169，338，342，345，384

绝对观念　6，9，11，21，23，26，28，34，37，69，93，94，97，122，124-126，130-132，135，139，140，145，147，148，152，166，170，171，175，222，225，235，236，289，291，320，363，364，367，371

K

康德　5，20，21，33-35，72，89-93，95，100，101，140，143-153，160，168，169，182-186，188，195，196，211，223，224，234，244，249，250，253，254，259，280，291，324，363，366，367，382

考茨基　244，347

柯尔施　4，5，82，244，270，

272，274

客体 19，25-28，40，45，64，71，79，95，116，119，123，142，156，161，162，166，169，177，182，187-189，192-196，198，201，214，215，224，225，281-285，289，293-295，299，301，308，345，353，356，357，370

空间 1，2，29，30，32-34，36，46，48，49，71，80，82，157，170，178，180，182，196，234，238，278，299，303，304，309，312，316，320，324，325，328，341，342，348，349，351，352，354，357，359，360，374，383，384，387-389，392

L

拉康 336，338，342

拉克劳 275，317，346-352，354，355，357-360，376

劳动 6，13，17，18，31，33，57，63，64，67，68，70，76，79，80，89，92，93，95，102，114，118，124，125，133，135，136，138，139，162，191，239-242，246-249，252，257，258，260，261，263，264，266-268，272，277-282，284，288，289，292，293，304-306，310，316，320，321，331，334，338，341-344，357，363，366，371，373，374，380，381，385-392

劳动本体论 387，388，390-392
劳动二重性
劳动力 241，264，279，282，305，310，316，339，341，343，362，374，390

劳动一般 257，258，260，265，371

类本质 57，98，101，129，130，131，148，173，189，268，382，384-385，386，390

李嘉图 34，63，67，89，92，175，248，259-261，271，272，363，381

历史 2-5，7，12-16，18，20-25，28-39，42-44，47-51，53-71，73-85，92-94，97，98，102，103，108-110，112-114，117，123，126-129，131，133-138，143，161，162，168，169，171，173，174，176，177，179，180，183-193，196，203，205，206，208-210，212，215，216，219-240，242-244，247，249-252，254-258，260，263，267，269-273，275，280-285，288，290，296，299-302，306，308-314，318，320-325，328，329，332，333，340-342，345-351，354，357，358，361，363-381，383，384，386-388，390

历史辩证法 31，66，68，71，73，74，78，80，138，243，269，270，272，299，308，310，313，314

历史情境 44，73，74，80，82，83，139，189，207，231，235，239，275，310，324，346，349，357

历史认识论 30，179-181，183，185，187-193，195-197，199，201，203，205，207，209-211，213，215-217，219，221，223，225，227，229，231，233，235，237，239，241，243

历史唯物主义 4，6，12，47，74，188，268，272，274，335，338，

379，381，382，386

历史性　2，7，14，15，17，30，33，35，37，39，42，48，60，66，67，70，71，73—78，80—83，101，104，105，107，111—117，133，134，136—139，155，156，162，171，179，180，184，189，190，192，193，203，215，216，220，222—224，226—229，231—237，239，243，251，253，256—258，260，261，269，308，310，313，331—344，372，380，390

列宁　4，43，61，76，215，273，346，350

列维纳斯　11

卢卡奇　4，5，15，16，18，19，23，25，33，38，45，46，49，50，77，81，143，158，183，244，245，251，260，270，272—277，280—286，299，306，335，363，370，390，391

M

马尔库塞　5，129，147，245，256，285，300—302，304—316，357

马克思　1—8，12—26，28—39，41—71，73—84，89，94，98，101，104，105，112—114，116—118，120—141，143，145，147，149，151，153，155，157，159，161—163，165，167—169，171，173—175，177—181，184—193，196，197，199，203，206，210，211，213，215，216，223，228，233，238—282，284—287，289，292，299—302，305，306，310，314—319，321，323—339，341—351，353，355，357，359—361，363，365—373，375—392

马克思哲学　2，6，19，25，34，52—55，57，58，62，65，67，68，71，75，78，80，83，117，128，129，229，270—272，378，380，386，391，392

马克思主义哲学　1—31，33，35，37—39，41—54，57，59，61，62，84，104，128，138—141，156，168，171，175，178—180，185—187，190，193，203，244—246，250，251，253—256，259，260，263，269，276，288，317—319，324，325，332—335，340，343—345，360，361，365，366，372，373，375，377

米德　184，193，197—203，205—209，213-215，237

墨菲　275，317，346—352，354，355，357—359，376

N

尼采　7，16—18，45，94，98—100，103，113，157，158，168，174，176，192，287，293，319—322

P

批判理论　2，6，19，20，23，25，34—38，46，48，50，66，77，82，83，113，118，120，122，167，176，178，229，242—247，249—253，255—259，261—263，265—276，283，284，286，299—302，311，314，315，329，331，332，335，337，338，340，342，372，373

平等　23，32，40，41，212，222，261，305，306，343，356，358，359，385，386

蒲鲁东　31，44，63，66-71，81，82，190，242，248，279，369

索引

Q

启蒙　26, 50, 51, 77, 88, 89, 92, 146, 216, 217, 220, 225, 226, 230, 249, 274, 286－291, 294－296, 305, 338, 343, 344, 362

启蒙辩证法　23, 51, 245, 274, 286, 287, 293, 299, 300, 335

权力　17, 22, 23, 123, 252, 254, 262, 276, 286, 287, 289, 291－296, 299, 303, 304, 342, 350, 364, 375, 381

全球化　1, 2, 324, 325, 328, 332, 334, 372, 374, 375

R

人本主义　7, 14, 35, 39, 43, 45, 57, 58, 63, 64, 68, 74, 84, 93, 94, 97, 105, 116－118, 120, 128, 129, 133, 137, 138, 173, 243－245, 248, 253, 256, 259, 262, 391

人类学　118, 151, 152, 155, 257, 338, 343, 344, 380, 381, 386, 388, 389, 391

人学　5－7, 43, 50, 84, 86－88, 90－94, 97, 98, 116, 117, 128－132, 135, 137－141, 245, 256, 290

人学现象学　117, 118, 120, 122, 125－130

认识论　4, 26, 27, 74, 79, 151, 156, 162, 171, 180－189, 191－194, 196－199, 201, 203－205, 208－210, 213－215, 223, 224, 228, 307, 313, 383

认知型　382－390, 392

S

萨特　7, 13－15, 47, 94, 97－110, 112-116, 139, 305

商品拜物教　36, 37, 68, 210, 241, 242, 252, 264, 265, 280, 302, 330, 331, 373, 390

社会存在　30, 67, 98, 134, 207, 229, 238, 240, 242, 254, 277, 279, 295, 331, 378－380, 390

社会存在本体论　81, 391

社会关系　15, 17, 19, 37, 53, 55－57, 59, 61－63, 65－73, 75, 77, 79, 81, 83, 93, 114, 121, 122, 132, 136, 189, 190, 192, 197, 206, 241, 251－253, 258－263, 266, 278, 279, 282, 284, 286, 300, 331, 341, 343, 347, 356, 358, 359, 369, 371, 379, 380, 386

社会意识　30, 191, 229, 238, 240, 269, 284

社会主义　3, 24, 31, 32, 35, 42－44, 48, 67, 175, 190, 242, 249, 266, 268, 271, 272, 317, 318, 324, 325, 346, 348, 349, 358－360, 376, 378, 381, 382, 386

神话　12, 29, 30, 48, 130, 173, 174, 239, 245, 250, 274, 286－291, 293－295, 332, 335, 348, 378

生产　15, 19, 30－33, 36, 44, 50, 51, 56, 59, 62, 64－66, 68－71, 73, 76, 79, 80, 82, 83, 88, 89, 93, 135－137, 174, 185－188, 190, 191, 196, 210－212, 217, 232, 240－242, 248, 251, 252, 254, 255, 257, 261, 263－266, 269, 270, 272－274, 278, 279, 283－285, 288, 289, 297, 298,

302, 303, 305, 306, 313, 315, 316, 330, 331, 334-344, 353, 354, 356, 357, 361, 362, 368, 371, 373-375, 379-381, 383, 386, 388-392

生产方式 30, 47, 58-60, 65, 66, 74, 78-80, 82, 83, 188, 255, 257, 273, 277, 279, 280, 297, 300, 305, 310, 340-342, 344, 360, 366, 371, 380, 389

生产关系 38, 67, 78, 80, 81, 242, 255, 260, 261, 263, 264, 276-280, 284, 299, 340, 341, 350, 359

生产力 15, 17, 19, 36, 38, 44, 60, 66-68, 70, 71, 81, 82, 164, 189, 240, 251, 255, 261, 263, 273, 276, 277, 279, 280, 283-286, 299, 315, 336, 340-342, 344, 354, 391

生产逻辑 32, 272, 335, 337-339, 379-382, 386, 388, 389, 391, 392

生产之镜 167, 334, 338, 342, 376, 391

生产资料 24, 33, 68, 70, 251, 252, 263, 264, 279

剩余价值 64, 248, 251, 252, 261, 273, 279, 305, 306, 339, 341, 380, 388-390

施蒂纳 117, 133

时间 2, 7, 8, 10, 12, 13, 15, 17, 32, 33, 70, 71, 73, 76, 79, 95, 96, 103, 110, 111, 114, 148, 149, 151-153, 155, 156, 158-160, 162, 163, 169, 170, 184, 192, 208, 221, 224, 227, 229, 230, 232, 264, 277, 284, 289, 304, 310, 318, 327, 331, 353, 354, 373, 387-389

实践 1, 2, 4-7, 12, 13, 17, 21, 22, 24, 28, 36, 51-67, 69, 71, 73, 75-77, 79, 81, 83, 90, 92, 126, 128, 131, 133, 136, 145, 161, 171, 177, 182, 184, 187-189, 191-193, 196, 197, 210-215, 217, 223, 243, 250, 260, 261, 275, 285, 291, 300, 307, 308, 310, 311, 313, 324, 328, 339, 346, 347, 350-356, 358-360, 365-367, 371, 382, 390

实践本体论 2, 4-7, 53, 57

实践唯物主义 1, 5-7, 9, 45, 53-55, 57, 64, 84, 138, 204, 256, 260, 386

使用价值 69, 241, 264, 277, 278, 282, 330, 331, 337-339, 341, 343, 389, 391

世界历史 32, 92, 175, 188, 224, 280, 285, 330, 373

市民社会 22, 30, 32-35, 43, 44, 51, 59, 60, 63, 65, 72, 78, 98, 188, 243, 247, 248, 252, 254, 255, 267, 268, 271, 273, 346, 363, 371, 379, 383

双重逻辑 272, 330, 338, 379

斯密 34, 63, 68, 89, 92, 93, 98, 175, 186, 248, 257, 259, 260, 363, 384, 385

所有权 327

所有制 267

T

陀思妥耶夫斯基 40, 41

W

晚期资本主义 51, 77, 79, 83

索 引

韦伯　15，19，38，46，50，138，165，213，244，273，274，280，292，340，343，364

唯物主义　4，5，17，18，24，26，28，33，42-44，47，53-56，58，61，64-66，80，81，114，118-121，128，131，134，149，161，162，172，197，204，210，211，223，246，247，260，268，269，289，369，386

唯心主义　5，24，33，42，43，53-56，58，66，71，72，92，123，131，149，172，210，222，223，249，262，269，364

无产阶级　15，36，43，44，57，63，68，102，130，175，244，246，247，249，250，252，261，263，268，269，284-286，306，330，341，346-351，357，366，372，383

物化　5，15，18，19，38，46，50，158，162，164-166，176，244，245，260，273，276-278，280-286，289，294，302，335，336，343，357

物质生产　12，58-62，65，66，133，136，137，187-189，246，250，254，255，260，263，264，286，294，337，338，380，381，386，388，389

X

西方马克思主义　4，5，19，46，49-52，84，243-246，250，251，253，256，270，272，276，280，335，336，338，345，357，360，370

现代性　11，129，165，287，360-364，366，372，374，376，384

现实的个人　94，117，129，133-138

现象学　2，7，14，18，20，34，76，96，97，103，113，114，117，122-124，127，128，135，146，172，184，190-192，200，204，210，214，226，227，235，253，301，319，320，363，366，367，369，371

相对剩余价值　279，389

效果历史　171，216，229，232-239，242

形而上学　2，3，5，7-12，14，16-20，22，23，25，26，28，29，31，39，42，45，47，51，69，71，87，91，92，95，99，107-114，116-118，129-133，136-159，161-163，165-180，185，189，192，193，198-200，202，205，214，215，221，227，254，269，274-277，279，281，283，285-289，291-297，299-305，307，309-315，317-326，328，330，332-334，338，341，345，352，361，366

形而上学批判　2，4，6，8，10，12，14，16，18，20，22-26，28，30，32，34，36，38，40，42，44，46，48，50-52，54，56，58，60，62，64，66，68，70，72，74，76，78，80，82，84，86，88，90，92，94，96，98，100，102，104，106，108，110，112，114，116，118，120，122，124，126，128，130，132，134，136-138，140，142，144，146，148，150，152，154，156，158，160，162，164，166，168，170，172，174，176，178，180，182，184，186，188，190，192，194，196，198，200，202，204，206，208，210，212，214，216，218，220，222，224，226，228，230，232，234，236，238，240，

242，244，246，248，250，252，254，256，258，260，262，264，266，268，270，272，274，276，278，280，282，284，286，288，290，292，294，296，298，300，302，304，306，308，310，312，314，316－378，380，382，384，386，388，390，392

Y

异化　1，13－15，18，19，23，35，43，44，55，57，63，64，66，82，84，93，94，113，117，118，120－128，130－132，135，183，185，186，235，236，240，243－250，253，256，268，281，293，301，304，305，310，322，385－387，390

异化劳动　14，43，57，63，117，120，124－126，245－248，268，281，282

意识　4，5，9，10，12，15－23，27－30，33，36－38，41，43，49，50，55－57，60，61，64－66，75，76，82，83，87－90，92，94，101，111，112，114，117－119，122－127，135，137－143，144，147，148，150，152，153，162，167，169－171，173，174，177，180，181，183－185，188－190，192，195，199，200，202－208，210－216，218－222，224－227，229，231，233－242，244－246，249，250，252，254－256，263－271，273，275，280－286，291，294－299，302－306，313，315，319，320，325，331，337，340－342，345，347，348，350，362，363，367，370，371，376，379，385，386，388，392

意识形态　12－14，23－25，28－30，32，37，51，55，76－78，80，81，174，184，210，212，229，238－240，242，243，245，246，249，250，252，255，261－263，266－270，272－274，276，277，292，293，299，329，334，335，338，341－343，348，350，354，357，360，367，379，390，391

意识形态批判　77，242，266，268－270

应该　9，14，21，29，44，45，54，65，68，73，74，78，80，81，87，88，90，123，128，139，147，160，179，184，188，246，248，250－253，255，293，301，307，308，310，312，326，333，338，340，353，354，359，374，383，385

有限性　118，137，142，146，148，151－158，170，171，176，225，230，234，236，237

Z

詹姆逊　77－79，83，376

主体　5，8，12，17，19，23，26－28，40，41，45，54，64，72，73，76，77，83－85，87，89，91，93－97，99，101，103，105，107，109，111，113，115－117，119－121，123，125，127－129，131－133，135，137－139，142，151，161，162，166，167，169，170，172，176－178，181，182，184，187－189，192－198，203－205，207－210，213－215，223，224，226，227，238，241，245，247，252，257，272，275，281，283－285，289，290，293－297，299，301，302，306，308，311，315，

319，336，340，344－346，348－351，
353，354，356－359，364，365，368，
370，374，387，388，390，391

主体性　1，6，16，17，45，50，
72，84，125，128，130，131，133，
137，138，141，147，151，170，187，
192，200，214，226，230，231，237，
238，244，260，285，294，297，385－
388，391

资本　24，25，29，31－34，38，
47，48，51，52，68，74，78，81，98，
176，186，190，191，210，211，240－
242，244，252，257，258，261，263，
266，268，271－274，276，279，288，
297，299，316，318，324，330－332，
334，338－340，343，344，347，357，
361，368，371－383，385－392

资本拜物教　36，68，190，264，
266，302，373

资本家　241，252，264，271，
279，305，306，357，388，389，392

资本逻辑　1，2，24，25，29，
31，33，36－38，52，271－273，297，
299，371－374，376，379－382，387－
392

资本主义　2，5，12，14，17，
23－25，28，30－39，47，50－53，57，
62－71，73，74，76－78，80－82，85，
88，89，92，93，98，103，129，135，

137，138，173－175，181，186，187，
190，191，210，212，241，243－253，
255－275，277－280，283－288，291，
293，296，297，303－305，310，316－
318，324，325，328－331，333－338，
340－347，349，357－359，361－365，
368，371－381，386，388－392

《资本论》的哲学　272，378，
392

自然社会　76

自由　2，20－23，31－35，37，38，
40，41，50，51，68－72，86，89，93，
100－106，108，109，127，128，137，
138，163，177，212，214，218，221，
222，241－243，245－249，253，259，
261，267，272，273，279，284，287，
289－291，295－299，301－304，307，
310，313，314，318，324，325，347－
349，357－359，363，364，366，368，
373，374，376，380，382，386，387，
390，392

总体性　15，24，25，29，31，33，
34，36，38，45，50，51，62，67－72，
81，82，137，186，244，245，250－
252，256，257，259，260，262，270，
284，285，299，300，304，313，317，
318，320，325，333，341，346，351，
352，357，359－377，382，390

后　记

　　本书的主体部分完成于1997—2001年。2006年江苏人民出版社杨建平先生将此书纳入"马克思哲学研究系列"丛书。这次修订再版，增加了"第一章 实践与社会关系"、"第四章第五节 从效果历史意识到意识形态批评"、"第五章第四节 批判理论：从马克思到法兰克福学派"、"第七章第三节 领导权与后马克思主义的理论选择"和"结束语 走向《资本论》"。本书虽然不是我出版的第一本书，但它是我写作的第一本书，这次修订再版，我希望在总体上保持原样，以记录自己曾经的思考。

　　20世纪90年代中期，实践唯物主义的基本观点已被学界所接受，从实践出发来重构马克思主义哲学是大多数学者的共同认识起点。大约在1995年5月，江苏省马克思主义哲学界举办了一次研讨会，一方面纪念《关于费尔巴哈的提纲》写作150周年，另一方面为10月在南京大学召开的全国"马克思主义实践论与建设有中国特色社会主义理论的哲学基础"学术研讨会做准备。正是这次研讨会上专家们的发言，让我将过去所读的文献激活起来，形成了"实践：一个过渡性范畴"的看法，在普遍认为实践范畴是马克思主义哲学理论基础的情况下，我的这一想法显得有点异类。令我难忘的是，当时还不熟悉的张一兵先生，给我极大的支持与鼓励。

　　在关于实践唯物主义的讨论中，学界关注的根本问题是实践本体论与实践主体性，我的反思是从实践主体性问题着手的。90年代对马克

后 记

思主义哲学研究最有影响的西方哲学家中，海德格尔应该算一位。1992年本科毕业后，我被分配到信阳的一所军校教书，当时单位面临整体搬迁，人心躁动，在迷茫和无聊之际，我开始重新阅读马克思，海德格尔的《存在与时间》也是我喜欢阅读的文本。读研究生后，我常常将《德意志意识形态》与《存在与时间》加以比较，有几点印象特别深刻：首先，抛开思想上的根本差异，《存在与时间》在形式上与《德意志意识形态》的"费尔巴哈章"颇为相似。海德格尔通过"烦"展开了人与外部世界打交道的烦忙维度、人与人交往的烦神维度，这有点类似于马克思通过物质生产展开的人与自然的关系维度、人与人的关系维度，这激发了我对海德格尔与马克思关系的研究，部分成果收入本书之中。其次，海德格尔对以主体—客体辩证法为内核的近代以来的形而上学展开了批评，他关于"此在"的讨论，展现的是主体—客体关系之前的状态，虽然这一状态是"异化的"。这一点引起了我对马克思的思考。如果马克思的哲学关注的是社会历史生活，那么现实的生活过程首先是前主体—客体关系的，这意味着实践主体性的讨论可能会忽略马克思关于社会历史生活的原初语境。虽然这些想法一开始并没有这样的清晰，但让我意识到，从主体性视角来解读实践，至少是不完整的。比如在认识论层面上，我们过去关注的是主体—客体关系层面的客观认识，这一研究固然重要，但对于马克思来说，更为重要的是认识的历史性构成，即认识是如何在社会中建构出来的，就像他在《德意志意识形态》中关于意识独立性的讨论、在《资本论》中关于拜物教的分析所展示的那样，在这样的基础上，才能谈到传统认识论所关注的问题，即主体与客体的关系问题。

如果把《关于费尔巴哈的提纲》《费尔巴哈和德国古典哲学的终结》《唯物主义和经验批判主义》合起来阅读，我们可以看到，马克思、恩格斯、列宁都谈到哲学史上的一个非常重要的问题，即传统的唯物主义与唯心主义的相通性，比如从培根开始的经验论走向了贝克莱的观念论；笛卡尔开始的唯理论走向了法国的唯物论。产生这一现象的原因是什么？《关于费尔巴哈的提纲》对此做了归结，即它们都不能真正地理解实践。但这是否意味着停留在"实践"上就可以了呢？如果把《德意志意识形态》也纳入进来，很显然在这本书中，马克思并没有过多地讨论"实践"，他关注的是从物质生产出来阐释社会历史生活，关注的是社会存在的结构及其发展过程，他从抽象的"实践"范畴进入"历史"之中，一旦进入历史中，抽象的"实践"范畴就不足以展现社会存在的具体样态及其发展过程。

如果马克思通过"实践"范畴进入对社会历史的科学分析，那么如何理解马克思关于社会历史生活的哲学思考呢？在过去的研究中，人们将马克思的分析变成了一种实证主义的描述，对此的反思，国外马克思主义的一些学者则强调对现实的批判，但在具体讨论中，这两个层面往往难以统一起来。马克思的社会批判理论是一种内在的批判，而不是外在的价值评判，这是历史辩证法的根本规定，这意味着，马克思的哲学是"是"与"应该"的统一，回到社会历史层面，马克思关注的是社会历史的内在超越，这就需要剖析社会存在的结构及其内在的矛盾，正是这种矛盾才能推动社会存在的发展、变化与更替。也正是在对这一问题的关注中，国外马克思主义的研究成果相继进入我的视野。马克思哲学中的"历史性"思想使我意识到，我们不能简单地以马克思有没有说过相关话语来评判国外马克思主义学者，而是要看到社会变迁以及相应的思想变迁带来的问题变迁，从中去体会后来者的努力以及他们与马克思的差异，构建从马克思走向当代的逻辑。

在具体写作过程中，我试图将马克思、黑格尔、海德格尔、西方马克思主义者的一些思想整合起来，从而形成从马克思出发走向当代的知识图景。我一直认为，今天研究马克思的哲学，除了深入理解马克思的思想外，还要形成一幅"知识地图"，这幅地图的横坐标是资本主义社会变迁，纵坐标为思想变迁，我们所研读的思想家都应该在这个地图上有其定位，只有这样，我们才能清晰地定位所面对的每一位思想家，理解从马克思到当代的理论逻辑。不同时代的思想家有着不同的问题意识，同时代的思想家也会有不同的见解，相比较而言，同时代的思想家往往会分享相同或相似的"思想型"。在学术整合的过程中，我更关注的是同时代哲学家之间的思想型以及不同时代哲学家之间思想型的联系与区别，这也是我在学术研究中一直保持的习惯，这种习惯让我尽量保持一种较为清晰的问题意识，而不会将一些不相干的问题搅在一起，从而在知识整合中保持一份警觉。这也是我后来研究鲍德里亚、葛兰西以及其他国外马克思主义学者思想时的理论自觉。

本书对马克思哲学的理解与我在《〈资本论〉的哲学》（北京师范大

后　记

学出版社，2017）中的思考存在着重要的差别。本书的核心概念实际上是"生产逻辑"，关注较多的是马克思早期的文本，2004年之后，我逐渐形成了从"资本逻辑"来重读马克思的思路，关注的文本也更多转向《资本论》及相关手稿，并重新界划了马克思从《德谟克利特的自然哲学和伊壁鸠鲁的自然哲学的差别》经《1844年经济学哲学手稿》到《德意志意识形态》、从《德意志意识形态》经《1857—1858年经济学手稿》到《资本论》的逻辑转变，特别是通过讨论历史唯物主义中的生产逻辑、资本逻辑以及两者之间的关系，进一步厘清了劳动本体论的本质，从而界划出《1857—1858年经济学手稿》与《资本论》的逻辑对立。从历史唯物主义的双重逻辑出发，我们更能看清卢卡奇、霍克海默、弗洛姆、列斐伏尔、马尔库塞、古尔德、鲍德里亚、哈特等人讨论马克思哲学的理论立足点，在何种意义上仍然站在生产逻辑和劳动本体论的基础上。也正是在《形而上学批判》的写作过程中，我开始意识到自己思路中的问题，并在阅读《1857—1858年经济学手稿》、《资本论》以及当代文献的过程中逐渐清晰起来。在对《资本论》的研读中，我力图将马克思主义哲学史与哲学理论研究融为一体，以资本逻辑为核心范畴来重新理解马克思，形成了自己关于马克思哲学思想的解读模式。从马克思思想发展来说，"资本逻辑"并不否定"生产逻辑"，在马克思历史唯物主义的创立过程中，生产逻辑起着主导性作用，只是在《资本论》中，资本逻辑统摄了生产逻辑，成为马克思面对资本主义社会的主导逻辑。这些思考成为《〈资本论〉的哲学》一书的主题。

"德国哲学从天国降到人间；和它完全相反，这里我们是从人间升到天国。这就是说，我们不是从人们所说的、所设想的、所想象的东西出发，也不是从口头说的、思考出来的、设想出来的、想象出来的人出发，去理解有血有肉的人。我们的出发点是从事实际活动的人，而且从他们的现实生活过程中还可以描绘出这一生活过程在意识形态上的反射和反响的发展。甚至人们头脑中的模糊幻象也是他们的可以通过经验来确认的、与物质前提相联系的物质生活过程的必然升华物。因此，道德、宗教、形而上学和其他意识形态，以及与它们相适应的意识形式便不再保留独立性的外观了。它们没有历史，没有发展，而发展着自己的物质生产和物质交往的人们，在改变自己的这个现实的同时也改变着自己的思维和思维的产物。不是意识决定生活，而是生活决定意识。"

(《德意志意识形态》）本书以形而上学批判为主题，就是想强调：马克思的哲学面对的是具体的社会历史生活，而不是将社会历史生活重新装到传统形而上学的构架中，这是我们理解其哲学的重要切入点。哲学变成了历史中的哲学，虽然哲学的问题具有普遍性，但不同时代的哲学家对这一普遍性的问题的回应却打上了时代的印记。要想了解一个哲学家，除了了解其思想来源和其理论逻辑外，还需要了解他所处的时代以及这个时代向人们提出的问题，这正是马克思在批判传统形而上学过程中展现给我们的东西。

本书能够修订再版，要特别感谢杨耕先生的关切，并将之纳入《当代马克思主义哲学研究文库》中。根据杨耕先生的建议，把副标题改为"马克思哲学理论前提的当代阐释"，并增加了部分内容。感谢中国人民大学出版社张杰老师，感谢责任编辑吴冰华老师耐心而细致的工作。感谢郭丁博士、王钰涵与赵紫微两位博士生为书稿的校对付出的辛勤劳动。

写完后记时，北京的疫情防控刚从一级调为二级，街上的车多了，人多了，天气也明朗起来了，窗外的绿树焕发着勃勃的生机。希望即将到来的夏天会更好！

仰海峰
2020 年春于燕园

图书在版编目（CIP）数据

形而上学批判：马克思哲学理论前提的当代阐释 / 仰海峰著. --北京：中国人民大学出版社，2022.11
（当代马克思主义哲学研究文库）
ISBN 978-7-300-31159-3

Ⅰ. ①形… Ⅱ. ①仰… Ⅲ. ①马克思主义哲学-研究 ②形而上学-研究 Ⅳ. ①B0-0②B081.1

中国版本图书馆 CIP 数据核字（2022）第 203409 号

"十四五"时期国家重点出版物出版专项规划项目
当代马克思主义哲学研究文库
主编　杨　耕
形而上学批判
——马克思哲学理论前提的当代阐释
仰海峰　著
Xing'ershangxue Pipan

出版发行	中国人民大学出版社			
社　　址	北京中关村大街 31 号		邮政编码	100080
电　　话	010－62511242（总编室）		010－62511770（质管部）	
	010－82501766（邮购部）		010－62514148（门市部）	
	010－62515195（发行公司）		010－62515275（盗版举报）	
网　　址	http://www.crup.com.cn			
经　　销	新华书店			
印　　刷	北京联兴盛业印刷股份有限公司			
规　　格	160 mm×235 mm　16 开本		版　次	2022 年 11 月第 1 版
印　　张	27.25 插页 3		印　次	2022 年 11 月第 1 次印刷
字　　数	426 000		定　价	118.00 元

版权所有　　侵权必究　　　印装差错　　负责调换